Kanitscheider (Hrsg.) — Moderne Naturphilosophie

# MODERNE NATURPHILOSOPHIE

herausgegeben von
Bernulf Kanitscheider

Königshausen + Neumann
Würzburg 1984

CIP-Kurztitelaufnahme der Deutschen Bibliothek

Moderne Naturphilosophie / hrsg. von Bernulf
Kanitscheider. — Würzburg : Königshausen und
Neumann, 1984.
 ISBN 3-88479-076-5 kart.
 ISBN 3-88479-153-2 geb.

NE: Kanitscheider, Bernulf [Hrsg.]

© Verlag Dr. Johannes Königshausen + Dr. Thomas Neumann, Würzburg 1983
Satz: Fotosatz Königshausen + Neumann
Druck und Bindung: difo-druck, Bamberg — Alle Rechte vorbehalten
Auch die fotomechanische Vervielfältigung des Werkes oder von Teilen daraus
(Fotokopie, Mikrokopie) bedarf der vorherigen Zustimmung des Verlags
Printed in Germany
ISBN 3-88479-076-5 (kart.)
ISBN 3-88479-153-2 (geb.)

# Vorwort

Ein Werk mit so vielen Autoren, die aus den unterschiedlichsten Blickwinkeln ihren Beitrag zu einem gemeinsamen Ziel leisten, kann nur durch intensive Zusammenarbeit erfolgen.

Mein besonderer Dank gilt daher den Verfassern für ihr inhaltliches und didaktisches Engagement. Darüber hinaus möchte ich meinen Mitarbeitern am Zentrum für Philosophie Dr. Manfred Stöckler und Dipl. Math. Andreas Bartels für ihre Übersetzertätigkeit sowie den Herren Günter Guckelsberger und Rudolf Schüßler für ihre intensive Hilfe bei den Koordinierungs- und Korrekturarbeiten danken.

Nicht zuletzt bin ich dem Verlag Königshausen & Neumann dafür verpflichtet, daß er in diesen für verlegerische Arbeit schweren Zeiten den Anstoß für die Veröffentlichung gegeben hat.

# Inhalt

*Bernulf Kanitscheider*
  Einleitung und Übersicht .............................................. 9

## I. Naturphilosophie heute

*Håkan Törnebohm*
  Die Rolle der Naturphilosophie in der physikalischen Forschung ........... 15
*Michael Drieschner*
  Physik a priori? ...................................................... 41
*Bernulf Kanitscheider*
  Naturphilosophie und analytische Tradition ............................ 63

## II. Das Problem des Naturalismus

*David M. Armstrong*
  Naturalistische Metaphysik ............................................ 83
*J.J.C. Smart*
  Physikalismus und Willensfreiheit ..................................... 95
*Hans Lenk*
  Homo Faber — Demiurg der Natur? ....................................... 107

## III. Das mechanistische Weltbild und die Struktur der Kausalität

*Jacques Merleau-Ponty*
  Der Mechanismus — Blüte und Niedergang einer Naturphilosophie ......... 127
*Mario Bunge*
  Die Wiederkehr der Kausalität ......................................... 141

## IV. Raum, Zeit und Kosmologie

*Wolfgang Büchel*
  Die Relativität von Raum und Zeit —
  Realität und Konstruktion ............................................. 163
*Roberto Torretti*
  Kosmologie als ein Zweig der Physik ................................... 183

## V. Die Interpretation der Quantenmechanik

*John Archibald Wheeler*
    Die Experimente der verzögerten Entscheidung und der
    Dialog zwischen Bohr und Einstein .................................... 203

*Manfred Stöckler*
    9 Thesen zum Dualismus von Welle und Teilchen ....................... 223

*Hans Primas*
    Verschränkte Systeme und Komplementarität .......................... 243

*Peter Mittelstaedt*
    Über die Bedeutung und Rechtfertigung der Quantenlogik ............... 261

## VI. Philosophische Probleme des Lebendigen

*Gerhard Vollmer*
    Die Unvollständigkeit der Evolutionstheorie ........................... 285

*Bernd-Olaf Küppers*
    Das „Paradoxon" der Evolution. Erkenntnistheoretische
    Überlegungen zum Ursprung des Lebens ............................... 317

Mitarbeiterverzeichnis .................................................... 337

# Einleitung und Übersicht

Zu den unbezweifelten Erfahrungen der gegenwärtigen Epoche gehören die geistigen Umwälzungen, die die Naturwissenschaften für unser Denken und Handeln mit sich gebracht haben.

Die Wissenschaft hat unser Weltverständnis, unsere Bewältigung der Überlebensprobleme und unsere Wertvorstellungen tiefgehend beeinflußt.

Seit jeher war es die Aufgabe der Philosophie, die theoretischen und die praktischen Folgeprobleme der neuen Einsichten der Wissenschaft zu klären, zu ordnen und für ein kohärentes Verständnis der Natur aufzuschließen.

Die Wissenschaft wird vom Menschen für Menschen gemacht. Die Erkenntnisse sollen ihm dienen, sich in einer ungeheuer komplexen Welt, die er nicht geschaffen hat, der er vielfach staunend, manchmal verunsichert und oft auch hilflos gegenüber steht, zu orientieren. Sie soll ihm helfen, seine Bindungen, seine Spielräume und Möglichkeiten in einer Natur zu finden, von der er selbst ein Teil ist.

Die Naturphilosophie kann als jene Disziplin angesehen werden, die unter Einbeziehung des zeitgenössischen Wissens um die Natur dem Menschen sagt, welchen Platz er im Gesamtverband der Dinge einnimmt.

Naturphilosophie ist darum sicher Wissenschaftsphilosophie, aber eine solche, die nicht nur die Gestalt, sondern auch den Gehalt der Wissenschaft einschließt, nicht nur die sprachliche Form der Sätze, sondern auch die Aussagen selbst in ihre Reflexionen einbezieht.

Dieses Buch ist als eine Dokumentation gedacht, die über die erkenntnistheoretische, metaphysische, ontologische und methodologische Beladenheit der naturwissenschaftlichen Theorien informiert und dem Leser eine kritische Diskussion über deren mannigfache Voraussetzungen liefert. Insbesondere werden dabei die Elemente herauspräpariert, die in ein naturwissenschaftliches Weltbild eingehen könnten. Die metatheoretischen Analysen sollen aber auch Auskunft geben über einige jener fundamentalen Fragen, die in der Geschichte der Philosophie seit der vorsokratischen Zeit immer wieder gestellt worden sind. Die Wissenschaftsentwicklung hat es mit sich gebracht, daß viele Problemkreise, auf die es vor 2000 Jahren nur metaphysische Antworten gab, in den Bereich empirisch testbarer Theorien eingemeindet worden sind. Diese Fragestellungen haben deshalb nichts von ihrer Aktualität verloren, wenn auch die naturwissenschaftlichen Theorien der Gegenwart eine völlig andersartige Gestalt besitzen und zumeist quantitative Antworten geben, wo ihre metaphysischen Vorläufer qualitative Aussagen anboten.

Mehrfach in der Geschichte der Philosophie ist die Existenzberechtigung einer Naturphilosophie neben den Naturwissenschaften bezweifelt worden. Man hielt die Naturphilosophie für eine Art Doppelgänger der Fachwissenschaft, die mit zweifelhafter Autorität dort sichere Urteile fällt, wo eigentlich nur hypothetisches Wissen zu erlangen ist. Diese Konkurrenz zwischen den beiden Denkrichtungen, ein Relikt der Emanzipation der Naturwissenschaften bis zur Erlangung ihrer Autonomie im 19. Jahrhundert ist längst überwunden. Die Wissenschaftsphilosophie hat seit langem die Eigentümlichkeit ihres Standpunktes klargemacht. Es hat sich gezeigt, daß rein objektgerichtetes Forschen und erkenntnistheoretisches Analysieren in einem gegenseitigen Stützungsverhältnis stehen. Hier ist der sonst etwas zu häufig strapazierte Begriff der Komplementarität zweifellos anwendbar. Beide Denkrichtungen, reine objektgerichtete Naturforschung und metatheoretische Reflexion über die dabei gemachten philosophischen Voraussetzungen, sind nicht zugleich möglich, man muß jeweils eines der beiden Erkenntnisziele auswählen; auf der anderen Seite sind beide notwendig für ein vollständiges Verständnis der Natur. Deutlich kommt dies in dem berühmten Einstein-Wort zum Ausdruck „Die gegenseitige Beziehung von Erkenntnistheorie und Wissenschaft ist von merkwürdiger Art. Sie sind aufeinander angewiesen. Erkenntnistheorie ohne Kontakte mit der Wissenschaft wird zum leeren Schema. Wissenschaft ohne Erkenntnistheorie ist — soweit überhaupt denkbar — primitiv und verworren".

Die zentralen Themen der Naturphilosophie sind von den Autoren dieses Bandes in sechs Kapiteln behandelt worden, deren Inhalt im folgenden kurz angesprochen werden soll. Bis zu einem gewissen Grade ist dabei ein Fortschreiten von allgemeinen zu spezielleren Fragestellungen involviert.

In den *ersten Abschnitt* haben wir Untersuchungen gestellt, die sich mit **Grundlagenproblemen des Naturerkennens überhaupt** befassen. Dazu gehört die Frage, welche Rolle die Naturphilosophie im Rahmen des physikalischen Forschungsprozesses einzunehmen hat. Ebenso sind dazu solche Grundsatzprobleme zu rechnen, welche die apriorische Begründung der Physik thematisieren, wie sie in der Nachfolge Kants und der Neu-Kantianer bis hin zu Carl Friedrich von Weizsäcker immer wieder versucht wurde. Nicht zuletzt sollte man sich klar werden, wie eine inhaltlich verstandene, also mit einer synthetischen Komponente ausgestattete Wissenschaftsphilosophie ihr Verhältnis zur weithin verbreiteten sprachanalytischen Wissenschaftstheorie bestimmt.

Im *zweiten Abschnitt* werden bereits die ersten **zentralen klassischen Themen** der Naturphilosophie diskutiert. Dazu gehört in jedem Fall die **Problematik des Naturalismus,** einer philosophischen Position, die in ihrer starken Form die Behauptung aufstellt, daß wir bei der Beschreibung der Welt ausschließlich Entitäten zu verwenden brauchen, die raumzeitlicher Natur sind. Setzt man für eine physikalistisch beschriebene Welt voraus, daß ihre makroskopische Verfassung durch eine deterministische Gesetzesstruktur bestimmt ist, so tritt unweigerlich das Problem zutage, wie in einer solchen deterministischen Welt das Phänomen des freien Willens verstehbar ist und wie der subjektive Eindruck der Freiheit mit der objektiven nomischen Bestimmtheit vereinbart werden kann. Nun besitzt die Art, wie der Mensch sich in seinem Verständnis zur Natur bestimmt, auch eine historische Dimension, und es ist heutzutage unabdingbar, die soziokulturellen Determinanten im Wandel des menschlichen Naturverständnisses in die Diskussion miteinzubeziehen, dabei aber überzogene Ansprüche technomorpher und anthropozentrischer Ansätze zur Reduktion der Natur auf epistemologische und soziale Kategorien zurückzuweisen, bzw. sie als Fehlschluß zu enthüllen.

Im *dritten Teil* werden der **Problemkomplex des mechanistischen Weltbildes,** wie er historisch durch die neuzeitliche Naturwissenschaft geprägt wurde, und die darin involvierte Frage nach der begrifflichen Bestimmung von Kausalität aufgegriffen. Aus der historischen Perspektive zeigt sich deutlich, wie die mechanistische Naturphilosophie, die sich nie als ein explizites Begriffsgebäude etabliert hat, zumeist unbemerkt in den Entwürfen der klassischen Physik ihre Steuerfunktion ausübte und die Heuristik der Theorienkonstruktion lenkte. Unter dem Einfluß einer philosophischen Doktrin und einer physikalischen Theorie, nämlich durch den logischen Empirismus und die Quantenmechanik, festigte sich in der 1. Hälfte des 20. Jahrhunderts der Eindruck, daß die Kausalrelation aus dem metatheoretischen Vokabular zu verschwinden habe; jedoch entstand gerade aus philosophisch sonst weniger beachteten Einzelwissenschaften wie der Jurisprudenz, der Biologie und der Psychologie eine Wiederbelebung der Kausaldiskussion, die letztlich zu der Überzeugung führte, daß diese Kategorie auch in den exakten Naturwissenschaften nicht verzichtbar ist und nicht durch den ontologisch neutralen Begriff der funktionalen Abhängigkeit ersetzt werden kann.

Im *vierten Abschnitt* werden die seit Platon und Aristoteles immer wieder angeschnittenen **Fragen des Verhältnisses von Raum, Zeit und Materie** für die gegenwärtige Epoche nach der Entdeckung der Relativitätstheorie aufgegriffen. In diesem Bereich nimmt das Problem des Status der physikalischen Geometrie eine zentrale Stellung ein und es läßt sich zeigen, daß das metatheoretische Argument der Einheitlichkeit der Naturbeschreibung eine rationale Verteidigung der Raum-Zeit-Krümmung in der Relativitätstheorie gegenüber der begrifflichen Alternative ermöglicht, wo nur die Maßstäbe schrumpfen und die Uhren sich verlangsamen. Wendet man die Raumzeit-Beschreibung der Relativitätstheorie auf die Welt im großen an, gelangt man zur physikalischen Kosmologie, und diese besitzt eine ganze Klasse von eigenständigen philosophischen Problemen, wobei die Fragen um den Anfang und das Ende der Zeit vielleicht am meisten hervorstechen.

Das *fünfte Kapitel* ist jener Theorie gewidmet, die im 20. Jahrhundert wohl den größten gedanklichen Umbruch hervorgerufen hat, der **Quantentheorie**. Innerhalb dieser Veränderungen spielte eine Frage die Schlüsselrolle: Welchen Status besitzt der quantenmechanische Beobachter, ist seine klassische Rolle als Registriergerät, das ontologisch autonome Zustände der Welt festhält, noch aufrechtzuerhalten (wie Einstein es wollte) oder fällt ihm die Funktion eines am Geschehen der Welt aktiv teilnehmenden Partizipators zu (wie es in der Nachfolge Bohrs vertreten wird)? Zu den in vielen einführenden Monographien der Quantenmechanik vertretenen metatheoretischen Thesen gehört die Behauptung, daß der Dualismus von Welle und Teilchen in der Quantenfeldtheorie befriedigend gelöst sei; jedoch auch hier zeigen sich bei näherem Hinsehen eine Reihe ungelöster Teilprobleme in der auf der empirischen Ebene so erfolgreich operierenden Theorie. Die Tragweite der begrifflichen Revolution der Quantenmechanik wird außerordentlich plastisch sichtbar, wenn man die Aufmerksamkeit auf den neuen quantenmechanischen Systembegriff lenkt: hier wird nämlich deutlich, daß die 1935 von Einstein, Podolsky und Rosen entdeckten verschränkten Systeme (d.s. wechselwirkungsfreie Systeme in Korrelationszuständen) einen bis dahin unbekannten ganzheitlichen Zug der Natur zu Tage fördern. Zu den erstaunlichsten Konsequenzen der Quantenmechanik gehört es, daß sie auch die am tiefsten verankerten logischen Strukturen der Wissenschaftssprache erfaßt; dies wird dadurch sichtbar, daß die klassische Boolesche Logik mit ontologischen Voraussetzungen behaftet ist, welche in der quantenphysikalischen Wirklichkeit nicht gegeben sind.

Im *sechsten Abschnitt* wird der gegenwärtig wachsenden Bedeutung der philosophischen **Probleme im Bereich der lebendigen Systeme** Rechnung getragen. Die integrale Theorie im Rahmen der Biologie ist die **Evolutionstheorie** und so liegt es nahe, zuerst eingehend die Aussagekraft, die Erklärungsleistung, aber auch die Grenze der Darwinschen Konzeption zu analysieren. Bis in die Gegenwart hat ein Zug der Evolutionstheorie die erkenntnistheoretische Reflexion immer wieder bewegt, nämlich die Ersetzung der planmäßigen Aktivität der Natur durch eine mechanistisch verstehbare Abfolge von kausalen Schritten; es bedarf einer differenzierten Betrachtungsweise, um zu verstehen, wie die vordergründig sich aufdrängenden teleologischen Züge in der Theorie rekonstruiert werden können.

Die Intention dieses Bandes ist, einen Beitrag zu leisten zur Überwindung der viel beklagten Zersplitterung der Naturwissenschaft in unübersehbare Spezialgebiete. Er ist von der Überzeugung getragen, daß sich hinter der Vielfalt der Oberflächenphänomene, wie sie im gegenwärtigen Informationsüberfluß zum Ausdruck kommt, unter geeignetem Blickwinkel relativ einfache Tiefenstrukturen entdecken lassen.

Nordeck, im Mai 1983                                                B.K.

# I. Naturphilosophie heute

Håkan Törnebohm

# Die Rolle der Naturphilosophie in der physikalischen Forschung

## *Gliederung*

A. Einführung .................................................... 15
B. Ein Modell eines Forschungsprojekts (einer Untersuchung) ................. 16
C. Vorbereitung einer Untersuchung ................................... 17
D. Untersuchungen verschiedener Ordnungen ............................. 17
E. Paradigmen der Forschung ........................................ 18
F. Philosophien innerhalb der Wissenschaft ............................... 20
G. Eine Überlegung zum Kuhnschen Modell des Erkenntnisfortschritts ........... 21
H. Philosophien *der* Wissenschaft und Philosophien *in* der Wissenschaft .......... 21
I. Die Rolle der Naturphilosophie ..................................... 22
J. Beziehungen zwischen Fundamentaltheorien (der Ordnung 4) und Theorien niedrigerer Ordnung (Spezialtheorien der Ordnung 3 und Erklärungsmuster der Ordnung 2) ...................................................... 24
K. Die Ansatzstellen der Naturphilosophie ................................ 26
L. Aufgaben der Naturphilosophie ..................................... 26
M. Ein bedeutender Paradigmenkonflikt aus der Geschichte der Physik ........... 27
N. Paradigmenwechsel bei Gravitationstheorien ............................ 28
O. Bemerkungen zu ontologischen Verschiebungen in der Abfolge der Gravitationstheorien von Newton, Poisson und Einstein ............................. 33
P. Zusammenfassung ............................................... 35
Q. Literaturverzeichnis .............................................. 39

## *A. Einführung*

Das Hauptthema dieses Aufsatzes wird in einem größeren Zusammenhang diskutiert, nämlich im Rahmen von Forschungsgebieten der faktischen Wissenschaften. In einem Forschungsgebiet finden zwei Arten von Entwicklungen statt, nämlich *Erkenntnisfortschritt* und *Paradigmenentwicklung*, die teilweise den Bereich dessen festlegen, was zu einem bestimmten Zeitpunkt über den Teil der Welt erkennbar ist, der in diesem Bereich untersucht wird (Gegenstandsbereich). Paradigmen gehören zu den Voraussetzungen der Forschung. Sie legen genauer fest, was die einzelnen Forscher zu der Entwicklung ihrer Disziplin beitragen wollen und können.

Ich werde zuerst versuchen, ein Modell von „Untersuchungen" oder (was das gleiche ist) von „Projekten" zu entwerfen, und dann eine Begriffsbestimmung von „Paradigma" vorstellen. Dann werde ich kurz Beziehungen zwischen der Entwicklung von Projekten und von Paradigmen betrachten. Nach diesen Vorbereitungen werde ich das Thema am Spezialfall der Naturwissenschaften weiter verfolgen.

## B. Ein Modell eines Forschungsprojekts (einer Untersuchung)

Eine Untersuchung $\hat{X}$ über den Gegenstandsbereich X könnte als eine Folge von Ergebnisveränderungen aufgefaßt werden, die einer internen Regulation unterworfen sind.

Ein *Ergebnis* in einem bestimmten Fall wird aufgefaßt als bestehend aus
— einer Menge von Hypothesen H, die Sachverhalte in X beschreiben
— von denen einige durch Aufgaben und Probleme begleitet sind (Ungetestete Hypothesen in H sind von der Aufgabe begleitet, ihren Wahrheitsgrad zu testen. Einige der bestätigten Hypothesen sind mit der Aufgabe verbunden, zu erklären, was sie beschreiben). Es kann auch Aufgaben und Probleme geben, die sich auf Methoden beziehen (z.B. sie zu verbessern) und auf andere Probleme (z.B. sie klarer und präziser darzustellen).
— Ein Ergebnis schließt auch eine dritte Komponente ein (zusätzlich zu Hypothesen und zu der Sammlung von Problemen und Aufgaben), nämlich „hardware"- und „software"-Instrumente, die man einsetzen muß, um Probleme zu lösen und Aufgaben auszuführen. Zusammenfassend könnte man ein *Ergebnis* darstellen als ein Tripel (H, I, P) von Hypothesen, Instrumenten und Problemen oder Aufgaben.

Eine interne Regulation, die zu einer Untersuchung gehört, besteht aus
— einer kritischen Bewertung Kr von vorliegenden Ergebnissen, die auf einer Anzahl von Kriterien beruht (Diese Bewertung hat eine Kontrollfunktion) und aus
— einem taktischen Plan Pl, der mit der Bewertung eines Ergebnisses einhergeht. Dieser Plan, der eine Steuerfunktion hat, besteht aus

(i) einer Auswahl von Aufgaben aus P,
(ii) einer Auswahl geeigneter Methoden aus I, und er erfordert weitere Quellen wie
(iii) Beweisstücke (wenn als Aufgabe der Test einer Hypothese ausgewählt wurde) oder
(iv) zusätzliche Instrumente, um ein ausgewähltes Problem zu lösen
(v) und einem Arbeitsplan

Faßt man die fünf oben erwähnten Punkte zusammen, so erhält man eine Struktur (H,I,P,Kr,Pl), die man als ein *Forschungsprogramm* beschreiben könnte. Eine Untersuchung (oder ein Projekt) kann durch folgendes Modell dargestellt werden:

$$\rightarrow (H, I, P, Kr, Pl) \rightarrow$$

Dies könnte man das *Modell des laufenden Forschungsprogramms* nennen (oder kurz LFP-Modell). die Pfeile stehen für Transformationen.

## C. Vorbereitung einer Untersuchung

Ein Forscher, der eine Untersuchung beginnen will, trifft folgende Vorbereitungen:
1) Er wählt einen Gegenstandsbereich zur Untersuchung aus.
2) Er konzentriert seine Aufmerksamkeit auf bestimmte Aspekte seines Gegenstandsbereiches *(Als Newton seine Untersuchung der Gravitation vorbereitete, wählte er das Sonnensystem als seinen Gegenstandsbereich und konzentrierte seine Aufmerksamkeit auf die Bewegungen in diesem System).*

Es sei X der ausgewählte Gegenstandsbereich und es sei darin die Aufmerksamkeit auf bestimmte Aspekte gerichtet.

Die nächste Operation ist nun:
3) eine Menge $H_0$ von Anfangshypothesen über X zusammenzustellen und
4) einige von ihnen mit Problemen und Aufgaben in Verbindung zu bringen *(Newton wählte die Aufgabe aus, die Planetenbewegung, wie sie von den Keplerschen Gesetzen beschrieben wird, zu erklären).*

5) Der Forscher wählt geeignete Instrumente aus *(Newton wählte einen mathematischen Formalismus aus, den er benötigte, um Aufgaben aus der Menge der Ausgangsprobleme $P_O$ zu lösen).*

6) Der Forscher unterwirft die vorhergehenden Schritte einer kritischen Prüfung *(Newton könnte Zweifel über eine seiner Ausgangshypothesen geäußert haben, nach der die Sonne auf einen Planeten ohne Vermittlung wirkt; diese Annahme war nämlich mit dem eingeführten mechanischen Weltbild nicht vereinbar).*

7) die Erstellung eines vorläufigen Planes $Pl_O$.

Zusammengefaßt besteht die Vorbereitung einer Untersuchung in einem ersten Forschungsprogramm, mit dem man starten kann ($H_O$, $I_O$, $P_O$, $Kr_O$, $Pl_O$).

## D. Untersuchungen verschiedener Ordnungen

Das LFP-Modell stellt sowohl empirische Untersuchungen (im engeren Sinn) als auch „synthetisierende" Forschung dar (z.B. theoretisches Arbeiten in der Physik).
Man könnte das *empirische* Vorgehen in 2 Ebenen aufteilen
— *Erkenntnisgewinnung der Ordnung 0,*
  die in den Ergebnissen von Messungen besteht oder in Daten (Primärinformationen) anderer Art bei Forschungsbereichen außerhalb der Physik (wie z.B. in der Geschichte).
— *Erkenntnisgewinnung der Ordnung 1,*
  in der einzelne Erkenntnisse (bestätigte Hypothesen) produziert werden, etwa so wie das Boylesche oder das Ohmsche Gesetz ursprünglich gefunden wurden.
Man kann auch das *theoretische* Vorgehen in verschiedene Ebenen aufteilen, nämlich in die
— *Erkenntnisgewinnung der Ordnung 2,*
  in der Erklärungsmuster gebildet werden, und in die

— *Erkenntnisgewinnung der Ordnung 3*,
in der Spezialtheorien geschaffen werden wie z.B. Newtons Gravitationstheorie und schließlich
— *Erkenntnisgewinnung der Ordnung 4*,
in der Fundamentaltheorien hervorgebracht werden, wie z.B. Newtons Theorien von Raum, Zeit und Kausalität. Diese Theorien bilden Muster ab, die verschiedenen Teilen der Welt gemeinsam sind. Eine Reihe von Spezialtheorien, die zur gleichen Fundamentaltheorie gehörende Hypothesen enthalten, bilden eine Familie von Theorien. Eine solche Familie stellt z.B. die klassische Mechanik dar.

## E. Paradigmen der Forschung

Bis jetzt sind die Forscher noch nicht ins Blickfeld gekommen. Wir haben uns nur mit ihren Aktivitäten und den daraus folgenden Ergebnissen beschäftigt.

Was ein Forscher tut, hängt von persönlichen Merkmalen ab:
1) von seinen *Interessen* (was er tun *will*),
2) von seinen *Fähigkeiten* (was er tun *kann*),
3) von seiner allgemeinen Vorstellung über den Teil der Welt, der den Gegenstandsbereich seines Forschungsgebietes darstellt (kurz von seinem *Weltbild*) und
4) von seiner Auffassung über die entsprechende Disziplin. Diese Auffassung, die immer in einem weiten Umfang von Wertvorstellungen und angestrebten Zielen bestimmt ist, enthält eine Komponente, die als persönliche Strategie gekennzeichnet werden könnte.

Eine Forschungsstrategie enthält allgemeine *methodologische Auffassungen* darüber, wie man an bestimmte, vom Forscher für wichtig gehaltene Aufgaben herangeht, und sie enthält Richtlinien in der Form von *Wissenschaftsidealen*. Diese persönlichen Merkmale sind eng miteinander verbunden. Interessen und Fähigkeiten beeinflussen sich gegenseitig. Man will das tun, was man gut kann, und das eigene Können verbessert sich, wenn man Dinge tut, für die man sich interessiert. Ontologische Annahmen haben immer methodologische Konsequenzen, und eine Methodologie hat ontologische Voraussetzungen. Die engen Verbindungen zwischen den Interessen, den Fähigkeiten, dem Weltbild und der Wissenschaftsauffassung eines Forschers legen es nahe, diese Merkmale als Elemente einer Struktur aufzufassen, die ich „Paradigma" nennen will.

Aus Platzgründen will ich ohne nähere Begründung eine Reihe von Thesen über Paradigmen angeben.

1) Das Paradigma eines Forschers legt fest, was er zu seinem Forschungsgebiet beitragen kann.

2) Ein Paradigma wirkt als Regulator der Forschungsarbeit, der die zu Forschungsprojekten gehörenden Regulatoren ergänzt.

3) Kein Forscher ist sich jemals seines Paradigmas voll bewußt. Seine Arbeit ist also niemals vollständig unter seiner Eigenkontrolle.

4) Wenn ein Paradigma Mängel enthält (was meiner Meinung nach immer der Fall ist), dann werden diese Mängel über kurz oder lang Anomalien hervorbringen, die zu einer

Krise eskalieren können, wenn die Forscher nicht versuchen, die Mängel zu beseitigen. In Kuhns „Normalwissenschaft" kümmern sich die Forscher nicht um ihre persönlichen Paradigmen. Deshalb läßt die Normalwissenschaft Krisen aufkommen.

5) Die Paradigmen in einem Forschungsgebiet müssen sich ändern, ob sich die Forscher mit ihnen auseinandersetzen oder nicht. Die Paradigmen ändern sich als Folge des Erkenntnisfortschritts, der die Weltbilder beeinflußt, die die Fähigkeiten der Forscher beeinflussen. Auch die Interessen der Forscher werden sich verlagern, und ihre Wissenschaftsauffassungen werden beeinflußt durch die Veränderungen in ihrer Disziplin.

6) Einige Forscher eines Gebietes werden auch versuchen, aktiv an den Paradigmen zu arbeiten. Sie werden versuchen, die Paradigmen explizit zu formulieren (sie sind jedoch nie vollständig transparent), zu kritisieren und zu modifizieren. Diese Arbeit betrifft Fragen über die allgemeinen Grundzüge der Welt, über Wege zur Erkenntnis, über Desiderate der wissenschaftlichen Arbeit (im Hinblick darauf, was wissenswert ist) und ähnliches.

Diese Fragen lassen i.a. unterschiedliche Antworten zu, etwa in Form ontologischer Behauptungen, in Form methodologischer Entscheidungen und in Form von Forschungsrichtlinien. Man kann für und gegen mögliche Antworten argumentieren. Um die Arbeit an Paradigmen in den Griff zu bekommen, lohnt es sich, den Begriff „Thema" oder „Kernfrage" einzuführen.

Unter einem *Thema* (oder einer *Kernfrage*) verstehe ich eine Struktur, die aus einer Frage und einer vollständigen oder unvollständigen Menge von möglichen Antworten besteht. Wenn ein Paradigma p einen Punkt enthält, der eine Antwort auf eine Frage innerhalb eines Themas t darstellt, dann werde ich sagen, daß p durch t erfaßt wird.

7) Im Zusammenhang mit Reflexionen und Diskussionen über Paradigmen werden wir davon ausgehen, daß diese von einer Reihe von Themen erfaßt werden, und wir werden uns demnach auf solche Reflexionen als auf *thematische Diskussionen* beziehen. Eine thematische Diskussion schließt ein

a) das Aufwerfen von Fragen und
b) das Vorschlagen von Antworten,
((a) und b) konstituieren eine Thematisierung), sowie
c) Argumente für und gegen diese Antworten.

*Thesen:*
Verschiedene Paradigmen können durch die gleichen Themen erfaßt werden. Die Themen, die ein Paradigma erfassen, sind gewöhnlich im folgenden Sinn voneinander abhängig: Eine Antwort a auf eine bestimmte Frage f kann zuweilen den Forscher auf eine bestimmte Antwort a' auf eine andere Frage f' festlegen (jedenfalls schließt eine Antwort a auf f einige der Antworten auf f' aus).

*Beispiele*
Die Paradigmen von Newton und Huygens werden von folgenden Themen erfaßt
— *das Vakuum-Thema*
Frage: Gibt es Bereiche der Welt, die unbesetzt sind?
Antworten: Ja, es gibt solche Bereiche (Das ist die *Vakuum-These* v)
Nein, die Welt ist überall durch ein Plenum besetzt (Das ist die *Plenum-These* p)

— *das Fernwirkungsthema*
Frage: Kann ein Körper ohne Vermittlung auf einen anderen entfernten Körper wirken?
Antworten: Ja, das gibt es (Das ist die *Fernwirkungsthese* d)
Nein, alle Wirkungen sind lokal (Das ist die *Nahwirkungsthese* l)
— *das Licht-Thema*
Frage: Was ist die Natur des Lichts?
Antworten: Licht ist ein von einer Quelle ausgesandter Teilchenschwarm
(Das ist die *Korpuskularthese* c)
Licht besteht in der Ausbreitung von Wellen (Das ist die *Wellenthese* w)

Newtons Paradigma enthält die Thesen v, d und c und Huygens' Paradigma die Thesen p, l und w. Man kann leicht sehen, daß die Thesen von Newtons Paradigma miteinander kompatibel sind: Wenn man annimmt, daß sich die Körper des Sonnensystems in einem ansonsten leeren Raum befinden, dann muß man auch annehmen, daß die Sonne ohne Vermittlung auf einen Planeten wirkt, und daß das von der Sonne emittierte Licht aus Teilchen zusammengesetzt ist. Wenn andererseits jemand die These l akzeptiert, dann muß er auch behaupten, daß die Körper des Sonnensystems in ein Plenum eingetaucht sind, das lokale Wirkungen ausüben kann, und weiter kann er sich in konsistenter Weise die Wellenthese des Lichts zu eigen machen.

Die These, daß ein Weltbild methodologische Konsequenzen hat, kann wie folgt umformuliert werden: Ontologische Thesen können nicht beliebig mit Antworten auf methodologische Fragen kombiniert werden. Sie schließen bestimmte Antworten aus und sie verpflichten zu anderen.

Das Weltbild in Huygens' Paradigma fordert, daß in einer Gravitationstheorie ein Formalismus benutzt wird, der es möglich macht, Zustände im Plenum zu beschreiben (später „Zustände des Feldes" genannt). Solche Zustände werden mit Hilfe von partiellen Differentialgleichungen beschrieben. Ein geeigneter Formalismus sollte darüber hinaus Techniken zur Lösung solcher Gleichungen einschließen. Newtons Weltbild hingegen fordert keinen so komplizierten Formalismus. Dies ist einer der Gründe, warum es Newton im Gegensatz zu Huygens gelang, eine gute Gravitationstheorie zu entwickeln.

## F. Philosophien innerhalb der Wissenschaft

Die Fragen, um die es bei der aktiven Paradigmenentwicklung geht, sind den Problemen, die die Aufmerksamkeit der professionellen Philosophen auf sich lenken, so sehr verwandt, daß wir thematische Diskussionen als philosophische Arbeit innerhalb eines Forschungsfeldes ansehen können.

Man kann also behaupten, daß die Arbeit in einer Disziplin zusammengesetzt ist aus *Untersuchungen* und *aus philosophischen Überlegungen*. Es gibt Philosophien *innerhalb* der Wissenschaft und nicht nur Philosophien *der* Wissenschaft.

## G. Eine Überlegung zum Kuhnschen Modell des Erkenntnisfortschritts

Ich möchte von dem oben entwickelten Paradigmenbegriff Gebrauch machen, um Kuhns bekanntes Wachstumsmuster (→ Normalwissenschaft → revolutionäre Wissenschaft → Normalwissenschaft) zu kommentieren. Um terminologische Verwirrungen zu vermeiden, möchte ich Kuhns Ausdruck „Paradigma" durch „Regime" ersetzen (Die politischen Assoziationen sind dabei nicht ungeeignet). In einem normalwissenschaftlichen Regime haben alle aktiven Forscher ähnliche oder mindestens miteinander verträgliche Paradigmen, d.h. Interessen, Fähigkeiten, Weltbilder und Wissenschaftsauffassungen. Es gibt, wenn überhaupt, nur wenige kontroverse Punkte; so ergeben sich für die Forscher nur wenige Gelegenheiten, sich in thematische Diskussionen zu verwickeln. Diese Bedingungen sind sehr günstig, um in gemeinsamer Anstrengung ein System von Erkenntnissen zu errichten, um die Werkzeuge der Erkenntnisgewinnung zu verbessern und neue zu entwickeln. Die Forschung, mit der sich die Wissenschaftler beschäftigen, wird als Folge die Kennzeichnung eines normalwissenschaftlichen Regimes haben.

Die Paradigmen sind nicht frei von Mängeln. Diese werden früher oder später Anomalien aufkommen lassen. Da die Forscher nicht geneigt sind, sich in der aktiven Arbeit am Paradigma zu engagieren, tendieren sie dazu, die Anomalien unter den Teppich zu kehren. Während sie zahlreicher werden, empfindet man sie am Ende als lästig. Die Forscher erleben eine Krise, die diagnostische und therapeutische Bemühungen erforderlich macht. Eine revolutionäre Phase ist zustande gekommen, in der das philosophische Denken besonders lebendig wird. Diese Phase dauert an, bis sich neue Paradigmen herausgebildet haben, die als Voraussetzungen für ein neues normalwissenschaftliches Regime dienen können.

Man könnte Kuhns Wachstumsmuster kurz so zusammenfassen: Im normalwissenschaftlichen Regime beherrschen die Untersuchungen die Szene völlig, thematische Diskussionen spielen nur eine unbedeutende Rolle. In den revolutionären Phasen hingegen ist die Arbeit völlig durch das Philosophieren beherrscht.

Wie sollte man ein solches Muster des Wachstums einschätzen? Es ist verhängnisvoll, wenn die übliche Ausbildung der Forscher nur das produziert, was man „normalwissenschaftliche Fähigkeiten" nennen könnte, und wenn die philosophischen Fähigkeiten, die für die Arbeit an Paradigmafragen erforderlich sind, vernachlässigt werden. Eine solche Ausbildung bereitet nur auf niedrigem Niveau auf Krisen vor und entwickelt nur ein geringes Vermögen, außergewöhnliche wissenschaftliche Innovationen hervorzubringen. Wenn die zu einem Paradigma gehörenden Fähigkeiten einen starken Anteil philosophischer Kenntnis umfassen, dann sind wohl gesündere Entwicklungen in den verschiedenen Forschungsgebieten zu erwarten.

## H. Philosophien der Wissenschaft und Philosophien in der Wissenschaft

Ich will hier darlegen, was nach meiner persönlichen Auffassung der richtige Platz einer Philosophie der Wissenschaft im Kontext einer Reihe von deskriptiven Disziplinen ist, die sich mit der Welt der Wissenschaft und ihrem soziokulturellen Hintergrund beschäftigen.

Mein eigenes Gebiet, die Wissenschaftstheorie, kann als eine dieser Disziplinen angesehen werden.

Die Hauptaufgabe der Wissenschaftstheorie besteht in der Erklärung der Erkennnisgewinnung in den faktischen Wissenschaften (einschließlich der Humanwissenschaften) und ihrer sich wandelnden Voraussetzungen (einschließlich derer auf der individuellen Ebene). Auch ein Wissenschaftstheoretiker benötigt also ein Paradigma, das eine ontologische Komponente einschließt (Die in den vorhergehenden Abschnitten dargelegten Erkenntnis- und Paradigmaentwicklungen gehören zur Ontologie meines eigenen Paradigmas).

Wissenschaftstheoretiker müssen sich (wie andere Wissenschaftler) mit ihren Paradigmen befassen. Sie müssen ihre eigenen Paradigmen reflektieren und diskutieren, und dies stellt die philosophische Arbeit innerhalb der Wissenschaftstheorie dar. Ich behaupte, daß diese Art von Philosophie (Philosophie *innerhalb* der Wissenschaftstheorie) zu den philosophischen Arbeiten gehört, die das Gebiet „Philosophie der Wissenschaft" konstituieren. Sie sollte darin einen wichtigen Platz einnehmen und sie könnte Forschern aus anderen Bereichen, die sich mit Paradigmenfragen auseinandersetzen, eine bessere Hilfe anbieten als es durch Diskussionen möglich ist, die von der Welt der Wissenschaft weiter entfernt sind.

## *I. Die Rolle der Naturphilosophie*

Ich beginne mit einer allgemeinen Frage. Wie beeinflussen Paradigmen die Untersuchungen eines Forschungsgebietes? Wie treten insbesondere die Weltbild-Komponenten der Paradigmen in der Forschung hervor? Wie wir gesehen haben, kann man Vorbereitungen von Untersuchungen als Konstruktionen von vorläufigen Forschungsprogrammen ansehen. Ein solches Ausgangsforschungsprogramm, $(H_O, I_O, P_O, Kr_O, Pl_O)$ enthält eine Menge $H_O$ von Annahmen über den zur Untersuchung ausgewählten Teil der Welt. Darunter befinden sich einige Weltbild-Hypothesen, die aus der ontologischen Komponente eines Paradigmas stammen. Die interne Regulation einer laufenden Untersuchung, repräsentiert durch das Paar $(Kr, Pl)$, ist verbunden mit der Strategie-Komponente eines Paradigmas: Die Kriterien, die bei der kritischen Bewertung von Ergebnissen zur Anwendung kommen, sind (zum Teil) abhängig von der methodologischen Komponente einer Strategie und eines Wissenschaftsideals. Die Ergebnisse einer Untersuchung müssen Spuren ihrer paradigmatischen Voraussetzungen tragen. Im Fall von theoretischen Untersuchungen von höchster Ordnung, d.h. wenn Fundamentaltheorien ausgearbeitet werden, sollte dies besonders deutlich werden.

Eine Fundamentaltheorie kann nach dem LFP-Modell aufgefaßt werden als ein Tripel $(W, I_W, P_W)$, wobei W eine Menge von Weltbild-Annahmen ist, $I_W$ eine Sprache, in der sie ausgedrückt werden, und $P_W$ aus typischen Aufgaben in der theoretischen Arbeit der höchsten Ordnung besteht.

$P_W$ schließt ein
— die Aufgaben, herauszufinden, wie wahr bestimmte Hypothesen in W sind,
— die Aufgaben, fundamentale Theorien untereinander in Einklang zu bringen, und

— die Aufgaben, die Sprache $I_W$ und ihre Begriffe mit den Sprachen I, I′, I′′ einer Anzahl von Spezialtheorien und mit deren Begriffe in Verbindung zu setzen.

Wie ist die Genealogie der Hypothesen in W? Ich vertrete die Auffassung, daß viele von ihnen aus qualitativen Weltbildern stammen, die in einer spekulativen Philosophie produziert wurden.

*Beispiele:*
Die fundamentale Theorie in der klassischen Mechanik enthält eine allgemeine Theorie der Kausalität, die folgende allgemeine Annahmen einschließt:
1) Ein leerer Raum übt keine Wirkungen aus
2) Kein Gegenstand übt auf sich selbst Wirkungen aus (Es gibt keine causa sui).
3) Wenn ein Gegenstand A auf einen anderen Gegenstand B wirkt, dann wirkt B auf A mit der gleichen Intensität zurück.
4) Der leere Raum ist kausal inaktiv (Das ist eine Verstärkung von 1).
5) Wenn verschiedene Gegenstände B, C, ... auf einen Gegenstand A wirken, dann ist die Gesamtwirkung eine Überlagerung der Wirkungen, die jeder einzelne auf A ausübt.
6) Eine Wirkung tritt niemals vor ihrer Ursache ein.

Diese Annahmen haben eine Geschichte, die bis in die Zeit zurückgeht, als die Physik als strenge Wissenschaft noch gar nicht entstanden war.

Die Fundamentaltheorie der klassischen Elektrodynamik schließt Annahmen über immaterielle Felder ein, die eine Ahnenreihe haben, welche bis in die Plenum-These im Descartesschen Weltbild zurückverfolgt werden kann.

Die Sprache einer Fundamentaltheorie enthält Verfeinerungen von Kategorienbegriffen wie z.B. Kausalbegriffen, die beim Aufbau qualitativer Weltbilder benutzt worden sind. Die Hypothesen in der W-Komponente einer Fundamentaltheorie sind nicht identisch mit den Einzelheiten eines Weltbildes in einem Paradigma. Bei der Entwicklung von Fundamentaltheorien kommt es zu charakteristischen Transformationen. Die Begriffe in $I_W$ sind feiner und präziser als die entsprechenden Begriffe in einem qualitativen Weltbild. Die Hypothesen in W sind nicht mehr untestbar wie ihre Vorfahren. Sie sind verknüpft mit Hypothesen in Spezialtheorien (Theorien der Ordnung 3), mit Hypothesen in Erklärungsmustern (Synthesen der Ordnung 2) und mit Hypothesen der Ordnung 1, die durch Beobachtungen (experimenteller oder sonstiger Art) getestet werden können. Solche Verknüpfungen machen W-Hypothesen (zumindest teilweise) entscheidbar. Die Transformationen von einem qualitativen (naturphilosophischen) Weltbild in einem Paradigma zu einer Komponente einer Fundamentaltheorie kann man als *partielle Artikulation* eines Paradigmas beschreiben, d.h. es handelt sich um eine ähnliche Entwicklung, wie sie bei thematischen Diskussionen über Paradigmenfragen auftritt.

Diese Beschreibung ist nicht ganz korrekt. Sie muß noch vervollständigt werden. Man kann durch Fallstudien über Theorienentwicklungen zeigen, daß die Vorgänge, die ich als Erkenntnisgewinnung der Ordnung 2, 3 und 4 bezeichnet habe, miteinander in beiden Richtungen wechselwirken (sowohl von einer tieferen zu einer höheren als auch von einer höheren zu einer tieferen Ordnung).

Eine durch Fallstudien gewonnene Korrektur der These, daß Fundamentaltheorien Artikulationen der ontologischen Komponenten sind, bedeutet jedoch keine Abschwächung der allgemeineren These, daß die Ergebnisse der Forschungsarbeit Spuren von Paradigmen beinhalten. Solche Fallstudien stützen im Gegenteil eine Anzahl von weiteren Behauptungen, die die Hauptthese verstärken. Bei Erklärungen suchen die Forscher oft in den Weltbildern ihrer Paradigmen nach Explanans-Hypothesen. Einige dieser Hypothesen können in eine höhere Ordnung 3 oder 4 übergeführt und so (nach einigen Modifikationen) in die W-Komponente einer Fundamentaltheorie eingeschlossen werden.

## J. Beziehungen zwischen Fundamentaltheorien (der Ordnung 4) und Theorien niedrigerer Ordnung (Spezialtheorien der Ordnung 3 und Erklärungsmuster der Ordnung 2)

Im vorhergehenden Abschnitt habe ich angedeutet, daß das Testen (und Bestätigen) von Weltbild-Hypothesen eine Frage der Verknüpfung einer Fundamentaltheorie (W, $I_W$, $P_W$) mit Theorien niedrigerer Ordnung darstellt. Wie werden solche Verknüpfungen hergestellt?

Die Hypothesen in W beschreiben Muster, die man in verschiedenen Teilen, X, Y, Z der Welt für realisiert hält. Es seien $\hat{X}$, $\hat{Y}$, $\hat{Z}$ ... Theorien über X, Y, Z ... In Übereinstimmung mit dem LFP-Modell können wir diese Theorien $\hat{X}$, $\hat{Y}$, $\hat{Z}$ ... durch Tripel (H, I, P), (H ', I ', P '), (H '', I '', P '') ... darstellen, wobei H, H ', H '' ... Mengen von Hypothesen sind, die Sachverhalte von X, Y, Z ... beschreiben. Da angenommen wurde, daß die durch die Fundamentaltheorie (W, $I_W$, $P_W$) beschriebenen Muster in X, in Y, in Z ... realisiert sind, haben wir gute Gründe für die Erwartung, daß einige Hypothesen in H, H ', H '' ... mit einigen Hypothesen in W in folgender Weise eng verknüpft sind: Eine Hypothese w aus W wird in eine Hypothese h (h ', h '', ...) der Sprache I (I ', I '', ...) der Theorie $\hat{X}$ ($\hat{Y}$, $\hat{Z}$, ...) übersetzt. Diese übersetzten Versionen der W-Hypothesen werden in dem Teil der Spezialtheorien lokalisiert sein, der als ihr Zentrum beschrieben werden könnte. Das Zentrum einer Theorie (H, I, P) über ein Gebiet X ist zusammengesetzt aus Hypothesen, die den Status von fundamentalen Annahmen oder Postulaten haben.

Beispiel
Wir können eine der Hypothesen in Newtons allgemeiner Theorie der Kausalität in der folgenden Art formulieren.

$$E_B(A) = C(A \leftarrow B)$$

Dabei repräsentiert die einstellige Größe $E_B(A)$ eine Wirkung (effect) an einem Gegenstand A aufgrund der Einwirkung (action) eines Gegenstandes B auf A, und die zweistellige gerichtete Größe $C(A \leftarrow B)$ repräsentiert die Einwirkung (action), die B auf A ausübt. Diese Formel wird übersetzt in die Sprache einer Spezialtheorie der klassischen Mechanik (das ist die Familie der Theorien, die auf Newtons allgemeiner Theorie der Kausalität und auf seinen Theorien über Raum und Zeit beruhen) durch folgende zwei Übersetzungsregeln, durch

$$E_B(A) = m\vec{a}$$

(wobei m die Masse und $\vec{a}$ die Beschleunigung des Körpers A ist) und durch

$$C(A \leftarrow B) = \vec{F}$$

(wobei $\vec{F}$ die Kraft ist, die B auf A ausübt).

Übersetzungen von Hypothesen aus W in zentrale Hypothesen einer Spezialtheorie sind mit anderen Hypothesen aus H so verknüpft wie in deduktiven Argumenten Prämissen mit Konklusionen verknüpft sind (die Konklusionen könnten als periphere Hypothesen innerhalb der betreffenden Theorien beschrieben werden). Diese deduktiven Argumente, die Teile (von der Ordnung 2) von Spezialtheorien darstellen, sind entweder Erklärungsmuster (wenn ihre Konklusionen bestätigt worden sind) oder im anderen Fall antizipatorische Muster, die ebenfalls als (virtuelle) Erklärungsmuster beschrieben werden könnten.

Bis jetzt habe ich zwei Verknüpfungen einer Hypothese w aus W mit der Erfahrung vorgeführt:
a) w wird in eine zentrale Hypothese h übersetzt und
b) h impliziert (zusammen mit anderen Hypothesen) eine periphere Hypothese k.

Ein dritter Schritt besteht in der Verknüpfung von k mit Bestätigungsmaterial e (evidence).

Die Operationen
— der Übersetzung einer Weltbild-Hypothese w aus einer Fundamentaltheorie in Hypothesen aus dem Zentrum einer Spezialtheorie und
— der Konstruktion von (gemeinsamen oder virtuellen) Erklärungsmustern, in denen als Prämissen Übersetzungen von w enthalten sind,
bilden ein Netzwerk, das man als *Bestätigungsstruktur für w* beschreiben könnte.

Alle oben erwähnten Konklusionen in Erklärungsmustern bilden das virtuelle positive Bestätigungsmaterial für w. Es sei k aus der Menge des virtuellen Bestätigungsmaterials für w. Durch die Bestätigung in einem bei der empirischen Überprüfung durchgeführten Test wird k in eine genuine positive Bestätigung für w übergeführt.

Wenn andererseits k widerlegt und durch eine andere Hypothese k' ersetzt wird (die anstelle von k bestätigt wird), dann muß mindestens *eine* der Prämissen, aus denen k abgeleitet wurde, durch eine andere Hypothese ersetzt werden, die mit ihr nicht kompatibel ist. Wenn w durch w' ersetzt wird, dann muß jedes (genuine oder virtuelle) Erklärungsmuster, zu dem w gehört, überprüft werden, eine mühsame Arbeit, wenn die Bestätigungsstruktur von w umfangreich ist.

Eine solche Operation könnte auch die Auswirkung haben, daß außer w noch andere Hypothesen aus der W-Komponente der Fundamentaltheorie (W, $I_W$, $P_W$) ersetzt werden müssen. Es ist deshalb vernünftig, w beizubehalten und stattdessen eine oder mehrere Prämissen in dem Erklärungsmuster, zu dem k gehört, auszutauschen. Eine solche Operation wird zu dem erwünschten Effekt führen, daß k (indem es zu ihrer möglichen Bestätigung beiträgt) in eine stützende Bestätigung für w umgewandelt wird.

Diese Überlegungen stützen die These von Lakatos, daß in den von ihm sogenannten „Forschungsprogrammen" ein „harter Kern" existiert. Sie stützen sogar die weitergehende These, daß die Lakatos'schen Forschungsprogramme *vernünftigerweise* einen harten Kern enthalten.

Was ich bisher gesagt habe, impliziert jedoch nicht die darüber hinausgehende These, daß Weltbild-Hypothesen niemals aufgegeben werden sollten. Es könnte sein, daß die Fundamentaltheorie einer Familie von Theorien unvereinbar ist mit der Fundamentaltheorie einer anderen Familie. Wenn eine solche Situation auftritt, dann ist es notwendig, mindestens eine dieser Theorien zu modifizieren.

Situationen dieser Art gingen Einsteins Konstruktion der speziellen und der allgemeinen Relativitätstheorie voraus. Die Fundamentaltheorie der klassischen Mechanik ist nicht vereinbar mit der der klassischen Elektrodynamik. Dies war die Problemsituation, in der die spezielle Relativitätstheorie entstanden ist.

Die Fundamentaltheorie der speziellen Relativitätstheorie ist nicht vereinbar mit Newtons Gravitationstheorie. Das war die Problemsituation, aus der die allgemeine Relativitätstheorie erwachsen ist (darüber später mehr).

## K. Die Ansatzstellen der Naturphilosophie

Die Geschichte der Wissenschaft und die allgemeine Geistesgeschichte zeigt, daß die Naturphilosophie an verschiedenen Stellen des „globus intellectualis" angesiedelt sein kann, nämlich

a) *in Situationen, die der Geburt einer wissenschaftlichen Disziplin vorausgehen.* Die vorsokratischen Spekulationen sind Beispiele für eine solche Stellung der Naturphilosophie. Trotz des großen Abstands zwischen ihrem Denken und dem von wissenschaftlichen Untersuchungen haben sich einige ihrer Werke als für die Wissenschaft von großer Bedeutung erwiesen. Demokrits atomistisches Weltbild hat im Werk der Heroen der wissenschaftlichen Revolution im 17. Jh. eine wichtige Rolle gespielt.

b) *in Situationen, in denen neue wissenschaftliche Disziplinen geschaffen werden.* Die mechanistischen Naturphilosophen des 17. Jh. arbeiteten fruchtbar mit den Pionieren und Meistern der frühen modernen Physik zusammen.

c) *in Situationen, in denen schon Familien von auf Fundamentaltheorien beruhenden Theorien geschaffen worden sind.* Ein gutes Beispiel sind Faradays Spekulationen über elektromagnetische Phänomene.

## L. Aufgaben der Naturphilosophie

In Übereinstimmung mit den oben dargelegten Auffassungen von der Stellung der Philosophie in der Wissenschaft kann man folgende Aufgabentypen für eine Naturphilosophie unterscheiden:

1) Philosophische Spekulationen über die Natur der Welt können dazu dienen, Paradigmen aufzubauen, die sich als effiziente Voraussetzungen für wissenschaftliche Untersuchungen herausstellen können.

2) Theoretische Bemühungen können zu Umformungen der qualitativen Weltbilder in Bestandteile von Fundamentaltheorien führen. Diese Art von Arbeit, die als konstruktive Grundlagenforschung beschrieben werden kann, ist eine Mischung von philosophischen und theoretischen Untersuchungen.

3) Einige Philosophen oder Forscher können sich der Aufgabe widmen, die grundlegen-

den Annahmen in einer Anzahl von Spezialtheorien aufzudecken und sie in einer geeigneten Weise (z.B. in einem deduktiven System) darzustellen.

4) Die Arbeit der Axiomatisierung wird häufig kombiniert mit der kritischen Prüfung der Glaubwürdigkeit von bestimmten Komponenten der Fundamentaltheorie. Inkonsistenzen zwischen den Weltbildern von zwei oder mehr Fundamentaltheorien lassen viele Zweifel aufkommen.

5) Solche Zweifel veranlassen Veränderungen mit dem Ziel, die Inkonsistenz zu beseitigen.

6) Ein weiterer Aufgabentyp besteht in dem Versuch, Fundamentaltheorien, z.B. FT und FT ', zu einer Theorie FT ' ' (der Ordnung 4) zu vereinigen, die als Basis für eine Familie von Theorien dienen kann, die umfangreicher als jene ist, die nur auf FT oder auf FT ' allein basieren. Das ist eine Vereinheitlichungsaufgabe.

In den restlichen Abschnitten dieses Aufsatzes möchte ich einige dieser Aufgaben illustrieren, indem ich Material aus der klassischen Physik (der Physik vor der Quantenmechanik) benutze.

## *M. Ein bedeutender Paradigmenkonflikt aus der Geschichte der Physik*

Was sich auf der Weltbild-Ebene der Physik des 17., 18. und 19. Jh. ereignete, kann man beschreiben als Auseinandersetzung zwischen zwei Arten von Paradigmen, nämlich

— Paradigmen von Newtonschen Typ, in denen die Vakuum-, die Fernwirkungs- und Korpuskularthese des Lichts enthalten sind, und
— Paradigmen des Huygensschen Typs, die die Plenum-, die Nahwirkungs- und Wellenthese des Lichts enthalten.

Newtons Paradigma war eine effiziente Voraussetzung für die Entwicklung einer Gravitationstheorie und anderer zu der klassischen Mechanik gehörender Theorien. Huygens war nicht fähig, eine befriedigende Gravitationstheorie hervorzubringen, da seine Ontologie einen Formalismus erforderte, der komplexer war als der von der Newtonschen Ontologie geforderte. Die Plenum-These erfordert, daß ein geeigneter Formalismus mit mathematischen Hilfsmitteln ausgerüstet sein sollte, die es gestatten, Zustände eines Plenums zu beschreiben (in der Form von partiellen Differentialgleichungen). Weiter sollte er Techniken zur Lösung einer solchen Gleichung enthalten. Die Mathematik, die den Physikern des 17. Jh. zur Verfügung stand, verfügte nicht über solche Möglichkeiten.

Die Tatsache, daß Newton im Aufbau einer Gravitationstheorie erfolgreich war, Huygens aber nicht, beweist nicht die Überlegenheit von Newtons Ontologie über die von Huygens — nicht einmal im Hinblick auf die Gravitation (später mehr darüber).

Diese zwei Ontologien sind Startpunkte für verschiedene Entwicklungslinien in dem Bereich der Optik. Wenn Licht ein Teilchenschwarm ist, wie es Newton glaubte, dann ist die Annahme vernünftig, daß Gravitationskräfte auf Lichtstrahlen einwirken, so daß sich Lichtstrahlen krümmen, wenn sie nahe am Rand der Sonne vorbeilaufen.

Es sollte demnach möglich sein, während einer totalen Sonnenfinsternis auch solche

Sterne zu sehen, die hinter der Sonne liegen. Diese qualitative Antizipation wurde 1919 durch Beobachtungen verifiziert. Aber eine darüber hinaus gehende quantitative Antizipation des Betrags der Krümmung, die auf Newtons Korpuskularhypothese und seiner Gravitationstheorie beruhte, ist zugunsten einer Alternativhypothese widerlegt worden, die auf Einsteins allgemeiner Relativitätstheorie beruht.

Newtons Ontologie führt zu der viel weiterreichenden Antizipation, daß Lichttheorien ein Teil der Theorien der klassischen Mechanik werden sollten. Den Interferenzerscheinungen des Lichtes (die zur Zeit von Newton und Huygens bekannt waren) kann man besser vom Blickpunkt des Huygensschen als vom Blickpunkt des Newtonschen Weltbildes gerecht werden. Für jemanden, der die Huygenssche Weltauffassung akzeptiert hat, sollte die Optik sich anders entwickeln als die Anhänger Newtons es vermuten würden.

Die Geschichte der Physik hat die Huygensschen Erwartungen gerechtfertigt. Forschungen in der Optik und im Elektromagnetismus haben eine Familie von Theorien hervorgebracht (nämlich die klassische Elektrodynamik), die auf einer Fundamentaltheorie beruht, welche als mathematisierte Artikulation des Huygensschen Paradigmas aufgefaßt werden kann.

Am Ende des 19. Jh. findet man zwei Familien von Theorien, von denen die eine mit der Newtonschen und die andere mit der Huygensschen Art von Paradigmen verbunden ist. Diese Fundamentaltheorien sind wie ihre paradigmatischen Voraussetzungen nicht miteinander vereinbar. Einsteins Arbeit zur speziellen Relativitätstheorie beseitigte einen Teil dieser Diskrepanz. Der Teil der klassischen Mechanik, in dem nur lokale Wirkungen betrachtet werden, konnte zu einer Theorie modifiziert werden, die mit der Fundamentaltheorie der klassischen Elektrodynamik verträglich und kombinierbar ist.

Einsteins Paradigma bei der Konstruktion der speziellen Relativitätstheorie ähnelt weit mehr dem Huygensschen als dem Newtonschen Paradigma. Er akzeptierte Huygens' Plenumthese in Form der Feldtheorie. Er akzeptierte die Nahwirkungstheorie und eine Wellentheorie des Lichts. Die Konstruktion der speziellen Relativitätstheorie beseitigte jedoch nicht völlig den Konflikt zwischen den Fundamentaltheorien in der klassischen Mechanik auf der einen und in der klassischen Elektrodynamik auf der anderen Seite.

Die klassische Gravitationstheorie ist mit der speziellen Relativitätstheorie nicht verträglich. Diese Diskrepanz veranlaßte Einstein, sich einem zweiten Reformprogramm zuzuwenden, das letztlich zu seiner Gravitationstheorie führte.

Vor dem Hintergrund des gerade entworfenen Bildes zweier einander widerstreitender Arten von Paradigmen will ich im nächsten Abschnitt die Abfolge von Gravitationstheorien in Umrissen darstellen.

## N. Paradigmenwechsel bei Gravitationstheorien

Die Übergänge von Newtons zu Einsteins Gravitationstheorie über Poissons statische Feldtheorie sind von Paradigmenwechseln begleitet, in denen
a) die Vakuum-These v in Newtons Weltbild durch eine Plenum-These oder genauer durch eine Feld-Theorie ft ersetzt wurde,

b) die Fernwirkungsthese d in Newtons Ontologie durch eine alternative These ersetzt wurde.

zu a) (Wechsel von v zu ft): Nach Newtons Weltbild ist das Universum aus einer Ansammlung von materiellen Gegenständen zusammengesetzt, die sich unter der Einwirkung von Gravitationskräften durch den leeren Raum bewegen. Dieses Bild wurde wie folgt modifiziert:

Jeder Gegenstand wird von einem Gravitationsfeld begleitet. Dieses Feld hat keine Wechselwirkung mit seinem materiellen Träger. Wir können also eine Substanz A wie folgt beschreiben:

$$A = A^* \dotplus A^{**},$$

dabei ist $A^*$ der materielle Kern der Substanz und $A^{**}$ ihr Feld. Während $A^*$ immer ein begrenztes Raumgebiet einnimmt, gilt dies nicht für den Feldanteil $A^{**}$, der sich tatsächlich über den ganzen Raum erstreckt.

Die Behauptung, daß $A^*$ und $A^{**}$ nicht wechselwirken, kann mit Hilfe der folgenden Formeln beschrieben werden

$$E_{A^{**}}(A^*) = O,$$
$$E_{A^*}(A^{**})) = O,$$
$$C(A^* \leftarrow A^{**}) = O \text{ und}$$
$$C(A^{**} \leftarrow A^*) = O.$$

zu b) Die Nahwirkungstheorie behauptet, daß der Feldanteil einer Substanz A auf eine andere Substanz B in der folgenden Weise wirkt

$$E_A(B) = E_{\bar{A}^{**}}(B^*)$$

und

$$C(B \leftarrow A) = C(B^* \leftarrow \bar{A}^{**})$$

Dabei ist $\bar{A}^{**}$ der Teil des Feldes $A^{**}$, an dem der materielle Kern $B^*$ von B lokalisiert ist.

Darüber hinaus nimmt man an, daß das Feld $A^{**}$ einer Substanz A niemals auf den Feldanteil $B^{**}$ einer anderen Substanz B wirkt:

$$E_{A^{**}}(B^{**}) = O \text{ und}$$

$$C(B^{**} \leftarrow A^{**}) = O$$

a) und b) führen zu einer Modifizierung von Newtons Raumbegriff. Wenn jede Region des Raumes durch die Feldanteile von allen Substanzen des Universums besetzt ist, dann kann man postulieren

$$\text{Physikalischer Raum} = U^{**}$$

$U^{**}$ ist dabei der Feldanteil der Vereinigung U aller Substanzen der Welt. Solche Ausdrücke der Newtonschen Gravitationstheorie wie

$E_Ö(A)$, $E_A(Ö)$, $C(A \leftarrow Ö)$ und $C(Ö \leftarrow A)$

(wobei Ö für den leeren Raum steht) werden in einer Theorie der Kausalität, die den Feldbegriff enthält, durch folgende Ausdrücke ersetzt

$E_{U^{**}}(A^*)$, $E_{A^*}(U^{**})$, $C(A^* \leftarrow U^{**})$ und $C(U^{**} \leftarrow A^*)$

Dieses modifizierte Weltbild führt zu strategischen Konsequenzen. Zur neuen Strategie gehören folgende *Aufgaben:*
1) Mittel zur Beschreibung von Feldzuständen zu finden und
2) zu beschreiben, wie ein Feld lokal auf den materiellen Kern einer Substanz wirkt.

*Lösungen:*
Der physikalische Raum $U^{**}$ wird wie folgt repräsentiert ($\hat{=}$)

$$U^{**} \hat{=} (M^{(3)}, \varphi, g)$$

Dabei ist $M^{(3)}$ eine dreidimensionale differenzierbare Mannigfaltigkeit von möglichen Orten, $\varphi$ eine skalare Funktion auf $M^{(3)}$, die als Gravitationspotential charakterisiert wird, und g ein symmetrisches metrisches Tensorfeld vom Rang 2.

$\varphi$ erfüllt die Poisson-Gleichung

$$\Delta \varphi + 4\pi \rho = O$$

Dabei ist $\Delta$ der Laplace-Operator

$$\frac{\partial^2}{\partial x^2} + \frac{\partial^2}{\partial y^2} + \frac{\partial^2}{\partial z^2}$$

und $\rho$ eine skalare Feldfunktion, die die Massendichte am Ort (x, y, z) repräsentiert.

g erfüllt die Bedingung

$$R = O$$

wobei R ein Krümmungstensorfeld vom Rang 4 ist. Die Bedingung $R = O$ sagt aus, daß der Raum euklidisch ist (in Übereinstimmung mit Newtons Raumbegriff).

Zur Feldgleichung der Gravitation (zur Poisson-Gleichung) und zur Gleichung $R = O$ wird eine Bewegungsgleichung hinzugefügt:

$$\vec{a} = -\nabla \varphi$$

Sie beschreibt, wie die Beschleunigung $\vec{a}$ eines materiellen Gegenstandes durch das Gravitationsfeld am entsprechenden Ort beeinflußt wird.

*Übergang zu Einsteins Gravitationstheorie*
Poissons Theorie ist mit der speziellen Relativitätstheorie (SR) nicht verträglich und auch nicht mit der klassischen Elektrodynamik. Sie muß also reformiert werden.

Die verbale Formel

$$\text{Physikalischer Raum} = U^{**}$$

muß durch die verbale Formel

$$\text{Physikalische Raum-Zeit} = U^{**}$$

ersetzt werden.

Die Repräsentation

$$U^{**} \stackrel{\wedge}{=} (M^{(3)}, \varphi, g)$$

muß ersetzt werden durch die Repräsentation

$$U^{**} \stackrel{\wedge}{=} M^{(1+3)}, \varphi, g)$$

Dabei ist $M^{(1+3)}$ eine (1+3)-dimensionale Mannigfaltigkeit von Punkten der Raum-Zeit. $\varphi$ ist ein skalares Gravitationspotential, das im folgenden eliminiert wird, und g ist ein metrisches Tensorfeld.

Die Strategie, die Einstein anwandte, schließt heuristische Leitlinien in Gestalt folgender Korrespondenzprinzipien ein.

KP1: Die neu zu konstruierende Gravitationstheorie E muß mit SR verträglich sein.

KP2: Unter Bedingungen, wie sie näherungsweise im Sonnensystem erfüllt sind (symmetrisches Feld um den Zentralkörper und Planetengeschwindigkeiten, die sehr klein im Vergleich zur Lichtgeschwindigkeit sind), muß E näherungsweise mit Poissons Gravitationstheorie äquivalent sein.,

KP1 kann wie folgt verschärft werden:

KP1': E sollte überall im Universum mit SR lokal äquivalent sein.

In SR gibt es den Begriff einer Gravitationskraft nicht. Aus KP1' folgt, daß ein Körper, der nach Poissons Gravitationstheorie durch ein Gravitationsfeld beeinflußt wird, eine Geodätengleichung erfüllen sollte, die in folgender indexfreier Notation geschrieben werden kann:

$$\dot{u} + u \cdot \Gamma \cdot u = O.$$

Dabei ist u ein vierkomponentiger Geschwindigkeitsvektor, $\dot{u}$ ein vierkomponentiger Beschleunigungsvektor und $\Gamma$ eine Affinität. Diese Gleichung sollte zur Gleichung

$$\vec{a} = -\nabla \varphi$$

in Poissons Theorie äquivalent sein (unter den in KP2 angegebenen Bedingungen).

Aus dieser postulierten Äquivalenz kann man folgern, daß

$$g_{00} = 1 + 2\varphi.$$

Diese Formel liefert die Rechtfertigung für die Elimination der $\varphi$-Funktion in der oben vorgeführten Repräsentation der Raum-Zeit. Wir kommen also zu folgender Darstellung

$$U^{**} = (M^{(1+3)}, g)$$

Da $\varphi$ eliminiert wurde, kann g die Bedingung R = O nicht mehr erfüllen, weil es dann keine Gravitation im Universum geben würde. Mit anderen Worten: Eine Raum-Zeit, die Gravitation beinhaltet, muß gekrümmt sein.

Die nächste Aufgabe ist, die Poisson-Gleichung

$$\Delta\varphi + 4\pi\rho = O$$

durch eine neue Feldgleichung zu ersetzen, durch die die Metrik der Raumzeit, wie sie durch das Tensor-Feld g beschrieben wird, mit der Anwesenheit von Materie und elektromagnetischen Feldern im Universum verknüpft wird.

Einstein benutzte folgende Anhaltspunkte, die durch die zwei Korrespondenzprinzipien KP1' und KP2 nahegelegt waren:

1) Die Feldgleichung muß die Form

$$G + T = O$$

haben, wobei G ein symmetrisches Tensorfeld vom Rang 2 ist, das zur Familie der Krümmungstensorfelder gehört. Weiter gilt

$$T = M + E,$$

dabei ist M ein symmetrisches Tensorfeld vom Rang 2, das die Materie repräsentiert und E ein symmetrisches Tensorfeld vom Rang 2, das ein elektromagnetisches Feld repräsentiert.

2) T muß gemäß KP1' die Bedingung

$$\nabla \cdot T = O \text{ oder}$$

$$\nabla \cdot M + \nabla \cdot E = O$$

erfüllen. Diese Formel aus SR beschreibt, wie ein elektromagnetisches Feld auf die Materie wirkt.

3) Wenn in einer Region der Raumzeit keine Materie und kein elektrisches Feld anwesend ist, dann muß unter den in KP2 angegebenen Bedingungen die neue Feldgleichung G = O mit der Gleichung $\Delta\varphi = O$ äquivalent sein. Die Bedingung 2) führt zu dem Schluß, daß G die Bedingung $\nabla \cdot G = O$ erfüllen muß. Ein symmetrischer Krümmungstensor vom Rang 2, der diese Bedingung erfüllt, ist das sogenannte Einstein-Tensorfeld.

Diese Leitlinien führten Einstein zur Aufstellung seiner Feldgleichungen der Gravitation

$$G + T = O$$
$$\text{mit } T = M + E$$

(Die Gravitationskonstante $\kappa$ wurde der Einfachheit halber unterdrückt. Man kann $\kappa$ den Wert 1 geben, wenn man geeignete Dimensionen und Einheiten wählt).

Die Feldgleichung G + T = O muß nicht durch eine Bewegungsgleichung ergänzt werden: Wenn man E eliminiert und ein Materialfeld M wählt, das einen inkohärenten Teilchenschwarm (M = $\mu$uu) repräsentiert, dann kann man von der Feldgleichung eine Geodätengleichung ableiten, die die Bewegung eines materiellen Objekts in einem Gravitationsfeld repräsentiert.

## O. Bemerkungen zu ontologischen Verschiebungen in der Abfolge der Gravitationstheorien von Newton, Poisson und Einstein

1) *Newtons Weltbild*. Die Welt besteht aus materiellen Gegenständen A, B, C, ... die Punkte in einem leeren euklidischen Raum Ö einnehmen und aufeinander auch über Entfernungen ohne Vermittlung Wirkungen ausüben. Die Gegenstände bewegen sich in einer gleichförmigen Zeit. Licht besteht aus kleinen Teilchen (Korpuskeln), die aus Lichtquellen emittiert werden.

2) *Poissons Weltbild*. Die Welt besteht aus Substanzen A, B, C, ... von denen jede aus einem materiellen Kern und einem immateriellen Feld zusammengesetzt ist. Materielle Gegenstände können nur wechselwirken, wenn sie in unmittelbarem Kontakt stehen. Felder wirken lokal auf materielle Gegenstände. Der Raum ist das Feld U** der Gesamtheit U aller Objekte im Universum. U** ist die Überlagerung der Feldanteile aller Substanzen im Universum, d.h.

$$U^{**} = A^{**} + B^{**} + C^{**} + ...$$

U** wirkt auf jeden materiellen Kern im Universum, d.h.

$E_{U^{**}}(A^*) \neq O$ für jedes $A^*$.

Das Feld U** wird durch die Poissonsche Feldgleichung beschrieben, die eine *lineare* partielle Differentialgleichung ist.

3) *Einsteins Weltbild*. Das Universum ist aus materiellen Gegenständen A*, B*, ... und einem *allen gemeinsamen* Feld U** zusammengesetzt. U** wird *nicht* aufgebaut aus Beiträgen von „privaten" Feldern (wie in Poissons Ontologie). In der Tat könnte man behaupten, daß es keine „privaten" Felder gibt. Dieser Zug spiegelt sich in der Natur der Feldgleichungen in Einsteins Gravitationstheorie

$$G + T = O$$

wie folgt: Diese Feldgleichung ist im Gegensatz zu Poissons Gleichung *nicht linear*. Diese Nichtlinearität schließt aus, daß das Feld U** als lineare Überlagerung der zu den individuellen Substanzen des Universums gehörenden Felder angesehen werden kann.

Die kausale Struktur von Einsteins Universum unterscheidet sich von der des Poissonschen Universums. U** wirkt auf jedes materielle Objekt in der Welt Poissons, aber dies ist nicht so in Einsteins Welt. Der zweite Teil dieser Behauptung wird durch das folgende Argument gestützt.

Diese Gleichung $\nabla T = O$, die sowohl in der speziellen als auch in der allgemeinen Relativitätstheorie gilt, kann wie folgt als kausale Aussage interpretiert werden:

$$T = M + E$$

Dabei ist M ein Tensorfeld, das die Materie repräsentiert und E ist ein Tensorfeld, das ein elektromagnetisches Feld repräsentiert.
$\nabla \cdot T = O$ kann also in der Form

$$\nabla \cdot M = -\nabla \cdot E$$

geschrieben werden, die als Übersetzung der Formel

$$E_B(A) = C(A \leftarrow B)$$

einer allgemeinen Kausalitätstheorie angesehen werden kann, wenn man folgende Übersetzungsregeln benutzt:

$$E_B(A) \leftarrow \nabla \cdot M \text{ und}$$
$$C(A \leftarrow B) = -\nabla \cdot E$$

Die Gleichung

$$\nabla \cdot M = -\nabla \cdot E$$

beschreibt nach dieser Interpretation, wie ein elektromagnetisches Feld auf materielle Objekte wirkt.

In Analogie mit dieser Interpretation können wir die Formel

$$\nabla \cdot T = -\nabla \cdot G$$

(die aus den Feldgleichungen in Einsteins Gravitationstheorie abgeleitet wird) ansehen als Beschreibung einer (wie sich herausstellen wird: Pseudo-) Wirkung eines Feldes $U^{**}$ auf das durch T repräsentierte Feld.

$-\nabla \cdot G$ korrespondiert mit dem Ausdruck $C(A \leftarrow U^{**})$ in der Sprache einer allgemeinen Kausaltheorie. Die Übersetzungsregel ist

$$C(A \leftarrow U^{**}) \rightarrow -\nabla \cdot G$$

Es ist $\nabla \cdot G = O$ nach Definition (dies ist eine definierende Bedingung des Einstein-Tensorfeldes).

*Konklusion:* Die Raumzeit wirkt auf kein materielles Objekt. Eine weitere Konklusion ist, daß die allgemeine Theorie der Kausalität in der Newtonschen Mechanik mit Einsteins Gravitationstheorie verträglich ist.

*Anmerkung:* Diese Theorie legt sich weder für noch gegen eine Fernwirkung ohne Vermittlung fest. (Für weitere Details vgl. mein Buch "A paradigm shift in theories of gravitation".)

## P. Zusammenfassung

Dieser Aufsatz beschäftigt sich mit der Rolle der Naturphilosophie in der Physik. Er baut auf einem allgemeinen Begriff eines Forschungsgebietes auf, nach dem jedes Forschungsgebiet zwei Arten von Aktivitäten enthält:
Untersuchungen (Projekte) und Paradigmenentwicklungen.

Paradigmen werden von Individuen getragen. Sie sind Voraussetzungen für das, was diese beitragen können, und sie wirken gleichzeitig als Regulatoren der Forschungsaktivitäten.

Das Paradigma eines einzelnen Forschers ist zusammengesetzt
— aus seinen Interessen (was er tun möchte),
— aus seinen Fähigkeiten (was er tun kann),
— aus seinem Weltbild (soweit der Objektbereich seiner Disziplin betroffen ist) und
— aus seiner Auffassung von seiner Disziplin, die eine strategische Komponente einschließt.

Eine Forschungsstrategie setzt sich zusammen aus
— einer Reihe von Aufgaben, die ein Forscher interessant und attraktiv findet,
— einer Methodologie (d.h. Auffassungen über mögliche Wege zur Bearbeitung dieser Aufgaben),
— einem Wissenschaftsideal, das allgemeine Orientierungslinien liefert.

Ein Projekt oder eine Untersuchung wird begrifflich gefaßt durch ein Modell, das „Laufendes Forschungsprogramm" genannt wird (und das zu einem gewissen Teil von den Ideen von Lakatos über Forschungsprogramme beeinflußt wurde). Ein laufendes Forschungsprogramm ist eine Folge von Ergebnistransformationen, die als Tripel (H, I, P) dargestellt werden. Dabei ist H eine Menge von Hypothesen über den Teil der Welt, der untersucht wird, I eine Menge von „soft-ware"- und eventuell auch von „hard-ware"- Instrumenten, die zur Lösung von Problemen bestimmt sind, die zur Menge P der Aufgaben und Probleme gehören.

Diese Transformationen unterliegen Regulationen, die einerseits aus kritischen Prüfungen Kr der Ergebnisse bestehen (Kr hat dabei eine Kontrollfunktion) und andererseits durch taktische Pläne Pl begleitet werden, die eine Steuerfunktion haben.

Kurz zusammengefaßt ist ein laufendes Forschungsprogramm eine Struktur, die in der folgenden Weise symbolisiert werden kann (und wobei die Pfeile für Transformationen stehen): → (H, I, P, Kr, Pl) →

Paradigmen spielen eine wichtige Rolle, wenn neue Projekte vorbereitet werden und wenn sie durchgeführt werden. Umgekehrt werden Paradigmen durch Untersuchungen beeinflußt: Interessen verschieben sich, Fähigkeiten entwickeln sich weiter, neues Wissen allgemeiner Art wird in die Weltbilder aufgenommen und die Wissenschaftsauffassungen sind von Veränderungen in der Wissenschaft betroffen. Paradigmen unterliegen auch Veränderungen eher aktiver Art: Einige Forscher (insbesondere wenn sie eine Krise erleben) versuchen die Paradigmen zu artikulieren, zu kritisieren und zu modifizieren. Die Pioniere in einem Forschungsgebiet schaffen neue Paradigmen. Die Arbeit an Paradigmen betrifft ontologische und methodologische Aspekte oder Themen.

Ein Thema wird aufgefaßt als eine Struktur, die aus einer Frage und einer (vollständigen oder unvollständigen) Menge von Antworten zusammengesetzt ist. Man sagt, daß ein Thema ein Paradigma erfaßt, wenn das Paradigma eine Antwort einschließt, die zum Thema gehört. Die Themen, die ein Paradigma erfassen, sind von einander nicht unabhängig. Methodologische Entscheidungen haben ontologische Voraussetzungen und Weltbilder haben strategische und damit methodologische Implikationen.

Die Arbeit an Paradigmen innerhalb einer wissenschaftlichen Disziplin kann wahlweise als thematische Diskussion oder als philosophische Aktivität *innerhalb* der Wissenschaft beschrieben werden. Sie ähnelt dem professionellen Philosophieren.

Eine wichtige Unterscheidung ist die zwischen der Philosophie *in* der Wissenschaft und der Philosophie *der* Wissenschaft.

Die Philosophie der Wissenschaft nützt anderen Forschern insofern, als sie ihnen bei der Auseinandersetzung in thematischen Diskussionen hilft.

Die Naturphilosophie findet sich an verschiedenen Stellen des „globus intellectualis" und sie erfüllt mehrere Funktionen.

1) Naturphilosophie ist der Schaffung von Disziplinen der Naturwissenschaft vorausgegangen. Sie hat einige der Weltbild-Hypothesen bereitgestellt, die in die Paradigmen der ersten Pioniere aufgenommen worden sind. Ein gutes Beispiel ist Demokrits atomistisches Weltbild.

2) Naturphilosophie ist eine der Quellen der Konstruktion von Fundamentaltheorien (eine andere Quelle sind theoretische Projekte). Eine Fundamentaltheorie wird nach dem Modell des laufenden Forschungsprogramms repräsentiert als Tripel $(W, I_W, P_W)$

Dabei besteht W aus Weltbildannahmen über gemeinsame Züge in verschiedenen Teilen der Welt. $I_W$ ist eine (im Fall der Physik mathematisierte) Sprache, in der diese Hypothesen ausgedrückt werden, und $P_W$ eine Menge von Aufgaben, die den Komponenten von W zugeordnet sind (einschließlich der Aufgabe, ihren kognitiven Status zu bestimmen).

Solche Theorien haben ihren Ursprung in naturphilosophischen Hypothesen *und* sie stellen Möglichkeiten bereit, diese zu testen. Eine Hypothese w in der W-Komponente einer Fundamentaltheorie wird in der folgenden Weise testbar.

a) w wird übersetzt in Hypothesen, die zu Spezialtheorien gehören.

b) Diese übersetzten Hypothesen werden als Prämissen in (genuinen oder virtuellen) Erklärungsmustern benützt, die zu diesen Spezialtheorien gehören.

Ihre Konklusionen sind Hypothesen, die in der empirischen Forschung getestet werden können. Soweit solche Explananda-Hypothesen bestätigt werden, dienen sie als stützendes Material für w.

Wenn eine von ihnen, z.B. k, widerlegt und durch eine andere, etwa k', ersetzt wird und wenn k' bestätigt wird, dann muß mindestens eine der Hypothesen im Explanans durch eine andere ersetzt werden. Wenn eine Übersetzung von w in einem solchen Explanans bei dieser Revision erhalten bleibt, dann erweist sich die neue Hypothese k' als ein

Bestandteil des Bestätigungsmaterials für w. Es ist vernünftig, Weltbildannahmen so entgegenkommend zu behandeln, weil das ihnen die beste Gelegenheit gibt, den Status einer vollentwickelten Erkenntnis zu erreichen. Die Lakatos'sche Behauptung über die „harten Kerne" in Forschungsprogrammen ist so nicht nur als eine historische Hypothese plausibel, sondern auch unter dem Aspekt der wissenschaftlichen Rationalität. Aber ein „harter Kern" muß nicht hart wie Diamant sein.

Es kann vorkommen (und es ist vorgekommen), daß zwei Fundamentaltheorien unverträglich sind. In diesem Fall muß mindestens eine von ihnen revidiert werden. Man kann die Entwicklung der Physik von der Zeit Newtons und Huygens bis zum Ende des 19. und zum Beginn unseres Jahrhunderts durch die Herrschaft zweier Familien von Paradigmen charakterisieren, die miteinander im Konflikt liegen. Eine Familie besteht aus Paradigmen, die Newtons Paradigma ähneln und die andere aus solchen, die dem Huygens'schen Paradigma ähnlich sind. Die Paradigmen der ersten Art haben zur klassischen Mechanik geführt und die der zweiten Art zur klassischen Elektrodynamik. Die Unverträglichkeit zwischen beiden Familien spiegelt sich wider in der Unverträglichkeit zwischen den Fundamentaltheorien, auf denen diese zwei Theorien beruhen.

Einsteins Projekt bei der Konstruktion der speziellen Relativitätstheorie kann als Reformarbeit angesehen werden. Sie führte zu einer Vereinigung der Elektrodynamik mit dem Teil der Mechanik, der lokale Wirkungen betrifft. Sein zweites Projekt, das zur allgemeinen Relativitätstheorie führte, brachte eine noch vollständigere Harmonisierung mit sich. Einsteins Paradigma gehört zu der Huygens'schen Familie. Er akzeptierte die Plenumthese in Form einer Feldtheorie, die Nahwirkungsthese (soweit der Elektromagnetismus betroffen ist) und die Wellentheorie des Lichts.

Am Ende des Aufsatzes habe ich auf der ontologischen Ebene die Umrisse der historischen Entwicklungen von Gravitationstheorien rekonstruierend nachgezeichnet. Der Schwerpunkt liegt dabei auf Paradigmenwechseln. Newtons Weltbild, nach dem das Universum aus materiellen Körpern besteht, die sich in einem euklidischen Raum unter dem Einfluß von Kräften mit großer Reichweite bewegen, wurde zunächst in das Weltbild von Poisson übergeführt, nach dem Substanzen im Universum von dualer Natur sind. Jede Substanz besteht aus einem materiellen Kern und einem „privaten" Feld. Der Raum wird identifiziert mit dem Gravitationsfeld der Gesamtheit der Substanzen des Universums. Dieses Feld wird durch eine euklidische Metrik und durch ein skalares Potentialfeld charakterisiert, das eine lineare Feldgleichung erfüllt.

Der Übergang von Poissons zu Einsteins Gravitationstheorie ist von zwei Korrespondenzprinzipien geleitet. Das eine Korrespondenzprinzip verknüpft die zu konstruierende Theorie mit der speziellen Relativitätstheorie und das andere verknüpft sie mit der Theorie von Poisson. Auf der Weltbildebene traten folgende wichtige Veränderungen ein. Die verbale Formel

$$\text{Physikalischer Raum} = \text{Gravitationsfeld des Universums}$$

wurde ersetzt durch die verbale Formel

$$\text{Physikalische Raum-Zeit} = \text{Gravitationsfeld des Universums}$$

Das Gravitationsfeld wurde nicht mehr als Überlagerung von Feldern aufgefaßt, sondern es galt als „kommunales" Eigentum der Materie und der Strahlung des Universums. Nach Poissons Auffassung wirkt das Gravitationsfeld des Universums auf jeden materiellen Körper, aber nach Einsteins Weltbild gibt es keine kausale Verknüpfung zwischen Raum-Zeit und Materie.

Diese „Kurzgeschichte" wurde erzählt, um die Bedeutung der Naturphilosophie in der Evolution der Physik zu illustrieren. Naturphilosophie gehört sowohl zur Philosophie *in* der Wissenschaft als auch zur Philosophie *der* Wissenschaft. Ich meine, daß diese zweifache Heimat der Naturphilosophie für alle Betroffenen sehr wichtig ist. Was professionelle Philosophen in der Naturphilosophie betreiben, kann Naturwissenschaftlern helfen, wenn diese sich mit Paradigmenfragen beschäftigen, und was Naturwissenschaftler tun (oder tun sollten) ist für die Wissenschaftsphilosophen von großer Bedeutung. Von einer solchen gegenseitigen Befruchtung sollten beide Seiten profitieren. Ohne sie bleibt die Naturphilosophie eine alte Jungfer.

# Q. Literaturverzeichnis

Bunge, M., Foundations of physics, New York 1968
Butterfield, H., The origins of modern science, London 1958
Dijksterhuis, E.J., Die Mechanisierung des Weltbildes, Berlin 1956
Elzinga, A., On a research program in early modern physics, Göteborg 1971
Grünbaum, A., Philosophical problems of space and time, New York 1963
Grünbaum, A., Geometry and chronometry in philosophical perspective. Minneapolis 1968
Hesse, M., Forces and fields, London 1961
Holton, G., Thematic origins of scientific thought. Kepler to Einstein, Cambridge (Mass.) 1973
Humpreys, W.C., Anomalies and scientific theories, San Francisco 1968
Jammer, M., Concepts of force, Cambridge (Mass.) 1961
Kuhn, T.S., Die Struktur wissenschaftlicher Revolutionen. Frankfurt 1973
Lakatos, I. & Musgrave, A. (eds.), Kritik und Erkenntnisfortschritt, Braunschweig 1974
Lanczos, C., The Einstein decade (1905-1915), London 1974
Lindsay, R.B., & Margenau, H., Foundations of physics, New York 1957
Mach, E., Die Mechanik in ihrer Entwicklung, Leipzig 1883
Mehra, J., Einstein, Hilbert and the theory of gravitation. Dordrecht 1974
Prokhovnik, S.J., The logic of special relativity, Cambridge 1967
Saunders, J.R., Ether and relativity, (Ph.D. thesis, University of New South Wales, Kensington (Australia) 1972)
Strauss, M., Modern physics and its philosophy, Dordrecht 1972
Törnebohm, H., A paradigm shift in theories of gravitation, Stockholm 1977
Törnebohm, H., Om forskningsfält. II. Tre fallstudier från fysikens äldre historia. Arkimedes, Torricelli och Newton. No 82 i, Reports from the Department of Theory of Science, series 1, 1976
Törnebohm, H., Paradigms in fields of research, in Niiniluoto, I., & Toumela, R. (eds.), The logic and epistemology of scientific change, Amsterdam 1979
Törnebohm, H., Physical space, in Svilar, M., & Mercier, A. (eds.), L'espace/space, Bern 1976
Törnebohm, H., Studier av kunskapsutveckling (Studies of knowledge formation) Bodafors 1983.
Törnebohm, H., The growth of a theoretical model, in Yourgrau, W., & Breck, A. (eds.), Physics, logic and history. New York 1968
Wartofsky, M.H., Conceptual foundations of scientific thought, New York 1968
Wolf, A., A history of science, technology and philosophy, Vol. I, New York 1959

Michael Drieschner

# Physik a priori?

Die Titelfrage knüpft an Kant an, der die Euklidische Geometrie ebenso wie die Newtonschen Gesetze für a priori gewiß gehalten hat. Wir wissen heute, daß beide nicht nur nicht a priori gewiß sind, sondern in gewissem Sinn falsch, Kant also hoffnungslos veraltet ist. Warum dann noch einmal das kantische Thema? — Weil die Probleme, die Kant in seiner theoretischen Philosophie lösen wollte, heute genauso ungelöst sind wie zu seiner Zeit. Wir haben allerdings inzwischen ungeheuer vieles über die Natur dazugelernt, das wir zu ihrer Ausbeutung benutzen können; wir sind in der Lage, die Natur zu vernichten (nur vielleicht nicht in der Lage, die Vernichtung zu verhindern) — aber wir verstehen nicht, was wir tun.

Die Entwicklung der modernen Physik, insbesondere der Quantenmechanik, gibt uns heute ganz andere Möglichkeiten des Verständnisses in die Hand. Ein großer Teil dieses Bandes ist demgemäß der modernen Physik gewidmet. — Seit der Entdeckung der Quantenmechanik ist um dieses Verständnis gerungen, teilweise heftig gestritten worden. Dabei standen sich praktisch immer zwei fundamental verschiedene Auffassungen gegenüber (vgl. den Aufsatz von Wheeler in diesem Band): Die eine, mit Albert Einstein als prominentestem Vertreter, hält sich eher an das Wirklichkeitsverständnis der klassischen Physik, nach dem die Wirklichkeit irgendwie „vorhanden" ist und in der Theorie formal abgebildet wird. Die andere Auffassung, vor allem vertreten von Niels Bohr, betont die menschliche Beteiligung am Prozeß der Naturerkenntnis und bezweifelt die Möglichkeit, die Wirklichkeit als etwas an sich Vorhandenes zu beschreiben. Die Quantenmechanik hat erst Anlaß gegeben, diese Fragen konkret zu diskutieren — Einstein hat die Quantenmechanik ja auch als höchstens vorläufig und als „unvollständig" angesehen.

In diesem Beitrag soll eine Auffassung dargestellt werden, die in der genannten Einteilung auf die Bohrsche Seite („Kopenhagener Schule") gehört. Die Frage nach einer Begründung der Quantenmechanik a priori hat allerdings Bohr nicht gestellt, sie hätte ihm wohl nicht gelegen. Dieser Ansatz stammt von C.F. v. Weizsäcker, mit dem zusammen der Autor an diesen Fragen gearbeitet hat (1, 2, 3).

Verständigen wir uns kurz über die beiden Begriffe im Titel dieses Beitrages:
1. Physik soll hier jede Theorie heißen, die mit ihren „Naturgesetzen" gestattet, auf Grund von gegenwärtigen Bedingungen empirisch prüfbare Voraussagen zu machen. Das ist also, als Prototyp, die auch im Wissenschaftsbetrieb so genannte Physik; ebenso ist aber die Chemie gemeint, sicher der größte Teil der Biologie und wohl auch Teile z.B. von Psychologie und Medizin, soweit sie naturwissenschaftlich arbeiten.
2. Den Begriff a priori wollen wir stark an seiner Bedeutung bei Kant orientieren. Der kantische Gegenbegriff ist „a posteriori", d.h. empirisch. Eine Erkenntnis a posteriori ist eine, die aus bestimmten einzelnen Erfahrungen abgeleitet worden ist (— wie immer das möglich sein mag). Eine Erkenntnis a priori braucht, im Gegensatz dazu, keine bestimmte

Einzelerfahrung zu ihrer Begründung. Kant schreibt in der Einleitung zur Kritik der reinen Vernunft (B1/2):

„Wenn aber gleich alle unsere Erkenntnis mit der Erfahrung anhebt, so entspringt sie darum doch nicht eben alle aus der Erfahrung. Denn es könnte wohl sein, daß selbst unsere Erfahrungserkenntnis ein Zusammengesetztes aus dem sei, was wir durch Eindrücke empfangen, und dem, was unser eigenes Erkenntnisvermögen (durch sinnliche Eindrücke bloß veranlaßt) aus sich selbst hergibt, welchen Zusatz wir von jenem Grundstoffe nicht eher unterscheiden, als bis lange Übung uns darauf aufmerksam und zur Absonderung desselben geschickt gemacht hat.

Es ist also wenigstens eine der näheren Untersuchung noch benötigte und nicht auf den ersten Anschein sogleich abzufertigende Frage: ob es ein dergleichen von der Erfahrung und selbst von allen Eindrücken der Sinne unabhängiges Erkennen gebe. Man nennt solche Erkenntnisse a priori, und unterscheidet sie von den empirischen, die ihre Quellen a posteriori, nämlich in der Erfahrung, haben."

Er unterscheidet von den „analytischen" Urteilen a priori, etwa zu erklären als „rein logische", die „synthetischen" Urteile a priori, mit denen wir uns hier befassen (B10):

„In allen Urteilen, worinnen das Verhältnis eines Subjekts zum Prädikat gedacht wird (wenn ich nur die bejahende erwäge, denn auf die verneinende ist nachher die Anwendung leicht), ist dieses Verhältnis auf zweierlei Art möglich. Entweder das Prädikat B gehört zum Subjekt A als etwas, was in diesem Begriffe A (versteckter Weise) enthalten ist; oder B liegt ganz außer dem Begriff A, ob es zwar mit demselben in Verknüpfung steht. Im ersten Fall nenne ich das Urteil analytisch, in dem andern synthetisch"

Kant führt später aus, was seiner Meinung nach synthetische Urteile a priori sein können. Er zählt dazu jedenfalls einen „reinen" Teil der Naturwissenschaft und entwirft eine Physik a priori, also eine Physik, deren Gültigkeit wir gewiß sein können ohne empirische Bestätigung, d.h. für die wir niemals eine empirische Widerlegung fürchten müssen, obwohl sie empirisch prüfbare Voraussagen gestattet.

Ist eine solche Physik möglich, ist sie überhaupt vorstellbar? — Daß sie vorstellbar ist, will ich im Folgenden plausibel machen, z.T. indem ich mögliche Ansätze zu einer Quantenmechanik a priori beschreibe. Ob eine Physik a priori wirklich vorgelegt wird, kann man heute nicht wissen — und wird man auch dann nicht wissen, wenn man einen Vorschlag für eine solche Physik a priori hält; denn man kann sich ja auch noch irren.

## 1. Mathematik als Naturwissenschaft

Betrachten wir zunächst, was überhaupt als synthetische Erkenntnis a priori in Frage kommt, zum Einstieg in unsere Frage nach der Physik. Kant nennt neben der Naturwissenschaft auch die Mathematik als Kandidatin. Wir würden als Heutige wohl weniger die Gewißheit der Mathematik in Frage stellen als ihren synthetischen Erkenntnischarakter: Wir verstehen die Mathematik als eine Sammlung von Sätzen, die entweder Axiome sind oder Theoreme; die Axiome werden willkürlich gesetzt und die Theoreme folgen aus den so gesetzten Axiomen „rein logisch" — d.h. Mathematik ist eigentlich der Prototyp „analytischer" Erkenntnis.

Diese Sicht kommt von unserem besonderen Verständnis der Axiomatik. Da wir in einer Begründung a priori auch axiomatisch arbeiten, lohnt sich eine nähere Betrachtung dieser Fragen.

*1.1 Geometrie*

Das Muster der mathematischen strengen Wissenschaft ist von der Zeit des Euklid bis zum Beginn der modernen Mathematik im 17. Jahrhundert die Geometrie gewesen: Pascal nennt den Mann des scharfen Verstandes géomètre; und ein Beweis ist nur dann wirklich schlagend, wenn er more geometrico geführt wird, nach Art der geometrischen Beweise. — Der Beweis in einem deduktiven System ist die große Erfindung der griechischen Mathematik. Den Babyloniern und Ägyptern waren zwar viele geometrische Tatsachen bekannt, z.B. der Satz des Pythagoras; aber solche Sätze galten als praktische Regeln etwa für Handwerker oder Bauern. Jede dieser Regeln stand für sich im Zusammenhang mit anderen Regeln eines Handwerks: Man wußte eben, wie man es machen muß, wenn man einen rechten Winkel für ein Haus abstecken oder — in einer ganz anderen Situation — nach der Nilflut die alten Grenzen wieder herstellen will. — Verglichen damit ist der Beweis eine große Entdeckung. Versuchen wir, das in bewußter Naivität nachzuvollziehen: Bei einem geometrischen Satz braucht man sich nicht mit dem tradierten Wissen, wie man etwas macht, zu begnügen, sondern man kann sich vergewissern, daß es so richtig ist, wie man etwas macht; ich kann jedem Gesprächspartner über allen Zweifel gewiß machen, daß es nicht anders sein kann. — In dieser Weise ist ein System entstanden, die Geometrie, durch die jede der vorher nur tradierten Regeln als wahr erwiesen werden kann. Die Wahrheit „beruht" natürlich auf irgend etwas, wie wir in der uns tradierten deduktiven Denkweise gleich feststellen. Wiederum in bewußter Naivität könnte man sagen: Wohl nicht jedem kann ich die Gewißheit verschaffen, daß eine geometrische Tatsache nicht anders sein kann, sondern nur jemandem, mit dem ich mich verständigen kann und der Selbstverständlichkeiten zu akzeptieren bereit ist, wie z.B., daß man mit einem Zeichen immer denselben Punkt meint, daß ein Dreieck nicht vier Ecken hat, oder daß es durch zwei Punkte immer eine Gerade gibt. — Die drei Beispiele sind so gewählt, daß sie die drei Bereiche berühren, die von uns heute als Voraussetzungen einer geometrischen Deduktion identifiziert werden: Das letzte gehört zu den geometrischen Axiomen, wie sie etwa Euklid nennt (Durch zwei Punkte geht immer eine Gerade); das zweite zu den Regeln der Logik (Ein Dreieck hat nicht vier Ecken); das erste deutet etwas an, das man mit P. Lorenzen „Protologik" nennen könnte, oder mit C.F. v. Weizsäcker „Logik zeitlicher Aussagen" (Mit einem Zeichen wird immer derselbe Punkt bezeichnet): Das sind diejenigen Bedingungen, die erfüllt sein müssen, damit überhaupt das Beweisen möglich ist; z.B. muß das Wiedererkennen von Zeichen, das Einsetzen von Zeichen für andere oder sprachliche Verständigung möglich sein. Die Axiomatik, z.B. in Euklids Elementen, nimmt von diesen Voraussetzungen einen Teil, der sich nicht auf jede Deduktion bezieht, sondern nur auf einen Bereich von Sätzen (hier die Geometrie), und formuliert diese speziellen Voraussetzungen als Axiome (bzw. „Postulate"), aus denen alle übrigen Sätze durch Deduktion folgen. Für die Mathematik abstrahiert Hilbert dann, folgerichtig, von der Frage, ob die Sätze wahr sind: Durch die Sätze (Axiome oder Theoreme) werden gewisse Begriffe miteinander verbunden — in der Geometrie etwa die Begriffe Punkt, Gerade, Ebene —, die schon vorher eine mehr oder minder präzise Bedeutung haben. Von dieser schon vorher verstandenen Bedeutung soll aber, um der Reinheit der Argumentation willen, abgesehen werden: Für den Beweis eines Satzes soll nur dasjenige verwendet werden, das ausdrücklich in den Axiomen aufgeführt ist, unabhängig davon, wie sonst die auftretenden Begriffe definiert sein mögen. Hilbert sagt dazu drastisch, die Begriffe der Geometrie brauchten nicht Punkt, Gerade und Ebene zu heißen, sondern auch wenn sie z.b. Liebe, Gesetz und Schornsteinfeger hießen, wäre die Mathematik genau dieselbe. Was die — beliebig benannten — Begriffe für die Theorie bedeuten, steht in den Axiomen; die Begriffe sind durch die Axiome „implizit definiert".

Genauer müßte man definieren: Die gesamte Theorie hat logisch die Form einer Implikation; in der Prämisse stehen alle Axiome, im Folgesatz alle Theoreme. Die („implizit definierten") mathematischen Objekte sind, logisch gesehen, gebundene Variable innerhalb dieser Implikation, die, wie die Logik lehrt, beliebig benannt werden können.

Diese moderne Auffassung von Axiomatik betrifft die Struktur einer mathematischen Theorie. In einer physikalischen Theorie kommt zum mathematischen Formalismus die Interpretation der Begriffe durch Meßvorschriften. Betrachten wir als Beispiel die euklidische Geometrie: Sie ist eine physikalische Theorie erst dann, wenn angegeben wird, was ihre Begriffe Punkt, Gerade, Ebene, schneiden, aufspannen etc. physikalisch bedeuten sollen. Man könnte z.B. versuchen, Geraden durch gespannte Stricke oder durch Geschoßbahnen zu realisieren; wie gut sich die Axiome damit erfüllen lassen, hängt davon ab, wie stark die Stricke gespannt werden bzw. welche Art von Geschossen man verwendet. Sehr gut werden, erfahrungsgemäß, die Axiome der euklidischen Geometrie erfüllt, wenn man Lichtstrahlen im Vakuum als Geraden auffaßt. Aber auch diese „Realisierung" der euklidischen Geometrie gilt nur bis zu einer gewissen Näherung: Gemäß der allgemeinen Relativitätstheorie ist eine Geometrie, in der Geraden die Eigenschaften von wirklichen Lichtstrahlen haben, nicht im strengen Sinne euklidisch, d.h. sie genügt anderen Axiomen als den euklidischen. Manche Eigenschaften dieser Theorie lassen sich andererseits auch dadurch beschreiben, daß man von gekrümmten Lichtstrahlen spricht, also Lichtstrahlen nicht mit Geraden identifiziert. Etwas genauer könnte man sagen: Betrachten wir eine abstrakte euklidische Geometrie und ordnen wir in geeigneter Weise reale Punkte — z.B. Planetenörter oder, im kleinen, Ablesemarken, Fadenkreuze etc. — bestimmten Punkten dieser euklidischen Geometrie zu; nehmen wir vorläufig an, das sei möglich. Dann werden in dieser Beschreibung Lichtstrahlen nicht immer gerade sein, so wie vorhin in der „Lichtstrahlengeometrie" Stricke und Geschoßbahnen gekrümmt waren. — Es hat viel Streit darüber gegeben, ob eine solche Beschreibung möglich ist, und es gibt dazu eine ganze Skala von Meinungen. Am einen Ende dieser Skala steht Einstein, der wegen des Äquivalenzprinzips voraussetzt, daß Geraden der Geometrie durch Lichtstrahlen realisiert werden, und damit eine nichteuklidische Geometrie erhalten *muß*, am anderen Ende der Skala steht P. Lorenzen, in der Nachfolge von A. Dingler, der als a priori erwiesen ansieht, daß Geometrie nur euklidisch sein kann.

Wir sehen hier auch in der Geometrie, obwohl sie als reine Mathematik analytisch ist, den Ansatz zu einer Naturwissenschaft a priori: Was wir als Axiome einsetzen ist, in der geeigneten Weise interpretiert, z.T. nur Formulierung dessen, was wir überhaupt unter Geometrie versehen wollen, und als solches nicht empirisch bestätig- oder widerlegbar.

Nun ist Geometrie sicher nicht der Prototyp der physikalischen Theorie. Sie konnte uns hier vor allem dazu dienen, eine axiomatische Struktur zu erläutern — da ist sie allerdings der Prototyp —, und außerdem zu illustrieren, wie wenig offensichtlich es ist, woraus eine physikalische Theorie besteht, und wie sie gerechtfertigt ist.

## 1.2 Wahrscheinlichkeitsrechnung

Die Wahrscheinlichkeitstheorie wird, wie die Geometrie, als eine mathematische Theorie angesehen, deren physikalische Bedeutung allenfalls in ihrer „Anwendung" im Rahmen der Physik besteht. Nun ist m.E. die Bedeutung der Wahrscheinlichkeitstheorie für die Physik noch fundamentaler als die der Geometrie. Sie ist deshalb auch inhaltlich entscheidend für die folgende Diskussion der physikalischen Theorien im engeren Sinn.

Wahrscheinlichkeitsrechnung ist ein relativ junger Zweig der Mathematik — jedenfalls im Vergleich zur Geometrie. Sie ist erst im 17. Jahrhundert entstanden, interessanterweise aus Anlaß eines Glücksspielproblems, also einer empirisch prüfbaren Frage (1, 4, 5).

Antoine Gombauld Chevalier de Méré, Sieur de Baussey hat durch einen Angriff auf die Mathematik die Entwicklung der Wahrscheinlichkeitsrechnung angestoßen. Seinen Lebensunterhalt verdiente der Chevalier dadurch, daß er beim folgenden Glücksspiel die Bank hielt: Der Spieler würfelt viermal mit einem Würfel; wenn bei wenigstens einem Wurf eine Sechs fällt, bekommt die Bank den Einsatz, sonst der Spieler. Die lange Erfahrung des Chevalier de Méré zeigte, daß die Bank gewöhnlich bei diesem Spiel verdient. Versuchsweise brachte er folgende Variante der Spielregeln ein: Man würfelt mit zwei Würfeln 24mal, und die Bank gewinnt, wenn bei wenigstens einem Wurf eine Doppel-Sechs fällt. Vorher gab es 4 Würfe, und ein für die Bank günstiges Ergebnis unter 6 möglichen; jetzt gibt es 24 Würfe, und ein für die Bank günstiges Ergebnis unter 36 möglichen: das Verhältnis ist beide Male 2:3, also sollte der Gewinn — so wohl Mérés Überlegung — für die Bank beide Male gleich sein. Der Chevalier spielte die zweite Variante oft genug, um festzustellen, daß die Bank dabei zusetzt. Seinem Freund Blaise Pascal, der gerade (1653) mit ihm reiste, berichtete er von dieser Enttäuschung mit der Mathematik: Sie tauge nicht für das praktische Leben, denn die beiden mathematisch äquivalenten Regeln hätten praktisch, d.h. finanziell, durchaus entgegengesetzte Folgen. Pascal gelang es, die Mathematik von diesem Vorwurf zu reinigen: er erfand zusammen mit Fermat die Wahrscheinlichkeitsrechnung. Er könnte dem Chevalier etwa folgendes vorgerechnet haben:

Die 6 Seiten eines Würfels sind gleich zu behandeln. Jede Augenzahl, also auch die Sechs, wird in 1/6 der Würfe fallen; 1/6 der Würfe wird also für die Bank günstig fallen, die übrigen 5/6 der Würfe für den Spieler. Bei zwei Würfen sind $5 \cdot 5$ der $6 \cdot 6$ möglichen Fälle für den Spieler günstig (nämlich ohne Sechs), bei vier Würfen sind es $5^4$ der $6^4$ möglichen Fälle, also 625 von 1926; das sind weniger als die Hälfte. (Wollte man die für die Bank günstigsten Fälle auszählen, müßte man ein-, zwei-, drei- oder viermaliges Werfen der Sechs berücksichtigen, und das wäre komplizierter). Beim Werfen von zwei Würfeln sind 35 von 36 Möglichkeiten günstig für den Spieler (nämlich keine Doppel-Sechs), bei 24 Würfen also $35^{24}$ von $36^{24}$, d.h. ca. $1{,}142 \cdot 10^{37}$ von $2{,}245 \cdot 10^{37}$: Mehr als die Hälfte. Die richtige Berechnung ergibt also dieselben Gewinne, die Méré empirisch festgestellt hat.

Was ist hier nun richtig?

Empirisch war Pascals Rechnung, soweit man feststellen kann, offenbar richtig. Aber hätte Pascal auch irgendein anderes Rechenrezept angeben können, das man genauso richtig nennen müßte, wenn es die (etwas vage umschriebenen) Beobachtungen Mérés wiedergäbe? Sicher, die Wahrscheinlichkeitsrechnung hat sich millionenfach bewährt seit Pascal; aber mir scheint, wir könnten seine Ableitung auch a priori als richtig akzeptieren, d.h. ihrer empirischen Bestätigung sicher sein auch ohne vorher nachgeschaut zu haben.

Wir müssen uns dazu etwas tiefer auf die Regeln der Wahrscheinlichkeitsrechnung einlassen. Betrachten wir dazu wiederum eine axiomatische Formulierung, die von Kolmogoroff (6).

„§ 1. Axiome[1].

Es sei $E$ eine Menge von Elementen $\xi, \eta, \zeta, \ldots$, welche man *elementare Ereignisse* nennt, und F eine Menge von Teilmengen aus $E$, die Elemente der Menge F werden weiter *zufällige Ereignisse* genannt.

I. *F ist ein Mengenkörper*[2].
II. *F enthält die Menge E.*
III. *Jeder Menge A aus F ist eine nichtnegative reelle Zahl* $P(A)$ *zugeordnet. Diese Zahl* $P(A)$ *nennt man die Wahrscheinlichkeit des Ereignisses A.*
IV. $P(E) = 1$.
V. *Wenn A und B disjunkt sind, so gilt*

$$P(A + B) = P(A) + P(B).$$

Ein Mengensystem F mit einer bestimmten Zuordnung der Zahlen $P(A)$, welche den Axiomen I–V genügt, nennt man ein *Wahrscheinlichkeitsfeld*.

[1] Ein Leser, der folgenden Axiomen sofort einen konkreten Sinn geben will, soll sogleich den § 2 lesen.

[2] Vgl. HAUSDORFF: Mengenlehre 1927 S. 78. Ein Mengensystem heißt ein Körper, wenn Summe, Durchschnitt und Differenz von zwei Mengen des Systems wieder dem System angehören. Jeder nicht leere Mengenkörper enthält die Nullmenge 0. Wir bezeichnen mit HAUSDORFF den Durchschnitt von $A$ und $B$ mit $AB$, die Vereinigungsmenge von $A$ und $B$ im Falle $AB = 0$ mit $A + B$, allgemein aber mit $A \dotplus B$, und die Differenz von $A$ und $B$ mit $A - B$. Das Komplement $E - A$ der Menge $A$ wird durch $\bar{A}$ bezeichnet. Die elementaren Rechengesetze für Mengen und ihre Durchschnitte, Summen und Differenzen werden weiter als bekannt vorausgesetzt. Mengen aus F werden weiter mit großen lateinischen Buchstaben bezeichnet."

Die elementaren Ereignisse sind z.B. beim Würfel die Augenzahlen eins bis sechs. Weitere zufällige Ereignisse sind mögliche Kombinationen, z.B. „Gerade Augenzahl" oder „Augenzahl größer als vier". Der Gesamtmenge E entspricht das Ereignis, daß überhaupt eine Augenzahl gewürfelt wird; dessen Wahrscheinlichkeit ist 1, laut Axiom IV. Das Axiom V ist die „Summenregel" der Wahrscheinlichkeitsrechnung: Wenn zwei Ereignisse A und B nicht zugleich stattfinden können, dann ist die Wahrscheinlichkeit, daß A oder B stattfindet, die Summe der beiden Wahrscheinlichkeiten. Wir haben von dieser Regel in einfacher Form bei der Besprechung der Méré'schen Frage Gebrauch gemacht.

Die andere Grundregel der Wahrscheinlichkeit, die „Produktregel", die wir auch benutzt haben, ist unter den Axiomen gar nicht zu finden. Sie müßte etwa lauten: Sind zwei Ereignisse voreinander unabhängig, so gilt $P(A \wedge B) = P(A) \cdot P(B)$. Dabei ist „$A \wedge B$" das Ereignis, bei dem $A$ und $B$ eintreten. — Bei dieser Formulierung bleibt das Problem, was „Unabhängigkeit" von zwei Ereignissen bedeutet. Kolmogoroff löst die Frage mathematisch-elegant, indem er die Produktregel als Definition der Unabhängigkeit verwendet: Zwei Ereignisse sind unabhängig, wenn und nur wenn ihre Wahrscheinlichkeiten die obige Regel erfüllen. Dann darf er die Regel natürlich nicht unter den Axiomen aufführen.

Die Axiomatik gibt die Struktur der mathematischen Theorie an, so wie wir es oben bei der Geometrie gesehen haben. Die Fragen der Bedeutung und Rechtfertigung (a priori oder a posteriori) sind damit in die Anwendung verschoben. Da aber fängt der lang anhaltende Streit um die Wahrscheinlichkeit an.

Wahrscheinlichkeit hat offenbar, wenn auf die Erfahrung angewandt, etwas mit der Häufigkeit von Ereignissen zu tun: Wahrscheinlichkeit 1 bzw. 0 bedeutet, daß das Ereignis mit Sicherheit jedesmal bzw. nie eintritt; Wahrscheinlichkeit 1/6 bedeutet, daß es in etwa 1/6 der Fälle eintreten wird. — In der letzten Erklärung ist das „etwa" entscheidend. Denn nehmen wir an, wir würfeln siebenmal hintereinander. Fällt dann einmal die Sechs, dann ist das 1/7 der Fälle, fällt sie zweimal, sind das 2/7: 1/6 der Fälle kann gar nicht vorkommen. Die Einschränkung durch das „etwa" ist also notwendig.

Lassen wir diese Einschränkung zunächst jedoch fallen und betrachten wir nur den Zusammenhang von Häufigkeiten untereinander. Nehmen wir z.B. an, unter 7 Würfen mit einem Würfel sei zweimal die Zwei, einmal die Vier und einmal die Sechs gewesen. Dann ist, das ist trivial, viermal eine gerade Zahl gefallen: Es gilt die Summenregel für die (relativen) Häufigkeiten: 2/7 + 1/7 + 1/7 = 4/7. Man kann sehen, daß die Summenregel in allen solchen Fällen gilt.

Die Produktregel für relative Häufigkeiten abzuleiten ist kaum schwerer: Nehmen wir an, zusätzlich zu der obigen Versuchsreihe und unabhängig von ihren Ergebnissen sei zweimal mit einem Würfel gewürfelt worden, und zwar eine Sechs und eine Eins. Betrachten wir nun alle Kombinationen aus Ereignissen der beiden Versuchsreihen; es gibt 2 · 7 = 14 kombinierte Ereignisse. Davon sind 4 so, daß beide Augenzahlen gerade sind, nämlich die vier obigen geraden Augenzahlen der ersten Reihe, jeweils kombiniert mit der Sechs aus der zweiten Reihe. Die Produktregel lautet für diesen Fall (wenn P die relative Häufigkeit ist, und $g1$ (bzw. $g2$) das Ereignis, daß die Augenzal mit dem ersten (bzw. zweiten) Würfel gerade ist):

also hier
$$P(g1) \cdot P(g2) = P(g1 \wedge g2);$$
$$4/7 \cdot 1/2 = 4/14$$

Nach diesem Muster läßt sich die Produktregel leicht allgemein beweisen, wenn man die Unabhängigkeit der Ereignisse entsprechend definiert, so wie es hier stillschweigend benutzt wurde (1, IV5e).

Die Grundregeln der Wahrscheinlichkeitsrechnung formulieren also den Zusammenhang zwischen relativen Häufigkeiten. Was macht diesen doch eher trivialen Zusammenhang interessant? Das ist m.E. die Benutzung für Voraussagen: Eine Wahrscheinlichkeitsaussage ist eine Voraussage relativer Häufigkeit. — Diese Definition erklärt und löst zugleich die vielen Schwierigkeiten, die sich um den Begriff der Wahrscheinlichkeit aufgetürmt haben.

Sie erklärt die Schwierigkeiten, denn die Voraussage soll eine allgemeine Regel sein, also jedenfalls auf Versuchsreihen beliebiger Länge anwendbar. Wenn man so will: Die Regel soll den einzelnen Versuch betreffen, so wie er als Teil einer beliebigen Reihe vorkommen kann, also ein „Ensemble" (Gibbs) oder eine „Gesamtheit". Aus dieser Forderung entsteht erst das Problem, daß die allgemein vorausgesagte relative Häufigkeit nicht in jeder konkreten Versuchsreihe genau eintreten kann. An diesem Zusammenhang sind viele Versuche einer „Definition" der Wahrscheinlichkeit gescheitert, denn Mathematik soll ja eigentlich exakt sein — und hier ist das unmöglich, wenn die Theorie nur irgendwie interessant sein soll.

Die Allgemeinheit, deren Preis das „ungefähr" ist, verhilft uns auch zu einer erstaunlich guten näheren Bestimmung dieses „ungefähr". Eigentlich ist es ja nichts besonderes, daß eine theoretisch bestimmte Größe beim konkreten Experiment nur ungefähr wiedergefunden wird. Das Besondere an der Unschärfe der Wahrscheinlichkeitsaussage ist, daß sich das Maß dieser Unschärfe aus der Wahrscheinlichkeit selbst bestimmen läßt.

Da dieser elementare Zusammenhang ganz entscheidend ist für das Verständnis des Wahrscheinlichkeitsbegriffs, sei er hier näher ausgeführt. Nehmen wir an, ein Experiment, in dem das Ergebnis $E$ die Wahrscheinlichkeit $w$ hat, sei in einer Versuchsreihe $N$-mal gemacht worden. (Die Wahrscheinlichkeit, daß $E$ nicht eintritt, ist $(1-w)$). Ein mögliches Ergebnis dieser Versuchsreihe wäre, daß bei den ersten $n$ Versuchen das Ergebnis $E$ eingetreten ist, bei allen weiteren $(N-n)$ Versuchen nicht mehr (also das Ergebnis nicht-$E$). Die einzelnen Versuche sollen statistisch unabhängig sein. Dann gilt die Produktregel der Wahrscheinlichkeitsrechnung: Die Gesamtwahrscheinlichkeit ist das Produkt aller Einzelwahrscheinlichkeiten, also

$$w^n \cdot (1-w)^{N-n}.$$

Bei diesem Ergebnis der Versuchsreihe ist $n/N$ die relative Häufigkeit des Ergebnisses $E$. Aber auch bei anderen Ergebnissen der Versuchsreihe ist $n/N$ die relative Häufigkeit von $E$, wenn nämlich die $n$ Ergebnisse $E$ und $N-n$ Ereignisse nicht-$E$ in anderer Reihenfolge auftreten. Die Zahl der Möglichkeiten, $n$ Ergebnisse $E$ auf eine Reihe von $N$-Versuchen zu verteilen, heißt:

$\binom{N}{n}$ („$n$ unter $N$"; bekanntlich gilt $\binom{N}{n} = \frac{N!}{n!(N-n)!}$).

Nach der Summenregel ist also die Wahrscheinlichkeit, daß unter den $N$ Versuchen $n$ das Ergebnis $E$ haben (Dieses Ereignis heiße $E_n^N$):

$$w(E_n^N) = \binom{N}{n} \cdot w^n \cdot (1-w)^{N-n}.$$

Das ist schon eine genauere Bestimmung des „ungefähr."

Mit diesen Wahrscheinlichkeiten könnten wir den Erwartungswert und die Streuung der relativen Häufigkeit berechnen. Der Erwartungswert $E(X)$ einer Größe $X$ ist der vorausgesagte Mittelwert, entsprechend der vorausgesagten Häufigkeit (= Wahrscheinlichkeit) der Einzelwerte $x_i$ dieser Größe:

$$E(X) = \sum_i x_i \cdot w(x_i).$$

Die Frage nach dem Erwartungswert der relativen Häufigkeit sieht zunächst zirkelhaft aus, da der Erwartungswert selbst mit Hilfe der Wahrscheinlichkeit definiert ist. Sie ist es aber nicht, denn das Einzelereignis, auf das sich der Erwartungswert bezieht, ist hier die Versuchs*reihe* von $N$-Versuchen; die Größe, deren Erwartungswert untersucht wird, ist die Zahl der Ergebnisse $E$ in einer solchen Versuchsreihe. Es stellt sich heraus, daß der Erwartungswert der relativen Häufigkeit genau die Wahrscheinlichkeit des Ereignisses $E$ ist:

$$E\left(\frac{n}{N}\right) = \sum_{n=0}^{N} \frac{n}{N} \cdot w(E_n^N) = w,$$

wie man leicht nachrechnen kann. Wir erhalten damit einen Nachweis der Konsistenz unserer ganzen Überlegung: Zwar trifft die vorausgesagte relative Häufigkeit im Einzelfall nur ungenau ein; aber im Mittel — so die Voraussage — wird die relative Häufigkeit gleich der Wahrscheinlichkeit sein. Wir können also mit C.F. von Weizsäcker die Wahrscheinlichkeit erklären als Erwartungswert der relativen Häufigkeit.

$$\sigma^2 = E\left(\left(w - \frac{n}{N}\right)^2\right).$$

Es gibt sich die bekannte Formel

$$\sigma = 1/\sqrt{N} \cdot \sqrt{w \cdot (1-w)};$$

die Streuung wird (mit $\sqrt{N}$) geringer, wenn die Versuchsreihe länger wird, und sie ist um so geringer, je näher $w$ an 1 oder 0 ist.

Wir können also, aus der Wahrscheinlichkeit eines Ereignisses $E$ allein die Wahrscheinlichkeit dafür ausrechnen, daß es $n$-mal bei $N$-Versuchen auftritt, für alle $n$ zwischen 0 und $N$. Diese Wahrscheinlichkeit ist wieder eine vorausgesagte relative Häufigkeit, diesmal für zusammengesetzte Ereignisse. Sie ist eine Prognose für viele Reihen von je $N$ Versuchen, nämlich dafür, welcher Anteil dieser Versuchsreihen gerade je $n$-mal das Ereignis $E$ enthalten wird. Diese allgemeine Prognose kann wiederum nur ungefähr gelten. Wer es genauer wissen will, kann wie oben die Wahrscheinlichkeit berechnen, daß in einem Kollektiv von $M$ Versuchsreihen (mit je $N$ Versuchen) gerade $m$ sind, die je $n$-mal das Ereignis $E$ enthalten. Diese Wahrscheinlichkeit ist wiederum eine vorausgesagte relative Häufigkeit, die sich wie oben präzisieren läßt in Kollektiven der nächsten Stufe, etc.; man kann beliebig so fortfahren. Für den praktischen Gebrauch genügt aber der Präzisierungsschritt auf die zweite, allenfalls die dritte Stufe, denn dann kann man die möglichen Ergebnisse der nächsten Stufe so zusammenfassen, daß nur Wahrscheinlichkeiten sehr nahe an Null oder Eins auftreten, die man als „praktisch sicher" bzw., „praktisch unmöglich" behandeln kann.

Damit ist der Begriff der Wahrscheinlichkeit mit seiner merkwürdigen Stufenstruktur vollständig beschrieben. Exaktere Voraussagen relativer Häufigkeit sind, dem Begriff solcher Voraussagen gemäß, unmöglich.

## 2. Quantenmechanik

Die Quantenmechanik ist die Theorie der Veränderung beliebiger Objekte. Sie ist dadurch die nächstliegende Kandidatin für den Versuch einer Begründung a priori.

### 2.1. Das transzendentale Argument

Versuchen wir zunächst, die kantische Begründung zu verstehen — soweit das in dieser Kürze möglich ist. Kant geht aus von einem Problem, auf das er bei der Hume-Lektüre (7) gestoßen ist (Prolegomena A13):

„Ich gestehe frei, die Erinnerung des David Hume war eben dasjenige, was mir vor vielen Jahren zuerst den dogmatischen Schlummer unterbrach, und meinen Untersuchungen im Felde der spekulativen Philosophie eine ganz andre Richtung gab. Ich war weit davon entfernt, ihm in Ansehung seiner Folgerungen Gehör zu geben, ..."

Uns ist die Hume'sche Entdeckung eher in der Formulierung durch K. Popper bekannt: Es gibt keine empirische Verifikation von Naturgesetzen. Ein Naturgesetz ist prinzipiell allgemein, d.h. es gilt für unendlich viele mögliche Fälle, insbesondere für alle zukünftigen. Hume sagt, ein Satz wie „Jeden Morgen geht die Sonne auf" sei rein logisch nicht zwingend, er sei aber auch aus Erfahrung, also empirisch, nicht beweisbar. Denn daß er bisher jeder Nachprüfung standgehalten hat, läßt auf keine Weise den Schluß zu, daß er das auch in Zukunft tun wird. Man könnte das allenfalls schließen mit Hilfe eines Induktionsprinzips, das besagt, daß alles, was in der Vergangenheit immer eingetreten ist, auch in Zukunft immer eintreten wird. Ein solches Induktionsprinzip hat sich ja gut bewährt. Was besagt es aber, daß es sich bewährt? Es hat sich doch offenbar nur in der Vergangenheit bewährt, und wenn man es auch auf die Zukunft anwenden will, dann muß man gerade dieses Induktionsprinzip voraussetzen: das wäre eine petitio principii. Für Schlüsse auf die Zukunft ist das Induktionsprinzip also wertlos. Hume erklärt, wir glaubten nur aus Gewohnheit an eine Weiter-Geltung, und daß wir damit durchkommen, liege an einer prästabilierten Harmonie. Auch Hume wird wohl bewußt gewesen sein, daß der Hinweis auf eine „prästabilierte Harmonie" keine Erklärung ist.

Die Hume'sche Erkenntnis läßt sich aber nicht bestreiten: Naturgesetze sind weder einfach vom Himmel gefallen („a priori" im gebräuchlichen Sinn), noch logisch beweisbar, noch rein empirisch. Aber wie sind sie dann begründet?

Kant vollzieht, um die Möglichkeit von Naturgesetzen einzusehen, eine Revolution der Denkungsart, eine kopernikanische Wende, wie er es nennt: Kopernikus findet als selbstverständliche Auffassung vor, daß wir die Bewegung des Himmels in unserem eigenen Ruhsystem, dem der Erde, betrachten; seine „Revolution" besteht darin, daß er den Standpunkt wechselt, daß er die Erde und damit uns selbst auch als bewegt in einem allgemeineren System betrachtet. Ähnlich versteht Kant seine eigene Revolution: Er findet als selbstverständliche Auffassung vor, daß die Naturwissenschaft wenigstens stückweise die Natur erkennt, so wie es die Natur eben gibt. Dem setzt er entgegen, daß man ja nur Antworten bekommt auf Fragen, die man stellen kann. Er wechselt den Standpunkt und betrachtet auch unser eigenes Erkenntnisvermögen: Wir können die Dinge nur so erkennen, wie sie uns erscheinen (eine Trivialität); wie die Dinge an sich selbst auch immer sein mögen, wir erkennen nur Erscheinungen. In vielen Fassungen versucht Kant seinen Gedanken klar zu machen, so etwa in der Vorrede zur zweiten Ausgabe der Kritik der Reinen Vernunft (B XIII): „Die Vernunft muß ... an die Natur gehen, zwar um von ihr belehrt zu werden, aber nicht in der Qualität eines Schülers, der sich alles vorsagen läßt, was der Lehrer will, sondern eines bestallten Richters, der die Zeugen nötigt, auf die Fragen zu antworten, die er ihnen vorlegt."

Um es noch einmal tautologisch zu formulieren: wir können Erfahrung nur so machen, wie wir Erfahrung machen können. Kant verschärft also die Hume'sche Erklärung aus Gewohnheit und Glauben, indem er sagt: wir könnten gar nicht leben — nämlich Erfahrung machen —, wenn nicht bestimmte Bedingungen für Erfahrung erfüllt wären. Die Bedingungen sind notwendig und allgemein erfüllt, weil ohne sie keine Erfahrung möglich wäre; und Erfahrung ist doch offenbar möglich, sonst könnten wir nach Notwendigkeit und Allgemeinheit nicht einmal fragen.

Darin besteht also Kants Revolution, daß er nicht „metaphysisch" abzuleiten versucht, daß Erfahrung immer möglich sein muß. Hume überzeugt ihn ja davon, daß widerspruchslos behauptet werden kann, in Zukunft würde alles plötzlich ganz anders — nur wäre dann vielleicht nicht einmal mehr Zukunft möglich. Kant argumentiert von der anderen Seite: Da Erfahrung möglich ist, sind gewisse Bedingungen notwendigerweise erfüllt. Zur Illustration kann vielleicht dieses Argument dienen: Zur Erfahrung gehört sicher Begriffsbildung. Ich behaupte nun die Notwendigkeit von Begriffen. Jeder, der gegen mich argumentiert oder auch nur das Gegenteil behauptet, verwendet Begriffe und gibt damit implizit meine Behauptung schon zu.

Nach diesem Muster müßte nach Kant jedes transzendentale Argument ablaufen, also jedes Argument, das zur Begründung die Bedingungen der Möglichkeit von Erfahrung überhaupt heranzieht. Prinzipien, deren Notwendigkeit auf diese Weise begründet werden kann, sind nach Kant synthetische Urteile a priori. Hier ist also „a priori" ein denkbar strenger Anspruch; es wird nicht leicht jemand irgendeinen Satz a priori wirklich begründen können. Andererseits ist, soweit wir bisher gesehen haben, der Nachweis der Geltung a priori die einzige Möglichkeit, die (nicht logische) Notwendigkeit eines Prinzips einzusehen.

Der Kant'schen Durchführung seiner Ableitung der Physik a priori können wir heute nicht mehr ganz folgen — kein Wunder, denn Kant hatte als Physik nur die Newton'sche Mechanik zur Verfügung, die wir heute als relativ speziellen Teil einer umfassenden einheitlichen (und dementsprechend abstrakten) Theorie sehen.

Wir können, an Hand unserer Kenntnisse und Erwartungen einer Einheit der Physik, den Grundgedanken eines transzendentalen Arguments wieder aufgreifen. Wir suchen die Bedingungen der Möglichkeit von Erfahrung überhaupt. Erfahrung ist formuliert in naturwissenschaftlichen Theorien. Wir können also versuchen, Bedingungen der Möglichkeit von Erfahrung überhaupt zu formulieren als Bedingungen, denen notwendigerweise jede naturwissenschaftliche Theorie genügen muß.

Ob es solche Bedingungen gibt, werden wir herausfinden müssen. Am ehesten werden wir gewisse Eigenschaften fordern können, die ein Gebilde per definitionem haben muß, wenn es als Theorie von Erfahrung gelten soll. Die Frage wäre also:

Was meinen wir mit einer Theorie der Erfahrung („Physik")?

## 2.2 Idealisierung

Die Wirklichkeit, die uns umgibt, ist für eine vollständige Beschreibung zu kompliziert. Eine Möglichkeit, ihre Komplexität zu reduzieren, ist die Zurückführung auf einfache Bestandteile — etwa die Atome Demokrits und Leukipps. Der Gedanke findet eine moderne Durchführung in der Theorie der Elementarteilchen.

Genaugenommen ist es nicht die „Wirklichkeit", die physikalisch so reduziert wird, sondern jede physikalische Theorie behandelt idealisierte physikalische Objekte. Und zwar sind sie in zwei Beziehungen idealisiert:

1. Das Heraustrennen einzelner Dinge oder Objekte aus der Gesamtheit der Wirklichkeit ist eine Idealisierung, die mit der Realität nie genau übereinstimmt; denn in Wirklichkeit hängt alles mit allem zusammen.

2. An jedem Ding betrachtet die Physik nur wenige Eigenschaften, die „physikalisch relevanten"; darauf kommen wir im nächsten Abschnitt zurück.

Man kann die Idealisierung, die so eingeführt wird — und ohne die keine Physik möglich wäre —, an den bekannten Theorien zeigen: Genaugenommen hängt z.B. die Bewegung der Erde unter anderem davon ab, wo sich gerade ein Planet in einer fernen Galaxie befindet, und umgekehrt wird dessen Bewegung von der Erde abhängen — noch genauer genommen sogar von der Bewegung meiner Feder auf dem Papier. Wenn man streng vorgehen wollte, müßte man also — auch innerhalb der physikalischen Theorie der Gravitation — immer das Ganze behandeln, die Welt insgesamt mit allen Details; und das ist natürlich unmöglich. Das ist nicht nur praktisch unmöglich, sondern der Gedanke einer exakten Beschreibung der Welt als ganzer setzt voraus, daß es eine solche „Welt als ganze" gibt, als gigantische „an sich" ablaufende Maschine — eine Voraussetzung, die jedenfalls der Quantenmechanik widerspricht. Unabhängig von der Quantenmechanik kann man sich überlegen, daß die Welt strenggenommen als ganze nicht Objekt sein kann, denn für wen wäre sie dann Objekt? Es muß ja außer irgendeinem Objekt immer den Beobachter geben, der die vorausgesagten Meßwerte registriert, der das Objekt beschreibt. Die Welt, in Strenge als ganze genommen, wäre für niemanden Objekt. — Zudem können wir nur Erfahrung machen in Begriffen; und ein Begriff ist seinem Wesen nach mehrmals anwendbar. Wenn wir also nur die Welt als ganze beschreiben wollten, die prinzipiell einmalig ist, gäbe es keine Begriffe — das heißt, es wäre überhaupt nichts beschreibbar für uns „endliche" Wesen, die auf Begriffe angewiesen sind.

Ob nun aus praktischen oder prinzipiellen Gründen: wir müssen einzelne Objekte aus der Welt herausschneiden, das heißt, im Fundament jeder Physik liegt von vornherein eine Näherung.

Jede Näherung läßt sich verbessern. Beim Objektbegriff geht das in Stufen vor sich, die sich nach folgendem Schema einteilen lassen:

1) Freies Objekt: Ein Objekt wird aus der Umgebung herausgetrennt und ganz unabhängig von besonderen Eigenschaften der Umgebung betrachtet. Beim freien Objekt ist der Einfluß der Umgebung auf alle Zustände gleich — etwa im Raum an allen Orten und bei allen Impulsen. Das freie Objekt hat also die größte mögliche Symmetrie.

2) Objekte im äußeren Feld: In diesem Näherungsschritt wird der Einfluß der Umwelt auf das Objekt betrachtet, und wie dieser Einfluß vom Zustand des Objekts abhängt. Dabei wird aber nicht berücksichtigt, wie der Zustand der Umwelt auch umgekehrt vom Zustand des Objekts abhängt. Allerdings kann der Zustand der Umwelt zeitlich veränderlich sein: Ein Beispiel ist die Bewegung eines Elektrons in einem veränderlichen Magnetfeld. Der Einfluß des Elektrons auf dieses Feld ist aber gering und wird bei der Beschreibung des Elektrons „im äußeren Feld" nicht beachtet.

3) Wechselwirkung: In vielen Fällen wird auch der Einfluß des Objekts (A) auf die Umwelt wichtig. Dann kann man einen Teil (B) der bisherigen Umwelt (der vom Objekt A beeinflußt wird) herauslösen und mit dem bisherigen Objekt (A) zu einem Objekt (A&B) zusammenfügen. Man nennt die neue Beschreibung die „Wechselwirkung der (Teil-)Objekte A und B".

— Zum Beispiel kann man die Bewegung des Mondes (A) im „äußeren Feld" der Erdgravitation beschreiben, aber man kann auch genauer die Wechselwirkung von Erde (B) und Mond (A) betrachten, nämlich ihre Bewegung (A & B) um den gemeinsamen Schwerpunkt.

Das neue Objekt (A & B) kann man nun wieder als frei behandeln, oder im äußeren Feld, oder wieder in Wechselwirkung mit einem weiteren Teil der Umwelt (im Beispiel: Erde & Mond im „äußeren" Feld der Sonne (Fall 2), oder bei Mitbewegung der Sonne („Wechselwirkung", Fall 3), etc. — Beliebige weitere Näherungsstufen sind denkbar.

So kann man also, wenn man zunächst Objekte isoliert hat, die Annäherung an die wirklichen Verhältnisse schrittweise verbessern, bis man an die Grenze der praktischen Durchführbarkeit kommt.

Bei der Beurteilung dieser Grenze wird nun auch der andere Teil der Idealisierung wichtig, die Tatsache, daß man nur wenige Eigenschaften eines Dings herausgegriffen hat für die Behandlung in der physikalischen Theorie.

## 2.3. Abstrakter Objektbegriff

Selbst wenn wir annehmen, daß wir mit gutem Erfolg einzelne Dinge in der Welt isolieren können, so hat doch jedes Ding eine unerschöpfliche Fülle von Eigenschaften. Dagegen sind die Objekte physikalischer Theorien ausgesprochen arm; sie müssen es sein, damit die Theorie überhaupt brauchbar ist. Betrachten wir einige Beispiele: Ein ganz einfaches Objekt ist der Massenpunkt. Er hat Ort, Geschwindigkeit und (als einzige unveränderliche Eigenschaft) Masse; dazu hat er weitere Eigenschaften, die sich aus diesen errechnen lassen (Impuls, Energie u.ä.). An diesem Beispiel können wir schon eine wichtige Unterscheidung für unsere Diskussion des Objektbegriffes zeigen, die Unterscheidung zwischen solchen Eigenschaften eines Objekts, die sich ändern („kontingente" Eigenschaften), und solchen, die das Objekt ein für allemal hat. Die letzteren bestimmen, wie sich speziell dieses Objekt im äußeren Feld bzw. in Wechselwirkung verhält, gemäß der Theorie; die kontingenten Eigenschaften kennzeichnen seinen augenblicklichen Zustand. — Der augenblickliche Zustand eines Massenpunktes ist z.B. durch seinen Ort und seinen Impuls vollständig gekennzeichnet.

Wir können nach dem „Wesen" solcher Objekte fragen, etwa „Was ist der Massenpunkt selber?" — Er ist diejenige Idealisierung wirklicher Körper — z.B. von Planeten oder Äpfeln oder Molekülen —, die gerade dadurch gekennzeichnet ist, daß nur Ort und Impuls (6 reelle Zahlen) als unabhängige kontingente Größe vorkommen. Der Massenpunkt ist also dasjenige Objekt, dessen augenblicklicher Zustand durch Ort und Impuls vollständig gekennzeichnet werden kann. Das ist die Definition des Begriffes Massenpunkt: Sein Wesen ist durch seine möglichen Eigenschaften bestimmt.

In vielen Fällen ist der Massenpunkt eine gute Näherungsbeschreibung für ein wirkliches Ding, aber in anderen Fällen muß man genauer beschreiben, etwa indem man die Lage des Körpers und seinen Drehimpuls zusätzlich angibt. Ein solches Objekt, dessen augenblicklicher Zustand durch Ort, Impuls, Lage und Drehimpuls (12 reelle Zahlen) gekennzeichnet ist, heißt ein Starrer Körper.

Noch komplizierter ist etwa eine Flüssigkeit, deren Zustand u.a. durch Dichte und Impulsdichte an jedem Ort gekennzeichnet ist. Die Thermodynamik wiederum hat ihre besonderen Objekte, deren Zustand etwa durch Volumen, Temperatur und Druck gekennzeichnet ist: Jede Theorie hat ihre eigenen Objekte.

In jedem Fall ist das Objekt, das in einer Theorie vorkommt, definiert durch die kontingenten Eigenschaften (Größen), deren Angabe zur Kennzeichnung seines augenblicklichen Zustandes notwendig ist. Dabei haben sich bestimmte Kombinationen von Größen offenbar so bewährt, daß sie eigene Namen bekommen haben (Massenpunkt, Starrer Körper etc); andere Kombinationen kommen überhaupt nicht vor. Was ist das Kriterium? Wir wollen die Antwort als Definition des Objektbegriffs fassen: Ein Objekt ist eine Zusammenfassung von Größen, deren gegenwärtige Werte gemeinsam Voraussagen über eben diese Größen (in Zukunft) gestatten.

Wie ist das z.B. beim Massenpunkt? Um künftige Orte vorauszusagen, muß man die Geschwindigkeit wissen; sie ist mit dem Impuls gegeben. Der Impuls ist beim freien Objekt konstant, ansonsten ist seine Änderung durch die jeweils wirkende Kraft gegeben — und diese hängt oft nur vom Ort ab, oder von Ort und Impuls. Ort und Impuls zusammen ermöglichen also oft genaue Voraussagen des zukünftigen Ortes und Impulses; der Massenpunkt erfüllt tatsächlich unsere Definition des Objekts, jedenfalls näherungsweise — und Näherung liegt ja im Fundament des Objektbegriffes. Entsprechendes gilt von allen Objekten physikalischer Theorien, etwa auch vom elektromagnetischen Feld. Man wird ein wirkliches Ding als Objekt so beschreiben, daß diese Beschreibung in guter Näherung Voraussagen gestattet. Wir finden hier zum ersten mal „Voraussage" als Schlüsselbegriff zum Verständnis von Physik.

*2.4. Voraussagen*

Die Objektivität der Physik bedeutet nicht nur, daß sie Objekte beschreibt — deren Status wir soeben auf Voraussagen zurückgeführt haben —, sondern vor allem ihre „objektive" Gültigkeit. Die wollen wir auch auf Voraussagen zurückführen. Denn man meint doch mit einer „objektiven" Beschreibung eine solche, die unbeeinflußt ist von persönlichen „subjektiven" Interessen und Vorurteilen, eine, die im Prinzip jedermann nachprüfen kann. Da haben wir es schon: *nach*prüfen kann man nur hinterher, nachdem die Beschreibung gegeben worden ist. Jede objektive Beschreibung von Wirklichkeit muß also eine Voraussage dessen sein, was einer finden wird, wenn er nachprüft; eine allgemeine objektive Beschreibung (der Struktur von Wirklichkeit) hat also immer die Form des Naturgesetzes: „Unter den und den Umständen wird (bei Nachprüfung!) das und das gefunden." Bei näherer Betrachtung scheint also die Voraussagemöglichkeit fundamental für Naturwissenschaft. Allerdings kann die Theorie nur Gesetze für Voraussagen enthalten, also immer-gültige Aussagen. Die Erfahrungswissenschaft muß demnach beides zusammen enthalten: Die Struktur von Vergangenheit, Gegenwart und Zukunft in ihrer Beziehung zur Erfahrung, und zugleich die Allgemeingültigkeit, die keine bestimmte Gegenwart auszeichnet, in ihrer Eigenschaft als Wissenschaft. Auf den zweiten Aspekt hat man vorwiegend den Blick gerichtet, in gerechter Bewunderung der zeitlosen Wahrheit eleganter Deduktionen, so sehr, daß der Unterschied von Vergangenheit und Zukunft schließlich als „nur subjektiv" empfunden wurde, und man versuchte, nachträglich diesen Unterschied aus der Physik abzuleiten. Es gibt eine lange Tradition von Versuchen, aus der statistischen Thermodynamik abzuleiten, wie die „Zeitrichtung" zustande kommt. In der statistischen Thermodynamik nämlich gelingt das Merkwürdige, daß aus der klassischen Mechanik, die reversibel ist, die irreversible Thermodynamik abgeleitet wird. Der Unterschied von Vergangenheit und Zukunft kommt also, ohne daß man genau sieht, wie, durch statistische Überlegungen in die Theorien hinein. Dieser Zusammenhang erzeugt den Eindruck, als ob „an sich" Vergangenheit und Zukunft vertauschbar seien und der Eindruck ihres Unterschieds (der sog. „Zeitrichtung") erst durch das subjektive Nichtwissen erzeugt würde, das die Anwendung von Statistik erfordert. Man kann aber leicht sehen, daß der Eindruck „aus nichts" entstünde der Unterschied von Vergangenheit und Zukunft, falsch ist: In Wirklichkeit kann man den 2. Hauptsatz der Thermodynamik, den Satz von der Irreversibilität, nur ableiten, wenn man den Unterschied von Vergangenheit und Zukunft *voraussetzt* (3, S. 172 ff.). Wir bemerken gewöhnlich nicht einmal, daß wir diese Voraussetzung machen; denn die Benutzung von Wahrscheinlichkeiten für Prognosen erscheint uns ganz selbstverständlich.

## 2.5. Wahrscheinlichkeit

Hier kommen wir nun inhaltlich zurück auf unsere Diskussion der Wahrscheinlichkeitsrechnung: Wie kann eine gesetzliche, empirisch prüfbare Voraussage überhaupt aussehen? Außer den einfachen Voraussagen — „Das Ergebnis wird eintreten" und „Das Ergebnis wird nicht eintreten" — kann auch die schwächere „Das Ergebnis wird manchmal eintreten und manchmal nicht eintreten" sehr weitgehend präzisiert werden, nämlich als Voraussage einer relativen Häufigkeit.

Diese drei Voraussage-Arten bilden eine vollständige Disjunktion, die wir zudem in Wahrscheinlichkeiten ausdrücken können, nämlich $w = 1$, bzw. $w = 0$, bzw. $0 < w < 1$, entsprechend den Modalitäten notwendig, unmöglich, nur-möglich. Es geht also jetzt darum, ob die Wahrscheinlichkeit die einzige gemäß unseren Forderungen mögliche Präzisierung von „Manchmal ja, manchmal nein" ist.

Denken wir uns eine beliebige Reihe von $N$ Einzelversuchen. Da jeder dieser Versuche unter denselben Bedingungen stehen soll, muß jede Versuchsreihe, die aus der gegebenen durch Vertauschen oder Weglassen von Versuchen entsteht, dieselbe Prognose erfüllen:

1.) Die Prognose darf sich also nicht auf die Reihenfolge der Ergebnisse beziehen, d.h. sie darf nur die *Zahl* $n_i$ der Ergebnisse $x_i$ betreffen, in Abhängigkeit von der *Zahl* der Versuche $N$. Die Funktion $n_i(N)$ (für ein bestimmtes Experiment) gilt es zu bestimmen.

2.) Jedes aus Kollektiven I und II zusammengesetzte Kollektiv III ist wieder ein Kollektiv, und es gilt:

$$N^I + N^{II} = N^{III};$$

und für die Voraussagen:

$$n_i(N^I) + n_i(N^{II}) = n_i(N^{III}),$$

also

$$n_i(N^I + N^{II}) = n_i(N^I) + n_i(N^{II}),$$

d.h. die Funktion ist linear:

$$n_i(N) = a_i \cdot N + n_i(0).$$

Bei *keinem* Versuch kann auch kein Ergebnis $x_i$ auftreten, also $n_i(0) = 0$. Die Funktion $n_i(N)$ ist vollständig bestimmt durch den Faktor

$$a_i = \frac{n_i(N)}{N};$$

das ist die vorausgesagte relative Häufigkeit des Ereignisses $x_i$, d.h. die Wahrscheinlichkeit, wie wir sie definiert haben.

Das Argument wirkt unwiderlegbar, wenn es auch kein Beweis unserer Behauptung ist. Denn um zu beweisen, daß es keine andere Möglichkeit gibt, müßte man zunächst einen Überblick über alle Möglichkeiten haben, den man kaum gewinnen kann; das ist die Offenheit der Zukunft. Darum ist ein Unmöglichkeitsbeweis wohl unmöglich, z.B. auch bei Theorien mit verborgenen Parametern. Vielleicht hätte man die Wahrscheinlichkeitstheorie, gäbe es sie nicht schon, mit ähnlichen Argumenten ausschließen können, einfach weil sie einem nicht eingefallen wäre; vielleicht gibt es auch hier noch etwas, dessen Möglichkeit uns bisher nicht eingefallen ist.

Wir können festhalten: Jede Theorie empirisch prüfbarer Voraussagen ist Wahrscheinlichkeitstheorie (im Extremfall der klassischen Physik kommen fundamental nur die Wahrscheinlichkeiten 0 und 1 vor). Also ist auch die gesuchte Physik a priori Wahrscheinlichkeitstheorie.

### 2.6. Struktur der Quantenmechanik

Die Physik besteht also aus Wahrscheinlichkeitsgesetzen für empirisch entscheidbare Alternativen. Ich will den weiteren Gang des Versuchs, die Struktur der Quantenmechanik a priori abzuleiten, nur kurz skizzieren (vgl. 1):

Die spezielle Wahrscheinlichkeit 1 (die sichere Voraussage) hängt mit der Struktur der Implikation zusammen, die Wahrscheinlichkeit 0 (die unmögliche Voraussage) mit der Negation. Mit diesen beiden erhalten wir eine logikartige Struktur (daher die Bezeichnung „Quantenlogik"), den quantenmechanischen Verband.

In der Kolmogoroffschen Axiomatik der Wahrscheinlichkeit gibt Axiom I den Ereignissen die Struktur eines Mengenkörpers, also die Struktur der klassischen Logik (Boole'scher Verband). Die quantenmechanische Wahrscheinlichkeitstheorie unterscheidet sich von der Kolmogoroffschen nur in diesem einen Punkt: In der Quantenmechanik bilden die Ereignisse einen nicht-booleschen Verband. In der Quantenmechanik gibt es nicht nur *eine* $n$-fache Alternative von elementaren Ereignissen, sondern viele.

Das ist der entscheidende Unterschied zwischen Quantenmechanik und der klassischen Physik, und wir wollen deshalb etwas dabei verweilen. Die möglichen vollständigen Beschreibungen eines Objekts („Atome" in der verbandstheoretischen Terminologie*) schließen sich in der klassischen Physik gegenseitig aus, genau eine dieser Beschreibungen trifft jewels zu. Nennen wir eine solche Menge von Aussagen eine Alternative**, genauer: eine atomare Alternative. In der Quantenmechanik gibt es nun zu jedem Objekt mehrere atomare Alternativen. Z.B. der quantenmechanische Massenpunkt hat eine atomare Alternative, den Ort, und eine atomare Alternative, den Impuls — neben unendlich vielen anderen. Die Angabe eines Orts ist eine vollständige Beschreibung des Massenpunktes, die Angabe eines Impulses ist ebenfalls eine vollständige Beschreibung des Massenpunkts; wenn aber eine Ortsangabe zutrifft, dann sind alle Impulswerte gleichwahrscheinlich (der Impuls ist „vollkommen unbestimmt"), und analog umgekehrt: Abstrakter Ausdruck der Komple-

---

\* Ein Atom ist definiert als eine Aussage, die von keiner anderen Aussage über dasselbe Objekt impliziert wird.

\*\* Nach C.F. v. Weizsäcker und E. Scheibe. Eine Alternative ist also eine Menge von Aussagen, für die gilt: Ist eine der Aussagen wahr, dann sind alle anderen falsch; sind alle Aussagen bis auf eine falsch, dann ist diese eine wahr. — Wir müssen so vorsichtig formulieren, denn in der Quantenmechanik gilt nicht, daß immer genau eine Aussage aus einer Alternative wahr ist, sondern alle Aussagen einer Alternative können Wahrscheinlichkeiten haben, die kleiner als 1 sind; die obige Definition ist dagegen auch für die Quantenmechanik brauchbar.

mentarität. Ort und Impuls zugleich kann der quantenmechanische Massenpunkt nicht haben, d.h. ein Punkt im Phasenraum ist keine mögliche Beschreibung.

Entsprechendes gilt für andere Objekte in der Quantenmechanik: Jedes hat mehrere atomare Alternativen (mathematisch gesehen unendlich viele). Der Zusammenhang zwischen den verschiedenen Alternativen wird hergestellt durch Wahrscheinlichkeitsbeziehungen. Zu jeder atomaren Alternative gehört ein Boolescher Verband (der Verband aller Teilmengen, wie bei der klassischen Logik), und die vielen Booleschen Verbände eines quantenmechanischen Objekts sind miteinander verflochten zu einem Gesamt-Eigenschaftsverband, der nicht „boolesch" ist.

Die speziellen Eigenschaften dieses nicht-booleschen Verbands folgen im Wesentlichen aus Überlegungen zu Implikation, Negation und Wahrscheinlichkeit, die man im oben erwähnten Sinn als notwendig für jede physikalische Theorie ansehen muß. Ganz verstanden ist der Zusammenhang allerdings bisher nicht. Diese Verbandsstruktur — technisch gesprochen, die Struktur einer orthokomplementären komplexen Projektiven Geometrie, — ist diejenige Struktur, die üblicherweise durch Operatoren im Hilbertraum dargestellt wird.

### 2.7. Indeterminismus

Beim booleschen Eigenschaftsverband der klassischen Physik konnte man davon ausgehen, daß jede mögliche Eigenschaft eines Objekts entweder wahr oder falsch ist, so daß andere Wahrscheinlichkeiten als 0 oder 1 nur als Ausdruck mangelnden Wissens vorkommen konnten; an sich hat im Weltbild der klassischen Physik jedes Objekt zu jeder Zeit bestimmte Eigenschaften, alle anderen hat es nicht. Gibt es nun physikalische Gesetze, welche die Änderung des Zustandes eines Objekts in der Zeit beschreiben, dann kann man daraus, bei genügender Kenntnis aller Umstände, die an sich vorliegenden Eigenschaften des Objekts zu jeder Zeit ausrechnen. Ein übermenschlicher Geist, der den Zustand der Welt zu einer Zeit ganz genau kennt, und der außerdem die Bewegungsgleichungen für die ganze Welt lösen kann, ein solcher „Laplacescher Dämon" wüßte alles, was in der Welt geschieht, in jedem Detail für alle Zeiten, ob vergangen oder künftig. Der Formalismus der klassischen Physik legt also eine deterministische Auffassung von der Welt als einer großen Maschine nahe, die „an sich" abläuft.

In Kenntnis der Quantenmechanik müssen wir die klassische Beschreibung von Eigenschaften „an sich" als Spezialfall allgemeinerer Voraussagen ansehen, die etwa lauten „Wenn man die Eigenschaften $A$ nachprüft, wird man sie mit der Wahrscheinlichkeit $W(A)$ finden". In dem speziellen Fall, daß alle Wahrscheinlichkeiten (abgesehen von mangelndem Wissen) 0 oder 1 sind, kann man einer solchen Voraussage die Form geben: „Wenn ich $X$ nachprüfen würde, dann würde ich mit Sicherheit $X$ finden (bzw. nicht finden)." Dafür kann ich dann auch sagen: „Die Eigenschaft $X$ liegt *an sich* vor". — Der allgemeine Fall ist aber gekennzeichnet durch einen fundamentalen Indeterminismus, der von einer Eigenschaft auszusagen zwingt: „Manchmal werde ich sie finden, manchmal nicht", und zwar auch dann, wenn ich alles weiß, was man über das Objekt wissen kann. Dieser Indeterminismus ist fundamental, er schließt die Interpretation aus, jede Eigenschaft liege an sich vor oder nicht, auch wenn ich es nicht weiß. Die Quantenmechanik widerspricht dem Bild der klassischen Physik von der Welt als einer Maschine, einer überdimensionalen Uhr oder einer an sich ablaufenden Wirklichkeit.

*2.8. Zusammensetzung von Objekten.*
Betrachten wir ein Objekt A, das durch eine der Eigenschaften aus der (atomaren) Alternative $\{a_1, a_2, \ldots a_n\}$ vollständig beschrieben wird, und ein Objekt B, zu dem in gleicher Weise die Alternative $\{b_1, b_2, \ldots, b_l\}$ gehört.

Wir können die beiden Objekte rein gedanklich zu einem neuen Objekt zusammenfassen, nennen wir es A & B, das durch eine der Eigenschaften $a_i \wedge b_j$ ($\wedge$ = „und"; $i = 1 \ldots n$, $j = 1 \ldots l$) vollständig beschrieben wird. — Ist die atomare Alternative jeweils die Einzige zu ihrem Objekt, wie in der klassischen Physik, dann ist damit der Fall erledigt: $a_i$ ist die vollständige Angabe aller Eigenschaften von A, $b_j$ die aller Eigenschaften von B — also geben $a_i \wedge b_j$ vollständig alle Eigenschaften von A&B an. Die (einzige) atomare Alternative von A&B ist:

$$\{a_1 \wedge b_1, a_1 \wedge b_2, \ldots, a_1 \wedge b_l, a_2 \wedge b_1, \ldots, a_2 \wedge b_l, \ldots, a_n \wedge b_l\},$$

das „direkte Produkt" der beiden Alternativen. Sind etwa A und B Massenpunkte, mit je einem 6-dimensionalen Phasenraum als atomarer Alternative, dann ist die atomare Alternative des Systems A&B (zwei Massenpunkte) der 12-dimensionale Phasenraum, direktes Produkt der beiden 6-dimensionalen.

In der Quantenmechanik sieht das anders aus: Das direkte Produkt jeder atomaren Alternative von A mit jeder atomaren Alternative von B ergibt eine atomare Alternative von A&B. Sind die beiden Objekte statistisch unabhängig, dann muß außerdem die Wahrscheinlichkeit für das zusammengefaßte Objekt das Produkt aus den Wahrscheinlichkeiten für die Einzelobjekte sein. Da zudem der Verband des Gesamtobjekts wieder ein Hilbertraum-Verband sein muß, liegt seine Struktur fest: Der Hilbertraum des Gesamtobjekts A&B ist das Tensorprodukt der beide Hilberträume der Einzelobjekte A und B.

Der wichtigste Punkt ist hierbei der Unterschied zwischen dem direkten Produkt und dem Tensorprodukt: Das direkte Produkt ist im Tensorprodukt enthalten, letzteres ist aber viel größer. Das bedeutet: Jede Angabe eines Zustands *a* des Objekts A und eines Zustands *b* des Objekts B beschreibt zusammen einen Zustand des Gesamtobjekts A&B; darüber hinaus gibt es aber viel mehr Zustände des Gesamtobjekts A&B, die sich nicht so beschreiben lassen, mathematisch gesagt sind das *fast* alle. In fast allen Zuständen des Gesamtobjekts gibt es also nicht die beiden Teile A und B, sondern sie sind nur *potentielle* Teilobjekte — anders als z.B. bei einem klassischen System von mehreren Massenpunkten, das immer aus diesen Massenpunkten besteht in dem Sinn, daß die Angabe der Eigenschaften des Gesamtobjekts auch alle Teile erschöpfend beschreibt. Das quantenmechanische Objekt wird, auch wenn es zunächst aus unabhängigen Teilobjekten besteht, bei einer Wechselwirkung zwischen den Teilen alsbald in einen Zustand übergehen, der nicht mehr durch die Zustände dieser Teilobjekte beschrieben werden kann. — Wichtig wird diese Struktur vor allem bei der Diskussion des Meßprozesses und beim Paradox von Einstein, Podolsky und Rosen (vgl. den Aufsatz von H. Primas in diesem Band).

## 3. Die Physik zu Ende denken

So wie hier dargestellt könnte die Begründung a priori einer Theorie der Veränderung beliebiger Objekte etwa aussehen. Es kam mir nicht auf die Behauptung an, eine solche Begründung sei damit geleistet. Vielmehr sind ja die offenen Stellen dieser Ableitung leicht zu sehen:

Erstens hat die hier angedeutete Begründung selber Lücken. Zweitens kann sie, wie jede Argumentation, Fehler enthalten, die heute niemandem auffallen, die vielleicht nie jemandem auffallen werden; in diesem Sinn ist Sicherheit prinzipiell nicht möglich. Drittens erfaßt unsere Argumentation nur einen Ausschnitt aus der bisher bekannten Physik, wenn auch einen besonders wichtigen. Wir haben sogar noch innerhalb der Quantenmechanik den physikalischen Raum ausgespart, erst recht das bisher noch rätselhafte Verhältnis zur relativistischen Raum-Zeit-Struktur. C.F. v. Weizsäcker stellt die fundamentalen Zweige der heutigen Physik so dar (3):

1. Quantentheorie: Eine allgemeine Theorie beliebiger Objekte
2. Thermodynamik: Beschreibung realer Objekte unter Bedingungen der Näherung
3. Relativitätstheorie: Theorie von Raum und Zeit
4. Elementarteilchentheorie: Theorie der möglichen Arten von Objekten
5. Kosmologie: Beschreibung der Gesamtheit der wirklichen Objekte.

Was hier als Quantenmechanik bezeichnet wurde, ist eigentlich nur ein Teil von Nr. 1, die „Hilbertraumstruktur", d.h. die allgemeine Struktur der Wahrscheinlichkeitsbeziehungen der möglichen Voraussagen untereinander. Diese Struktur ist sehr reich, aber sie enthält noch nichts über spezielle Objekte, ihre Eigenschaften und Wechselwirkungen, und nichts über den Raum. Ist vielleicht auch das alles a priori festgelegt, so daß der Raum nicht anders sein kann als dreidimensional, daß die Masse des Protons nicht anders sein kann als 1836 Elektronenmassen? Letzteres wird, nach der Hoffnung der Theoretiker, aus einer allgemeinen Theorie der Elementarteilchen folgen, die nichts voraussetzt als die Poincaré-Invarianz der Speziellen Relativitätstheorie und evtl. weitere sehr abstrakte Symmetrien. — Nach diesem Prinzip ist etwa die Heisenbergsche Nichtlineare Spinortheorie („Weltformel") aufgebaut. Solche Symmetrieprinzipien sind aber so allgemein, daß man hoffen kann, sie als Bedingungen der Möglichkeit von Erfahrung überhaupt zu verstehen. Man kann wohl nicht erwarten, daß eine transzendentale Begründung eines Teils der Physik gelingen kann, sondern man wird nur das konsistente Ganze als a priori gegeben sehen können — und das Ganze auf einmal zu finden ist vielleicht zu schwer (vgl. 3, 8). — Immerhin scheint doch die dargestellte Analyse ein besseres Verständnis gerade derjenigen Teile der Quantenmechanik zu ermöglichen, die seit deren Entdeckung als besonders rätselhaft gelten.

# Literatur

1. M. Drieschner, Voraussage — Wahrscheinlichkeit — Objekt. Berlin (Springer) 1979
2. M. Drieschner, Einführung in die Naturphilosophie. Darmstadt (WBG) 1981
3. C.F. v. Weizsäcker, Die Einheit der Natur. München (Hanser) 1971
4. H. Meschkowski, Wahrscheinlichkeitsrechnung. Mannheim (BI) 1968
5. A. Renyi, Briefe über Wahrscheinlichkeit. Basel (Birkhäuser) 1969
6. A. Kolmogoroff, Grundbegriffe der Wahrscheinlichkeitsrechnung. Berlin (Springer) 1933
7. D. Hume, An Enquiry Concerning Human Understanding. London $^2$1777
8. L. Castell, M. Drieschner, C.F. v. Weizsäcker (Hrsg.), Quantum Theory and the Structures of Time and Space. München (Hanser) seit 1975

Bernulf Kanitscheider
# Naturphilosophie und analytische Tradition

## I. Klassische Naturphilosophie

Kaum ein Kenner der Philosophiegeschichte der Neuzeit wird bezweifeln, daß die aufstrebenden theoretischen Naturwissenschaften im 17. und 18. Jh. einen starken Einfluß auf die Konzeption und Systeme der zeitgenössischen Philosophen gehabt haben.

Nichts beeindruckte doch den *Kant* der vorkritischen Zeit mehr als das neu errichtete Gebäude der klassischen Mechanik und Gravitationstheorie. Wir, die wir Jahrhunderte an die Universalität der Gravitationswechselwirkung gewöhnt sind, können uns nur schwer eine Vorstellung davon machen, was es bedeutete, daß die lokale terrestrische Schwere, die unsere Alltagsphänomene regiert, nun auch die caelestischen Erscheinungen beherrschen sollte: Himmel und Erde waren damit nomologisch und substantiell eine Wirkeinheit. Kant wagte es, einen Schritt über Newton hinauszutun. Seine spekulative Idee bestand darin, jene Ordnung, die man in unserem Planetensystem realisiert findet, auch auf Sternsysteme zu übertragen. Dabei entschied er sich nicht nur für einen analogen Aufbau der Milchstraße, auch jene lichtschwachen Nebelobjekte, die er korrekt als außergalaktische Sternsysteme deutete, gemeindete er in die neue Gesetzlichkeit ein. Kants naturphilosophische Spekulation gelangte so zu einer Nachzeichnung des Weltenbaus. Er glaubte, auch ohne empirische Stützung mit seiner kosmogonischen Theorie den *Plan des Universums* durchschaut zu haben. „Wir sehen die ersten Glieder eines fortschreitenden Verhältnisses von Welten und Systemen und der erste Teil dieser unendlichen Progressionen gibt schon zu erkennen, was man von dem ganzen vermuten soll".[1] Als 200 Jahre später die metaphysische Vermutung von dem hierarchischen Aufbau der Welt sich in eine testbare Hypothese verwandelte, wonach Galaxien und Galaxiengruppen gravitativ gebundene Systeme darstellen, ja sich sogar die nächste Ordnung eines Superhaufens von Galaxiengruppen abzuzeichnen begann, konnte man ermessen, welche wichtige Rolle Kants kühne naturphilosophische Theorie gespielt hatte. Vermutlich war der Ehrgeiz des jungen Kant, die neue Mechanik auf die systematische Verfassung des Gesamtsystems zu übertragen, von ähnlichen Motiven geleitet wie sie unsere heutigen Theoretiker beseelen, wenn sie ihre supersymmetrischen Einheitstheorien konstruieren.

Während wir uns mit dem Plan der durchgängigen mechanischen Konstruktion der Welt später noch befassen werden, gilt es jedoch schon jetzt festzuhalten, daß Kant mit seiner Kosmogonie des Planetensystems das Musterbeispiel einer fruchtbaren naturphilosophischen Spekulation auf dem Boden der klassischen Physik geliefert hat. Im Gegensatz zu seinen Arbeiten der kritischen Periode hat er hier einen metaphysischen Entwurf vorge-

---

1. I. Kant: Allgemeine Naturgeschichte und Theorie des Himmels. Akad. Ausgabe Band 1, Berlin 1910, S. 256.

legt, der in einer direkten Vorgängerrelation zu den modernen Formen der Nebularhypothese steht.[2] Mit keiner seiner kritischen Arbeiten hat er einen solchen Erfolg auf der einzelwissenschaftlichen Ebene erringen können. Dies mag u.a. mit der andersartigen epistemologischen Grundhaltung der kritischen Philosophie zusammenhängen.

Zweifellos durch Kants transzendentale Kehre vorbereitet, wenn auch nicht direkt systematisch begründet, erfolgte bei den sich anschließenden Systemkonstruktionen die Wende zu einer idealistischen Ontologie. Der andersartige Denkstil, der sich deutlich in Diktion und Ansatz von der vorkritischen Philosophie unterscheidet, tritt v.a. bei G. W.F. Hegel hervor. Die Natur ist bei *Hegel* ein Prozeß, bei dem aus einer primordialen Geistsubstanz sich konkrete Strukturen herauskristallisieren oder in seiner blumigen Sprache: „Die Natur ist der sich entfremdete Geist, der darin nur *ausgelassen* ist, ein bacchantischer Gott, der sich selbst nicht zügelt und faßt."[3] Die Naturphilosophie hat dementsprechend die Aufgabe, dieses Heraustreten der Natur aus dem Geist denkerisch nachzuvollziehen. „Die denkende Naturbetrachtung muß betrachten, wie die Natur an ihr selbst dieser Prozeß ist, zum Geiste werden, ihr Anderssein aufzuheben, — und wie in jeder Stufe der Natur selbst die Idee vorhanden ist."[4] So sehr sich auch innerlich die Hegelsche und die Schellingsche Metaphysik — bei der letzten sind seine vielen Entwicklungsstufen zu berücksichtigen — unterscheiden, in bezug auf die ontologische Vorgabe sind sie sich einig, nämlich wie es Kuno Fischer ausgedrückt hat, „die Natur als ein *Entwicklungssystem* [anzusehen], dessen innerster bewegender und erzeugender Grund, dessen letzter treibender Zweck und naturgemäße Frucht der Geist ist.[5] Die Methode des Erkennens richtet sich nach der Art der zu erkennenden Gegenstände und so ergibt sich aus dem obigen Ansatz auch das methodologische Verhältnis zu erfahrungskontrollierten Theorien. „Sie [die Naturphilosophie] geht von den an sich gewissen Prinzipien aus, ohne alle ihr etwa durch die Erscheinungen vorgeschriebene Richtung; ihre Richtung liegt in ihr selbst und je getreuer sie dieser bleibt, desto sicherer treten die Erscheinungen von selbst an diejenige Stelle, an welcher sie allein als notwendig eingesehen werden können"...[6]

Gewiß, die Entfremdung zwischen idealistischer Naturphilosophie und der Naturwissenschaft des 19. Jh. hat an solchen Äußerungen über den apriorischen Status der „gewissen Prinzipien", also an *epistemologischen* Grundsätzen ihren Ausgang genommen[7], jedoch

---

2. B. Kanitscheider: Nebularhypothese, in: Historisches Wörterbuch der Philosophie. Hrsg. v. J. Ritter, Bd. 6, Darmstadt 1983.
3. G.W.F. Hegel: System der Philosophie II, Naturphilosophie, Stuttgart 1929 § 247, S. 50.
4. G.W.F. Hegel: a.a.O., § 246.
5. K. Fischer: Schellings Leben und Werke, Heidelberg 1923, S. 308.
6. F.W.J. Schelling: Ideen zu einer Philosophie der Natur, Gesammelte Werke, hrsg. v. M. Schröter, Bd. 1, S. 720.
7. Die unversöhnliche Abneigung spiegelt sich selbst noch bei Autoren des 20. Jh. mit weitem philosophischen Horizont, wie das folgende Zitat zeigt: „Diese Naturphilosophen haben eine verheerende kulturelle Wirkung gehabt, für die meisten Wissenschaftler ist Naturphilosophie zu einem Synonym für eine arrogante, absurde Spekulation geworden, die sich verachtungsvoll über die Tatsachen hinwegsetzt und zu gegebener Zeit regelmäßig von den Tatsachen widerlegt wird."' (I. Prigogine, I. Stengers: Dialog mit der Natur, München 1981, S. 96).

möchte ich behaupten, daß der Gegensatz im Ursprung durch die andersartige, wesentlich materialistisch-mechanistische *Ontologie* der neu auftretenden einzelwissenschaftlichen Theorien hervorgerufen worden ist. Thesen über das, woraus die Welt letzten Endes aufgebaut ist, „on what there is", wie es in der analytischen Ontologie heißt[8], entwickeln sich aus bewährten Theorien und ihrem referentiellen Bezug. Wenn durch die Erfahrung viele Theorien bestätigt werden, die über die Welt ausschließlich unter Verwendung materialer Systeme, also ohne jeden semantischen Bezug auf spirituelle Entitäten sprechen, dann festigt sich in der Folge das Bild, wonach die Natur letzten Endes aus konkreten Basiseinheiten aufgebaut ist, die rein materieller Art sind. So, meine ich, ist der Grund für die Abwendung der Wissenschaftler von den naturphilosophischen Systemen in deren ontologischer Unglaubwürdigkeit zu suchen, wohingegen der methodologische Einwand der geringen empirischen Kontrollierbarkeit sekundär war in bezug auf die Entfremdung zwischen beiden Bereichen. Darwins kausal-mechanistische Theorie der Evolution widerstreitet einer idealistischen Morphologie. An den homologen Organen einer Gruppe von Organismen hat man schon lange vor der Entdeckung der Evolution den gemeinsamen Bauplan dieser Gruppe erkannt, nur war man der Meinung, daß es sich hierbei um eine spezielle Konkretisierung einer allgemeinen Idee handelte. Die Einsicht, daß die Formähnlichkeit bestimmter Organismen auf genealogischer Abstammungsverwandtschaft gründet, brachte dann die ontologische Reduktion der platonistischen Vorstellung auf eine naturalistische Strukturgemeinsamkeit mit sich. Homologe Strukturen gründen demnach im Besitz eines gemeinsamen stammesgeschichtlichen Vorfahren.[9] Ähnliche Diversitäten ergaben sich bei der Struktur der Zeit. Argumente, die aus dem Entropiesatz der Thermodynamik stammten, fügten sich schlecht in die metaphysischen Theorien des Werdens, die sehr gerne zyklische Bewegungen verwendeten.

Auch der Erfolg der molekularkinetischen Theorien und die indirekt damit verbundene Bestätigung einer demokritisch-atomistischen Teilchenontologie[10] ließen sich schlecht in eine geistdominierte Weltsicht einbauen. Die Priorität des ontologischen Konfliktes sollte nicht heißen, daß methodologische und sprachliche Einwände gar keine Rolle gespielt haben. Besonders im Rahmen des älteren Positivismus wurde die empirische Unkontrollierbarkeit der idealistischen Metaphysik angegriffen. Die linguistischen Vorhaltungen, daß viele der Grundprinzipien der traditionellen Metaphysik semantisch leer seien, Pseudosätze darstellten, die nur die äußere Form von sinnvollen Aussagen besäßen, tauchten dann im wesentlichen im Neupositivismus und logischen Empirismus auf. Im 19. Jh. jedoch wuchs in erster Linie die Erklärungskraft der im Kontext eines mechanistischen Weltbildes agierenden Theorien, die mit ihrem ontischen Bestand das romantische, emotional geladene

---

8. W.v.O. Quine: Word and Object, Cambridge (Mass.) 1973[8], S. 233.
9. Es zeigt sich, daß selbst in der Gegenwart der ontologische Gegensatz zwischen idealistischem und mechanistischem Denken noch nicht überwunden ist (R. Spaemann/R. Löw: Die Frage wozu?, München 1981).
10. B. Kanitscheider: Einsteins Behandlung theoretischer Größen, in: P.C. Aichelburg/R.U. Sexl (Hrsg.): Albert Einstein. Sein Einfluß auf Physik, Philosophie und Politik. Braunschweig/Wiesbaden 1980, S. 141-164.

Pathos der idealistischen Systeme zugunsten einer nüchternen, trockenen aber durchsichtigen Weltsicht reduzierten. Bereits im vorigen Jahrhundert zeigten die Philosophen Reaktion auf die neue intellektuelle Situation insofern, als einige ihrer Vertreter eine Naturphilosophie aufzubauen bemüht waren, welche sich nicht mehr im ontologischen und methodologischen Gegensatz zu den Wissenschaften befand, auch auf spezifische philosophische Erkenntnisquellen wie etwa intellektuelle Anschauung verzichtete, aber doch versuchte, eine hypothetische Erkenntnis von den fundamentalen Strukturen der Welt zu erhalten, welche über die positiv geprüften Aussagen der Fachwissenschaften hinausging. Hier ist die *induktive Metaphysik* (Fechner, Lotze, v. Hartmann, Wundt) zu nennen, die philosophische Aussagen über die Natur mit synthetischer Komponente aufstellte, wobei letztere den faktischen Wissenschaften entnommen war. Ihr Ziel sahen diese Philosophen darin, die in den einzelwissenschaftlichen Theorien sichtbaren Ansätze „analytisch" fortzuführen, und damit jene Geschlossenheit der Hypothesen anzustreben, die den speziellen bereichsabhängigen Theorien fehlte. Die Problematik jeder Art von extrapolativer Verlängerung der konkreten bewährten Hypothesen liegt natürlich in der Mehrdeutigkeit dieser philosophischen Extension. Wenn z.B. Hermann Lotze von dem Aufweis zielgerichteter Strukturen in planenden Organismen ausgeht und zu einer allgemeinen teleologischen Weltauffassung extrapoliert, die den gesamten Mechanismus der Natur in den Dienst der Verwirklichung geistiger Zwecke stellt[11], so gerät er zweifellos in Begründungsbedrängnis, wenn man ihn nach der Rechtfertigung speziell *dieser* Analogieübertragung fragen würde. Zudem haben spätere Erfolge gerade der neodarwinistischen Evolutionstheorie ein solches teleologisches Weltbild nicht gestützt. Anders als in der idealistischen Metaphysik, wo die Spekulation abgehoben vom fachwissenschaftlichen Kontext erfolgte, starteten die induktiven Metaphysiker zwar von der einzelwissenschaftlichen Basis, verließen aber immer bald die tragfähigen Pfeiler der naturwissenschaftlichen Erkenntnis. Es wird sich zeigen, daß es heute auch eine Art der theoretischen Spekulation gibt, die innerhalb und vermittels quantitativer Gesetze der Einzelwissenschaften erfolgt.

## *II. Naturphilosophie und Logischer Empirismus*

Einen radikalen Einschnitt für die Entwicklung der Naturphilosophie brachte wie für fast alle philosophischen Disziplinen die „linguistische Wende" mit sich, wie sie sich im Logischen Empirismus des Wiener Kreises vollzog. Hier wurde das Programm einer *wissenschaftlichen Weltauffassung* — nicht eines Weltbildes, wie Otto Neurath scharf betont[12] — entworfen, welche auf zwei Pfeilern ruht, dem *Empirismus*, wonach alle Erkenntnis auf dem unmittelbar empirisch Gegebenen aufbaut, und der *logischen Analyse*, wonach die phi-

---

11. H. Lotze: Mikrokosmos, Leipzig 1911, 3 Bände.
12. R. Carnap/H. Hahn/O. Neurath: Wissenschaftliche Weltauffassung, der Wiener Kreis, in: H. Schleichert (Hrsg.): Logischer Empirismus und Wiener Kreis, München 1975, S. 211.

losophische Tätigkeit in der formalen Analyse von Sätzen der Wissenschaft zu bestehen hat. Hierin ist implizit die Forderung ausgedrückt, daß der Philosoph sich aus allen materialen Belangen der Einzelwissenschaften zurückzuziehen hat. Sein Feld ist die angewandte Logik, Methodologie und Semantik, die Inhalte der Wissenschaft berühren ihn höchstens in dem Maße, als sie Einsetzungsinstanzen, bewährende Beispiele für metatheoretische Behauptungen darstellen.

Enorm verstärkt wurde diese Position durch die Philosophie des frühen Wittgenstein[13], der ganz unmißverständlich vertritt
„Alle Philosophie ist Sprachkritik"[14].
Diese extreme Auffassung geht bei ihm auf seine Erkenntnistheorie zurück, wonach ein Satz ein Bild, ein Modell der Wirklichkeit ist.[15] Wittgenstein versteht dies sehr wörtlich, wie seinen Gleichnissen, der Grammophonplatte, die die musikalischen Gedanken abbildet, oder der Notenschrift, wo jedem Zeichen eine Spielanweisung entspricht, zu entnehmen ist. Gegenstände werden auf der sprachlichen Ebene durch Zeichen vertreten und Sätze stellen bestimmte Sachverhalte dar.[16] Als Folge dieses Ansatzes, wonach die Erkenntnis in einem solchen Abbildungsvorgang besteht, bleibt kein Platz mehr für eine eigene Satzklasse, deren Elemente Strukturen einer autonomen Realitätsschicht abbilden. So ist es dann auch folgerichtig, wenn die „Philosophie keine der Naturwissenschaften ist"[17] und der „Zweck der Philosophie in der logischen Klärung der Gedanken"[18] besteht.

Für die Philosophie bliebe damit kein eigenständiges Problem bzw. kein Aussagebereich übrig, denn eine Aussage ist eben ein Satz, der wahr oder falsch sein kann. Die Philosophie wäre außerdem schon deshalb nirgends zuständig, weil die Überprüfung des Wahrheitswertes, der Test, nur innerhalb der Einzelwissenschaften durchführbar ist. Deshalb kann die Philosophie nur logische Analyse betreiben, Elimination von sprachlichem Unsinn vornehmen, so etwa darauf hinweisen, daß man nicht von einer Tätigkeit der Butter sprechen darf, wenn diese im Preis steigt.

Natürlich geht mit dieser Auffassung auch die totale philosophische Irrelevanz aller einzelwissenschaftlichen Resultate einher. Da man für das Geschäft der Philosophie nur Logik verwendet, braucht man selbstredend weder Psychologie[19] noch Biologie[20] bei der Lösung philosophischer Probleme. Eine deskriptive Erkenntnistheorie, die eine explanative Funktion erfüllt, ist danach natürlich unmöglich, wenn die Philosophie nur explikative Aufgaben besitzt.

Kritisch läßt sich heute gegen das rigoristische enge Philosophie-Konzept schon an der Basis der Bildtheorie der Erkenntnis argumentieren.

---

13. wobei es zweifelhaft ist, ob er in bezug auf die Nicht-Existenz philosophischer Probleme seine Auffassung je geändert hat.
14 L. Wittgenstein: Tractatus logico-philosophicus 4.0031.
15. L. Wittgenstein: a.a.O., 4.01.
16. L. Wittgenstein: a.a.O., 4.1.
17. L. Wittgenstein: a.a.O., 4.111.
18. L. Wittgenstein: a.a.O., 4.112.
19. L. Wittgenstein: a.a.O., 4.1121.
20. L. Wittgenstein: a.a.O., 4.1122.

1. Der Zusammenhang zwischen Theorie und Welt ist bei Wittgenstein viel zu eng konstruiert. Eine punktweise Entsprechung der Sätze einer Theorie mit bestimmten Zügen der Realität besteht auch bei den hochrangigen Entwürfen der Naturwissenschaft nicht. Die semantische Referenz kann höchstens global für die ganze Theorie, also z.b. die Maxwell-Theorie des Elektromagnetismus und die Dynamik beider Felder $\mathfrak{E}$ und $\mathfrak{H}$, ausgesprochen werden. Nicht jeder Satz der Elektrodynamik und jeder Ausdruck der Theorie bezieht sich auf etwas.

2. Abgesehen von dieser Kritik an der erkenntnistheoretischen Basis von Wittgensteins Irrelevanzthese enthält die begriffliche Bestimmung von 4.112 den Fehler der mangelnden materialen Adäquatheit an den traditionellen Sprachgebrauch und steht im Widerspruch zur historischen Verwendung, wo generell die allgemeinsten, epistemisch abstraktesten Probleme der Einzelwissenschaften als philosophisch bezeichnet wurden. Es verstieße gegen das Prinzip der semantischen Stabilität, etwa alle theoretischen Konzeptionen von Thales über Demokrit bis zur Kosmologie des Aristoteles als nicht zur Philosophie gehörig zu bezeichnen.

3. Wittgensteins strenge Dichotomie läßt sich durch Gegenbeispiele widerlegen, die genau von dem Mischtypus sind, den er ausschließen wollte. Das beste ist wohl das Leib-Seele-Problem, das sowohl in seinem dualistischen wie auch in seinem monistischen Lösungsansatz die unvermeidliche Verflechtung von materialen und epistemologischen Komponenten gezeigt hat. „Since the work of Wittgenstein, it has been fashionable to maintain that philosophy does not issue in any theories at all about the nature of reality. Hence it is not the *business* of the philosopher to maintain any theory of mind. I think that this doctrine has proved intellectually corrupting, for in fact it is quite impossible to be in such a theory-free state if you think at all extensively on philosophical topics."[21] Weitere einschlägige Beispiele werden wir später kennenlernen.

4. Die logische Unabhängigkeit von Explikation und Explanation existiert nicht: Die Alternative, Klären oder Erklären, ist einfach falsch. Wenn wir z.B. klären wollen, welchen ontologischen Status Raumzeit besitzt, ob sie eine relationale Struktur von Teilchen darstellt, ob die Körper die Raumzeit konstituieren oder diese eine Entität sui generis ist, müssen wir die Gültigkeit von Theorien verwenden, in denen Raum und Zeit als Schlüsselterme enthalten sind. Es genügt hier nicht, die Sprache dieser Theorien zu analysieren, sondern wir müssen den Behauptungsgehalt etwa der Relativitätstheorie einsetzen, um *klären* zu können, ob der Raum Absolut-Qualitäten besitzt oder nicht.

Wittgensteins Dogma wurde zwar von einigen Positivisten angenommen, indem sie versuchten, Naturphilosophie auf die „Ermittlung der allgemeinen Forschungsverfahren"[22] einzuschränken. Aber bereits die Arbeiten von Moritz Schlick selbst genügten dieser engen Begrenzung nicht mehr[23] und bereits Hans Reichenbach betont in der Einleitung zu seinem Standardwerk über die Philosophie von Raum und Zeit: „Die Natur-

---

21. D.M. Armstrong: A Materialist Theory of the Mind. N.Y. 1968, S. 14.
22. W. Dubislav: Naturphilosophie, Berlin 1933, S. 2.
23. M. Schlick: Naturphilosophie, in: Lehrbuch der Philosophie, hrsg. v. M. Dessoir, Bd. 2, Berlin 1925.

philosophie unserer Zeit wird in ebenso enger Verflechtung mit dem mathematischen und naturwissenschaftlichen Stoff aufwachsen müssen, wie sie für die Kulturphilosophie und ihren geschichtlichen Stoff selbstverständlich ist."[24]

Am deutlichsten erfolgte die Absage natürlich von jenen Denkern, die außerhalb der engeren Gruppe des Wiener Kreises und des mit ihm lose assoziierten Wittgenstein standen. Popper hatte immer eine Teilrichtigkeit der Wittgensteinschen These anerkannt.[25] Es kann den Fall geben, daß in einer philosophischen Schule metaphysische Probleme entstehen, die ausschließlich aus Sprachverwirrung bestehen; hier kann logische Analyse zweifellos abhelfen. Der Grund für den tiefsinnig klingenden Leerlauf mancher philosophischer Systeme sieht Popper aber nicht in logischen Fehlern, sondern darin, daß in diesen Schulen philosophische Inzucht betrieben worden ist. Die Degeneration philosophischer Probleme entsteht gerade dadurch, daß eine Schule den geistigen Zufluß der Probleme und Lösungen von den Wissenschaften her abgeschnitten hat. „Genuine philosophical problems are always rooted in urgent problems outside philosophy and they die if these roots decay."[26] Wittgensteins These ist deshalb nur in dem trivialen Sinn wahr, daß es reine philosophische Probleme, die von einer autonomen philosophischen Realität handeln, nicht gibt. Es existieren keine spezifisch philosophischen Dinge mit eigenen philosophischen Gesetzen neben den physikalischen, biologischen und sozialen Systemen. Aus einem solchen ontologischen Naturalismus folgt aber keineswegs die Nichtexistenz philosophischer Probleme, sie werden nur trivial aufgrund der Abschirmung gegenüber den Wissenschaften. Deshalb degenerieren dann philosophische Schulen, wenn sie versuchen, sich gegenüber den Wissenschaften rein zu erhalten. Leerer Verbalismus und Pseudoprobleme, Spitzfindigkeiten und Haarspaltereien sind die Folge der begrifflichen Reinheit. Echte philosophische Probleme haben eine faktische Komponente, die in ihnen eine wesentlich nichteliminierbare, nichtexemplarische Rolle spielt. Dabei wird bei diesem Plädoyer für die faktische Komponente nicht geleugnet, daß der methodologische Wert der logischen Analyse erhalten bleibt. So besteht etwa der erste Paragraph von Einsteins klassischer Arbeit zur speziellen Relativitätstheorie[27] aus einer semantischen Analyse des Begriffs der Gleichzeitigkeit, dennoch wird damit das Problem der Uhrensynchronisation und der Relativität der Zeit nicht zu einer begrifflichen Frage, sondern bleibt physikalischer Natur, obgleich mit großer philosophischer Relevanz.

Ebenso läßt sich gegen Wittgensteins dictum 4.1122, das die philosophische Irrelevanz der Biologie ausspricht, das überzeugende Gegenbeispiel bringen, auf das J.J.C. Smart schon vor einiger Zeit hingewiesen hat.[28] Es bestrifft die Freiheit des Willens. Der Verfechter einer akausalen Freiheitsauffassung, wonach es ein autonomes Selbst gibt, das den Na-

---

24. H. Reichenbach: Philosophie der Raumzeitlehre, Berlin 1928, S. 5.
25. K. R. Popper: The nature of philosophical problems and their roots in science, in: Conjectures and Refutations. London 1972.
26. K.R. Popper: a.a.O., S. 71.
27. A. Einstein: Zur Elektrodynamik bewegter Körper. Ann. d. Phys. 17 (1905).
28. J.J.C. Smart: Philosophy and Scientific Plausibility, in: Festschrift für Herbert Feigl: Mind, Matter and Method, ed. by P.K. Feyerabend & G. Maxwell. Minneapolis 1966, S. 377-390.

turgesetzen nicht unterworfen ist, jedoch trotzdem mit den Vorgängen des Zentralnervensystems wechselwirken kann, wird durch die Evolutionstheorie, die ja die biochemische Struktur des Gehirns mitumfaßt, gezwungen sein, anzugeben, wann und unter welchen Umständen sein Selbst in die Existenz getreten ist und wann die Wechselwirkung mit den natürlichen Systemen begann. Der Libertarier wird zu dieser Offenbarung gedrängt, wenn er nicht die extreme Auffassung verteidigen will, daß das Selbst unendlich alt ist, vielleicht älter als das Universum selbst. Wie immer er sich aus dieser Situation rettet, diese philosophische Position einer absoluten kontranomologischen Freiheit wird in entscheidender Weise durch die Evolutionstheorie betroffen. Sowohl das Freiheits- als auch das Leib-Seele-Problem haben in fast allen ihren Lösungsansätzen (Identitätsauffassung, Zentrale Zustandstheorie und Dualismus) in Widerlegung von Wittgensteins Irrelevanzdogma Gebrauch (und nicht nur Erwähnung) von faktischen (neurophysiologischen, psychobiologischen, psychosomatischen) Zusammenhängen gemacht. Am bemerkenswertesten ist jedoch, daß der harte Kern der Wittgensteinschen Auffassung sich als ein empirisches Dogma enthüllte und als unhaltbar erwies. Den entscheidenden Gedanken hatte hier W.v.O. Quine[29]. Zu den unumstößlichen Voraussetzungen des logischen Empirismus gehört es, daß faktische Theorien auf empirischem Wissen aufbauen, wobei das klassische Ideal zwei Ziele hatte. Reale Objekte sollten aus Sinnesdaten konstruiert werden und die empirischen Wissenschaften sollten durch eine strenge logische Konstruktion[30] auf unmittelbare Erfahrung gegründet werden. Erschien die begriffliche Konstruktion von Objekten aus reinen Sinnesdaten noch durchführbar, so zeigte es sich, daß auf der Geltungsseite Unmögliches verlangt war. Das Scheitern des empiristischen Begründungsprogrammes machte es nun möglich, einen neuen Weg zu gehen, nämlich die naturalistischen Beschreibungen des Weges, auf dem Erfahrung gewonnen wird, mit in die Erkenntnistheorie hineinzunehmen. „Letztlich sind ja die Reizungen der eigenen Sinnesrezeptoren das einzige, was man hatte, um zu einem Bild der Welt zu kommen. Warum sollte man nicht einfach zu ermitteln suchen, wie diese Konstruktion wirklich vorgeht?"[31]

Die Gefahr, in einen vitiösen Argumentationszirkel zu geraten, und nur dieser ist wirklich logisch selbstvernichtend, ist gebannt, wenn man das Ideal fallenläßt, die Sätze der Wissenschaft aus Beobachtungen direkt abzuleiten. Jede Information, die das Verhältnis von Theorie und Erfahrung erhellt, ist gleich wertvoll, auch die Information jener Wissenschaft, um deren Geltung es im gleichen Augenblick geht. Damit erhält die Erkenntnistheorie und dadurch natürlich auch die Philosophie einen Platz innerhalb der empirischen Wissenschaften. Die Funktion der Erkenntnistheorie umreißt Quine so: „Sie studiert ein empirisches Phänomen, nämlich ein physisches menschliches Subjekt. Diesem menschlichen Subjekt wird ein bestimmter experimentell kontrollierter Input gewährt — z.B. bestimmte Bestrahlungsmuster in ausgesuchten Frequenzen — und zur rechten Zeit liefert das Subjekt als Output eine Beschreibung der dreidimensionalen Außenwelt und ihres Ver-

---

29. W.v.O. Quine: Naturalistische Erkenntnistheorie, in: Ontologische Relativität und andere Schriften. Stuttgart 1975, S. 97-126.
30. R. Carnap: Der logische Aufbau der Welt, Berlin 1928.
31. W.v.O. Quine: a.a.O., S. 105.

laufs."[32] Damit wird die Philosophie auch von dem Zwang befreit, ausschließlich Metatheorie zu sein. Quine hat damit den Bann, der über der Philosophie durch Tractatus 4.111 lag, aufgehoben. Die philosophischen Fragen betreffen zwar immer den abstraktesten Teil des begrifflichen Gebäudes, aber sie sind immer Elemente innerhalb unserer Gesamttheorie der Natur.

## III. Naturphilosophie und Naturwissenschaft

Im vorangegangenen Abschnitt haben wir hauptsächlich die separatistischen Tendenzen zwischen Philosophie und Wissenschaft diskutiert, wie sie im Rahmen der analytischen Tradition ausgesprochen wurden. Aber auch die Naturwissenschaftler selber haben Argumente entwickelt, die darauf abzielen, die Erkenntnisziele beider Fächergruppen als logisch unkorreliert zu erweisen. Max Jammer hat diese Auffassung mit dem passenden Namen der Doktrin der philosophischen Neutralität der Wissenschaft versehen.[33] In Verfeinerung seines Begriffes möchte ich hier eine *starke* und eine *schwache* Form der *Neutralitätsdoktrin* unterscheiden. In der starken Form werden Philosophie und Wissenschaft (sowohl Natur- wie auch Geisteswissenschaft) als völlig getrennte und logisch unabhängige Unternehmungen geführt. Wenn diese Auffassung wahr wäre, müßten *alle* wissenschaftlichen Ergebnisse mit *allen* philosophischen Positionen vereinbar sein und alle Differenzen in den philosophischen Schulmeinungen müßten auf nicht-faktische Gründe zurückgehen. Konkreter gesprochen, sollte z.B. danach die Quantenmechanik der Messung völlig neutral gegenüber der Differenz eines epistemischen Idealismus oder eines Realismus sein und die Relativitätstheorie dürfte niemals Relevanz in der Distinktion rationalistischer oder empiristischer Raumauffassungen besitzen. Ein Blick auf die aktuelle Diskussion lehrt jedoch genau das Gegenteil. Die orthodoxe Interpretation der Quantenmechanik beinhaltet eine starke innere Verschränkung zwischen dem Abschluß eines quantenmechanischen Meßvorganges und der philosophischen Position einer idealistischen Ontologie[34] und die allgemeinrelativistische Behandlung der Raumzeit steht im Kreuzfeuer relationaler und substantivischer Ontologie.[35] So läuft die starke Neutralitätsdoktrin, wie sie am deutlichsten vielleicht von dem Pragmatisten Chauncey Wright ausgesprochen wurde[36] völlig antagonistisch zu der Behandlungspraxis der Wissenschaftsphilosophie, die völlig im Einklang mit Einsteins

---

32. W.v.O. Quine: a.a.O., S. 115.
33. M. Jammer: A Consideration of the Philosophical Implications of the New Physics, in: The Search for Absolute Values: Harmony among the Sciences, 5th ICUS-Conference, New York 1977, S. 935.
34. Vgl. z.B. Eugene P. Wigner: Symmetries and Reflections. Indiana 1967, S. 185.
35. Vgl. J. Earman, C. Glymour & J. Stachel (eds.): Foundations of Spacetime Theories. Minn. Stud. Phil. Sci. Vol. 8, Minnesota 1977.
36. Ch. Wright: Philosophical Discussions, New York 1977; E.H. Madden: The Philosophical Writings of Ch. Wright. New York 1958.

viel zitiertem Diktum steht „Die gegenseitige Beziehung von Erkenntnistheorie und Wissenschaft ist von merkwürdiger Art. Sie sind aufeinander angewiesen. Erkenntnistheorie ohne Kontakte mit der Wissenschaft wird zum leeren Schema, Wissenschaft ohne Erkenntnistheorie — soweit überhaupt denkbar — primitiv und verworren.[37]

Sicher ist ein Einstein-Zitat kein Ersatz für eine systematische Begründung, jedoch möchte ich in diesem Fall diese Last dem Protagonisten der starken Neutralitätsdoktrin aufhalsen. Er soll zeigen, daß das Problem der Quantenmechanik der Messung und das Problem des ontologischen Status von Raumzeit *völlig ohne* Gebrauch irgendeiner philosophischen Prämisse gelöst werden kann. Was die schwache Neutralitätsdoktrin anbelangt, so befürwortet sie die temporäre Trennung von Philosophie und Wissenschaft. Im Rahmen einer ganz konkreten Problemsituation, etwa einer Anwendung der quantenmechanischen Festkörperphysik, sollte der Analysevorgang über die begriffliche Basis der Theorie ausgeklammert bzw. zurückgestellt werden. Hier wird von der psychologischen Tatsache Gebrauch gemacht, daß bei intensiver Konzentration auf eine geistige oder körperliche Tätigkeit die Reflexion derselben einer Störung gleichkommen kann. Dies ist bedingt, im Rahmen von speziellen Problemen dessen was Thomas Kuhn die Normalwissenschaft nennt, richtig, stimmt aber schon dann nicht mehr, wenn man die größeren Umwälzungen der Naturwissenschaft betrachtet. Die historischen Fallanalysen der Galileischen Physik, der Newtonschen Mechanik, der Faradayschen Feldkonzeption, der Einsteinschen Raumauffassung und der Heisenbergschen Feldtheorie der Materie zeigen, wie die vorhandenen philosophischen Ideen als Katalysatoren theoretischer Entwürfe wirken. Keine neue Theorie kann sich in einem begrifflichen Vakuum in deduktiver Form auf Beobachtungsdaten allein gestützt etablieren, „a total decontamination of observation from philosophical preconceptions can never be achieved"[38]. So ist auch die schwache Neutralitätsdoktrin für den Fall des revolutionären Theorienwechsels falsch — im Gegenteil, die Reflexion auf den Begriffsbestand der älteren, als inadäquat erkannten Theorien und die Besinnung auf schon existierende metaphysische Vortheorien sind ein wesentlicher Bestandteil einer theoretischen Umbruchsphase. Die wissenschaftsgeschichtlichen Analysen liefern auch im Einklang damit den Befund, daß alle schöpferischen Wissenschaftler, die an dem gedanklichen Phasenübergang beteiligt sind, ein starkes philosophisches Engagement zeigten.

Bei der Bestimmung des gegenseitigen Verhältnisses von Naturwissenschaft und Philosophie haben wir bis jetzt im wesentlichen den philosophischen Beitrag bei der Theorienkonstruktion betrachtet. Für die Rechtfertigung einer autonomen Naturphilosophie ist aber die Tragweite der bewährten Theorien noch viel wichtiger. Als Beispiel, wie eine erfolgreiche Physik eine umfassende Sicht der Natur aus sich heraus, unter relativ starker Abschottung von der akademischen Philosophie, erzeugen kann, sei das *mechanistische Weltbild* angeführt.[39] Auch wenn man nicht einen bestimmten Traktat aufweisen kann, der die Thesen dieser Naturauffassung explizit formuliert, so lassen sie sich doch im Nachhinein

---

37. A. Einstein: Bemerkungen zu den in diesem Bande vereinigten Arbeiten, in: P.A. Schilpp (Hrsg.): Albert Einstein als Philosoph und Naturforscher, Stuttgart 1955, S. 507.
38. M. Jammer: a.a.O., S 938.
39. Vgl. dazu auch den Beitrag von J. Merleau-Ponty in diesem Band.

rekonstruieren und durch wissenschaftshistorische Untersuchungen nachweisen, daß dieses Weltbild tatsächlich eine deutliche Wirkung bei der Theorienkonstruktion ausgeübt hat. Im Kern enthält es die Überzeugung, wie Dijksterhuis es formuliert hat, daß die Welt ... „ein System ist, über das man nur aufgrund der Wissenschaft der Mechanik etwas aussagen kann, der Laplace'sche Geist etwas Genaueres, wir Menschen etwas Angenähertes".[40] Es ist in seinen Bausteinen atomistisch und seinem Gesetzestyp nach deterministisch; seine Gesetzesstrukturen müssen mathematisch faßbar sein und vom Ablauf der Prozesse sollte man sich ein anschauliches Modell machen können. Dabei ist die Mathematisierbarkeit jenes Schlüsselmerkmal, das auch die Dynamik der Felder und des Elektromagnetismus und die Mechanik der Wärme mit in die mechanistische Beschreibung einschließt.

Der universale Anspruch des mechanistischen Weltbildes kommt gerade in Laplace' fiktivem Weltgeist zum Ausdruck. Es war seine feste Überzeugung, daß Newton die unwandelbaren Bewegungsgesetze der Natur gefunden habe, und daß im Verein mit der Erkenntnis der wirksamen Kräfte und dem Wissen aller Anfangs- und Randbedingungen eine vollständige, mathematisch formulierbare Erkenntnis der Realität möglich sei. Das Ideal eines berechenbaren Kosmos wurde enorm durch Laplace' Stabilitätsbeweise gefördert.[41] Das berühmteste Beispiel ist hier die große Anomalie von Jupiter und Saturn. Als Newton in seinen „Principia" deduktiv die Ellipsenbahnen der Planeten ableitete, gelang es ihm auch, einige kleine Abweichungen von dieser Bahnform zu berechnen, die auf die Gravitationswirkung der anderen Planeten zurückgingen. Besonders deutlich war dieser Effekt für die beiden großen Planeten Jupiter und Saturn, was Newton und seinen Schüler Clarke dazu veranlaßte anzunehmen, daß Gott alle 10 000 Jahre in das Sonnensystem eingreifen müsse, um die Abweichung der beiden Planeten von ihrer ursprünglichen Bahn zu korrigieren. Laplace konnte zeigen, daß in diesem Fall die Unregelmäßigkeiten periodisch sind, d.h. die Wirkung der Störung schaukelt sich nicht beliebig weit auf, sondern nach 900 Jahren ist die ursprüngliche Lage der Planeten wieder erreicht. In der gleichen Weise konnte er zeigen, daß eine bis dahin unreduzierbare Unregelmäßigkeit in der Bewegung des Mondes sich aus einer geringfügigen Deformation der Erdbahn durch die anderen Planeten erklären läßt. Diese Stabilitätsbeweise stärkten das Vertrauen der Zeitgenossen in der Ansicht, daß man über die mechanistischen Grundgesetze wirklich auf das „wahre System der Welt" gestoßen sei. Die Überzeugungskraft und die konstruktive Wirkung dieser mechanischen Naturverfassung bei dem Entwerfen von Theorien sieht man noch ein Jahrhundert später am Werk, als Boltzmann in der statistischen Mechanik eine vollständige atomistische, mechanistische Erklärung der irreversiblen Phänomene liefern wollte. Van der Waals, als Anhänger der Boltzmannschen Auffassung, hat dieses Motiv für den Konstruktionsplan der statistischen Mechanik deutlich zum Ausdruck gebracht.[42] Das erklärte Ziel war, die mechanistische Natur-

---

40. E.J. Dijksterhuis: Die Mechanisierung des Weltbildes. Veröffentlichungen der Gesellschaft für Intern. Wissensch. Geschichte, Heft 1, Jg. 1952, S. 38.
41. J. Merleau-Ponty: Laplace: un héros de la science „normale", La Recherche *10*, 98 (März 1979), S. 251-58.
42. J.D. van der Waals: Die statistische Naturanschauung. Phys. Z. *4*,18 (1903), S. 508-14.

erklärung in dem Sinne universell zu machen, daß der anscheinende Gegensatz zwischen den reversiblen Vorgängen der Mechanik und den irreversiblen Prozessen der Wärme verschwindet. Wenn es nicht gelänge, jene Phänomene, bei denen Reibungsvorgänge im Spiel sind, mit in die mechanischen Beschreibungen einzuschließen, besäße die Mechanik keine exakte Gültigkeit in der Natur, sondern gälte nur für ideale Modellfälle, und als Folge davon zerfiele die Naturbeschreibung in eine unübersehbar große Anzahl von empirischen Gesetzen, die alle untereinander und von den mechanischen Grundgesetzen logisch unabhängig wären. „Nur die mechanische Naturerklärung ist imstande, eine Erklärung der verschiedenen Naturgesetze aus einem gemeinschaftlichen Prinzip zu geben. Nur bei der mechanischen Erklärung können wir die Natur als Einheit auffassen."[43]

Hier sieht man überdeutlich, wie ein Weltbild seine Steuerfunktion, seine leitmotivartige Rolle in der Forschungsrichtung ausgeübt hat. Die darauffolgende physikalische Entwicklung verkündete die Fallibilität dieses durch Abstraktion aus den Gesetzen der klassischen Physik gewonnenen Weltbildes. Dabei war es nicht nur die neue Gruppe der Quantentheorie, die das perfekte Berechenbarkeitsideal der alten Weltauffassung erschütterte; auch neue mathematische Analysen der klassischen Mechanik zeigten, daß Systeme von der Art des harmonischen Oszillators und die Anwendung der Mechanik auf die Himmelsbewegungen zum eher seltenen Typ der integrablen Hamiltonschen Systeme gehören. Viele mechanische Systeme, v.a. solche mit nichtlinearer Fehlerfortpflanzung, zeigen Instabilität und chaotische Entwicklung. Aber auch dann, wenn das alte Weltbild ersetzt werden mußte, zeigt die Wissenschaftsgeschichte, welche epistemische Dynamik in einer naturphilosophischen Abstraktion stecken kann.

Die mechanistische Weltauffassung hat noch keinen genuinen Nachfolger gefunden, der ihre Einfachheit, Kohärenz und Anschaulichkeit besäße. Die Vielzahl der Einzelanalysen von Relativitätstheorie, Quantenmechanik und Thermodynamik haben gezeigt, daß diese Theorien ein Füllhorn philosophischer Probleme darstellen, daß sie etwa enorme Bedeutung für die Natur des Raumes, die Frage der Substanz, der Kausalität wie auch der Richtung der Zeit besitzen. Jedoch ist es wohl noch niemandem wirklich geglückt, daraus eine einheitliche neue Sichtweise der Natur zu abstrahieren. Die mißliche Situation, daß es so schwer ist, aus der modernen Physik ein tragfähiges Weltbild zu gewinnen, ist auch in innertheoretischen Problemen begründet. Im Anschluß an die Allgemeine Relativitätstheorie bemühten sich eine große Zahl von Theoretikern, das Konstruktionsprinzip Einsteins auf die anderen Kräfte, neben der Gravitation v.a. auf den Elektromagnetismus, zu übertragen. Es schien so etwas wie ein innerer Plan der Relativitätstheorie vorhanden zu sein, der dazu drängte, alle bekannten Felder in die dynamische Geometrie der Raumzeit einzuschließen. Die Erweiterung des geometrischen Beschreibungsrahmens wurde durch die Ähnlichkeit der beiden klassischen Wechselwirkungen mit langer Reichweite nahegelegt. Jedoch schienen auf die Dauer die Unterschiede zwischen dem Maxwell-Feld und dem metrischen Feld stärker durchzuschlagen als ihre Gemeinsamkeiten. So ist die Wirkung der Gravitation zwischen identischen Teilchen anziehend und außerdem universell, umfaßt al-

---

43. J. D. van der Waals: a.a.O., S. 512.

so alle Teilchen, während der Elektromagnetismus zwischen identischen Teilchen abstoßend wirkt und darüber hinaus nur geladene Teilchen affiziert. Dazu kommen die Unterschiede, die die Art der Wechselwirkung betreffen, was dazu führt, daß, quantenfeldtheoretisch gesprochen, die Gravitation durch ein Spin 2-Teilchen und der Elektromagnetismus durch ein Spin 1-Teilchen vermittelt wird.

Deshalb behielt wohl die Gravitation ihre Ausnahmestellung derart, daß sie sich als einzige Kraft in die Struktur der Raumzeit eingemeinden ließ, während die anderen Felder als Entitäten *in* der Raumzeit behandelt werden mußten. Die Entdeckung der schwachen und starken Wechselwirkung und möglicherweise noch die superschwache Kraft, die den Zerfall des Protons regiert, rückten Einsteins Vision[44] einer unitären geometrodynamischen Beschreibung auch bei Einschluß des Quantenprinzipes in unrealisierbare Ferne. Damit geriet aber auch sein synthetischer Plan, ein Weltbild von einer starken unitären Theorie aller Wechselwirkungen her aufzubauen, in Verruf. Man trennte sich von Einsteins Erkenntnisziel und versuchte, kompartimentalistische Teilerfolge in den regionalen Theorien der individuellen Wechselwirkungen zu erzielen. Ein solcher Erfolg schien zuerst in der quantisierten Feldtheorie des Elektromagnetismus (Quantenelektrodynamik = QED) auf. Obwohl die Theorie zunächst an dem Defekt zu leiden schien, daß sie für die meßbaren Größen keine definiten endlichen Werte voraussagte, entdeckte man bald ein Verfahren (Renormierung), das erlaubte, die prüfbaren Aussagen der QED (z.B. das anormale magnetische Moment des Elektrons und die Lamb-shift im Wasserstoffatom) mit der Empirie zu vergleichen. Es zeigte sich, daß diese quantisierte Maxwell-Theorie die präzisesten Voraussagen macht, die man sich bei einer physikalischen Theorie nur wünschen kann. Nun besitzt die Theorie ein inneres Strukturmerkmal, das ein Band zu den anderen Wechselwirkungen der Physik bilden sollte, nämlich die lokale Eichsymmetrie. Die lokale Eichinvarianz[45] eine dynamische Symmetrie, die sich als stark erweiterungsfähig erwies in dem Sinne, daß alle Kräfte der Natur aus der Forderung erzeugt werden können, daß die Grundgesetze (Differentialgleichungen) invariant unter einer lokalen Symmetrie-Transformation sind. Als Eichtheorie betrachtet, besitzt die QED die Symmetrie U(1), diese drückt physikalisch die Phaseninvarianz aus, welche mit der Ladungserhaltung verbunden ist. In einem ersten Vereinheitlichungsschritt gelang es Salam und Weinberg, in der Quanten-Flavour-Dynamic (QFD) die elektromagnetische mit der schwachen Wechselwirkung zu verbinden, welche als fundamentale Eichgruppe die SU(2) × U(1) besitzt und durch ihre Voraussage der Existenz neutraler Ströme sich empirisch bewährt hat. Es lag nahe, daß die Theoretiker, nachdem die lokale Eichsymmetrie als Instrument der Vereinigung einmal Erfolg bewiesen hatte, versuchten, noch einen Schritt weiterzugehen und die dynamische Theorie der starken Wechselwirkung mit in den Vereinigungsvorgang einzubeziehen. Die Quantenchromodynamik (QCD), als dynamische Theorie der Quarks, welche die stark wechselwirkenden Teilchen, die Hadronen aufbauen, besitzt die lokale Eichsymmetrie $SU(3)_c$, wobei

---

44. J.A. Wheeler: Einsteins Vision, Berlin 1968.
45. Der Unterschied von globaler zu lokaler Symmetrie ist hier wichtig; er besagt, daß z.B. die Punkte der Raumzeit nicht alle zugleich von der Transformation erfaßt werden, sondern jeder Punkt individuell und unabhängig variiert werden kann.

der Index auf die acht Eichfelder hinweist, die mit den acht bunten Gluonen verbunden sind, welche durch ihre Emission und Absorption die starke Kraft hervorrufen. Ein Vorschlag einer großen Vereinheitlichung (GUT) besteht darin, die Gruppe SU(5) als übergeordnete Symmetrie zu verwenden, welche das Produkt U(1) × SU(2) × SU(3)$_c$ umgreift. Wenn man nur diesen einfachsten Vorschlag von Georgi und Glashow[46] betrachtet, zeigt sich der Vorzug der einheitlichen Beschreibung der 3 Kräfte gegenüber der getrennten Verwendung der elektroschwachen Theorie und der QCD in einer Überschußbedeutung, die eine wesentliche Zahl kontingenter Phänomene nun als gesetzesartig notwendig verstehen läßt. Die Vereinheitlichung der elektromagnetischen und schwachen Wechselwirkung ist noch nicht perfekt; so findet sich darin ein offener Parameter $\theta_W$, der die Stärke der Beteiligung der beiden Wechselwirkungen beinhaltet. Dieser sog. Weinberg-Winkel muß in der QFD empirisch bestimmt werden, $\sin^2 \theta_W \approx 0{,}22$. Die stärkere große vereinheitlichte Theorie fixiert diesen Parameter und liefert deduktiv und damit nomologisch begründet den experimentell gemessenen Wert. Darüberhinaus impliziert die GUT in natürlicher Weise die Quantisierung der Ladung und garantiert die Gleichheit der Ladung von Proton und Elektron, sowie die gebrochenen Elementarladungen der Quarks. Als testbare Konsequenz sagte sie den Zerfall des Protons voraus. Sie hat somit eine höhere explanative Kraft als ihre Untertheorien, mit denen sie durch eine spontane Symmetriebrechung verbunden ist. Sie läßt schon vorhandene Fakten besser verstehen, sie besitzt aber auch eine höhere prognostische Kraft, indem sie neue, noch nicht gemessene Phänomene vorhersagt. Trotz der Stärke der Theorie gibt es in der SU(5) noch eine Zahl unbestimmter Renommierungsparameter wie etwa Kopplungskonstanten und Teilchenmassen. Um diese kontingenten Elemente weiter zu reduzieren, haben die mathematischen Physiker sich bemüht, die vierte große Kraft heranzuziehen. Sie läßt sich mit den übrigen Kräften in Verbindung bringen, wenn man die Klasse der sog. supersymmetrischen Theorien betrachtet. Die Supersymmetrie verbindet zwei Typen von Teilchen, die prima vista durch einen tiefen Graben getrennt sind: Fermionen (Spin 1/2 Teilchen, die dem Pauli-Prinzip unterworfen sind) und Bosonen (Spin 1-Teilchen, die das Ausschlußprinzip nicht befolgen). Fermionen und Bosonen mit benachbartem Spin werden danach als verschiedenartige Manifestationen eines übergeordneten Teilchens betrachtet, ähnlich wie Neutron und Proton durch eine globale Rotation im Isoraum als Darstellung eines Nukleon-Teilchens vermittels der SU(2) verbunden sind. Wenn man von der *globalen* Supersymmetrie auf die *lokale* Supersymmetrie übergeht, müssen zwei neue Felder eingeführt werden, ein Feld des Spin-2-Gravitons, das die klassische Gravitationskraft vermittelt und ein neues Spin3/2-Feld, das die mikroskopische Quantenkorrektur zur Gravitation liefert. Dieses Gravitinofeld läßt die makroskopische Wirksamkeit der Gravitation unverändert, liefert jedoch eine Zusatzkraft im sehr Kleinen. Es besteht eine gewisse Hoffnung, daß in einer solchen Theorie der Supergravitation sich die unerwünschten Unendlichkeiten alle wegheben. Wenn sich dies bewahrheiten sollte, wäre ein Zustand in der theoretischen Physik erreicht, der der Einsteinschen Vision sehr nahe

---

46. H. Georgi/S.L.Glashow: Unity of All Elementary-Particle Forces. Phys. Rev. Lett. *32*,8 (1974), S. 438-44.

kommt. „Thus if all the infinities in supergravity turn to cancel each other out, we would have a theory which not only fully unified all the matter particles and interactions but which was also complete in the sense, that it did not have any undetermined renormalization parameters."[47]

Wie immer auch dieses Forschungsprogramm der Supergravitation sich entwickeln wird, die Lehre für das philosophische Verständnis der Welt ist überdeutlich. Einsteins Idee einer vereinigten Beschreibungsform ist der separatistischen Methodologie klar überlegen. Vereinheitlichen von Theorien ist keine ästhetische Spielerei der mathematischen Physik; wie am Beispiel der Mikrogravitation der supersymmetrischen Theorien und am Zerfall des Nukleons über die superschwache Wechselwirkung in den großen vereinheitlichten Theorien zu sehen ist, *zeigt die Natur bestimmte Phänomene nur, wenn sie im Ganzen betrachtet wird,* nicht aber wenn sie kompartimentalistisch an Oberflächenphänomenen hängend analysiert wird. Die Vielheit von Kräften ist ein Artefakt der Tatsache, daß Menschen nur ein kaltes Universum zu späten Zeiten bewohnen können, wenn die spontanen Symmetriebrechungen die ursprüngliche einheitliche Kraft aufgebrochen haben. Um dies zu erkennen, bedarf es aber ausreichend starker Theorien, die den Aufspaltungsvorgang begrifflich erfassen.

Wenn in der Zukunft auf Grund der neuen physikalischen Situation wieder ein echter Nachfolger des mechanistischen Weltbildes konstruiert werden sollte, muß sich eine solche Bemühung an der dann vielleicht fest etablierten einheitlichen Theorie orientieren. Denn es sind immer die stärksten Theorien einer naturwissenschaftlichen Epoche, die den tiefsten Einblick in den Aufbau der Natur liefern. Ein theorieunabhängiger direkter Zugang zu den wesentlichen Zügen der Realität erscheint demnach heute nicht mehr möglich. Zeitabhängigkeit und Theorienvermitteltheit sind die zentralen Elemente einer Philosophie der Natur, die den Resultaten der analytischen Erkenntnistheorie und den Ergebnissen der Einzelwissenschaften Rechnung tragen will.

## *IV. Naturphilosophie — ein synthetisches Unternehmen*

Versuchen wir ein Resumé zu ziehen. Was für eine Rolle kann nach all dem Gesagten in der gegenwärtigen philosophischen und wissenschaftlichen Situation eine Naturphilosophie spielen?

Um diese Frage jetzt abgehoben von den einzelnen Beispielen zu beantworten, sollte man die begriffliche Differenz zwischen der analytischen und der synthetischen Betrachtungsweise in der Philosophie ins Auge fassen. Einer der frühesten Wissenschaftstheoretiker, die hier eine saubere Distinktion durchgeführt haben, war Israel Scheffler, der mit den

---

47. St. Hawking: Is the end in sight for theoretical physics? Cambridge 1980, S. 19.

Termen „the foundations of science" und „the world pictured by science" zwischen jener Erkenntnis, die man *über* die Wissenschaft erhalten kann, und derjenigen Erkenntnis von der Welt, die man unter *Vermittlung* der Wissenschaft gewinnt, unterschied. Der Gebrauch der fundamentalen Theorien der Wissenschaft liefert demnach ein *Weltbild* als „attempt to describe the origin and structure of the universe as suggested by the best theories and the various relevant findings to date."[48] Gegenstand eines Weltbildes sind demnach die zentralen Charakteristiken und die fundamentalen Strukturen der Natur wie sie sich im Lichte der stärksten Theorien darbieten.

Ist so der *synthetische* Ansatz durch die Verwendung der materialen Inhalte gekennzeichnet, entweder um individuelle philosophische Probleme zu lösen oder um eine Synopsis der zersplitterten Einzelresultate der empirischen Wissenschaft zu erreichen, so ist die analytische Wissenschaftsphilosophie durch ein strukturales Erkenntnisziel geprägt, bei dem in einer metatheoretischen Reflexion auf den logischen, linguistischen und semantischen Status der Wissenschaftssprache abgehoben wird. In gezielter Abstraktion sieht man von den inhaltlichen Unterschieden einer Hypothese oder eines Gesetzes in einzelnen Wissenschaften ab, erhebt sich damit auf eine semantisch höhere Ebene und diskutiert dort die morphologischen Gemeinsamkeiten der sprachlichen Elemente der Wissenschaft. Die synthetische Vorgangsweise ist aber gerade dadurch gekennzeichnet, daß sie diese strukturale Abstraktion nicht nachvollzieht, sondern auf der Ebene der faktischen Beschreibung verharrt. Sie teilt demnach mit der Wissenschaft die *explanative* Aufgabe, jedoch schränkt sie dieselbe auf die allgemeinsten Züge der in Rede stehenden faktischen Systeme ein. Die Abgrenzung zwischen synthetischer Philosophie und echter Naturwissenschaft ist demnach fließend, im scharfen Sinne sind beide nicht voneinander abgrenzbar. Die analytische Philosophie hingegen, die sich wesentlich *explikative* Aufgaben stellt, ist in ihrem strukturalen Ansatz auf einer höheren sprachlichen Ebene angesiedelt und somit eindeutig in ihrer Zielsetzung von der Einzelwissenschaft abgehoben.

Beide wissenschaftsphilosophischen Betrachtungsweisen stehen nicht nur in friedfertiger Koexistenz, stellen keine konkurrierenden Unternehmen dar, sondern helfen einander in folgendem Sinne: Begriffliche Verwirrungen und sprachliche Konfusionen sind allgegenwärtig, somit muß auch eine naturphilosophische Fragestellung jederzeit in der Lage sein, semantische Klärungen einzubegreifen; auf der anderen Seite braucht die strukturale Analyse exemplarisches Material, an dem sie ihre Untersuchungen durchführt; die einzelnen sprachlichen Bausteine (z.B. Theorien, Gesetze) einer konkreten Wissenschaft sind ja die Bestätigungs- oder Widerlegungsinstanzen für die abstrakten Behauptungen der analytischen Wissenschaftsphilosophie. So ergänzen sich analytische und synthetische Wissenschaftsphilosophie in harmonischer Weise. Gebraucht man die beiden Ausdrücke „Synthetische Philosophie" und „Naturphilosophie" synonym, was ohne allzuviel semantische Gewaltanwendung möglich ist, so gelangt man dazu, die Aufgabenstellung dieser Disziplin etwa folgendermaßen zu umreißen: Ihre Erkenntnisdomäne ist das Lösen von Problemen, die ontologisch auf der Ebene der faktischen Systeme angesiedelt sind, qualitativ aber einen

---

48. I. Scheffler: The Anatomy of Inquiry. New York 1963, S. 3.

höheren Allgemeinheitsgrad besitzen; sie betreffen den erfahrungsfernsten theoretischen Teil der Naturwissenschaft. Naturphilosophische Fragestellungen überschreiten im allgemeinen den Bereich einer Theorie, ja vielfach auch den Rahmen einer Wissenschaft. Sie schneidet also Probleme an, die durch die materialen Aussagen *einer* Wissenschaft allein nicht lösbar sind. Methodologisch gesehen hängt die Naturphilosophie von der Geltung der faktischen Wissenschaft ab. Sie ist „vicariously testable" und ihre Lösungsvorschläge besitzen derivativ den hypothetisch-falliblen Charakter der Wissenschaft. Macht sie sich an die Konstruktion eines Weltbildes aufgrund der gegenwärtig bewährten Theorien, muß sie mit der temporären Geltung eines solchen Entwurfes rechnen. Infolge ihres synthetischen Gehaltes, ihrer stellvertretenden Prüfbarkeit ist sie von der Metaphysik abgegrenzt, durch ihr materiales Erkenntnisziel von der allgemeinen strukturalen Wissenschaftstheorie; diese beiden sind ihre engsten fachlichen Nachbarn. Wie die Beiträge dieses Bandes dartun, ist sie als Disziplin der Philosophie so lebendig, wie eine Wissenschaft nur sein kann.

## II. Das Problem des Naturalismus

# D.M. Armstrong
# Naturalistische Metaphysik[1]

## I. Einleitung

Eine argumentativ gestützte Metaphysik sollte wohl mit einer *erkenntnistheoretischen Basis* beginnen, d.h. mit etwas, das ziemlich gewiß existiert. Soviel möchte ich Descartes zugeben. Aber ich bin natürlich nicht auf eine im strengen Sinn unbezweifelbare erkenntnistheoretische Basis aus. Es gibt sie nicht, und selbst wenn es sie gäbe, dann wäre zu wenig unbezweifelbar, als daß eine solche Basis ein brauchbarer Ausgangspunkt sein könnte.

Die von mir bevorzugte erkenntnistheoretische Basis ist dieser einheitliche Gegenstand: die raumzeitliche Welt. Die Existenz einer solchen Welt ist nicht unbezweifelbar, und schon wenn man sie als raumzeitlich beschreibt, führt man in einem gewissen Umfang naturwissenschaftliche Theorien ein. Angesichts der gegenwärtigen erkenntnistheoretischen Situation, im 20. Jh., scheint die raumzeitliche Welt jedoch zu den Dingen zu gehören, deren Existenz uns bekannt ist. Auf alle Fälle ist der Glaube daran im höchsten Maße rational. Ich werde die Auffassung, daß diese Welt existiert, die schwache naturalistische Position nennen.

Meine Annahme ist darüber hinausgehend, daß es diese raumzeitliche Welt nicht nur gibt, sondern daß sie auch alles ist, was es gibt. Ich werde dies die starke naturalistische Position oder einfach Naturalismus nennen. Der starke Naturalismus ist natürlich nicht Bestandteil der von mir bevorzugten erkenntnistheoretischen *Basis*.

Es gibt sehr viele Nichtphilosophen, die zwar den schwachen Naturalismus, aber nicht den starken Naturalismus akzeptieren. Sie tun dies, weil sie an die Existenz der Seele oder an die Existenz Gottes glauben. Natürlich gibt es auch eine ganze Anzahl von Philosophen, die diesen Standpunkt teilen. In diesem Aufsatz werde ich mich allerdings nicht damit auseinandersetzen.[2]

Unter den Philosophen, die den schwachen Naturalismus akzeptieren, wird jedoch der starke Naturalismus häufig abgelehnt, allerdings nicht aus den gleichen Gründen, die Nichtphilosophen anführen würden. Es gibt sogar Philosophen, die die kartesianische Seelenlehre und die Lehren von einer transzendenten Gottheit als bedauerliche Manifestation von geistiger Schwäche ansehen und die ebensowenig eine Leugnung des schwachen Natu-

---

1. Diese Überlegungen wurden auf der Jahrestagung der *Australasian Association of Philosophy* im August 1982 vorgetragen. Sie skizzieren Ideen, an deren Weiterführung ich arbeite. Herrn Dr. John Bacon (Sydney) danke ich für seine sachverständige Hilfe bei der Durchsicht der Übersetzung.
2. Gegen solche Entitäten habe ich vor allem einzuwenden, daß wir 1. gute wissenschaftliche Gründe für die Annahme haben, daß die raumzeitliche Welt kausal abgeschlossen ist, und daß wir 2. keinen vernünftigen Grund dafür haben, Entitäten zu postulieren, die jenseits dieser Systeme liegen und die nicht kausal auf dieses System einwirken (vgl. Armstrong (1977) und Armstrong (1978) Kap. 12)

ralismus dulden würden, die jedoch den starken Naturalismus ablehnen. Sie tun dies, weil sie der Auffassung sind, daß die Metaphysik Platz haben muß für Möglichkeiten, Klassen, Zahlen, Universalien und/oder Gedankenobjekte. Sie glauben darüber hinaus, daß in der raumzeitlichen Welt für einige dieser Entitäten (oder für alle) kein Platz ist. Wenn diese Philosophen aus Nordamerika kommen, dann pflegen sie manchmal unter Vergewaltigung eines guten und nützlichen Wortes zu sagen, daß sie an die Existenz „abstrakter" Entitäten glauben. Diese Philosophen sind es, gegen die sich im folgenden meine Argumente richten.

Das Argument, das ich gegen sie ausspielen möchte, könnte man das „Argument vom Nebensein" nennen. Es geht so: wir gehen von einer bestimmten Basis aus (etwa der raumzeitlichen Welt) und untersuchen dann, ob die Existenz dieser Basis die Existenz gewisser anderer Entitäten mit sich bringt. (Hat man z.b. zwei Einzeldinge $a$ und $b$, so bringen sie die Existenz der Klasse $\{a, b\}$ mit sich.³ Derartige Huckepack-Wesenheiten mögen nun „Nebenwesen" heißen und ihre Seinsart „Nebensein" (engl. „supervenience"). Man kann argumentieren, daß die Nebenwesen keine ontologische Erweiterung der Basis darstellen.

Dieses Argument hat natürlich eine Voraussetzung. Wenn nämlich die Existenz einer Sache die Existenz einer anderen mit sich bringt, dann handelt es sich dabei nicht um völlig verschiedene Sachen. Um es in einer geläufigen Weise zu formulieren: Es gibt keine logisch notwendigen Verknüpfungen zwischen gänzlich verschiedenen Wesen. Dieser Grundsatz ist bis zu einem gewissen Grad umstritten, und obwohl ich ihn für richtig halte, weiß ich nicht, wie man angesichts einiger unbequemer Kandidaten für Gegenbeispiele zeigen könnte, daß er richtig ist. Da dieser Grundsatz bis zu einem gewissen Grade umstritten ist, will ich mein Argument in der nun folgenden vorsichtigen Fassung vorbringen.

Ich halte es für einsichtig, daß *eine* gute Erklärung für eine notwendige Verknüpfung zwischen Entitäten darin zu finden ist, daß sie nicht gänzlich verschieden sind. Wenn nun in besonderen Fällen bestimmte Arten von Entitäten Nebenwesen einer bestimmten Basis zu sein scheinen, dann könnte man dies höchst plausibel dadurch erklären, daß die Nebenwesen und die Basis nicht völlig verschieden sind. Mit einiger Zuversicht kann dann auf die beste Erklärung geschlossen werden. Nun scheint mir zumindest in den Fällen, mit denen wir hier zu tun haben werden, die beste Erklärung des Nebenseins tatsächlich das Fehlen völliger Verschiedenheit zu sein.

## II. Klassen

Ich möchte mit den Klassen beginnen. Eine der bekanntesten Eigenschaften von Klassen ist folgende: Von einer beliebigen ontologischen Basis ausgehend können wir Klassen aus den Elementen dieser Basis bilden, dann können wir Klassen von diesen Klassen bilden (Klassen 2. Ordnung) und dies kann beliebig fortgesetzt werden. Die ontologische Basis kann so schmal und außergewöhnlich sein wie die Null-Klasse. Selbst dann bringt die Nullklasse schon die Einerklasse zweiter Ordnung, deren Element die Nullklasse ist, und die Einerklasse dritter Ordnung, deren Element die Einerklasse zweiter Ordnung ist, als Nebenwesen mit sich. Dies kann beliebig weitergeführt werden.

---

3. Ebenso auch das mereologische Aggregat $(a+b)$

Nelson Goodman[4] betrachtete dieses wimmelnde Nebensein von Klassen als klaren Hinweis darauf, daß Klassen nicht als Elemente in eine ontologische Basis aufgenommen werden dürfen. Wenn man von jeder beliebigen Basis ausgehend unendlich viele Klassen erzeugen kann, dann stellen diese Klassen nichts dar, was über ihre jeweilige Basis hinausgeht. Ich betrachte dies als einen wichtigen ontologischen Beitrag von Goodman. Das bedeutet natürlich nicht, daß man das *Sprechen* über Klassen verbieten muß. Wir müssen Aussagen über Klassen machen können, und wir werden oft sagen wollen, daß eine bestimmte Aussage über Klassen wahr ist. Aber solche wahren Aussagen *handeln* von nichts anderem als von Dingen, die die ontologische Basis bilden. Wenn diese Basis die raumzeitliche Welt ist, dann brauchen wir keine Klassen, die außerhalb von Raum und Zeit existieren oder überhaupt zusätzliche Entitäten darstellen.

Man muß natürlich zufriedenstellend begründen, in welchem Sinn man über Klassen sprechen kann. Wie eine solche Begründung aussehen sollte, ist wohl schwierig zu sagen und zudem umstritten. Ich persönlich neige zu der Position von Black und Stenius, wonach der Bezug auf Klassen in der Verwendung einer Pluralbezeichnung geschieht.[5] Von Klassen reden heißt im Plural reden. In vielen Fällen steht die Bezeichnung ‚*a*‘ in einer eindeutigen Bezugsrelation zum Gegenstand *a*, das gleiche gelte für ‚*b*‘ und *b*. Aber der Ausdruck ‚die Klasse {*a, b*}‘ bezieht sich auf mehrere Gegenstände (auf *a* und auf *b*) und bildet so eine einmehrdeutige Bezugsrelation, ebenso wie sich der Ausdruck ‚die Klasse der Enten‘ in einmehrdeutiger Weise auf die einzelnen Enten bezieht. Klassen höherer Ordnung müssen dann wohl rekursiv behandelt werden. (Wenn dies richtig ist, so sind Einerklassen degenerative Fälle von Klassen, was erst recht von der Nullklasse gilt.) Ganz abgesehen davon, ob diese Begründung des Sprechens über Klassen auf der rechten Spur ist oder nicht, scheint doch das ursprüngliche Nebensein der Klassen klar darauf hinzuweisen, daß *kein* Metaphysiker und gewiß nicht der Naturalist die Klassen in seiner ontologischen Basis dulden sollte.

## III. Möglichkeiten

Wenn ich mich nun mit logischen Möglichkeiten befasse, so kommen wir zu einem viel schwierigeren Problem. Was macht Sätze über (rein) logische Möglichkeiten wahr? Die besondere Eigenheit des logisch Möglichen liegt darin, daß es in keiner ersichtlichen Weise als Nebenwesen von irgend etwas Aktualem aufzufassen ist. Wenn es z.B. überhaupt nichts (Aktuales) gäbe (ein Fall, der allgemein als logisch möglich angesehen wird), dann wären die unzähligen logischen Möglichkeiten *anscheinend* dieselben wie für uns. Um mit Klassen klar zu kommen braucht man zum Einstieg eine aktuale Entität, und wenn es nur die Nullklasse ist. Aber für die logische Möglichkeit scheint man noch nicht einmal *eine* aktuale Entität zu brauchen.

David Lewis[6] reagiert auf diese Lage, indem er die Menge aller möglichen Welten reali-

---

4. Goodman (1956)
5. Black (1971) und Stenius (1974)
6. Lewis (1973)

stisch auffaßt und zu seiner ontologischen Basis macht. (Man könnte auch wohl mit dem Aggregat solcher Welten auskommen, wenn man zwar mögliche Welten, aber keine Klassen mag.) Er geht sogar soweit, auch die Aktualität weltabhängig zu machen, so daß unsere Welt vor keiner anderen Welt ontologisch ausgezeichnet ist. Aber wenn wir nicht über das Aktuale hinausgehen wollen, insbesondere nicht über die raumzeitliche Welt, dann brauchen wir eine Begründung der logischen Möglichkeiten, die nicht von möglichen Objekten Gebrauch macht.

Um die logischen Möglichkeiten als Nebenwesen der aktualen Welt zu erweisen, können wir bei einem vereinfachten Modell beginnen. Dazu betrachten wir ein Universum wie das des Tractatus[7], das nur einfache (atomare) Gegenstände mit einfachen (atomaren) Eigenschaften und Relationen enthält. (Die Eigenschaften und Relationen sind Universalien.) Kein Gegenstand ist ohne Eigenschaften und Relationen, und alle Eigenschaften und Relationen sind mit Gegenständen verknüpft. Alle diese Gegenstände, Eigenschaften und Relationen sind automatisch miteinander verträglich. Z.B. schließen keine zwei Eigenschaften einander so aus wie sich etwa Rot und Grün auf der gleichen Oberfläche ausschließen.[8] Mit der Voraussetzung dieser Welt der einfachen Gegenstände mit einfachen Eigenschaften und Relationen sind ohne weiteres auch sämtliche komplexen Gegenstände, komplexen Eigenschaften und komplexen Relationen gegeben. Die komplexen Entitäten ergeben sich als Nebenwesen aus der Anordnung der einfachen Entitäten. Aber nicht nur das. Kann man nicht argumentieren, daß auch die logischen Möglichkeiten in diesem Universum Nebenwesen sind? Denn sind sie nicht gerade sämtliche Permutationen der Gegenstände, Eigenschaften und Relationen?

Es ist wohl klar, daß die durch Permutation entstehenden logischen Möglichkeiten im eben angedeuteten Sinn Nebenwesen sind. Die Natur der Basis legt die Natur der Möglichkeiten fest. Aber man könnte fragen, ob *diese* Art von Nebenwesen zeigt, daß die logischen Möglichkeiten nichts darstellen, was über die Basis hinausgeht. Denn welche Möglichkeiten der Neukombination lassen wir zu? Diejenigen, die logisch möglich sind! Wir *verwenden* schon den Begriff der logischen Möglichkeit bei der Basis, um die Neukombinationen zu erhalten. Aus der Basis *und* aus der Logik erhalten wir die Möglichkeiten, nicht aus der Basis allein. Es mag hier ein Nebensein im Spiele sein, aber was wir herausbekommen ist ein ontologischer Zusatz zur Basis.

Das ist ein attraktiver Gedankengang. Aber müssen wir ihn akzeptieren? Es ist zu beachten, daß genau der gleiche Argumentationsgang im Fall der Klassen hätte entwickelt werden können. Im Fall der Klassen kann ich nicht sehen, warum wir die Klassen als zusätzliche Entitäten akzeptieren müßten. Ökonomieprinzipien scheinen dazu aufzufordern,

---

7. Wittgenstein (1921)

8. Es ist eine ziemlich subtile Frage, ob die Gegenstände nur als austauschbare Aufhänger von Eigenschaften und Relationen anzusehen sind, so daß der „Austausch" der Gegenstände ohne Austausch der Eigenschaften und Relationen nichts ändert, oder stattdessen ein solcher Austausch der *Gegenstände allein* eine neue Möglichkeit entstehen ließe. Wenn ich es recht sehe, ist letztere die „Haecceitas"-Auffassung von David Kaplan und anderen. Diese zweite Auffassung liegt für meinen Geschmack zu nahe an Lockes ‚substratum'. Aber diese Frage kann hier offengelassen werden.

das Nebensein der Klassen als Ausfluß der Identität zu erklären. In der gleichen Weise legt es meiner Meinung nach das Nebensein der logischen Möglichkeiten auf unserer (künstlich eingeschränkten) Basis nahe, ohne es zu beweisen, daß diese nichts darstellen, was über die Basis hinausgeht. Dieser Weg schließt wohl ein, daß man alle benutzten Prinzipien der Logik nicht für inhaltliche Prinzipien hält, d.h. daß sie keinen ontologischen Zusatz zur Basis darstellen. Die Logik muß in einem gewißen Sinn leer sein. Aber ich sehe keinen Grund, warum man nicht genauso diese Auffassung vertreten sollte.

Mein Argument hat allerdings eine große Lücke. Ich verdanke diese kombinatorische Auffassung der logischen Möglichkeiten dem Aufsatz „Tractarian [sic] Nominalism" von Bryan Skyrms[9]. Wie er dort andeutet, kann eine kombinatorische Auffassung der Möglichkeiten nicht vollständig sein, da es andere Gegenstände, Möglichkeiten und Relationen als die aktual existierenden geben könnte. Was nach Skyrms zusätzlich gebraucht wird, ist eine Art Ramseysatzmethode. Man kann sich diesen Ansatz mit Hilfe von einem „inneren" und einem „äußeren" Bereich der logischen Möglichkeiten vorstellen. Im inneren Bereich werden aktuale Gegenstände, Eigenschaften und Relationen neu kombiniert. Es handelt sich dabei um logische Möglichkeiten als Nebenwesen. Aber es gibt auch einen äußeren Bereich. Um diesen äußeren Bereich zu erhalten, fügen wir in Gedanken weitere Gegenstände, Eigenschaften und Relationen hinzu. Da diese in dem betrachteten Traktatus-Schema neue *einfache* Dinge sind, kann man sie nur in einer unbestimmten Weise postulieren. Es könnten weitere Gegenstände, Eigenschaften und Relationen existieren, aber wir können über sie nichts aussagen, außer wie sie mit den aktualen Eigenschaften und Relationen verbunden sein könnten. Es ist aber klar, daß man so unbeschränkt neue Marken ins Spiel bringen kann. Durch die verschiedenen Weisen, wie sie sich mit den aktualen Gegenständen, Eigenschaften und Relationen kombinieren, entsteht von selbst der äußere Bereich der logischen Möglichkeit.

Auf diese Weise ist der äußere Bereich der logischen Möglichkeiten (wie der innere) ohne weiteres konstruierbar, gesetzt nur, daß es logisch gesehen beliebig viele *weitere* einfache Gegenstände, Eigenschaften und Relationen geben könnte. Aber was ist dann die Wahrheitsbedingung für die Aussage, daß diese weiteren Gegenstände, Eigenschaften und Relationen logisch möglich sind? Vielleicht nichts anderes als die Bedeutung des Wortes „weitere".

Wenn dieser Gedankengang richtig ist, dann ist zumindest der innere Bereich der logischen Möglichkeiten als Nebenwesen vom Aktualen logisch abhängig. Und nur diesen inneren Bereich kann man logisch erfassen. Den äußeren Bereich kann man nur über Existenzquantoren erfassen. Es handelt sich dabei eigentlich nur um die Idee, daß ganz andere Dinge existieren könnten, und daß diese dann mit existierenden Dingen neu kombiniert werden könnten.

Nun liegt es mir fern zu glauben, daß die Welt von der einfachen Art wie die des Tractatus sein muß, oder daß dies besonders wahrscheinlich ist. Aber wenn die Begründung der logischen Möglichkeiten für diesen einfachen Fall richtig ist, dann kann sie vielleicht auf

---

9. Skyrms (1981)

kompliziertere Fälle ausgedehnt werden. Wir wollen die Forderungen des Tractatus-Bildes ein klein wenig lockern. Gesetzt den Fall, daß die Begründung der raumzeitlichen Welt dennoch durch Gegenstände, Eigenschaften und Relationen gegeben werden kann (ich bin zuversichtlich, daß dies tatsächlich der Fall ist), daß es aber keine *einfachen* Gegenstände, Eigenschaften oder Relationen gibt. Auf jeder Stufe der Analyse wird man eine Vielfalt von Gegenständen, Eigenschaften und Relationen erhalten und den inneren Bereich der logischen Möglichkeiten ansehen als konstituiert durch Neukombinationen, die nicht unter diese Stufe hintersteigen. Das gleiche gilt für jede der unendlich vielen absteigenden Stufen.

Die physikalische Möglichkeit kann man sich dann vorstellen als die logische Möglichkeit unter bestimmten Einschränkungen, nämlich daß die Naturgesetze unverändert bleiben müssen. Zu einer Verteidigung des Naturalismus benötigen wir dann eine gänzlich diesseitige Erklärung der Naturgesetze.

## IV. Zahlen

Philosophen mit einer Neigung zum Platonismus werden natürlich eher die Auffassung teilen, daß Zahlen außerhalb von Raum und Zeit existieren. Diese Tendenz wird bestärkt durch Formulierungen, wie man sie in der gegenwärtigen Naturwissenschaft finden kann, wo man sich angeblich oft auf solche Zahlen bezieht. In einer bestimmten physikalischen Situation könnte eine bestimmte Funktion einen bestimmten Zahlenwert annehmen, z.B. irgendeine Konstante. Hier scheint die Zahl in platonistischer Manier außerhalb der physikalischen Situation zu stehen.

Diese Problemlage hat kürzlich Hartry Field in seinem Buch ‚Science without Numbers' untersucht. Wenn man ein funktionales Gesetz der oben erwähnten Art als *Erklärung* der physikalischen Situation ansieht, dann nennt er sie eine *extrinsische* Erklärung. Sie ist extrinsisch, weil sie angeblich die physikalische Situation mit einem kausal wirkungslosen Objekt außerhalb von Raum und Zeit verbindet. Field schlägt als methodologisches Prinzip vor, daß jeder guten extrinsischen Erklärung eine *intrinsische* Erklärung zugrunde liegt. Letztere handelt nur von den Dingen, die tatsächlich in der zu erklärenden Situation kausal mitwirken. Er zeigt im einzelnen, wie man solche intrinsischen Erklärungen in verschiedenen Theorien finden kann (z.B. in der Newtonschen Gravitationstheorie).

Fields Prinzip scheint außerordentlich anziehend zu sein. Wenn es richtig ist, dann kann man folgern, daß extrinsisch formulierte Gesetze Nebenwesen von intrinsisch formulierten Gesetzen sind. Wir können dann schließen, daß die beste Erklärung für das Nebensein die ist, daß die Gesetze keine Entitäten benötigen, die über die hinausgehen, die vorgeblich durch die intrinsisch formulierten Gesetze postuliert werden. Wir haben dann keine platonischen Zahlen in unserer Ontologie nötig.

Field versucht ebenso wie ohne platonische Zahlen auch ohne Eigenschaften auszukommen, obwohl er gegen Eigenschaften nicht sehr viel einzuwenden hat. Natürlich beschwören auch Eigenschaften das Gespenst des Platonismus, aber dieses Gespenst kann ohne allzu große Schwierigkeiten gebannt werden, indem man sich bei den Eigenschaften auf solche beschränkt, die in der raumzeitlichen Welt erfüllt sind. Und wenn wir schon Eigenschaften zulassen, dann sollten darunter meiner Meinung nach auch numerische oder quasinumerische Eigenschaften von Objekten sein. Ich will diesen Punkt noch etwas ausführen, weil er meiner Meinung nach hilft, den Fieldschen Ansatz noch attraktiver zu machen.

Descartes und Locke betrachteten die Zahlen als primäre Qualitäten, also auf einer Stufe mit Eigenschaften wie Gestalt und Bewegung. Diese Auffassung wurde von Berkeley und von Frege angegriffen,[10] und deren Auffassung ist nun die allgemein anerkannte Lehre. Die Zahl ist keine Eigenschaft von Objekten erster Ordnung, denn je nach Wahl der Einheit fallen solche Objekte unter beliebige Zahlen: *Ein* Haus besteht aus *vielen* Backsteinen, aus *viel mehr* Atomen und aus *noch viel mehr* Elementarteilchen.

Ich glaube, daß wir in bezug auf das Berkeley-Frege-Argument mißtrauisch sein sollten. Objekte haben keine Zahl — weil sie so viele Zahlen haben! Wenn jedes Objekt notwendigerweise jede Zahl hätte, dann hätten wir Berkeley und Frege ernstzunehmen. Die Fülle der Zahlen wäre zu gut um wahr zu sein.[11] Aber das ist bei weitem nicht der Fall.

Wir wollen zunächst solche Eigenschaften betrachten wie „aus genau fünf Elektronen bestehen". Dies scheint eine objektive Eigenschaft zu sein, wenn es überhaupt objektive Eigenschaften gibt. Sie bezieht sich nicht auf Klassen, sondern vielmehr auf ein *Aggregat*: auf jedes Objekt (ob gestreut oder nicht), das genau fünf gänzlich getrennte Elektronenteile hat und keine weiteren davon unabhängigen Teile. Solche Eigenschaften erster Ordnung werden uns als Grundlage dienen für die Anwendung der Zahlen auf die Welt.

Es scheint mir, daß es noch abstraktere bereichsunabhängige Eigenschaften von Objekten gibt, Eigenschaften, die den eigentlichen Zahlen eng verwandt sind. Dabei handelt es sich um die Anzahl der *Teile*, die ein Ding hat. Es könnte „teillose" Dinge geben, die also keine Teile haben, z.B. würden hierzu die klassischen Atome gehören. Es könnte sein, daß Elektronen atomar in diesem Sinne sind, da sie ohne Ausdehnung angenommen werden. Ein Ding, das ein Aggregat aus genau zwei klassischen Atomen darstellt, würde ein zweiteiliges Ding sein, aber es würde keine weiteren Eigenschaften dieser Art besitzen. Ein Aggregat von genau drei klassischen Atomen wäre ein zweiteiliges Ding (in dreifach verschiedener Weise) und ebenso ein *dreiteiliges* Ding aber weiter nichts dergleichen. Wenn es echt kontinuierliche Dinge in der Welt gibt, dann wären es Dinge *mit überabzählbar vielen Teilen,* und gleichzeitig *zweiteilige, dreiteilige, ..., Dinge mit abzählbar unendlich vielen Teilen,* usw.

Ich neige zu der Auffassung, daß hier echte Eigenschaften von Dingen vorliegen. Ich würde die „Teillosigkeit" jedoch ausnehmen, da ich negative Eigenschaften verwerfe. Aber bei den anderen ist es wohl nicht bloß der Fall, daß bestimmte Prädikate zutreffen. Diese sind erfüllte Universalien. Können wir diese Eigenschaften mit Zahlen identifizieren? Nicht ganz. Für die Null und die Eins ist dann nicht gesorgt. Wenn man weiter annimmt,

---

10. Berkeley (1710) § 12, und Frege (1884) Kap. 21—25

11. Das ist eine Anwendung dessen, was ich ‚das irische Prinzip' genannt habe (vgl. Armstrong (1978) Bd. II, S. 11)

daß Cantors mit Hilfe eines Diagonalverfahrens geführter Beweis korrekt ist, dann ist die Menge der transfiniten Kardinalzahlen nicht beschränkt. Aber es ist zumindest sehr unwahrscheinlich, daß es in der raumzeitlichen Welt zu jeder der transfiniten Zahlen ein Objekt gibt, das diese Anzahl von Teilen hat. Ohne Zweifel kann man sich zu jeder transfiniten Zahl ein Objekt *denken*, das diese Anzahl von Teilen hat. Aber wenn unsere ontologische Basis gerade nur die raumzeitliche Welt umfassen soll, dann möchten wir keine unerfüllten Eigenschaften darin dulden.

Aber könnten wir nicht folgendes versuchen? Könnten wir eine transfinite Kardinalzahl, zu der kein Objekt mit der entsprechenden Zahl von Teilen gehört, als *bloß mögliche* Eigenschaft auffassen? Eine solche transfinite Kardinalzahl ist die Eigenschaft, die ein Objekt haben würde, wenn es ein Objekt gäbe, das diese Anzahl von Teilen hat. Ein Mathematiker würde sagen, daß die Kardinalzahl existiert. Wir übersetzen dies jedoch, indem wir sagen, daß es logisch möglich ist, daß die entsprechende Eigenschaft existieren sollte, d.h. erfüllt sein sollte. Die schon dargestellte kombinatorische Behandlung der logischen Möglichkeiten sollte, wenn sie überhaupt adäquat ist, auch für solche möglichen Eigenschaften adäquat sein.

Sogar diese Quasi-Identifikation von Zahlen mit dem Zusammengesetztsein von Dingen könnte zu ehrgeizig sein. (Von allem anderen abgesehen ist da noch das Problem der Null und der Eins.) Aber das Zusammengesetztsein der Dinge scheint zumindest eine Eigenschaft von Dingen zu sein, die für den Zahlbegriff einen Anker in der raumzeitlichen Realität darstellt. (Es könnte sein, daß logische Begriffe, oder zumindest einige von ihnen, in etwa der gleichen Weise in der Realität verankert werden können.)

Aber wie steht es mit der mathematischen Wahrheit? Das ist ein eigenes Problem. Wie wir gesehen haben, gibt es unter Umständen nichts in der Raumzeit, was zumindest einigen der transfiniten Zahlen entspricht. Aber wir haben wahres Wissen über sie. Traditionellerweise hält man die Wahrheit in der Mathematik für unabhängig von der Existenz der physikalischen Welt. Was ist aber dann der Wahrheitsgrund für die Mathematik?

Nach dem Vorschlag von Hartry Field ist die Mathematik überhaupt nicht wahr, oder muß nicht wahr sein, konsistent muß sie allerdings sein. Der Vorschlag ist etwas wild, aber nicht ohne Anziehungskraft. Ich habe jedoch den Verdacht, daß wir nicht ohne einen Wahrheitsgrund auskommen. Wie David Lewis mir gegenüber andeutete, brauchen wir selbst dann, wenn wir mit Field übereinstimmen, einen Wahrheitsgrund für diese Wahrheit: Mathematik ist, wenn auch falsch, so doch konsistent. Und halten wir uns an die raumzeitliche Welt als alleinigen Wahrheitsgrund, dann habe ich nichts anderes zu bieten als den alten und gegenwärtig ziemlich aus der Mode gekommenen Vorschlag, daß wir auf Bedeutungen zurückgreifen. Die Wahrheitsgründe für die Wahrheiten der Mathematik (und wohl ebenso für die Logik) werden dann eben die Bedeutungen der Termini sein, in denen die Wahrheiten formuliert werden. Bedeutung ist jedoch ein Begriff, der, wie ich meine, naturalistisch expliziert werden kann.

## V. Universalien

Ich bin überzeugt, daß wir objektive Universalien zulassen müssen. Nur so können wir die Gleichheit und die Differenz von Dingen erklären, wobei die Gleichheit und die Differenz hier nicht numerisch gemeint sind. Ich meine, daß die Universalien auf Eigenschaften und Relationen eingeschränkt werden sollten und weiter auf solche Eigenschaften und Relationen, die für die gesamte Wissenschaft notwendig sind. Es gibt keine Notwendigkeit, unerfüllte Universalien zuzulassen: Sie sind bloß mögliche Universalien, und bloß mögliche Universalien sind ebensowenig Universalien wie ein mögliches Pferd ein Pferd ist. So ergibt sich, daß die Annahme von Universalien in keiner Weise dem Naturalismus widerspricht. Die raumzeitliche Welt ist eine Welt, die objektive, nichtnumerische Gleichheiten und Verschiedenheiten aufweist.[12]

Das Hauptargument für unerfüllte Universalien ist das Argument, das von der Bedeutung allgemeiner Termini ausgeht. Die Verteidiger dieses Arguments stellen sich jedoch diese Universalien als Nebenwesen dieser Bedeutungen (und möglicher Bedeutungen) vor. Folglich kann unser gewohntes Argument gegen die Selbständigkeit der Nebenwesen herangezogen werden.

Wenn diese Auffassung von Universalien korrekt ist, dann liegen sie größtenteils außerhalb meines Themenbereiches, der ja die Verteidigung des Naturalismus darstellt, denn Universalien treten nur als erfüllte Eigenschaften und Relationen in der raumzeitlichen Welt auf. Nebenbei bemerkt kann jedoch dieses gleiche Thema des Nebenseins fruchtbar im Hinblick auf diese erfüllten Universalien dargelegt werden. Wenn man Eigenschaften auf erfüllte Eigenschaften einschränkt, dann sind *konjunktive Eigenschaften* Nebenwesen ihrer Konjunkte. Dasselbe kann man über *strukturelle* Universalien sagen, das sind Universalien, die aus Eigenschaften und Relationen bestehen. Sie sind Nebenwesen der Eigenschaften und Relationen, die die Elemente der Struktur charakterisieren. *Relationale* Eigenschaften sind ebenfalls Nebenwesen: wenn man die Objekte, ihre nichtrelationalen Eigenschaften und ihre Relationen vorgibt, dann sind die relationalen Eigenschaften der Objekte bestimmt. *Interne Relationen* sind ebenfalls Nebenwesen und zwar der Eigenschaften (einschließlich der relationalen Eigenschaften) der Objekte, die miteinander in Beziehung stehen. Falls es disjunktive und negative Eigenschaften gibt, dann werden auch sie Nebenwesen der positiven Eigenschaften sein. Ich glaube jedoch, daß diese beiden einige sehr wichtige Kriterien für Eigenschaften nicht erfüllen und so überhaupt abgelehnt werden sollten.

Sind einmal die nichtrelationalen Eigenschaften und die raumzeitlichen Relationen der Objekte vorgegeben, so glauben viele (darunter insbesondere Anhänger von Hume), daß sich dann Ursachen und Gesetze als Nebenwesen ergeben. Hier jedoch muß man meiner Meinung nach Einhalt gebieten. Insbesondere Gesetze scheinen Relationen zweiter Ordnung zu erfordern, d.h. Relationen zwischen Universalien, die *keine* solche Nebenwesen sind.[13] Jedoch liegt auch hierin keine Bedrohung des Naturalismus. Die raumzeitliche Basis ist angereichert, aber sie mußte nicht ausgedehnt werden.

---

12. vgl. Armstrong (1978)
13. Wenn die Naturgesetze *notwendige* Relationen zwischen Universalien sind, dann sind sie Ne-

Wenn aber Russell, Hilary Putnam und die Funktionalisten bezüglich des Leib-Seele-Problems von Eigenschaften höherer Ordnung sprechen, dann meinen sie Eigenschaften von Einzeldingen erster Ordnung, nämlich die Eigenschaft „eine solche Eigenschaft zu haben, daß ..." wobei die Punkte z.b. eine bestimmte kausale Rolle näher festlegen. Diese Eigenschaften sind allerdings Nebenwesen, wenn auch ihre Basis die Relationen höherer Ordnung (in meinem Sinne von „höherer Ordnung") einschließen mag, um die es bei Ursache und Gesetz geht.

Keine der in diesem Abschnitt als Nebenwesen diskutierten Universalien müssen als etwas angesehen werden, das über die Universalien in ihrer Basis hinausgeht. Auf diese Weise erreichen wir eine beachtliche ontologische Ökonomie.

## VI. Gedankenobjekte

Wie steht es schließlich mit Dingen wie Propositionen, goldenen Bergen, runden Quadraten usw.? Ich schlage vor, sie als Nebenwesen von mentalen Einstellungen, Zuständen usw. zu betrachten. Wenn der Materialismus Recht hat, dann sind sie Nebenwesen von physikalischen Gehirnzuständen. In diesem Fall brauchen wir sie uns nicht als Zusätze zur natürlichen Welt zu denken. Die Liebhaber solcher Entitäten werden protestieren. Wodurch werde dieser psychologische Zustand, dieser Gehirnzustand etwa, zum Glaubensakt, daß der Mond 1/4 Mio. Meilen entfernt sei? Eben durch seine Beziehung zu einer bestimmten Proposition! Sicherlich brauche man doch die Proposition, um den Gehirnzustand als gerade diesen Glaubensakt zu identifizieren? Man muß aber bedenken, daß der Glaubenszustand, um überhaupt seine kausale Rolle in unserem mentalen Leben zu spielen, mit dieser Information kodiert sein muß. Die Proposition selbst wird nicht plötzlich in den Kausalbereich hineinbrechen, der ja den psychologischen Bereich einschließt.

Zwar gibt es Leute wie Frege und Popper, die glauben, daß das „dritte Reich" oder die „Welt 3", die sie anerkennen, auf die Welt der physikalischen Objekte über die mentale Welt einwirke. Das ist eine Auffassung, die wissenschaftlich nicht glaubwürdig ist. Die natürliche Welt scheint kausal abgeschlossen zu sein. Aber selbst wenn Propositionen, objektive Begriffe usw. auf die natürliche Welt von außen einwirken, dann würden sie es doch sicherlich so tun, daß sie ein Modell von sich in unserem Geist schaffen. Wenn man an Gedankenobjekte glaubt und daran, daß sie auf unseren Geist einwirken, und wenn man dann versucht, im einzelnen auszumalen, wie Annahmen und Gedanken in unserem Geist weiter unseren Geist und den Rest der Natur beeinflussen, dann wird man meines Erachtens zu der Auffassung gezwungen, daß die einzige *plausible* Kausalerklärung die ist, daß die „Welt 3" Teile von sich selbst in unserem Geist redupliziert. Sie überträgt Information. Und wenn die „Welt 3" nicht kausal aktiv ist, wenn sie *keine* Information überträgt, dann ist es um so nötiger, daß unser Geist eine bestimmte Struktur enthält, die die Proposition

benwesen der Universalien, und so vermutlich nichts, was über die in Beziehung stehenden Universalien hinausgeht. Aber ich neige zu der Auffassung, daß die betreffenden Relationen kontingent sind (zu dem Problem der Naturgesetze vgl. Armstrong 1983).

wiedergibt, die wir glauben (etwa, daß der Mond 1/4 Mio. Meilen von uns entfernt ist).[14]
Aber wenn dieser Punkt feststeht, dann können wir, glaube ich, die Kodierung in unserem Geist gegen die Postulierung von Gedankenobjekten außerhalb der Natur benutzen. Die Gedankenobjekte können als Nebenwesen von mentalen Zuständen betrachtet werden: Wenn ein bestimmter mentaler Zustand oder eine Einstellung gegeben ist, dann muß die entsprechende Proposition oder das Gedankenobjekt existieren. Und dann können wir einmal mehr unser altes Argument anwenden: Wenn die Gedankenobjekte Nebenwesen des Mentalen sind, dann haben wir Grund zu glauben, daß sie keine zusätzlichen Entitäten sind.

Ein solcher Ansatz hat offensichtlich eine Schwierigkeit. Im allgemeinen werden Gedankenobjekte auch dann als existierend aufgefaßt, wenn der entsprechende mentale Zustand nicht existiert. So sagt man z.B., daß es Propositionen gibt, die niemand glaubt oder je glauben wird oder überhaupt in Betracht ziehen wird. Die naheliegende Antwort ist jedoch, diesen „äußeren" Bereich von Gedankenobjekten als Nebenwesen der rein logisch möglichen mentalen Einstellungen und Zustände anzusehen. Noch einmal erweist sich die logische Möglichkeit als ein entscheidender Begriff, aber wir haben gesehen, daß man unter Umständen die logischen Möglichkeiten als Nebenwesen der aktualen Welt darstellen kann.

Natürlich bringt uns nichts davon einer positiven, mit dem Naturalismus verträglichen Theorie darüber viel näher, was es heißt, eine Ansicht zu haben, sich einen Begriff zu denken usw. Wir wissen, daß es schwierig ist, für solche Sachen eine zufriedenstellende Theorie zu finden. Meine Argumente sollen aber den Naturalisten in der Überzeugung stärken, daß diese Aufgabe bewältigt werden kann.

Dies beschließt meine Verteidigung des Naturalismus gegen die seltsamen zusätzlichen Entitäten, die von gewissen Philosophen postuliert werden. Zum Schluß will ich meine Überzeugung nicht verbergen, daß hier diesen Philosophen (zu denen einige meiner besten Freunde gehören) der robuste Realitätssinn abgeht. Ich stelle bei mir mehr Respekt für die Metaphysiker fest, die den Naturalismus zurückweisen, weil sie an eine immaterielle Seele und an Gott glauben.

14. Vgl. Armstrong (im Erscheinen).

## Literaturangaben

Armstrong, D.M. (1977): ‚Naturalism, Materialism, and First Philosophy', in D. Henrich (Hrsg.), Ist systematische Philosophie möglich?, Stuttgarter Hegel-Kongreß 1975, Hegel-Studien, Beiheft 17, Bonn 1977 (auch in Philosophia 8 (1978) S. 261—276)

Armstrong, D.M. (1978): Universals and Scientific Realism, Cambridge 1978 (2 Bde.)

Armstrong, D.M. (im Erscheinen): ‚Frege's Thoughts, and an Objection to Epiphenomenalism', in L. Chipman (ed.), Reason, Truth and Theory, Den Haag (im Erscheinen)

Armstrong, D.M. (1983): What is a Law of Nature? Cambridge 1983

Berkeley, G. (1710): Eine Abhandlung über die Prinzipien der menschlichen Erkenntnis, Hamburg 1957

Black, M. (1971) ‚The Elusiveness of Sets', The Review of Metaphysics, *24* (1971) S. 614—636

Field, H. (1980): Science without Numbers, Princeton 1980

Frege, G. (1884): Die Grundlagen der Arithmetik, Breslau 1884 (Neudruck: Darmstadt und Hildesheim 1961)

Goodman, N. (1956): ‚A World of Individuals', in: The Problem of Universals, Notre Dame (mit einem Anhang wiederabgedruckt in N. Goodman, Problems and Projects, Indianapolis/New York 1972)

Lewis, D. (1973): Counterfactuals, Oxford 1973

Skyrms, B. (1981): ‚Tractarian Nominalism', Philosophical Studies *40* (1981) S. 199—206

Stenius, E. (1974): ‚Sets', Synthese *27* (1974) S. 161—188

Wittgenstein, L. (1921): Tractatus logico-philosophicus, Frankfurt/M. 1960

# J. J. C. Smart
# Physikalismus und Willensfreiheit

## 1. Determinismus

Die klassische Mechanik ist deterministisch, die Quantenmechanik ist indeterministisch. Die Menge der Axiome einer Theorie besitzt eine Klasse von Standard-Modellen, die wir als mögliche Welten deuten können. Wenn der Anfangszustand des Universums durch $S_o$ gegeben ist, d.h. für jedes einzelne Teilchen ein geordnetes Paar von Ort und Geschwindigkeit, dann wird durch die Vorgabe von $S_o$ die Menge der Modelle der Axiome verringert. Daß eine Theorie deterministisch ist, bedeutet demnach, daß die Zahl der Standard-Modelle auf eines reduziert wird. Die *Welt* ist dann deterministisch, wenn die richtige Theorie, die sie beschreibt, deterministisch ist.

Im Determinismus ist die Auffassung enthalten, daß, wenn das Universum zur Zeit $t_o$ im Zustand $S_o$ ist, es zu jeder anderen Zeit t nur einen einzigen möglichen Zustand des Universums gibt. Tatsächlich gibt es nur eine mögliche Welt, die $S_o$ enthält.

Die Rede von den möglichen Universen sollte nicht zu ernst genommen werden: Sie wurde als Vorstellungshilfe und zur Vermeidung schwieriger formaler Ausdrücke eingesetzt. Die Definition durch mögliche Welten kann durch passende mathematische und mengentheoretische Modelle ersetzt werden.[1] Betrachten wir ein System von n klassischen Teilchen. Die Orte und Geschwindigkeiten dieser Teilchen können durch die Lage eines Darstellungsteilchens in einem 6n-dimensionalen Raum dargestellt werden, und die zeitliche Entwicklung des Systems in einem (6n + 1)-dimensionalen Raum. Wenn wir Unstetigkeiten wie Stöße mit momentaner Geschwindigkeitsänderung einmal weglassen, kann das System durch Trajektorien im Darstellungsraum dargestellt werden. Der deterministische Charakter des Systems zeigt sich dadurch, daß durch einen Punkt von der Mechanik her nur eine Bahn gestattet wird.[2] Für eine strenge Definition des Determinismus mit Hilfe der Modelltheorie in der mathematischen Logik vergleiche man den Aufsatz von R. Montague: „Deterministische Theorien".[3] Der modelltheoretische Ansatz, auf den ich durch die „möglichen Welten" verwiesen habe, ist der Definition von Laplace durch eine höhere Intelligenz und deren *Vorhersagefähigkeit* vorzuziehen.[4]

Der modelltheoretische Ansatz vermeidet die Schwierigkeiten mit dem n-Körper-Problem der Klassischen Mechanik. Die Klassische Mechanik wird üblicherweise als Para-

---

1. Wie man dies macht, dazu vgl. W.v.O. Quine, Ontologische Relativität und andere Schriften, Stuttgart 1975, Kap. 6, „Propositionelle Gegenstände".
2. Vgl. E. Nagel, The Structure of Science (London: Routledge and Kegan Paul, 1961) S. 278-293.
3. Dieser Aufsatz findet sich in: R. Montague, Formal Philosophy, mit einer Einleitung herausgg. v. R.H. Thomason (New Haven: Yale University Press, 1974).
4. P. S. de Laplace, A Philosophical Essay on Probabilities, übers. aus der 6. franz. Ausgabe von F.W. Truscott und F.L. Emory, (New York: Dover 1951), S. 4.

defall eines deterministischen Systems angesehen, obwohl für ein System von n-Teilchen (n $\geq$ 3) es keine analytische Lösung des Problems gibt. Der Laplacesche Dämon muß daher Näherungsmethoden einsetzen, von der Art wie sie Laplace selbst entwickelt hat. Die hohe Genauigkeit solcher Methoden, wenn man sie etwa auf das Sonnensystem anwendet, wird durch die Tatsache erleichtert, daß die Massen der Planeten klein gegenüber der Masse der Sonne sind und dadurch, daß (wie Laplace zuerst bewies) das Sonnensystem stabil ist. Zweifellos können die Astronomen das zukünftige Verhalten eines Sternhaufens berechnen, um zu zeigen, daß die Gruppe sich in eine Kugel- oder Spiralform entwickeln wird, und um z.B. die relative Stabilität des Haufens zu untersuchen.

Davon unterscheiden muß man absolut präzise Voraussagen in die Zukunft. Ob ein Rechner, selbst ein unendlicher, so etwas leisten kann, wirft interesssante Probleme auf. Braucht man bei der unendlichen Berechnung nicht vielleicht mehr Zeichen als es Teilchen im Universum gibt? Würde dies die Laplacesche Definition beeinflussen?

Die modelltheoretische Definition vermeidet diese Probleme.[5]

## 2. Kausale Ketten

Manchmal ist ein System relativ gut isoliert von seiner Umgebung und entwickelt sich in einer ziemlich linearen Weise. Dies gilt etwa für einen Nervenimpuls, der sich auf einem

---

5. Sie vermeidet auch andere Fragen, die ich weniger wichtig finde. Montague weist darauf hin, daß der Voraussagende nicht den Zustand des Universums zu jedem Zeitpunkt prognostizieren kann, da die Menge der Zeiten überabzählbar ist, die Menge der Voraussagen aber abzählbar: eine Voraussage muß als Zeichenfolge einer Sprache ausgedrückt werden und die Menge solcher Folgen kann auf die Menge der natürlichen Zahlen abgebildet werden. Wenn wir nicht annehmen, daß das Universum sehr seltsame Unstetigkeiten enthält, dann können wir es jedoch als deterministisch bezeichnen, wenn der Dämon seinen Zustand zu einer *benennbaren* Zeit, oder sogar zu einer Zeit, deren Koordinate rational ist, voraussagen kann. Die modelltheoretische Methode vermeidet auch einen Einwand vom Gödel-Theorem, wonach es Sätze der Theorie gibt, die in der üblichen Interpretation wahr, aber dennoch von den Axiomen der Theorie nicht ableitbar sind. Es erscheint unwahrscheinlich, daß dies einer interessanten Voraussage im Wege steht, und wenn, dann würde es kaum eine Voraussage verhindern, die der angestrebten sehr nahe steht. Der modelltheoretische Ansatz vermeidet auch die Schwierigkeiten, die mit der Frage entstehen, ob der oberste Rechner Information zur Wechselwirkung mit der Welt erhalten darf. (Man vergleiche hier Sir Karl Poppers Argument, daß ein Voraussagemechanismus ein System nicht prognostizieren kann, mit dem es in starker Wechselwirkung steht, woraus folgt, daß zwei wechselwirkende Voraussage-Mechanismen, die nur nach den Gesetzen der klassischen Physik arbeiten, das gegenseitige Verhalten nicht voraussagen könnten. Vgl. K.R. Popper, „Indeterminism in Quantum Physics and in Classical Physics", British Journal for the Philosophy of Science, *1* (1950), S. 117-133 und 173-195).

Diese Schwierigkeit kann vermieden werden, wenn man eine syntaktische Definition der Vorhersagbarkeit benützt, denn die Syntax kann auf die elementare Zahlentheorie abgebildet werden. Das Verfahren funktioniert nur, wenn die Näherungsmethoden adäquat formalisiert werden können. Vielleicht ist dies möglich. Michael Radner und Stephen Winokur (eds.): Analyses of Theories and Methods of Physics and Psychology, Minnesota Studies in the Philosophy of Science IV, (Minnesota: University of Minnesota Press, 1970), S. 417-427.

Axon fortpflanzt, eine Bewegung, die in guter Näherung als deterministisch bezeichnet werden kann, ohne daß man die Einbettung in ein umfassendes System betrachtet. Dabei muß man aber annehmen, daß die Umgebung relativ stabil bleibt: mein Nervensystem würde nicht mehr normal arbeiten, wenn die Luft aus dem Raum, in dem ich sitze, plötzlich entfernt würde. Wir wollen ein System dieses Typs eine „fundamentale Kausalkette" nennen. Dann kann man sich eine Baumstruktur vorstellen, wo fundamentale Kausalketten an Knoten zusammentreffen, genauso wie Äste bei einem gewöhnlichen Baum. Ein Weg durch den Baum von der Spitze bis zur Wurzel zeichnet dann eine „nichtfundamentale Kausalkette" aus. Eine Kausalkette muß also nicht *immer* von der Umgebung abgeschirmt sein. Der Begriff der Kausalität ist viel weniger als der des Determinismus verstanden,[6] aber ich gehe im folgenden von der Annahme aus, daß Kausalität in Begriffen solcher näherungsweise deterministischer (teilweise isolierter) Systeme verstanden werden kann.

## *3. Physikalismus*

Unter „Physikalismus" verstehe ich die Auffassung, daß das Universum ausschließlich die Entitäten enthält, die von der physikalischen Wissenschaft gefordert werden, und daß alle fundamentalen Gesetze physikalische Gesetze sind. Ich vertrete die Ansicht, daß es keine „emergenten" Entitäten oder Gesetze gibt, wenn man „emergent" im *starken* Sinne einiger Metaphysiker nimmt. Natürlich gibt es Emergenz in einem *schwachen* Sinn: Ein Radioempfänger ist nicht nur ein Haufen von Bestandteilen, jedoch ist seine Arbeitsweise durch die bekannten physikalischen Gesetze, zusammen mit einer Konstruktionsvorschrift, dem Schaltplan, erklärbar. Auch der strengste Physikalist oder Materialist wird nicht leugnen, daß es Emergenzen in diesem *schwachen* Sinne gibt.[7]

Als Physikalist behaupte ich, daß das Bewußtsein[8] nichts ist, das das Gehirn in irgendeiner Weise überschreitet, und daß jede Sinneserfahrung identisch mit einem Gehirnvorgang ist. Jeder Wunsch, jedes Verlangen ist identisch mit einem neurophysiologischen Zustand. Es ist hier nicht der Ort, eine volle philosophische Verteidigung dieser metaphysischen Position vorzunehmen, aber sie erscheint im Lichte der gegenwärtigen Naturwissenschaft recht plausibel.[9] Die Biologie mit ihrer Betonung der biomechanischen Zusammenhänge

---

6. J.L. Mackie hat eine Ursache als „INUS-Bedingung" definiert, d.h. ein nicht hinreichender aber notwendiger Teil einer Bedingung, die selber unnotwendig, aber hinreichend für die Wirkung ist („Causes and Conditions", Am. Phil. Quart.2 (1965) S. 245-264). Einen scharfen Einwand dagegen bringt F.C. Jackson in seiner Übersicht über verschiedene Arbeiten zur Kausalität. J . Symb. Logic *47* (1982), S. 470-73.
7. Vgl. J.J.C. Smart, Physicalism and Emergence, Neuroscience 6 (1981), S. 109-113.
8. Hier muß man das englische ‚mind' mitdenken (A.d.Ü.).
9. Ich denke, daß diese metaphysische Position gegen die üblichen philosophischen Einwände verteidigt werden kann. Vgl. dazu J.J.C. Smart: Philosophy and Scientific Realism (London: Routledge and Kegan Paul, 1963), und D.M. Armstrong: The Materialist Theory of Mind (London: Routledge and Kegan Paul, 1968).

ist sehr mechanistisch geworden. Es ist schwer zu verstehen, wie der Vorgang der Evolution zur Entwicklung eines immateriellen Bewußtseins geführt haben könnte. (Mit dieser Frage werden wir uns noch befassen.) Grundsätzlich können wir verstehen, wie die Veränderung in der Struktur eines Abschnittes der DNS zu einer Erhöhung der Komplexität im Aufbau des Organismus führt, denn dafür gibt es bekannte biochemische Mechanismen.

Einige Philosophen könnten den Physikalismus als trivial bezeichnen, denn wenn es in der Welt so etwas wie immaterielle Seelen gäbe, dann würde man die Physik einfach erweitern, solange bis sie auch die neuen spirituellen Entitäten erfaßt, genauso wie im 19. Jh. die Newtonsche Mechanik durch den Elektromagnetismus ergänzt wurde. Diese Möglichkeit kann man ausschließen, indem man unter „Physik" nur die „heutige Physik" versteht. Die Plausibilitätsüberlegungen, die ich vorher schon andeutete, legen nahe, daß die heutige Physik als Basis für das Verstehen des Nervensystems ausreicht und damit, wenn ich mich nicht irre, auch des Bewußtseins.

Es wird sicher noch umstürzende Entdeckungen in der Hochenergiephysik geben, wenn neue kurzlebige Teilchen erzeugt werden, ebenso in der Kosmologie (man denke an schwarze Löcher, Quasare usw.), aber die Physik der gewöhnlichen Grobstruktur der Materie versteht man heute. Wie es der Physiker Gerald Feinberg ausgedrückt hat, das Problem von Thales ist heute endgültig gelöst. Um die gewöhnliche Materie zu verstehen, reicht die Physik der Elektronen, Protonen, Neutronen, Photonen und Neutrinos aus.[10] Etwaige revolutionäre Entdeckungen der Physik werden wahrscheinlich nicht die Chemie oder unser Verständnis der lebenden Zelle wie etwa des Neurons betreffen. So möchte ich behaupten, daß in bezug auf die Diskussion des Leib-Seele-Problems und des Problems des freien Willens die heutige Physik niemals überschritten wird.[11] Wenn Feinberg Recht hat, ist die Physik der normalen grobkörnigen Materie vollständig. (Ich werde auf diesen Punkt zurückkommen, wenn ich die Ansicht von Sir John Eccles bespreche.)

## 4. Ein Dilemma

Nach diesen Präliminarien über die Definition von Determinismus, Kausalität und die Physikalismus-These möchte ich folgendes Dilemma besprechen.

1) Wenn der Determinismus wahr ist, sind unsere Handlungen durch einen früheren Zustand des Universums festgelegt. Aus dem Determinismus folgt: wenn der Zustand des Universums zur Zeit $t_0$ gleich $S_0$ ist, dann existiert in Einklang damit und mit den Naturgesetzen zu einer anderen Zeit t nur ein Zustand des Universums $S_t$. Danach haben wir keinen freien Willen.

2) Wenn der Determinismus nicht wahr ist, dann geschehen unsere Handlungen aus reinem Zufall. Wie könnte man behaupten, daß wir frei handeln, wenn unsere Handlung sich nicht aus unserem Charakter, unseren Wünschen, unseren Meinungen ergeben würde;

---

10. Vgl. G. Feinberg, Physics and the Thales Problem, Journ. Phil. 63 (1966), S. 5-17.
11. Vgl. J.J.C. Smart, The Content of Physicalism, Phil. Quart. 28 (1978), S.339-41.

wenn die Handlung sich so ergeben würde, wäre sie determiniert durch einen Zustand des Universums, der unser neurophysiologisches Programm einschließt. Wenn eine Handlung rein zufällig passiert, kann es dann nicht vorkommen, daß wir zu unserem Entsetzen etwas tun, was wir gar nicht wollen, so z.b. eine Kröte essen?

3) Conclusio: Ob das Universum deterministisch oder indeterministisch ist, wir haben offensichtlich keinen freien Willen.

Wenn wir der modernen Physik vertrauen, was vernünftig ist, müssen wir annehmen, daß das Universum indeterministisch ist. Jedoch gilt der Determinismus auf der makroskopischen Ebene näherungsweise. Es ist deshalb wahrscheinlich, daß das Nervensystem als deterministischer Mechanismus angesehen werden kann. Es ist vielleicht nicht völlig ausgeschlossen, daß es einen instabilen Mechanismus enthält, der auf indeterministische Effekte reagiert, wie Eccles vermutet hat, aber im Moment möchte ich dieser Möglichkeit nicht nachgehen. Wenn wir also nun doch einen freien Willen haben, muß das Teilargument (1) unkorrekt sein. Viele Philosophen waren davon überzeugt. So hat R.E. Hobart in einem bedeutsamen Aufsatz argumentiert, daß der Determinismus für den freien Willen notwendig ist, oder daß man zumindest eine Näherung des Determinismus braucht.[12] (Je schlechter die Approximation, desto weniger sind wir eben frei.)

## 5. *Diskussion des Teilargumentes (1)*

Ich neige zu der Auffassung, daß der Begriff des freien Willens des Alltagsmenschen widersprüchlich ist: er ist aus einem suspekten theologischen und metaphysischen Kontext erwachsen. Jedoch erlaubt uns der Determinismus, dem Alltagsmenschen ein gutes Stück in bezug auf seine Anforderungen an den Begriff des freien Willens zu folgen. Ebenso gestattet uns der Determinismus, viele Unterscheidungen zu rechtfertigen, die die Moral und das Strafrechtssystem brauchen, damit sie dem Menschen Verantwortlichkeit für sein Handeln zuschreiben können (Wenn das Rechtssystem ein Esel ist,[13] dann hat es nicht sehr viel von einem Esel). Es ist also durchaus möglich für den Determinismus, die Unterscheidungen zwischen „frei" und „unfrei" zu machen, die der gewöhnliche Mensch und das Gesetz brauchen.

Er möchte Unterscheidungen treffen, die mit zwei Problemkreisen zu tun haben. Einer betrifft die Frage, ob die Handlungen eines Menschen von seiner Wahl und seinem Charakter herrühren oder ob er in irgendeiner Hinsicht dazu gezwungen war. Der andere besteht darin, zu urteilen, ob eine Person für ihre Handlungen verantwortlich ist, ob sie Lob oder Tadel verdient.

Ein Mann in einem Gefängnis ist zu seinem Zustand gezwungen: er kann nicht durch die verschlossene Tür oder die Steinmauer ausbrechen. Er möchte sicher gerne über grüne

---

12. R.E. Hobart, Free-Will as Involving Determinism and Inconceivable Without It, Mind *43* (1934), S.1-27.
13. Charles Dickens, Oliver Twist.

Wiesen wandern und unter Bäumen sitzen, aber unglücklicherweise geht es nicht: er kann nicht. Vergleichen wir diesen Fall mit dem Mann, der einen Spaziergang in der Stadt macht. Er tut es freiwillig in dem Sinne, daß er es will und daß er es tut. Wenn man sagt, daß er auch anders hätte handeln können, bedeutet das, daß diese andere Handlung mit den Naturgesetzen und gewissen Hintergrundannahmen vereinbar wäre. Es bedeutet jedoch nicht, daß die andere Handlung mit den Naturgesetzen und der Gesamtmenge der Anfangsbedingungen vereinbar ist. Die Handlung des Mannes, der sich am Spaziergang in der Stadt erfreut, ist tatsächlich *verursacht* (durch das, was er möchte und was er für wahr hält); aber er ist zu der Handlung nicht *gezwungen*.

Betrachten wir eine andere Art von Zwang. Ein Mann wird von einem Räuber bedroht, der sagt, daß er schießen werde, wenn er ihm nicht das Geld gibt, das er gerade einer wohltätigen Organisation bringen wollte. So gibt er ihm das Geld, nicht weil er es will, sondern weil es ihm lieber ist, nicht erschossen zu werden; dieses will er noch mehr, als dem Räuber das Geld zu verweigern. Dieser Mann ist in seiner Handlung nicht nur *verursacht*, sondern er ist auch *gezwungen*, das Geld abzuliefern.

In einem bestimmten Sinne handelt auch dieser Mann frei. Wie der Stadtspaziergänger tut er, was er für richtig hält, nämlich das Erschossenwerden zu vermeiden. Wenn wir ihn jedoch als durch den Räuber gezwungen ansehen, halten wir die Verweigerung des Geldes nicht für eine echte Möglichkeit. Sagen wir, daß er nicht frei war, das Geld auszuliefern, verbinden wir den Ausdruck „frei" mit den Begriffen Verantwortlichkeit, Lob und Tadel, Belohnung und Strafe. Betrachten wir den Fall, bei dem ein Geheimagent bedroht wird; er soll nicht etwa Geld abliefern, sondern vertrauliche Informationen weiterleiten. Wenn er dies tut, wird es zur Gefangenschaft, Folter und Tod vieler seiner Kameraden führen. Wir tadeln jenen Mann nicht, der sich weigerte, das Geld herauszugeben, aber vielleicht tadeln wir den Geheimagenten, da wir meinen, er sollte den Tod auf sich nehmen, anstatt die Information abzuliefern, und wir möchten vielleicht andere Geheimagenten ermutigen, wenn sie in die gleiche Zwangslage kommen. Ob wir eine Person als verantwortlich oder nichtverantwortlich, frei oder unfrei betrachten, kann von den Umständen abhängen, aber keine der Erklärungen, die wir in diesen Fällen geben würden und die die notwendigen Unterscheidungen machen, ist irgendwie mit dem Determinismus unverträglich. Überdies wären Lob und Tadel, Strafe und Belohnung zwecklos, wenn sie das Verhalten nicht verändern könnten, und diese Möglichkeit hängt vom Determinismus ab.

Jetzt möchte ich ein etwas paradoxes Thema anschneiden (zumindest vom Standpunkt des skizzierten Determinismus aus gesehen). Wenn wir uns einig sind, daß der Mann, der dem Räuber das Geld gab, nicht frei war, weil er etwas tat, was er nicht wollte, müßten wir nicht eigentlich auch von einem Mann, der einer hungernden Familie Geld gibt, sagen, daß er nicht frei war, denn es gab doch sicher eine Menge von Dingen, die er mit dem Geld gerne gekauft hätte? Diese letztere Person hat sicher (auf Grund ihrer Mildtätigkeit) ein größeres Verlangen, das Geld mildtätig zu verwenden, anstatt es für eigene Zwecke auszugeben, und deshalb kann man sagen, daß sie das tut, was sie am meisten möchte. Also auch der vom Räuber bedrohte Mann tut das, was er am liebsten möchte, nämlich nicht erschossen zu werden. Warum nehmen wir an, daß der vom Räuber bedrohte Mann gezwungen und unfrei, während der mildherzige frei ist? In einem gewissen Sinn ist der mildherzige Mann doch durch die hungernde Familie gezwungen, jedoch beurteilen wir das nicht auf diese Weise, teils deshalb, weil er nicht absichtlich gezwungen wurde (aber Gefängnismauern zwingen auch nicht absichtlich!). Wir neigen dazu, die Unfreiheit als Entschuldigung zu nehmen dafür, daß wir das, was wir tun sollten, nicht getan haben. Für einen mildtätigen Akt braucht man natürlich keine Entschuldigung. Eine solche Handlung sollte vielmehr gelobt werden. Dennoch liegt bei den beiden Fällen eine interessante Symmetrie vor. Das Verlangen, das Geld zu behalten, ist schwächer als die Furcht vor dem Räuber, und im anderen Fall ist es schwächer als der Wunsch, der hungrigen Familie zu helfen. Vermutlich ist aber doch der Unterschied vorhanden, daß Mildtätigkeit kein Gefühl ist, gegen das man sich normalerweise wehrt (wenn er sich dagegen wehrte, würde er der Familie wahrscheinlich nicht helfen) wohingegen Furcht ein unangenehmer Zustand ist. In einer ruhigen Stunde nach dem Überfall wird der Mann allerdings froh sein, in der Situation nicht zu viel Kühnheit besessen zu haben.

Im normalen Verständnis spricht man auch von eingeschränkter Freiheit, wenn ein Mensch an einer Geisteskrankheit leidet. Von einem Kleptomanen nimmt man an, daß er nicht frei ist, dem Ladendiebstahl zu widerstehen. Hat ein Mensch eine Agoraphobie, ist er nicht frei, sich über eine Wanderung zu freuen, und der sexuell Besessene ist nicht frei, die Belästigung von Frauen zu vermeiden. Früher dachte man daran, daß hier eine indeterministische Seele oder ein Wille von einem defekten tierischen Instinkt gestört wird; wie dem auch sei, der Determinismus hat keine Schwierigkeiten, die von Moral und Gesetz geforderten Unterscheidungen zu liefern. Er vertritt, daß es nutzlos ist, Kleptomanen einzusperren, denn die Strafdrohung hindert den Kleptomanen nicht an seinem Verhalten, auch ein anderer, eingesperrter Kleptomane hat keine abschreckende Wirkung. Gerade die Unbeeinflußbarkeit durch Strafen und vernünftige Argumente über die Folgen der Handlungen sind ein Zeichen verringerter Verantwortlichkeit. Ich will nicht behaupten, daß die Unterscheidungen des Alltagsmenschen oder des Gesetzes hier die vernünftigsten sind. Es ist nicht völlig klar, daß Milde gegenüber dem Geisteskranken keine Abschreckungswirkung besitzt: dies hängt davon ab, ob die Gesunden in der Lage sind, den Gerichts-Psychiater zu täuschen derart, daß er glaubt, sie seien krank und bedürften der Milde. Auch wenn der Sexbesessene nachsichtig behandelt wird, gibt es gute Gründe, ihn zu isolieren, damit er kein Unheil stiftet.

Der Determinismus betont, daß unsere Absichten und Entscheidungen, obwohl sie durch einen früheren Zustand des Universums festgelegt werden, immer noch unsere Entscheidungen sind. Die Unterscheidung zwischen einer absichtlichen Tat und einem unabsichtlichen Fehler bleibt erhalten ebenso wie die Differenzierung zwischen Zwang und Drohung und willentlicher Entscheidung. Wann soll dann überhaupt der Determinismus mit dem freien Willen unvereinbar sein?

## *6. Diskussion des Teilargumentes (2)*

Das zweite Teilargument betrifft den Fall, wo wir glauben, daß unsere Handlungen die Wirkung reinen Zufalls wären und zwar von jenem Typ von Zufall, den wir in der Quantenmechanik vor uns haben. Diesen muß man von dem gewöhnlichen Zufall trennen, der mit dem Determinismus vereinbar ist, nämlich dem ungewöhnlichen Schneiden zweier Kausalketten.[14] Ein Mann fährt mit dem Fahrrad auf der Straße, um eine Zeitung zu kaufen und wird von einem fallenden Ast getroffen. Es gibt keine Gesetze, die Radfahren, Zeitung kaufen und Ast abbrechen koppeln. Auf der anderen Seite ist es in Canberra im Frühling nicht ungewöhnlich, von einer australischen Elster angefallen zu werden: fährt man mit dem Rad in die Nähe eines Elsternnestes, stößt ein solches Tier auf einen herab. Das ist kein Zufall, denn es gibt Regelmäßigkeiten im Verhalten von Elstern in der Brutzeit. Der Unterschied zwischen Zufall in diesem Sinn und nicht Zufall kann innerhalb des deterministischen Rahmens ausgemacht werden. Im Teilargument (2) ist der reine Zufall, der Zufall im starken Sinne, gemeint.

Entsprechend diesem können unsere Entscheidungen, wenn sie einfach aus nichts durch puren Zufall entstehen, nicht ein Fall von freier Wahl sein. Verbindet man (1) und (2), so ergibt sich, daß wir, ob unsere Handlungen determiniert sind oder sich aus dem Zufall ergeben, jedenfalls nicht frei sein können. C.A. Campbell hat einen interessanten Versuch gemacht, die Position des Antideterministen oder Libertariers zu verteidigen.[15] Er argumentiert, daß ‚Determinismus" und „reiner Zufall" keine strengen Alternativen sind. Eine andere Alternative zum Determinismus sei, so meint er, die „kontrakausale Freiheit". Freiheit, in diesem Sinne, ist indeterministisch, aber keine Sache des Zufalls.

Wenn nun kontrakausale Freiheit indeterministisch ist, tritt das Problem auf, daß menschliches Handeln zum Teil recht gut vorhersagbar sein kann.[16] Wenn wir in den meisten Fällen nicht einigermaßen sicher sein könnten, wie die anderen Menschen handeln, wäre das soziale Leben unmöglich und auch die Vermutungen der Historiker. Campbell hat sich dafür eine Antwort überlegt. Selbst auf die Gefahr hin, den Freiheitsbegriff wesentlich stärker einzuschränken, als man natürlicherweise geneigt wäre und als auch ein Determinist wie Hobart dies täte, vertritt Campbell, daß die kontrakausale Freiheit nur in den Fällen auftritt, wo wir aus Gründen der Pflicht gegen ein starkes Verlangen handeln (dies klingt natürlich an Kant an). Solche Gewaltakte von Willenskraft sind relativ selten, weil Neigung und Pflicht nur selten kollidieren. Damit hat Campbell die allgemeine Vorhersagbarkeit der menschlichen Handlungen in seine Hypothese eingeschlossen.

Naturalistisch eingestellten Menschen wird die eigenartige Unterscheidung zwischen Pflichtgefühl und anderen Wünschen rätselhaft bleiben. Der Wunsch, unsere Pflicht zu tun, wird ein solcher sagen, ist leicht als Ergebnis der sozialen Einflüsse erklärbar, und

---

14. Vgl. Aristoteles, Physik, 196b-197b
15. C.A. Campbell, Is Free Will a Pseudo-Problem? Mind 60 (1957), S. 441-65, and „Professor Smart on Free Will, Praise and Blame; A Reply", Mind 72 (1963), S. 400-405. Das ist eine Antwort auf J.J.C. Smart, Free Will, Praise and Blame, Mind 70 (1961), S. 291-306. Man vgl. auch J.J.C. Smart, Philosophy and Scientific Plausibility, in: P.K. Feyerabend and Grover Maxwell (eds.), Mind, Matter and Method, Essays in Philosophy and Science in Honor of Herbert Feigl (Minneapolis: University of Minnesota Press, 1966), S. 377-390.
16. Vg. D. Hume, Treatise, Bk II, Pt. 3, Sec. 1, und Inquiry, Sec. 8, Pt. 1.

kann vom Determinismus her leicht verstanden werden. Danach ist einfach der Grund dafür, daß wir den Wunsch A als stärker als den Wunsch B kennzeichnen, in der Tatsache zu sehen, daß A und nicht B in der Handlung zum Zuge kam. Wenn unser Pflichtbewußtsein zur Handlung A führt, obwohl wir sonst am liebsten B getan hätten, dann kann eben B nicht der stärkste Wunsch gewesen sein.

Nun ist nach Campbell eine Handlung auf Grund kontrakausaler Freiheit nicht einfach ein Handeln aus einem Wunsch heraus. Dann allerdings bedarf es einer Klärung des Ausdrucks „kontrakausale Freiheit". Campbell weist hierzu auf die Introspektion. Wir erleben es, wie er meint, daß wir gelegentlich uns gegen unsere stärksten Wünsche entscheiden. Bei solcher Innenschau entdecken wir „echte offene Möglichkeiten". Nun kann man zweifellos zu sich sagen: „Ich kann dieses tun und ich kann jenes tun". Der Begriff der Möglichkeit ist hier relativ zu den Hintergrundannahmen. Nehmen wir an, ich sei beim Klettern und berühre einen wackeligen Felsblock, der herunterfällt und haarscharf am Kopf meines Kameraden vorbeigeht. Ich sage zu mir, „fast hätte ich ihn umgebracht". Gemeint ist (ausgedrückt in der Terminologie der ‚möglichen Welten'), wenn die Anfangsbedingungen ein kleines bißchen anders gewesen wären, d.h. in einer ‚möglichen Welt' sehr ähnlich der wirklichen Welt, mit denselben Naturgesetzen, wäre das Gegenstück des Felsens auf das Gegenstück meines Kameraden gestürzt. Es ergibt sich hier aus den Begleitumständen, welche Bedingungen man als fest betrachten muß, und dazu gehören in diesem Fall bestimmt die Naturgesetze. Wenn man wissen will, was in einem Universum mit anderen Naturgesetzen geschehen könnte, dann muß man andere Bedingungen fest lassen. Manchmal scheint der Kontext anzudeuten, daß wir mit dem Passus, es könnte etwas geschehen, nur die Konsistenz des entsprechenden Satzes mit der Logik ausdrücken wollen. Wenn ich wiederum sage, daß ich mich, da ich über 60 Jahre alt bin, emeritieren lassen kann, heißt das nur, daß meine denkbare Emeritierung in Einklang mit den Universitätsgesetzen steht. Es gibt also viele Kontexte und entsprechende Arten der Möglichkeit.

Angenommen ich handle in einer bestimmten Weise und sage dann, ich hätte auch anders handeln können. Damit ist gemeint, jene andere Handlung war mit den Naturgesetzen vereinbar und sie war ebenso mit meinem damaligen Gehirnzustand innerhalb eines gewissen Bereiches vereinbar. Die Redeweise, daß der fallende Felsblock meinen Kameraden hätte erschlagen können, meint entsprechend, daß bei nur wenig variierten Anfangsbedingungen (Art und Zeit der Störung der Lage des Blockes) mein Kamerad vom Block getroffen worden wäre. Wenn ich eine Keramikplatte fallen lasse und sie bricht nicht, kann ich sagen, sie hätte brechen können — bei leicht geänderten Anfangsbedingungen wäre sie auch zerbrochen. Wenn ich eine Aluminiumplatte fallen lasse, kann ich sagen: Sie zerbrach nicht und sie konnte auch nicht zerbrechen. Wie immer ich sie auch hätte fallenlassen, sie wäre nicht zerbrochen.

Campbell will nicht nur die Naturgesetze, sondern auch die Anfangsbedingungen festhalten. Mit dieser Kontextvoraussetzung konnte ich nicht anders handeln und der Stein nicht anders fallen. Der Determinist bleibt durch diese Konsequenz ungerührt, denn er sagt, dies sei nicht der Sinn der Phrase „hätte auch anders können". Der Kleptomane konnte nichts anderes tun als stehlen, d.h. auch wenn die Anfangsbedingungen weitere Drohungen oder Maßnahmen der Aufdeckung enthalten hätten, hätte er sicher weiter gestohlen.

Der gewöhnliche Dieb hingegen würde nicht einfach weiterstehlen, wenn die Drohungen und Entdeckungsmaßnahmen enorm wachsen. Manchmal wiederum bedeutet „Ich hätte anders können" nichts anderes als „Wenn ich es gewünscht hätte, hätte ich anders gehandelt". Die entscheidenden Anfangsbedingungen, die hier variiert werden, sind dabei meine Wünsche. Der Determinist kann auf die kontextabhängigen Annahmen hinweisen, die den Passus „hätte auch anders können" durchaus verständlich machen. Hier ist auch eine Unklarheit in der Position des Libertariers vorhanden. Er stimmt darin überein, daß, wenn eine Handlung aus reinem Zufall heraus passiert, die Anfangsbedingungen *und* die Naturgesetze gleich bleiben können und doch die Handlungen anders sein könnten. (Der Libertarier sagt allerdings, daß die Handlung nicht aus Zufall, sondern auf Grund kontrakausaler Freiheit passiert). Campbell glaubt, daß wir den Sinn der kontrakausalen Freiheit durch Innenschau finden können: wir beobachten uns selbst in einer Situation, wo die Pflicht mit dem stärksten Wunsch in Konflikt steht. Er glaubt, daß wir dann genau sehen, beide Handlungen tun zu können. Es ist aber nicht klar, was zu dem, was der Determinist erlaubt, noch hinzukommt. Campbell meint nicht, daß der „reine Zufall" die Entscheidung zwischen beiden Möglichkeiten fällt. Der reine Introspektionsbericht des Libertariers, er könne jetzt beide Möglichkeiten ergreifen, macht diese Position nicht klarer.[17]

Ich habe schon darauf hingewiesen, daß die Theorie des freien Willens des Libertariers im Lichte des biologischen Wissens vom Menschen unglaubwürdig ist. Dazu fügt sich der Einwand, daß der Standpunkt auch von der logischen Analyse der Sprache her betrachtet dunkel ist. Bedeutungen sind keine Gegenstände der Introspektion und es ist völlig unklar, wie die Introspektion uns den Sinn der „kontrakausalen Freiheit" näher bringen sollte.

## *7. Einige Plausibilitätsfragen*

Ich bin von der Voraussetzung ausgegangen, daß das menschliche Nervensystem in erster Näherung als deterministisches System zu betrachten ist. Neuronen sind makroskopische Objekte, deren Verhalten elektro-chemisch verstanden werden kann, wobei die quantenmechanische Indeterminiertheit irrelevant ist. Außerdem hat schon D.M. MacKay gezeigt[18], daß im Nervensystem sehr viel Redundanz vorhanden ist, womit die Fehlfunktion einer Komponente aufgefangen werden kann. Eine Handlung hängt damit immer am Verhalten vieler Neuronen und die Indeterminiertheit einer kleinen Zahl von Neuronen besäße somit keinen Einfluß. Sir John Eccles hat eine dualistische Theorie verteidigt. Danach ist das Bewußtsein etwas, was unabhängig vom Gehirn existiert: zweifellos ist seine Theorie ein Cartesianischer Dualismus. In seinem Beitrag zu dem Buch ‚Das Ich und sein Gehirn' vermutet er, daß die Wechselwirkung des Gehirns mit dem „Selbstbewußtsein" über die Module der Neuronen läuft. Diese Module sind anatomisch festgestellt und beste-

---

17. Eine psychologische und deterministische Erklärung der introspektiven Erfahrung des Libertariers findet sich bei Hume, Treatise, Bk II, Pt. 3, Sec. 2, zweiter Absatz.
18. D.M. MacKay, Brain and Will, Listener 57 (1957), S. 788-789.

hen aus tausenden von Neuronen, die in einer komplizierten Weise verschaltet sind[19]. Es scheint, daß er der heutigen Physik nicht die Vollständigkeit zutraut, die ich früher skizziert habe. Von diesem Standpunkt aus existieren nicht nur immaterielle Seelen, sondern zwischen ihnen und dem Gehirn gibt es auch noch Wechselwirkungskräfte: es muß wohl die Aufgabe der Module sein, die Abstimmung der Kräfte zu bewirken, so wie ein Radiogerät auf die elektromagnetischen Wellen abgestimmt ist[20].

Aber kehrt damit nicht das ganze Problem wieder? Sind die Handlungen des immateriellen Bewußtseins durch deren früheren Zustand determiniert, oder ereignen sie sich zufällig? Ist dann das geistige Bewußtsein in beiden Fällen frei, oder handelt es auf Grund kontrakausaler Freiheit? Ist diese logische Frage in einem mentalistischen Zusammenhang wirklich leichter zu entscheiden als in einem materialistischen Kontext? Wenn das immaterielle Bewußtsein frei sein konnte, obwohl es determiniert ist, warum dann nicht auch das materiale Gehirn?[21] Darüber hinaus ist es schwer einzusehen, wie ein immaterielles Bewußtsein im Laufe der Evolution entstanden sein könnte: man kann sich keinen plausiblen Mechanismus vorstellen, der in die Biochemie der genetischen Mutationen hineinpaßt und verträglich damit ist, wie solche Mutationen die Entwicklungen einer Art beeinflussen.

## *Zusammenfassung*

Der Determinismus der makroskopischen Ebene betrachtet das menschliche Bewußtsein als deterministischen Mechanismus und liefert uns trotzdem einen Begriff des freien Willens, der die meisten üblichen Unterscheidungen zuläßt. Wenn dieser deterministische Begriff nicht völlig mit dem gewöhnlichen zusammenpaßt, z.B. in Hinblick auf Hypnose und Gehirnwäsche, dann macht das nichts. (Der Mann, dem eine Gehirnwäsche verabreicht wurde, tut auch, was er wünscht, nur hat die Gehirnwäsche seine Wünsche modifiziert.) Der Alltagsmensch hat möglicherweise einen *widersprüchlichen* Begriff des freien Willens, indem er ihm deterministische (Handlungen folgen aus dem Charakter) und indeterministische Züge zur selben Zeit verleiht. Wenn dem so ist, darf man sich nicht wundern, daß bei einer klaren philosophischen Analyse keine *exakte* Legitimation seiner Abgrenzung von „frei" und „unfrei" herauskommt.

19. Karl R. Popper/John C. Eccles, Das Ich und sein Gehirn, München 1982.
20. Eccles ist stark durch die Ansichten von Popper beeinflußt worden. Dessen Angriff auf Materialismus und Determinismus beruht auf seiner Dreiweltenlehre. Ich finde diese These, vor allem die Existenz von Welt 3, die sowohl platonisch ewig *und* vom menschlichen Bewußtsein geschaffen ist, schwer verständlich. Aber eine eingehende Behandlung von Poppers Theorie würde einen eigenen Aufsatz erfordern.
21. Poppers Spekulation über „Welt 3" legt nahe, daß der Unterschied darin liegt, daß eine freie Handlung nicht durch Ursachen „in der Zeit" bewirkt wird, sondern durch nicht-raumzeitliche (quasi-platonische?) Entitäten: logische Prinzipien und dgl. Wenn aber diese ewigen Prinzipien auf unsere Handlungen wirken sollen, muß dies wieder über ein Auslöseereignis *in* der Zeit geschehen und damit wären unsere freien Handlungen wieder verursacht.

So können wir behaupten, *entweder*, daß wir nicht frei sind, dies dann aber keine Bedeutung für Moral und Gesetze hat, *oder* daß wir frei sind, was wiederum völlig in Einklang mit dem Determinismus ist. Was wir wählen, hängt davon ab, wieviel wir in den Begriff des freien Willens hineinstecken. Wenn wir so viel hineinstecken, daß er widersprüchlich wird, dann können wir mit ihm letztlich alles behaupten, denn aus einer inkonsistenten Aussage läßt sich jede beliebige Aussage ableiten![22]

---

22. Ich möchte meinen Freunden Brenda Cohen, F.C. Jackson, C.E. Mortensen, B.C. Rennie und Peter Roeper danken, die eine frühere Fassung dieses Aufsatzes gelesen und wertvolle Bemerkungen gemacht haben.

Hans Lenk

# Homo Faber — Demiurg der Natur?
## *Kritische Bemerkungen zu neueren naturphilosophischen Fehlschlüssen*

„Nature, mot chargé d'histoire!" (Lenoble 1969, 229)
„Réduire la Nature à la science, c'est d'abord ignorer l'histoire" (ebd. 384)
„Natura hominum deorumque domina" (Seneca)

„Natur" hat wieder Konjunktur. Obwohl der Begriff ‚Natur' in der seriösen Naturwissenschaft seit langer Zeit nicht mehr vorkommt, obwohl die Naturphilosophie — einst Ausgangspunkt der Naturwissenschaft und selbst bei Newton noch Namensgeber für die wissenschaftliche Basistheorie — eine abgestorbene Teildisziplin der Philosophie gewesen zu sein schien, hat sich im letzten Jahrzehnt die Diskussion über das Verhältnis des Menschen zur Natur von neuem in den Vordergrund der intellektuellen und zum Teil auch der öffentlichen Diskussion geschoben. Die sogenannte ökologische Krise, die Kombination von Umweltverschmutzung und drohender Rohstofferschöpfung, das schleichende Aussterben vieler Tier- und Pflanzensorten, unzuträgliche Lärmbelästigungen, gesundheitsschädliche Auswirkungen des Lebens in der „künstlichen Umwelt" einer hochtechnisierten Gesellschaft erzeugen Krisenbewußtsein, Unwohlsein und gar Furcht. Die „Zukunft der Natur" und des menschlichen Lebens in und angesichts der Natur scheinen gefährdet. Die ökologische Bewegung stellt das Überlebensproblem, ethische Rücksichten auf andere Naturwesen sowie die Einstellungen zu einem „natürlichen Leben" und zur „Natur" in den Mittelpunkt ihres Themenkataloges. Sie formiert sich recht erfolgreich auch politisch: Die „Grünen" erobern parlamentarische Repräsentanz. Ein „Zurück zum ‚Zurück zur Natur!'" scheint das neue — oder alte, wiederholte, wiederaufkommende? — Paradigma einer verbreiteten Einstellung zur Natur wiederzugeben. Im geschichtlichen Auf und Ab kehrt offenbar das Thema „Natur" periodisch wieder — eine Dialektik des Umschlags vom Extrem der Übertechnisierung in romantische Naturbetonung oder Einsicht in Begrenzungen jeder möglichen Ausbeutung der Natur? Haben wir die Natur überstrapaziert? Haben wir sie ignoriert, ausgebeutet, verdrängt, so daß sie sich nunmehr gleichsam „rächt" und „auf ihre schrecklich härtere Weise", als es menschliche Selbstbeschränkung vermöchte (Jonas, 1979, 388), der Technisierung und Überindustrialisierung Einhalt gebietet? Wie dem auch sei: Jedenfalls scheinen geschichtliche Abfolgen des „menschlichen Verhältnisses zur Natur" charakteristisch zu sein, sich in Einstellungen und Verhaltensweisen, in „Wandlungen des Naturbegriffs" (Schäfer 1982) und in den damit korrelativ verbundenen Weltdeutungen, Weltorientierungsprozessen des Menschen zu dokumentieren.

Mit dem Ausdruck „*menschliches Verhältnis zur Natur*" ist „nicht allein der philosophische und wissenschaftstheoretische Erkenntniszugang ... gemeint, noch ferner das alltagspraktische Berücksichtigen ‚natürlicher' Gegebenheiten, ihre Einkalkulierung, ihre Ausnutzung, ihre technische Bearbeitung oder Umformung, sondern ebenso jede religiöse, ästhetische und im sonstigen Sinne emotionale, wertende und normative (moralische und rechtliche) Ausrichtung auf ‚Natur'", meint Oldemeyer (1983, 16). Zu diesem menschlichen Verhältnis zur Natur (kurz: Naturverhältnis) zählen nicht nur „die bewußt gesteuerten", sondern „auch die unausdrücklichen, nur gewohnheitsmäßig gelebten Beziehungen, sowie schließlich die innerlichen Bereitschaften, auf ‚Natur' in bestimmter Weise zu agieren und zu reagieren" (ebd.). Als Grundthese entwickelt und belegt er den Satz: „Das menschliche Verhältnis zur ‚Natur' weist kulturelle Spielarten auf und unterliegt geschichtlichem Wandel". Der Wandel läßt sich dann in typologischer Darstellung verfolgen anhand der Leitfrage, „ob sich eine *innere Konsequenz in der geschichtlichen Abfolge der Vorherrschaft von Typen des Naturverhältnisses* aufweisen läßt" (ebd. 17). Dabei sieht Oldemeyer in der „geschichtlichen Abfolge der Typenvorherrschaft" nicht „kulturdarwinistisch" einen „Vorgang des Verdrängens und Ersetzens des einen Typus durch einen anderen", sondern er möchte Überlagerungen und Überformungen von Typen des Naturverhältnisses verfolgen und analysieren — in einer typisierenden Abstraktion der geschichtlich jeweils vorherrschenden Einstellungen zur Natur. Die Weisen der Identifikation und des Adressierens, wie sie sich durch „das *System der Personalpronomina* in vielen Sprachen zwischen erster, zweiter und dritter Person Singular, bzw. Plural" (ebd. 19) darstellen, dienen ihm als Leitfaden der Typisierung. Dementsprechend sind Identifikation (Teilhabe am Ganzen bzw. Verhältnis zu sich selbst), Gegenseitigkeit oder „einseitige Intentionalität" (nicht teilnehmende Objektivierung von „Gegenständlichem") charakteristisch. Darüberhinaus nimmt er noch eine vierte Beziehungsform im Sinne einer „apersonal-systemhaft" „*integrativen*" („sofern man mit diesem Wort nicht die Bedeutung einer geschlossenen Ganzheit verbindet") Beziehung an. Diese „*vier Rahmentypen des menschlichen Verhältnisses zur ‚Natur'*" entsprechen „vier Rahmentypen des zugehörigen Gegenstandsbereichs ‚Natur' " (ebd. 21), die kennzeichnenderweise auch in ihrer historischen Abfolge entsprechend der Abfolge der grammatischen Personalpronomina vorherrschend waren bzw. geworden sind oder hypothetisch noch werden dürften. Oldemeyers Arbeit besteht im wesentlichen darin, diese Typen des Naturverhältnisses mit Belegen philosophischer Autoren zu substanziieren, die Prävalenz und Verzweigung (in fünf Untertypen) des dritten Typus, des der einseitig intentionalen objektivierenden Natureinstellung, darzustellen und auf den Zusammenhang der jeweils vorherrschenden metaphysischen Naturinterpretation mit ethischen und normativen Einstellungen gegenüber der Natur hinzuweisen.

Ähnliche, wenn auch nicht so differenzierte Versuche der Typisierung finden sich in der französischen Literatur zu Ende der sechziger Jahre: Lenoble (1969) unterscheidet Typen der vorgriechischen „magischen" Natureinstellung, der „atomistischen", der klassischgriechischen (besonders bei Platon und Aristoteles vorwaltenden), der Renaissance-Naturliebe, der „mechanistischen" sowie der „mathematischen" Naturauffassung bis hin zur Neuzeit. Moscovici (Original 1968, zit. dt. 1982) sieht die Abfolge der Naturverhältnisse, die er terminologisch mißverständlich als „Naturzustände" bezeichnet, im Übergang von der „organischen Natur" über die „menschliche Natur" zur „kybernetischen Natur" (1982, 91-111), Während bei Lenoble kein übergreifendes, durchlaufendes Kriterium der

Typisierung festzustellen ist (historisch typisierende Beschreibung herrscht vor), liefert für Moscovici „die *Korrespondenz zwischen den inventiven oder materiellen Ressourcen und dem Reproduktionssystem*", also Erfindung und Reproduktion, die Grundlage für die Konstitution der „Naturzustände" (ebd. 88, 117) sowie für die jeweils geschichtlich vorherrschenden „natürlichen Kategorien", d.h. der Menschengruppen, die das jeweilige Naturverhältnis tragen, wesentlich bestimmen (z.b. Bauern, Handwerker, Ingenieure und Wissenschaftler). „Natur" wird sozusagen als ein „Produktionsmittel" (ebd. 75) unter dem Gesichtspunkt der menschlichen Arbeit, der Herrschaft über die Natur (ebd. 57ff, 490ff) gesehen, Natur und Naturzustände werden sozusagen in das Leben und die Geschichte der Gesellschaft hineingenommen, »sozialisiert«: Der Naturbegriff wird anthropomorphisiert und soziologisiert, Grenzen werden aufgelöst: „Künstliche Technik und Natur erweisen sich beide als Modalitäten dieses universellen Geschehens" der historischen Selbstentwicklung der Naturzustände (ebd. 512). Der technische und wissenschaftliche Fortschritt wird als „Naturfortschritt" bezeichnet (ebd. 423f, nach Brunschvicg 1949). Die Natur wird in konsequenter Fortsetzung der Ansätze von Bacon und Descartes wie bei Marx in einen zu beherrschenden Produktionsfaktor umgedeutet. Natur und Technik lassen sich nicht mehr klar abgrenzen. Die Erfindung wird „zu einem distinktiven, eigengewichtigen und methodischen Naturprozeß" (Moscovici ebd. 430), ähnlich für die Reproduktion und Produktion: Natur wird technisiert, der Mensch dadurch zum Herrscher, ja, sogar zum Schöpfer der Natur in dem Maße, in dem er synthetisch neue Naturprodukte herzustellen, Naturgegenstände „selbst zu erzeugen" in der Lage ist (ebd. 382). „Der Mensch führt nicht die Anweisung einer ihm äußerlichen Naturordnung aus, er ist vielmehr Autor dieser Dekrete und das anerkannte Subjekt der Naturordnung" (ebd. 525). Er führt die biologische Evolution durch technologische Evolution weiter, wird gleichsam zum Schöpfer des jeweiligen neuen „Naturzustandes", des „Naturfortschritts", der historischen Erzeugung der Natur selbst. Er bestimmt (ebd. 60, nach Boulding) durch seine Erkenntnis „in wachsendem Maße den Gang der Natur" selbst. Synthetische Chemie, künstliche Elemente, kybernetische Systemregelung seien für die neue naturproduktive und -regulative, gleichsam „demiurgische" Funktion der technologischen Naturrealisierung durch den Menschen charakteristisch: Nicht nur die Chemie, wie Berthelot 1886 meinte, sondern die Naturwissenschaft generell „erzeugt einen Gegenstand" (ebd. 382), „die Kluft zwischen künstlichen und natürlichen Dingen" (ebd. 379), der Unterschied zwischen Theorie und experimenteller Synthese verschwindet, der Mensch wird zum geschichtlichen Weiterentwickler der Natur, zum Fortsetzer oder Vollender der Naturgeschichte, zum Schaffer der Natur (gleichsam als Platons „Demiurg" (Tim. 28b2ff), göttlicher Handwerker, der das Chaos zum Kosmos umschuf). Natur wird tendenziell zum menschlichen synthetischen Produkt. Der Mensch wird gleichsam zum Gott der Natur emporstilisiert, zum Erzeuger bzw. Weiterentwickler der Naturforschung (auch in der Sozialordnung, die „sich als Form der Naturordnung erweist" (ebd. 528).

Die Selbstvergöttlichung, Selbstvergötzung des technologischen Menschen wird hier in Fortsetzung des marxistischen Optimismus zu einem Extrem getrieben, in dem die Grenzen zwischen quasi-idealistischem Operationalismus und ontologischem Materialismus gleichsam verfließen. Die Natur wird technisiert, operationalisiert, in Erzeugnisse, Verfahren des Menschen aufgelöst; sie ist theoretisches und technisches Produkt, Wirkfeld des aktiven Menschen — und sonst nahezu nichts: „Der Mensch — diese vertikale Anmaßung" (wie der Dramatiker R. de Obaldia in seinem dem Thema „Mensch und Technik" gewidmeten Stück *Monsieur Klebs und Rosalie* schrieb). Die Anthropomorphisierung des Naturbegriffs führt konsequent zur Konzeption einer neuen technologischen Hybris des Menschen, des Herrn und technischen Herrschers der Natur. Hier liegen denaturalistische, antirealistische, ja, semantische und konszientalistische (zum letzteren Külpe 1912, 48, 205) Fehlschlüsse vor, wie sie auch etwa bei Arnold Gehlen zur Konzeption einer totalen Technisierung der Natur geführt hatten (vgl. Lenk 1982, 287ff). Selbst wenn Einstellung zur Natur, das sogenannte „Naturverhältnis" und Naturbegriffe, wie oben betont, dem historischen Wandel unterliegen, so kann man doch nicht von einer historisch geprägten und wandelbaren Gegebenheitsweise, der Erfaßbarkeit, auf die historische Wandelbarkeit des durch die Formen der Erkenntnis unvollkommen Erfaßten, des Bezeichneten, schließen. Es ist ein Fehlschluß von der Form der Erfassung auf das in dieser Form Bezeichnete — ein „antinaturalistischer Fehlschluß" aus den unvollkommenen und wandelbaren menschlichen Erkenntnis- und Handlungsstrukturen heraus auf das zugrundeliegende nur indirekt Bezeichnete. Das Bezeichnete (signifié) weist nicht notwendig und völlig die (wandelbare) Struktur des Bezeichnenden (signifiant) auf, löst sich nicht selbst in sprachlich-begriffliche Elemente auf. Sprachliche und begriffliche Hypostasierungen waren traditionell in der Deutung des Naturverhältnisses angelegt, zeigen sich im Studium des geschichtlichen Wandels der Naturbegriffe, können aber gerade aufgrund dieses geschichtlichen Studiums als wandelbare, modellmäßige Interpretationskonstrukte eingesehen werden. Trotz aller geschichtlichen Wandlungen des Naturbegriffs löst sich Natur gerade nicht gänzlich in historische Konzeptualisierung und technische Realisierung des Menschen auf. ‚Natur' ist ein theoretischer Abstraktionsbegriff, den der Mensch im Rahmen bestimmter geschichtlich gewachsener, kulturell bedingter (vgl. Oldemeyer a.a.O.) Konzeptionen bildet, doch Natur ist damit nicht zum bloßen Verfügungsmaterial, zum technischen Produkt, zur humanhistorischen Restkategorie zusammengeschmolzen. So wichtig die „Zweite Natur" (Gehlen 1956, 1962, 368 in Fortführung von Poseidonius' Kulturentstehungslehre), also kulturell geprägte Formen, die Erfassung „der Natur", des „Natürlichen" prägen (Gehlen 1956, 110ff, 116ff), so fehlerhaft ist es zu schließen, daß die Natur schlechthin, sozusagen die „Erste Natur", nicht mehr existiere (Gehlen 1962, 348; 1956, 118). Wenn der Mensch in der Tat über Natur an sich, die Erste Natur, das Wirkliche nur in Konzeptionen, Theorien, Formen und Ausdrücken sprechen kann, die kulturell geprägt sind, seiner „Zweiten Natur" entspringen, so bedeutet dies nicht, daß Natur an sich, eine „Erste Natur", gar nicht mehr existiere oder nur noch eben künstlich-technisches Artefakt sei. Fehlschlüsse dieser Art scheinen dem technologischen Menschen unabhängig von der sozialpolitischen Orientierung (man vergleiche die diesbezüglich unterschiedlichen Auffassungen Gehlens und Moscovicis) nahezuliegen. Derartige denaturalisierende und denaturalistische Fehlschlüsse können sich antirealistisch und positivistisch gerieren. Sie mögen gar zu einem neuen Idealismus Anlaß geben (manche Richtungen in der Philosophie der Quantenmechanik im Anschluß an die sogenannte Kopenhagener Schule scheinen in diese Richtung zu gehen, s.u.). Es bleibt jedoch ein Fehlschluß, von der Form der Gegebenheit, der Erfaßbarkeit, von der

Interpretation und ihrer jeweiligen geschichtlichen Geprägtheit auf die humangeschichtliche Geprägtheit des Bezeichneten selbst zu schließen. Es ist gleich, ob man diese Fehlschlüsse eher in semantischem Kleid aufspürt oder als technologische oder erkenntnistheoretische Überdehnungsschlüsse oder schließlich als sozialphilosophische Hypostasierungen oder anthropomorphistische oder gar anthropozentrische Projektionen und Illusionen entlarvt. Die Fehlschlüsse werden dadurch nicht wahrer, daß sie von Vertretern verschiedener natur- und sozialphilosophischer Richtungen geteilt werden.

Naturphilosophische Konzeptionen sind Modellkonstrukte, Interpretationskonstrukte zur Deutung von kognitiven Erfassungsweisen, die der Mensch zur Erkenntnis oder zur Orientierung angesichts der ihn umgebenden nichtmenschlichen Natur ausbildet. Sie sind natürlich Modellkonstruktionen. Das Modell, das kognitiven oder auch pragmatischen Zwecken (etwa der Selbststabilisierung oder Orientierung in der Welt) dienen kann, ist nicht mit dem vom Modell Gemeinten, dem zweifellos unvollständig, unvollkommen Modellierten zu verwechseln. Natur scheint nicht unabhängig von kulturellen Modellen erfaßbar zu sein; dies bedeutet nicht, daß Natur vollständig zum Kulturprodukt gerät. Die Geschichte der Naturbegriffe, die unterschiedlichen Konzeptionen von Natur in verschiedenen Kulturen können uns darüber belehren. Natur an sich ändert sich nicht mit den historisch und kulturell wandelbaren Erfassungsweisen, den Naturdeutungen, den Naturverhältnissen. Es besteht auch keine Berechtigung, aus der geschichtlichen und kulturellen Geprägtheit der Naturkonzeptionen entweder auf die humangeschichtliche Geprägtheit der Natur selbst zu schließen oder deren Existenz zu leugnen. Beides wäre anthropozentrische Hypertrophierung — ein Unding in einer Zeit, in der der technologische Anthropozentrismus allenthalben an Grenzen zu stoßen scheint oder sich in Widersprüche verwickelt bzw. zu schädlichen oder systemgefährdenden Nebenfolgen führt. Die Umweltkrise kann ebenso wie eine vergleichende Geschichte naturphilosophischer Konzepte den Homo faber technologicus Bescheidenheit lehren, seiner traditionellen Hybris Abbruch tun. Es entbehrt nicht einer ironisch-dramatischen Zuspitzung, daß solche Zwangslehren unmittelbar auf den technologischen Triumph der Industrialisierung von fast allem und jedem folgten. Das Konzept der totalen Technisierung, der Mythos der uneingeschränkten Machbarkeit erweist sich trotz oder gerade wegen der ins nahezu Unermeßliche, ins Herostratische gewachsenen technologischen Macht des Menschen als Ideologie, als ein Mythos des Abendlandes, des westlichen Experimentalismus und Technizismus.

Freilich wäre es zwecklos, das Kind mit dem Bade auszuschütten, ein totales „Zurück zum ‚Zurück zur Natur'" zu predigen, den technologischen Stillstand als Ideal aufzustellen oder gar die Rückkehr zu magischen, mythischen oder antiwissenschaftlichen Naturauffassungen zu favorisieren. Den alternativ-radikalistischen Schwarz-Weiß-Zeichnungen, extremen Zuspitzungen, Dichotomisierungen sind wir in der Tradition der Philosophie gerade auch angesichts der Naturkonzepte der Philosophen schon allzu oft erlegen. Plausible Eingängigkeit, von der Einfachheit totaler Entgegensetzungen, der Alles-oder-Nichts-Konzepte, der Zweierklassenbildungen und Polaritäten, Gegentypen erwiesen sich und erweisen sich zu oft als ideologische Strategien der sprichwörtlichen Simplificateurs terribles, der großen Vereinfacher. Die Strategie mag jeweils bewußt oder unbewußt sein: Die kognitive Verzerrung, der erkenntnistheoretische Schaden, die semantische Verschmutzung sozusagen, sind in beiden Fällen groß, sie mögen im Falle der unbewußten zufälligen simplifizierenden Begriffsmanipulation gar größer sein. Differenzierende Versuche zur Erfassung der Naturkonzepte können zu einer neuen Naturphilosophie führen, die sowohl unterschiedliche kulturelle und geschichtlich gewordene Konzepte verarbeitet, indem sie etwa kulturanthropologische und kulturhistorische Ergebnisse der entsprechenden vergleichenden Disziplinen aufnimmt und indem sie besonders die möglichen Überlappungen verschiedener Naturorientierungen auch im selben Kulturbereich (Oldemeyer) berücksichtigt, die entsprechend pragmatischen Funktionserfordernissen zu unterschiedlichen Formen der Naturerfassung führen können. In der Tat scheint eine „nichtwissenschaftliche" oder „außerwissenschaftliche" Naturauffassung auch heute noch kennzeichnend für viele Orientierungsweisen des Menschen unserer Kultur zu sein: Die Naturwissenschaft kann nicht beanspruchen, die Totalität der Welterfahrungen darzustellen, sondern sie liefert einen sehr eingeschränkten und von Abstraktionen geprägten Zugang zur Wirklichkeit in Form eingeschränkter Modellstrukturen. Der Alltag, das außergewöhnliche Naturerleben, das dichterische und künstlerische Erfahren der Natur folgen keineswegs der naturwissenschaftlichen Theoriekonzeption. Auch in überwältigenden Naturkatastrophen kann der Mensch nicht nur die wissenschaftliche Perspektive des Naturverhältnisses einnehmen. Natur kann auch heute noch in Dichtung oder Erleben „als das Tremendum, das Furchterregende, Schreckliche, Erhabene, Majestätische wie als das Fascinosum, das Beglückende, Entzückende und Beseligende entgegentreten" (Hübner 1980, 72). Hübner analysiert die „außerwissenschaftliche Naturerfahrung ... als eine gebrochene Form der dichterischen; die dichterische aber ist nur ein gebrochener Nachkömmling der mythischen" Naturerfahrung (ebd. 73). Er zeigt, daß die mythische Naturerfahrung eine eigene, gleichsam logische Struktur aufweist, andere Inhalte, andere Ziele und Zielsetzungen sowie Funktionen als die wissenschaftliche Naturerfassung zeigt (ebd. 85) und dennoch in unterschiedlichen Bereichen des Lebens — auch etwa des Alltags — gegenständlich und wirksam ist und bleibt. Wissenschaft und wissenschaftliche Naturerfassung können nicht verabsolutiert werden, obwohl eine Reihe von wissenschaftlichen Konzepten auch Eingang in den Routinealltag der technischen und industrialisierten Welt gefunden haben. „Die Erfahrung der Wissenschaft geht gewissermaßen in eine ganz andere Richtung, in einen anderen Horizont als der Mythos. Die Nacht, die mit dem Tod, dem Schlaf, der Liebe zusammenhängt, ist eben etwas anderes als die Nacht als rein astrophysikalische Tatsache, die Fruchtbarkeit des Feldes, auf dem der Bauer erntet, etwas anders als ein chemischer Vorgang, der Fluß, als Ursprung eines natürlichen wie geschichtlichen Lebenszusammenhanges etwas anderes als eine hydraulische Erscheinung, der Körper des Menschen, als Schauplatz göttlicher Kräfte, etwas anderes als ein rein physiologischer Vorgang" (ebd. 84f). Selbst wenn Mythisches uns oft nur noch, aber durchaus „überwältigend in den erhaltenden Schätzen des Kultus und der Kunst entgegen"-tritt und die Naturwissenschaften viel von der mythischen Naturerfahrung verdrängten, kann man nicht sagen, daß jegliche Art mythischer oder nichtwissenschaftlicher Naturerfahrung eine überlebte Sache sei, die mit einem „überlegenen Lächeln" abgetan werden könne (ebd. 85, 84). Es kommt auf „Beziehung und Durchdringung" der unterschiedlichen Perspektiven „in einem Lebenszusammenhang" unterschiedlicher Bereiche an, auf Überlappung und Koexistenz sozusagen. Eine neue Naturphilosophie hätte einen übergreifenden Ansatzpunkt zu wählen, eben die unterschiedlichen Arten der Naturerfahrung, der Naturdeutung lebensbereichsspezifisch und kulturspezifisch zu sichten, zu analysieren und abwägend zu berücksichtigen. Der Mensch lebt nicht nur wissenschaftlich, nicht nur in der Wissenschaft. Es wäre eine entscheidende Verkürzung, wollte man Naturphilosophie — obwohl dies vielfach üblich ist — auf bloße Philosophie der Naturwissenschaften reduzieren.

Eine neue *Einführung in die Naturphilosophie* (Drieschner 1981) ist von dieser bewußten Einschränkung, Vereinseitigung geprägt: Der Autor meint: „Die Naturphilosophie soll, gemäß der Aufgabe von Philosophie, analysieren, inwiefern die Naturwissenschaft eine Spezialisierung ist oder, anders ausgedrückt, was ihre Voraussetzungen sind" (Drieschner 1981, 2). Er meint (ebd. 92) fälschlich — wie wir eben gesehen haben (vgl. a. Hübner 1980) —, „daß eigentlich durch die Präzisierung auf Naturwissenschaft die *Erfahrung überhaupt* nicht eingeschränkt wird", daß man „‚Erfahrung‘ als *Naturwissenschaft*" präzisieren könne. Naturwissenschaft wird allerdings „nicht als die Lehre von der eigentlich zugrundeliegenden Wirklichkeit, sondern als eine von vielen möglichen menschlichen Beschäftigungen" (ebd. 121), insbesondere als Lehre von den objektiven, experimentellen Voraussagen aufgefaßt. Drieschner analysiert die Wissenschaftstheorie der modernen Physik, insbesondere der Relativitätstheorie und der Quantenmechanik als prototypische Gefilde einer modernen Naturphilosophie. Er meint, da „der Begriff einer *Wirklichkeit an sich* nicht durchzuhalten ist", wie die Quantenmechanik gezeigt habe, daß es „die ‚objektive Wirklichkeit an sich'" nicht gibt (weil Objektivität nur „ein Aspekt unter andern, eine spezielle Art, die Phänomene zu betrachten", ist), ein solcher Reduktionismus der Naturverhältnisse auf Wissenschaftstheorie und Philosophie der Physik gerechtfertigt sei (ebd. 128f). Andererseits wird doch — gut platonisch — „die mathematische Struktur" „als ‚eigentliche Wirklichkeit'" aufgefaßt (ebd. 5).

Abgesehen von der bewußten Verdrängung aller nichtwissenschaftlichen Naturauffassungen und der fehlerhaften Reduktion menschlicher Erfahrungen überhaupt auf jeweils die letzte naturwissenschaftliche, genauer: physikalische oder gar quantenphysikalische, Modellierung wird auch hier ein Fehlschluß von der Form der Erfassung auf die Strukturierung der zugrundeliegenden Wirklichkeit bzw. des durch unsere begrifflichen Konstruktionen Bezeichneten vollzogen. Wenn es eine „objektive" (gegenstandsabbildende) Erfassung der Wirklichkeit, also in diesem Sinne eine „objektive Wirklichkeit an sich" nicht gibt, so ist damit kein antirealistischer, positivistisch-idealistischer Schluß erlaubt, die oder eine objektive (menschenunabhängige) Wirklichkeit gäbe es überhaupt nicht. Der Schluß von der menschlichen, geschichtlichen, kulturellen Bedingtheit der Beschreibungsweise oder der wissenschaftlichen Modellbildung auf die Nichtexistenz einer Wirklichkeit wäre ebenso unzulässig wie unter dem Kantischen erkenntnistheoretischen Ansatz ein Schluß von der Nichterkennbarkeit des Dinges an sich auf dessen Nichtexistenz. In der Tat scheint Wirklichkeit, „Erste Natur" (etwa bei Gehlen) eine ähnliche Rolle zu spielen, wie das Kantische Ding an sich (vgl. Lenk 1982, 283, 289f): Erkenntnis ist menschliches Modellkonstrukt, abhängig von theoretischen Konzeptionen, die sich freilich nicht wie bei Kant hinsichtlich der inhaltlichen Erkenntnis auf Erscheinungen sinnlicher Wahrnehmungen beschränken müssen. Die geschichtliche und modellmäßige Geprägtheit der Erkenntnis besagt nichts über die Nichtexistenz einer von diesen Modellbildungen und vom Menschen unabhängigen Wirklichkeit, selbst wenn von deren Erfassung als einer „objektivierten" oder „objektiven" (im Sinne von gegenstandsbezogenen und gegenstandskonstitutiven) „Möglichkeit" nur im Sinne etwa einer quantenmechanischen Beschreibung die Rede sein kann. Selbst wenn „der Traum der Realisten von einer Beschreibung der Wirklichkeit ‚an sich' in einer Theorie", die sogenannte ‚verborgene Parameter' benutzen müßte, sich seit v. Neumanns Beweis vor über 50 Jahren „wohl nicht weiterträumen" läßt (ebd. 115), braucht dies kein Anlaß zu sein, zum Irrealisten, zum positivistischen Idealisten zu werden, gerade auch dann, wenn man generell die Naturwissenschaft als systematische prognostische Disziplin und nicht mehr als realistische Beschreibungswissenschaft auffaßt. Wie sogar eine derart methodologisch reduzierte prognostische Wissenschaft als „Apriori" jeglicher Erfahrung überhaupt aufgefaßt werden kann, zumal jede empirische Theorie wie die Quantenmechanik selbst erfahrungsunabhängige (notwendige) Bedingungen der Möglichkeit ihrer selbst voraussetzen muß, bleibt unerfindlich (doch dies ist hier nicht das Thema). Jedenfalls zeigt die radikale Reduktion einer Naturphilosophie auf Philosophie der Physik bzw. Wissenschaftstheorie der Naturwissenschaften in einer geradezu antirealistischen Interpretation derselben, wie eingeengt Naturphilosophie heute noch gelegentlich verstanden wird. Zwar gehört die philosophische und wissenschaftstheoretische Diskussion der Grundlagen der Naturwissenschaft zweifellos als Teilbereich zu einer modernen Naturphilosophie hinzu — das gilt insbesondere auch für die Kosmologie —, doch wäre eine Beschränkung der Naturphilosophie auf Wissenschaftstheorie der Naturwissenschaft, speziell der Physik, eine unzulässige Einengung, die weder den Naturbegriffen und der Naturerfahrung anderer Lebensbereiche entspricht noch von Fehlschlüssen der oben erwähnten Art freizusprechen wäre.

In diesem Zusammenhang wäre zu fragen, ob ein Begriff der „Natur" in der modernen Physik überhaupt vorkommt und, wenn ja, wie er sich von den Naturkonzeptionen anderer Disziplinen und Lebensbereiche unterscheidet. Zunächst einmal ist festzustellen, daß in keiner axiomatisierten Theorie der Physik der Ausdruck ‚Natur' als theoretischer Begriff auftritt. Natur ist sozusagen ein Gesamtabstraktum, das eher in philosophischen Deutungen über physikalische Theorien oder in Festtagsreden der Physiker vorkommt. Der unterstellte Naturbegriff der modernen Physik ist also als ein natur*philosophischer* Begriff einzuordnen — selbst dann, wenn er von Physikern benutzt wird.

Werner Heisenberg hat in einem bekanntgewordenen Vortrag von 1953 über „Das Naturbild der heutigen Physik" (1955, 7 — 23; 1971, 109 — 127) gemeint, „die Stellung unserer Zeit zur Natur" finde „kaum wie in früheren Jahrhunderten ihren Ausdruck in einer entwickelten Naturphilosophie, sondern sie wird sicher weitgehend durch die moderne Naturwissenschaft und Technik bestimmt"; und eben in der Naturwissenschaft, besonders der modernen Physik habe sich eine grundlegende Wandlung des Naturbegriffs ergeben: „So verwandelte sich allmählich die Bedeutung des Wortes ‚Natur' als Forschungsgegenstand der Naturwissenschaft; es wurde zu einem Sammelbegriff für alle jene Erfahrungsbereiche, in die der Mensch mit den Mitteln der Naturwissenschaft und Technik eindringen kann, unabhängig davon, ob sie ihm in der unmittelbaren Erfahrung als ‚Natur' gegeben sind. Auch das Wort Natur-‚Beschreibung' verlor mehr und mehr seine ursprüngliche Bedeutung als Darstellung, die ein möglichst lebendiges, sinnfälliges Bild der Natur vermitteln sollte; vielmehr wurde in steigendem Maße die mathematische Beschreibung der Natur gemeint, d. h. eine möglichst präzise, kurze, aber umfassende Sammlung von Informationen über die gesetzmäßigen Zusammenhänge der Natur" (1971, 112). Die Entwicklung der Quantentheorie habe aber selbst dazu geführt, daß „nicht mehr von den Elementarteilchen an sich..., sondern von unserer Kenntnis der Elementarteilchen" und nur von ihr noch gesprochen werden kann. „Die Frage, ob diese Teilchen ‚an sich' in Raum und Zeit existieren, kann in dieser Form also nicht mehr gestellt werden, da wir stets nur über die Vorgänge sprechen können, die sich abspielen, wenn durch die Wechselwirkung des Elementarteilchens mit irgendwelchen anderen physikalischen Systemen, z. B. den Meßapparaten, das Verhalten des Teilchens erschlossen werden soll. Die Vorstellung von der objektiven Realität der Elementarteilchen hat sich also in einer merkwürdigen Weise verflüchtigt, nicht in den Nebel irgendeiner neuen, unklaren oder noch unverstandenen Wirklichkeitsvorstellung, sondern in die durchsichtige Klarheit einer Mathematik, die nicht mehr das Verhalten eines Elementarteilchens, sondern *unsere Kenntnis* dieses Verhaltens darstellt. Der Atomphysiker hat sich damit abfinden müssen, daß seine Wissenschaft nur ein Glied ist in der endlosen Kette der Auseinandersetzung des Menschen mit der Natur, daß sie aber nicht einfach von der Natur ‚an sich' sprechen kann. Die Naturwissenschaft setzt den Menschen immer schon voraus, daß wir nicht nur Zuschauer, sondern stets auch Mitspielende im Schauspiel des Lebens sind" (ebd. 115). Etwas später stellt Heisenberg sogar fest, „daß man die Verhältnisse vielleicht nicht allzu grob vereinfacht, wenn man sagt, *daß zum ersten Mal im Laufe der Geschichte der Mensch auf dieser Erde nur noch sich selbst gegenüber steht, daß er keinen anderen Partner oder Gegner mehr findet*" (ebd. 120f). Dies gelte schon allgemein in der Auseinandersetzung des Menschen „mit äußeren Gefahren": „In früheren Epochen sah sich der Mensch der Natur gegenüber; die von Lebewesen aller Art bewohnte Natur war ein Reich, das nach seinen eigenen Gesetzen lebte und in das er sich mit seinem Leben irgendwie einzuordnen hatte. In unserer Zeit aber leben wir in einer vom Menschen so völlig verwandelten Welt, daß wir überall, ob wir nun mit den Apparaten des täglichen Lebens umgehen, ob wir eine mit Maschinen zubereitete Nahrung zu uns nehmen oder die vom Menschen verwandelte Landschaft durchschreiten, *immer wieder auf die vom Menschen hervorgerufenen Strukturen stoßen, daß wir gewissermaßen immer nur uns selbst begegnen*" (ebd. 121). „Am schärfsten" stelle sich diese Situation in der modernen Naturwissenschaft, eben in der quantenmechanischen, nachklassischen Physik dar, insofern als „die Bausteine der Materie, die ursprünglich als die letzte objektive Realität gedacht waren, überhaupt nicht mehr ‚an sich'" betrachtet werden können, „daß sie sich irgendeiner objektiven Festlegung in Raum und Zeit entziehen und *daß wir im Grunde immer nur unsere Kenntnis dieser Teilchen zum Gegenstand der Wissenschaft machen können*" (ebd.). Es gibt, meint Heisenberg, neuerdings „nicht mehr die Erkenntnis der Atome und ihrer Bewegung ‚an sich', d. h. abgelöst von unserer experimentellen Fragestellung", sondern nunmehr sei „Gegenstand der Forschung nicht mehr die Natur an sich, *sondern die der menschlichen Fragestellung ausgesetzte Natur*, und insofern begegnet der Mensch auch hier wieder sich selbst" (ebd. 122). In der modernen Wissenschaft bilden „die mathematischen Formeln ... nicht mehr die Natur, sondern unsere Kenntnis von der Natur ab, und insofern hat man auf eine seit Jahrhunderten übliche Art der Naturbeschreibung verzichtet, die noch vor wenigen Jahrzehnten als das selbstverständliche Ziel aller exakten Naturwissenschaft gegolten hätte" (ebd.). Wenn daher, meint Heisenberg, „von einem Naturbild der exakten Naturwissenschaften in unserer Zeit gesprochen werden kann, so handelt es sich also eigentlich nicht mehr um ein Bild der Natur, sondern um ein Bild unserer Beziehungen zur Natur ... Im Blickfeld dieser Wissenschaft steht ... vor allem das Netz der Beziehungen zwischen Mensch und Natur, der Zusammenhänge, durch die wir als körperliche Lebewesen abhängige Teile der Natur sind und sie gleichzeitig als Mensch zum Gegenstand unseres Denkens und Handelns machen. Die Naturwissenschaft steht nicht mehr als Beschauer vor der Natur, sondern erkennt sich selbst als Teil dieses Wechselspiels zwischen Mensch und Natur. Die wissenschaftliche Methode des Aussonderns, Erklärens und Ordnens wird sich der Grenzen bewußt, die ihr dadurch gesetzt sind, *daß der Zugriff der Methode ihren Gegenstand verändert und umgestaltet, daß sich die Methode also nicht mehr vom Gegenstand distanzieren kann.* Das naturwissenschaftliche Weltbild hört damit auf, ein eigentlich naturwissenschaftliches zu sein" (ebd. 125f).

Man kann Heisenberg hier natürlich ohne weiteres zustimmen, was die methodischen Beschränkungen des physikalischen Erkennens insbesondere in der Quantenmechanik und der ihr zufolge unumgänglichen Wechselwirkung zwischen dem beobachteten System und dem beobachtenden, von der experimentellen Anordnung und dem damit verbundenen notwendigen Eingriff in das zu beobachtende System, betrifft. Auf die Heisenbergsche Unschärfebeziehung über die Beschränkung der Meßbarkeitsgenauigkeit im Bereich der Elementarteilchen ist damit besondes hingewiesen.

Seit der Relativitätstheorie und der Quantenmechanik ist, wie Mittelstaedt (1964, 57) zu Recht betont — besonders deutlich geworden, daß die Physik als eine Wissenschaft aufzufassen ist, „die sich ausdrücklich als eine Theorie versteht, die die Natur beschreibt, wie sie sich zeigt, wenn sie mit realen Maßstäben und Uhren untersucht wird". In der Tat kann sich eine physikalische Theorie nur auf die Natur beziehen, „wie sie sich uns zeigt": Sie kann sich nur auf die experimentell *gestellte*, in der experimentellen Anordnung sozusagen provozierte, vorstrukturierte, spezifisch befragte Natur beziehen, insofern sie mit realen Maßstäben und Meßanordnungen sowie Messungen untersucht wird, die eben mit Meßgeräten vorgenommen werden, welche ihrerseits als physikalische Gegenstände selbst wieder den Theorien, für die sie andererseits die experimentellen Vorbedingungen darstellen, unterliegen. (Auf die Beziehung zwischen klassisch-physikalischer Funktionsweise der Meßapparate bzw. klassischer Ablesung und der quantenmechanischen Experimentalsituation sowie der von Mittelstaedt vermuteten „zyklischen" Struktur oder Zirkularität (ebd. 60) — Drieschner (1981, 12 f, 110) spricht hier sogar von einer „paradoxen Situation, daß einerseits die Quantenmechanik die klassische Physik voraussetzt, andererseits aber die klassische Physik auf Grund eben dieser Quantenmechanik falsch ist" und daß nur die näherungsweise gute Übereinstimmung beider Theorien im Überlappungsbereich diese Paradoxie praktisch außer Kraft setze — soll hier nicht ausführlicher eingegangen werden.)

In der Tat haben Heisenberg und Mittelstaedt insofern recht, als die Interaktionen und Wechselwirkungen zwischen Meßprozeß und beobachtetem System nicht mehr vernachlässigt werden können. Die Frage ist nur, ob dies einen grundsätzlichen Wandel im experimentellen und wissenschaftlichen Zugriff zur Natur bedeutet oder ob nicht nur die üblichen methodologischen Deutungen des Meß- und Beobachtungsprozesses sich verändert haben. Wurde nicht auch vor Entwicklung der modernen Physik die Natur so untersucht, „wie sie uns erscheint", wie sie auf das Experiment reagiert? Kant beispielsweise war durchaus der Meinung, wenn er auch nicht dieses „Erscheinen" als meßoperationalistische Vorstrukturierung deutete und quantitativ abschätzte, sondern auf Vorstrukturierung bezog, wie sie durch die Formen der Sinneswahrnehmung gegeben sind. In der Tat hat man auch früher in den Naturwissenschaften nicht „die Natur an sich, *sondern die der menschlichen Fragestellung ausgesetzte Natur*" untersucht, um Heisenbergs Ausdrücke zu verwenden, selbst wenn frühere Naturwissenschaftler dies nicht so gesehen haben, insbesondere wenn sie nicht von Kants Erkenntnistheorie und Philosophie der Erfahrungswissenschaft Kenntnis genommen hatten. Der Wechsel ist also keineswegs ein Wechsel in der Natur an sich oder auch im experimentellen Verfahren gegenüber der Natur, sondern ausschließlich in der methodologischen Deutung des Erkenntniszugangs der experimentellen Naturwissenschaften zu verorten. Die neue Situation und der Wechsel stellen sich keineswegs so drastisch dar, wie Heisenberg es in seiner Rede darstellt: Auch früher konnte man eigentlich „immer nur unsere Kenntnis der Natur" in der Wissenschaft darstellen, selbst wenn man glaubte, die Natur unabhängig von den Strukturen der menschlichen „Fragestellung", „Erkenntnisformen" usw. an sich erkennen zu können. Nicht die Natur, der Zugang zu ihr bzw. das „Naturbild" ist neu, sondern nur die metatheoretische und methodologische Deutung, die wir uns vom experimentellen Prozeß, von der Rolle der Wissenschaft und von der Deutung der Natur selbst machen. Das Bild änderte sich nur insofern, sozusagen indirekt, als die Deutung der Naturdeutung methodologisch differenzierter wurde. Experimentelle Wissenschaft gibt — aber gab so auch immer, selbst wenn man es in Zeiten der klassischen Physik nicht allgemein bemerkte — nur „ein Bild unserer Beziehungen zur Natur", d. h. ein Bild unserer experimentellen Beziehungen zu ihr (natürlich nicht jeder Beziehung zur Natur überhaupt). Sobald Naturwissenschaft Mathematik benutzte, war „das naturwissenschaftliche Weltbild" eigentlich nie ein rein naturwissenschaftliches. Nicht die Methode der neuen Physik hat sich radikal geändert oder gar der methodische Zugriff auf den Gegenstand, sondern ausschließlich die (methodologische) Deutung der Methode wandelte sich, wurde differenzierter. Man erkannte Beschränkungen und Vorstrukturierungen der experimentellen Methode, die man zuvor nicht gesehen hatte, obwohl sie vorhanden waren, und die man in klassischen Zeiten nicht zu sehen und zu beachten brauchte, weil sie Voraussagen, experimentelle Ergebnisse und Erklärungen nicht merklich tangierten, so daß man von ihnen absehen, sie vernachlässigen konnte. Nun sind sie seit Entwicklung der Quantentheorie und der Elementarteilchenphysik nicht mehr zu vernachlässigen. Die Methoden müssen differenzierter gedeutet werden; die experimentelle Methode unterlag jedoch solchen methodologischen Beschränkungen auch zuvor — wenn auch zumeist unbemerkt.

Heisenberg zieht noch eine weitere radikale Schlußfolgerung, die oben bereits zitiert wurde: In der modernen Naturwissenschaft begegne der Mensch nunmehr nur noch sich selbst, er stehe allgemeiner auf dieser Erde gar „nur noch sich selbst gegenüber", finde „keine anderen Partner oder Gegner mehr". Dies ist zweifellos ein Überdehnungsfehlschluß, der — wenn angenommen — zu einem totalen positivistischen Idealismus oder wenigstens Anthropozentrismus führen müßte.

Selbst wenn der Mensch heute immer wieder auf von ihm geschaffene Strukturen stößt, so stößt er doch nicht *nur* auf solche von ihm hervorgerufene Strukturen, begegnet er nicht *nur* immer bloß sich selbst, wir begegnen nicht einmal „gewissermaßen immer nur uns selbst". Selbst wenn die Erkenntnis der Welt und der Natur nur durch unseren experimentellen Zugriff, durch konstruktive Schematisierung und begriffliche Vorstrukturierung geleistet werden kann, selbst wenn Erkenntnis immer von vorgängig von uns bereitgestellten Formen, Vorstrukturierungen, Konventionen, operationalen Bedingungen abhängig ist, rechtfertigt dies keineswegs den letztlich positivistischen Fehlschluß von der Form der Erfaßbarkeit bzw. der Gegebenheitsweise auf die totale Abhängigkeit des Bezeichneten, bzw. gar auf dessen Nichtexistenz. Dies wäre in der Tat ein geradezu antinaturalistischer, ein denaturalistischer Fehlschluß, der anthropomorphistisch aus der menschlichen Bedingtheit der Erkenntnisformen auf die menschliche Bedingtheit des Realen, Existierenden an sich schließen würde. Selbst wenn Naturelemente sich nur in den Formen unserer Erkenntnisweisen zeigen, sich für uns nur in den experimentellen (oder anderen) Beziehungen zu uns dokumentieren, selbst wenn sie nur in dieser experimentellen Wechselwirkungssituation identifiziert werden können, so bedeutet dies nicht, daß keine menschenunabhängige Grundlage, kein „natürliches", von Menschen unabhängiges Fundament vorhanden wäre. Erfassungsweise, Art der Darstellung, Form der Reaktion, in der sich etwa die nicht direkt erkennbare Natur dokumentiert, sind zweifellos menschenbedingt, deswegen aber ist der Mensch nicht Schöpfer oder Konstrukteur der Natur an sich, d. h. der von ihm unabhängigen Natur. Er kann diese als von ihm unabhängig annehmen, unterstellen, selbst wenn er sie als solche nicht, sondern nur in der Form der von ihm geschaffenen experimentellen Methoden indirekt erkennen kann.

Indem der Mensch Erkenntnisfragen stellt, sich Instrumente konstruiert, mit denen er die Natur zu einer Antwort provoziert, sozusagen „stellt" (Heidegger), ist auch die Antwort nur im Rahmen dieser „menschlichen Fragestellung", unter den Formen des Darstellungs- und Experimentierinstrumentariums möglich. Der Mensch begegnet (unter Erkenntnisgesichtspunkten) der Natur in der Tat nur in seinen eigenen theoretischen Konstruktionen, er kann Natur nur in diesen erfassen. Dies aber bedeutet keineswegs, daß der Mensch „nur noch sich selber" begegnete. Erkenntnis ist nicht nur Selbstbegegnung, gleichsam „erkenntnistheoretische Selbstbefriedigung". Der Mensch ist nicht der totale Macher der Natur, selbst wenn er zum Teil die Formen, die theoretischen Konstruktionen bildet, in denen und nur in denen er Natur indirekt erkennen kann. Die Überdehnung des positivistischen Ansatzes in der Wissenschaftstheorie zu einem erkenntnistheoretischen oder gar ontologischen Idealismus (sei dieser subjektiv-individualistisch oder kollektivanthropomorphistisch) ist allemal ein Fehlschluß. Heisenberg schränkte ja auch die oben zitierten Aussagen an manchen Stellen durch ein „Gewissermaßen" selber ein. Sein Vortrag war überpointiert, führte oder könnte zu Fehlinterpretationen, Mißverständnissen und falschen Folgerungen Anlaß geben. Wenn wir Natur nur in unseren menschengemachten theoretischen Konstruktionen und unter der letztlichen kontrollierenden Mitwirkung unserer biologisch vorgegebenen Erkenntnisausstattung erkennen können, so besagt das nicht, daß wir in der Natur nur uns selbst begegnen, nur mit menschlichen Formulierungen konfrontiert sind, selbst wenn wir Reaktionen auch nur wieder in unseren menschlichen Formen erfassen können. Natur an sich scheint in der Tat die Rolle einer regulativen kantischen Idee zu spielen. Die Rolle des Naturbegriffs ist dem Begriff des „Dinges an sich" bei Kant vergleichbar. Doch schon bei Kant führte der transzendentale Idealismus nicht zu einem objektiven oder absoluten Idealismus. Ein kritischer Realismus — wenigstens ein hypothetischer Realismus — ist mit der menschlichen „Formung" der Erkenntnis durchaus vereinbar, ist zudem Grundüberzeugung der meisten Naturwissenschaftler auch heute noch.

Wie sehr Heisenbergs Formulierungen Anlaß zu Fehlschlüssen dieser Art tatsächlich gegeben haben, läßt sich auch am Beispiel von Moscovicis schon erwähntem Buch feststellen, der Heisenberg mit den oben zitierten Bemerkungen als einen Kronzeugen dafür anführt, daß die menschliche Gattung „Urheber oder Kraftzentrum des Universums ist", daß „die Materie ... nicht länger als Substrat die vorgängige Grundlage, die zur Aufrechterhaltung der Eigenschaften unserer Gattung dient," ist, sondern „vielmehr explizit ... Ergebnis ihrer Tätigkeit" (Moscovici 1982, 427; zu weiteren Kronzeugenzitaten aus Heisenbergs Vortrag vgl. ebd. 433; 46). Der Mensch wird sozusagen zum technologischen Erzeuger der Natur hochstilisiert, eine anthropozentrisch absolut überhöhte Hybris, die mittels der oben schon erwähnten Fehlschlüsse aus der humanen Bedingtheit der Erkenntnisformen eine Humanschöpfung der Natur überhaupt herleitet (wobei Moscovicis unklarer Naturbegriff sowie die Gleichsetzung von Naturzustand und menschlichem Verhältnis zur Natur auch eine entscheidende Rolle spielen). Die Natur wird für Moscovici — so eine Kapitelüberschrift und die Zentralthese seiner Theorie — zu „einer menschlichen Kunst". Die „menschliche Kunst drängt nicht die Natur zurück: Vielmehr wird ein Zustand dieser Natur durch das Erscheinen eines anderen Zustands umgestürzt. Das bedeutet jedoch nicht die Umwandlung der natürlichen in eine technische Welt, sondern die Evolution der natürlichen Welt als solcher" (ebd. 42). „In ein und derselben Handlung erzeugt der Mensch seine Kunst und seine Natur" (ebd. 43), seine technologische „zweite Natur" wird „dem übrigen Universum ganz wie eine Gegennatur auferlegt" (ebd. 39). Die „Schaffung einer neuen Natur, der Natur des Werkes, wie Paul Klee bemerkt", macht den „Naturzustand durch die Kunstfertigkeit, die ihn begründet, hindurch präsent". Moscovici meint sogar: „Gewiß bringt der Mensch durch seinen Eifer die Technik hervor, denn er verleiht der Welt einen anderen Existenzmodus; aber er bringt auch die Natur hervor, denn er erwirbt eine Existenz gegenüber den materiellen Faktoren, und diese fügen sich ihm hinzu, wie er sich ihnen hinzufügt" (ebd. 44). „Der Mensch schafft nicht nur seine nichtorganische Natur, er kann sie auch nicht anders begreifen, weder auf praktischer Ebene noch unter dem Blickwinkel der Erkennbarkeit. *Die Natur, das ist der Mensch mit der Materie*, und sie kann auch gar nichts anderes sein" (ebd. 45): „... *die* Natur gibt es für uns nicht" (ebd. 88), sondern Naturen existieren nur in geschichtlich und kulturell bedingten Formen, denn sie sind nur als solche erfaßbar, erkennbar, (re)produzierbar. Der geschichtliche Stand der Naturerfassung bzw. Naturdeutung und der Deutung des Verhältnisses des Menschen zur Natur wird einfach mit der Natur identifiziert, die Naturgeschichte mit einer menschlichen einfach gleichgesetzt. Der Fehlschluß liegt auf der Hand — er führt entweder zur Reduktion der Wissenschafts-, Technik- und Kulturentwicklung auf einen Naturprozeß — zu einer Art Selbstevolution der Materie — oder zu einer demiurgischen Schöpferkraft und -funktion des Menschen, der seinerseits die Natur und deren „Naturfortschritt" (ebd. 423) erst erschafft. Die Anthropomorphisierung, Soziologisierung und Technisierung des Naturbegriffs, ja, der Natur selbst bei Moscovici sind kaum zu überbieten, führen „zu einer Auflösung der festumrissenen Grenzen: Künstliche Technik und Natur erweisen sich beide als Modalitäten" des „universellen Geschehens", des „Selbstschöpfungsprozess(es) einer Naturkategorie" (Moscovici 1982, 521), des durch den Menschen forcierten und überhöhten Entwicklungsprozesses der Materie im Universum. Der Mensch setzt sich an die Spitze der Naturgeschichte, macht sich als Teil der Natur zu deren Herrn, gibt ihr eine neue Richtung, schafft sie um, ja, schafft sie und ihren Fortschritt selbst. Technologische Hybris, die „vertikale Anmaßung" (de Obaldia, s. o.) kann kaum weiter auf die Spitze getrieben werden.

In der Tat deuten wir den Prozeß der Entwicklung des Universums und auch der Teile in ihm, bzw. der Erde, geschichtlich: Auch die Natur hat ihre Geschichte, hat in unserer Interpretation den Charakter eines zeitlichen Entwicklungsprozesses, weist molekulare, kosmische und biologische Evolution auf (wobei die Evolutionsbegriffe durchaus differieren und nur übergreifend analog verwendet werden können). All dies bedeutet aber nicht, daß, wie Moscovici meint, der Mensch der Materie „erst eine Geschichte" gäbe (ebd. 108). Die Ebene der Deutung wird hier wieder einmal in die Ebene des Geschehens projiziert. Die semantische Konfundierung ist perfekt.

Allerdings gibt es einen interessanten Bereich, in dem der Mensch „in die ‚Geschichte' der Materie" eingreift, quasi demiurgische Funktionen ausübt (ohne daß alles, alle Natur sein demiurgisches Erzeugnis würde), nämlich den ganzen Bereich der synthetischen Erzeugung von in der Natur nicht vorhandenen Stoffen, seien diese chemisch erzeugte Kunststoffe oder künstliche Elemente: Das Element mit der Atomzahl 109 wurde ja im vorigen Jahr erst künstlich erzeugt (in Darmstadt)!

Moscovici sieht mit Recht in der synthetischen Methode, die in der Chemie des letzten Jahrhunderts begann, eine wissenschaftliche und technologische Revolution, die zu einer weitgehenden Veränderung, einer zuvor unglaublichen Erweiterung der menschlichen Macht über Naturprozesse und somit auch zu einer Umgestaltung des menschlichen Verhältnisses zur Natur führen würde. Er zitiert Berthelot, der 1886 schon klar sah, daß die synthetische Chemie ihren Gegenstand erzeugt: „Die Chemie erzeugt ihren Gegenstand", man dürfe „heute erwarten ..., daß wir die allgemeinen Typen aller möglichen Stoffe erdenken und realisieren können: Wir dürfen erwarten, daß wir alle Stoffe, die sich seit Anbeginn der Zeiten entwickelt haben, neu bilden können, und zwar unter denselben Bedingungen, nach denselben Gesetzen und mit denselben Kräften, die in der Natur bei deren Bildung zusammenkommen ..." (Berthelot 1886; Moscovici 1982, 382). Für Moscovici wird damit die „Diskrepanz zwischen Künstlichem und Natürlichem, zwischen dem, was Ergebnis des menschlichen Eingriffs, und dem, was es nicht ist" (ebd. 382) umgangen; „die Kluft zwischen künstlichen und natürlichen Dingen" „verschwindet"; „die Produkte der menschlichen Kunst verbinden sich gewissermaßen mit der Natur bis hin zur Verschmelzung" (ebd. 379).

Naturstoffe, Naturelemente — wenigstens einige oder gar viele — werden menschliche Artefakte; der Mensch wird zum Erzeuger, „Schöpfer" oder wenigstens Demiurg (Ordner, „Strukturierer") dieser künstlichen Stoffe und Elemente. Wird er aber damit auch zum Demiurg *aller* Naturstoffe oder gar *aller* Natur, der ganzen Natur? Bestimmt er, ordnet, steuert, lenkt nur er die Natur? Ist er nun die Speerspitze des „Naturfortschritts", der Naturentwicklung?

Sosehr der synthetischen Chemie, der Kernphysik angesichts der Synthese künstlicher Stoffe revolutionäre Bedeutung zukommt, sosehr diese technologische Fähigkeit und Machtausweitung des Menschen dessen „Naturverhältnis" in der Tat wandeln kann (Züchtungen und Kreuzungen von Mischarten gab es freilich früher schon), so wenig gestattet dieses prototypische technologische Verhalten den Schluß, der Mensch erzeuge oder reproduziere nun alle Naturstoffe, die Natur insgesamt, er sei nun der Beherrscher oder Führer aller materiellen Entwicklung, schwinge sich zum demiurgischen „Nachschöpfer" oder „Weiterschöpfer" der Natur auf. Die Natur wird nicht dadurch zur menschlichen Produktion oder Reproduktion, daß der Mensch einige künstliche Stoffe oder Elemente erzeugt und Verfahren solcher Synthesen beherrscht. Mit all seiner technischen Macht ritzt er nur ein wenig an der Oberfläche der kosmischen Natur, kann sich dadurch aber nicht zum Herrscher des Kosmos aufwerfen. Allerdings ist die negative Macht größer, das luziferische Potential sozusagen: Waffen, radioaktive und industrielle Verschmutzungen können ökologische Teilsysteme gar fast in kontinentalem Ausmaß zerstören oder für viele Arten — auch gerade für den Menschen selbst — unbewohnbar machen. Negativ gewann der Mensch eine ungeheure Macht über die Natur. Auch die Zerstörungsmacht wird sein Verhältnis zur Natur beeinflussen. Aber auch wenn er gar sich selbst als Gattung vernichten kann, so begegnet er mit der Entwicklung seiner Wissenschaft und Technik doch nicht „nur sich selbst"; er zerstörte ja auch nicht nur sich selbst, sondern auch andere Arten und Teilsysteme „der Natur".

Ist der Mensch auch weder Schöpfer noch Demiurg der Natur, weder im strikten Sinne „maître et possesseur de la nature" (Descartes), kann er als winziges Staubkörnchen im Milliarden Lichtjahre weit erstreckten Kosmos sich kaum noch als „Krone der Schöpfung" fühlen, hat er im Laufe der Geschichte abendländischer Wissenschaft mehrere „Kränkungen" hinnehmen müssen, die seine anthropozentrische Stellung und Überzeugung einschränkten (Verlust des Mittelpunkts der Welt, der Stellung als Ziel der Schöpfung, Verlust der absoluten Sonderstellung gegenüber den Tieren und des rein durch Vernunft bestimmten Wesens), so hat er doch in der Ordnung der Natur eine besondere ausgezeichnete Position inne — insofern, als er „die Natur" erkennen, d. h. erfolgreich Erklärungen und Voraussagen mittels seiner Theorien vornehmen, und unter Nutzung seines Wissens erfolgreich technisch manipulieren, für seine Zwecke einsetzen, „ausbeuten" kann. Die relative Macht — und sei es die negativ-potentiell-destruktive technologische Macht über Naturteilsysteme ist ebenfalls Wurzel einer besonderen exponierten Stellung. Macht und Wissen erzeugen Verantwortung — eine besondere Verantwortung für das von der entsprechenden Macht abhängige Leben, nicht nur für menschliches, sondern auch für nichtmenschliche Arten und gar für ökologische Teilsysteme und die Biosphäre (Jonas, 1979). Und schickt der Mensch sich nicht auch gerade an, genetisch Erbanlagen systematisch zu verändern, neue Arten gentechnisch zu erzeugen? Eine Kröte mit dem Erbgut aus sechs Eltern, Großmäuse mit Rattenerbanlagen wurden gentechnisch erzeugt, Mäuse erfolgreich geklont (Hoppe, Illmensee). Wird der Mensch nun also doch zum Herrn über Leben und Arten? Ist er doch quasi „allmächtig", der Demiurg der Natur? Technische und gentechnische Erfolge sollten nicht Anlaß einer neuen Selbstüberschätzung, einer technologischen Hybris des Menschen sein in einer Zeit, in der Grenzen, schädliche Nebenwirkungen und Beeinträchtigungen natürlicher Systemzusammenhänge durch den Eingriff des Menschen immer deutlicher werden. Nach wie vor bleibt auch der Mensch, jeder Mensch natürlichen Gesetzen unterworfen, ist Teil, Glied, trotz aller technischen Macht als Einzelwesen ein recht ohnmächtiges Partikelchen im Gesamtkosmos. Exponiert ist er allenfalls in Bezug auf sein Wissen — und eben moralisch.

Relative Macht — und gerade auch Zerstörungsmacht — erzeugt besondere Verantwortung für jene Wesen und Systeme, die von den technischen Eingriffen beziehungsweise dem Nichteingreifen wenigstens potentiell abhängig sind. Und insofern wächst dem Homo faber technologicus eine besondere Verantwortung zu, der er sich bisher noch kaum bewußt ist und gewachsen zeigt. Natur wird insoweit zum Gegenstand menschlicher Verantwortung: Der Mensch ist dadurch ausgezeichnet, daß „nur er allein Verantwortung *haben*" kann (Jonas 1979, 185); es gehört sozusagen zu seiner besonderen menschlichen Würde, repräsentativ für andere nichtmenschliche Naturwesen, für die Natur überhaupt verantwortlich mitdenken, eben diese Verantwortung übernehmen zu müssen und zu können. Hans Jonas fordert daher, angesichts der ungeheuerlich gewachsenen technologischen Macht des Menschen und der möglichen Gefährdungen von Natur und Kreatur durch die Nebenwirkungen umfassender Industrialisierungen den Verantwortungsbegriff zu erweitern, die herkömmliche „Verursacherverantwortung" zu einer „Treuhänder"-Verantwortung, zu einer „hegerischen" Naturfürsorge und Präventionsverantwortlichkeit zu erweitern (ebd. passim, besonders etwa 232, 391f). Die herkömmliche Verantwortung für Resultate des eigenen Handelns, die kausale Handlungsverantwortung, muß unter den neuen Umständen erweiterter technologischer Macht durch diese neuartige ausgedehnte Sorge-für-Verantwortung ergänzt werden. Die Verursacherverantwortung bleibt natürlich bestehen, wird nur sozusagen durch die erweiterte Verantwortung überformt, ergänzt, modifiziert: Erweiterte Aktionsmöglichkeiten erzeugen erweiterte Verantwortlichkeit, wie ich an anderer Stelle schon früher betonte (1979, 73; vgl. a. 1982 a, 223 ff; s. a. i. Dr.).

Zwischen Pascals Gefühl der Verlorenheit in der unendlichen Natur, der quasi demiurgischen Selbstüberheblichkeit des Menschen, der sich die Natur technisch untertan machte, und romantisch pantheistischen Einbettungen in bzw. Identifikationen des Menschen mit der Natur ist natürlich das Naturverständnis des Menschen historisch geprägt, schwankt zwischen Unterschätzung und Überheblichkeit, zwischen Unterwürfigkeit und Herrschafts- sowie Ausbeutermentalität. Die Einstellungen beziehen sich jedenfalls auf etwas Äußeres, trotz aller technischen Macht des Menschen von ihm weitgehend Unabhängiges, Gegebenes, das als existent, als real angenommen werden muß, selbst wenn es nur in den Formen menschlicher Erkenntnismodelle erfaßt und zum Teil manipuliert werden kann. „Natur" fungiert quasi als ein globaler Residualbegriff mit mehreren Bedeutungsvarianten. Schon J. S. Mill meinte in seinem „Essay on Nature" (1874), Natur sei einerseits das Insgesamt der Phänomene, die kausal — heute würden wir sagen: naturgesetzlich — erzeugt beziehungsweise erklärt werden können oder jener Phänomene, die „ohne das Handeln (agency)... des Menschen" statthaben. Die künstlichen Produkte der technisierten Wissenschaften (künstliche Elemente, Kunststoff, künstliche Lebewesen oder Arten) lassen die letztere Abtrennung fragwürdig erscheinen, unterliegen doch technisch zustandegekommene Artefakte auch den Naturgesetzen; und schließlich begegnen wir auch nicht nur Artefakten, Natur kann nicht als gänzlich zum Artefakt geworden aufgefaßt werden, obwohl in der Zivilisationslandschaft Zuchtprodukte, künstliche, technische Phänomene lokal oder regional überwiegen mögen (Linde). Dennoch kann man nicht behaupten, „die Natur", die Erste Natur sozusagen, gebe es nicht mehr, wie Arnold Gehlen meint (1962, 348 u. a.), sei in die „Zweite Natur" des Menschen, in seine Kultur, aufgelöst, nur in deren Strukturierungen erfaßbar. So richtig das letztere ist, so wenig kann man durch derartige antinaturalistische oder denaturalisierende Fehlschlüsse die Existenz einer Ersten Natur hinwegdiskutieren, wie ich in bezug auf Gehlens Theorie an anderer Stelle gezeigt habe (1982, 270 ff, 287ff). Derartige positivistische Fehlschlüsse von der Gegebenheitsweise auf die (Nicht-)Existenz, von der notwendigen historischen Geprägtheit der Formen der Naturauffassung und des Naturverhältnisses auf eine Historisierung der Natur selbst sowie antirealistische Fehlschlüsse aufzuzeigen und zu vermeiden, war Ziel und Zweck dieses Beitrages. Das Wort ‚Natur' mag und muß historisch „geladen", „imprägniert" sein; der Naturbegriff, das Naturverständnis sind allemal historisch geprägt (Lenoble, 1969, 229, 42f u. a.). Deshalb wird das von diesem historisch wandelbaren, historisch geprägten Globalbegriff Gemeinte, die „Natur" selbst, nicht zu einem bloßen historischen Produkt. „Die Natur auf die Wissenschaft zu reduzieren, das heißt zuerst die Geschichte ignorieren" (Lenoble ebd., 384). Aber sie total zu historisieren, hieße die Natur selbst zu ignorieren. Der Mensch ist nicht der allmächtige Meister, „Herrscher und Besitzer der Natur", sondern allenfalls ihr Zauberlehrling.

## Literatur

Berthelot, M: Science et philosophie. Paris 1886.

Birnbacher, D. (Hg.): Ökologie und Ethik. Stuttgart 1980.

Boulding, K.: Knowledge as Commodity. 1961.

Brunschvicg, L.: L'expérience humaine et la causalité physique. Paris 1949.

Dijksterhuis, J.: Die Mechanisierung des Weltbildes. Berlin/Göttingen/Heidelberg 1956.

Drieschner, M.: Einführung in die Naturphilosophie. Darmstadt 1981.

Gehlen, A.: Der Mensch. Bonn 1962$^7$.

Gehlen, A.: Urmensch und Spätkultur. Bonn 1956.

Heisenberg, W.: Das Naturbild der heutigen Physik. Hamburg 1955.

Heisenberg, W.: Schritte über Grenzen. München 1971.

Hübner, K.: Wissenschaftliche und nichtwissenschaftliche Naturerfahrung. In: Philosophia naturalis 18 (1980), 67 — 86.

Jonas, H.: Das Prinzip Verantwortung. Versuch einer Ethik für die technologische Zivilisation. Frankfurt 1979.

Kanitscheider, B.: Wissenschaftstheorie der Naturwissenschaft. Berlin/New York 1981.

Knobloch, E.: Das Naturverständnis der Antike. In: Rapp, F. (Hg.): Naturverständnis und Naturbeherrschung. Philosophiegeschichtliche Entwicklungen und gegenwärtiger Kontext. München 1981, 10 — 35.

Külpe, O.: Die Realisierung. Leipzig 1912.

Lenk, H.: Technisierung der Ersten und der Zweiten Natur? Zum Mythos von der Machbarkeit der Natur. In: Lenk, H.: Zur Sozialphilosophie der Technik. Frankfurt 1982, 249 — 296.

Lenk, H.: Herausforderung der Ethik durch technologische Macht. Zur moralischen Problematik des technischen Fortschritts. In: Lenk, H.: Zur Sozialphilosophie der Technik. Frankfurt 1982 a, 198 — 248.

Lenk, H.: Erweiterte Verantwortung. Natur und künftige Generationen als ethische Gegenstände. In: Mayer-Maly, D. & Simons, P.M. (Hg.): Das Naturrechtsdenken heute und morgen. Berlin 1983, 833-846.

Lenk, H.: Verantwortung für die Natur? In: Allgemeine Zeitschrift für Philosophie 8 (1983) Nr. 3.

Lenoble, R.: Esquisse d'une histoire de l'idée de nature. Paris 1969.

Lepenies, W.: Das Ende der Naturgeschichte. München 1976.

Meyer-Abich, K. M. (Hg.): Frieden mit der Natur. Freiburg 1979.

Mittelstaedt, P.: Der Begriff der Natur in der modernen Physik. In: Saarländischer Rundfunk (Hg.): Natur und Geist. Frankfurt 1964, 52 — 62.

Mittelstraß, J.: Das Wirken der Natur. Materialien zur Geschichte des Naturbegriffs. In: Rapp, F. (Hg.): Naturverständnis und Naturbeherrschung. Philosophiegeschichtliche Entwicklungen und gegenwärtiger Kontext. München 1981, 36 — 69.

Moscovici, S.: Versuch über die menschliche Geschichte der Natur. Frankfurt 1982. (Essai sur l'histoire de la nature, Paris 1968).

Moser, S.: Der Begriff der Natur in aristotelischer und moderner Sicht. In: Philosophia naturalis 6 (1961), 261 — 287.

Oldemeyer, E.: Entwurf einer Typologie des menschlichen Verhältnisses zur Natur. In: Großklaus, G.; Oldemeyer, E. (Hg.): Natur als Gegenwelt. Beiträge zur Kulturgeschichte der Natur. Karlsruhe 1983, 15—42.

Passmore, J.: Man's Responsibility for Nature. London 1974.

Schäfer, L.: Wandlung des Naturbegriffs. In: Zimmermann, J. (Hg.): Das Naturbild des Menschen. München 1982, 11 — 44.

# III. Das mechanistische Weltbild und die Struktur der Kausalität

Jacques Merleau-Ponty
# Der Mechanismus — Blüte und Niedergang einer Naturphilosophie

Im Zeitalter der „klassischen Physik" vor einem Jahrhundert wären wahrscheinlich wenige Physiker — ganz allgemein wenige Gelehrte — damit einverstanden gewesen, daß man ihnen eine „Naturphilosophie" zuschreibt; vielleicht hätten sie ihre Neigungen für eine (idealistische, spiritualistische, materialistische) „Metaphysik" zugegeben oder zu einer (kantischen, utilitaristischen, epikureischen) „Ethik", aber die Natur hätten sie ausschließlich als Gegenstand der Einzelwissenschaft betrachtet, denn eine „Naturphilosophie" wäre für sie lediglich der Traum einiger Nostalgiker aus der Romantik gewesen.

Und doch — wir, die wir die Tragfähigkeit und die Fruchtbarkeit ihrer Naturwissenschaft ebenso abschätzen können wie die Falschheit oder Eitelkeit der einen oder anderen ihrer sog. „wissenschaftlichen" Überzeugungen, wir wissen genau, daß sie doch eine Naturphilosophie besaßen und daß das, was sie hinsichtlich der Natur behaupteten, ablehnten oder vermuteten, weit über das mit Hilfe der Wissenschaftsnormen erworbene und von ihnen garantierte Wissen hinausging. Übrigens tauchten in ihren Reihen zahlreiche Meinungsverschiedenheiten auf, sobald ihr Gedankenaustausch die Ebene der unbestreitbaren Erfahrungen und der unangreifbaren Schlußfolgerungen hinter sich gelassen hatte. Der Philosoph, der nun diese allgegenwärtige, aber kaum entwickelte Naturphilosophie zu rekonstruieren versucht, hat nicht die ausführliche Dokumentation der Philosophiehistoriker zur Verfügung und seiner Unternehmung haftet etwas Willkürliches an. Diese Unternehmung läßt sich jedoch in dem Maße rechtfertigen, wie die klassische Naturwissenschaft des 19. Jahrhunderts weithin durch ein System von Hypothesen und Begriffen beherrscht war, die die gesamte Entwicklung der physikalischen Wissenschaften seit der „wissenschaftlichen Revolution" begleitet hatten und die heute noch in weitem Umfang von der Gemeinschaft der Wissenschaftler akzeptiert werden. Gegen dieses System war gerade die „Naturphilosophie" der Romantik errichtet worden und gegen es entwickelte sich übrigens am Ende des Jahrhunderts sogar innerhalb der Naturwissenschaft selbst eine starke Gegenströmung. Wenn man dieser Philosophie, noch bevor man sie definiert hat, einen Namen geben darf, wird man sie *Mechanismus* oder *mechanistische Naturphilosophie* nennen.

Wie soll man ihre wesentlichen Züge charakterisieren? Der Ausdruck legt offensichtlich nahe, sie zu ihren weit zurückliegenden technologischen Ursprüngen in Beziehung zu setzen, welche bis in die klassische Antike zurückreichen und ihre Vorherrschaft bei den klassischen Physikern mit dem offenbaren Anspruch ihrer Wissenschaft auf technische Effizienz in Verbindung zu bringen; dennoch haben sich der Bereich der „Maschinentechnik", und der des philosophischen „Mechanismus" nie völlig gedeckt und heute tun sie es weniger denn je; schon im letzten Jahrhundert war die Philosophie, der unser Interesse gilt, sehr weit von ihren technologischen Anfängen entfernt. Daher empfiehlt es sich eher, ihre Hauptthemen bei den Autoren zu suchen, deren Denken am Ausgangspunkt der klassischen und modernen Naturphilosophie angesiedelt ist und die den alten Mechanismus in ursprünglicher und fruchtbarer Form wieder zum Leben erweckt haben.

In dieser Perspektive gelangt man zu der Annahme, daß die weitreichendste und tiefgreifendste Grundlage der mechanistischen Naturphilosophie in der Hypothese besteht, daß

1. die Ausdehnung die wesentlichste Eigenschaft der Körper ist,
2. die Bewegung *die* fundamentale Erscheinung der materiellen Welt darstellt, welche den Schlüssel für alle übrigen Phänomene abgibt, und
3. die Geometrie, als Wissenschaft von den räumlichen Beziehungen und nicht nur wie bei den Alten von den „Figuren" aufgefaßt, die Grundlage jeder Naturwissenschaft ist.

Nachdem diese Thesen einmal von Descartes und seinen Schülern mit besonderer Klarheit bekräftigt worden waren, sind sie danach niemals mehr von Physikern offen bestritten worden; offen gestanden, war sich die abendländische Philosophie immer dessen bewußt, daß die χώρα ein unerläßliches Element der Ontologie der Natur ist (von Platon im Timaios eingeführt) und daß Aristoteles deutlich gesagt hatte, daß die Physik die Wissenschaft von den Bewegungen (im weiten Sinne) ist und daß die Bewegung im engen Sinne (lokale Bewegung) die erste unter ihnen darstellt. Wesentlich neu aber waren vom 17. Jahrhundert an die Stellung und die primordiale Bedeutung, die diese Vorstellungen in den Naturwissenschaften innehatten. In der Tat blieb die aristotelische Kinematik eng an eine globale Darstellung des Kosmos gebunden, während in Galileis Theorie die Analyse der Bewegungen nach geometrischer Methode unabhängig von jeder kosmologischen Struktur wird. Es genügt übrigens, den berühmten Passus aus dem Timaios über die χώρα mit dem nicht weniger berühmten Text von Descartes über das „Stück Wachs" zu vergleichen, um die echte Umkehr der Werte zu verstehen, die sich in dieser Frage des Raumes zwischen antiker Naturphilosophie und modernem Mechanismus vollzogen hat: In der platonischen Ontologie stellt die χώρα eine Art Element dar, das keine wohlbestimmte Rolle in einer rationalen Beschreibung der Natur einnehmen kann, weil sie weder der Welt der Ideen noch ihrem sinnlich wahrnehmbaren Bild angehört und nur einem „unechten Vernunftsschluß" Zugriff gewährt, so daß wir mehr von ihr „träumen" als daß wir sie wahrnehmen;[1] im heuristischen Wegweiser von Descartes dagegen enthüllt sich, sobald die Existenz des *ego* gesichert ist, die Ausdehnung als einzige Eigenschaft, die mit Gewißheit den Gegenständen der sinnlich wahrnehmbaren Welt (wenn solche existieren) zukommt, jedenfalls als die einzige, die aus sich selbst heraus einsehbar ist.[2] Von Platon aus dem Bereich des Intelligiblen verbannt, wird also die Ausdehnung für Descartes zum Kern jeder rationalen Beschreibung der Natur.

Wohlgemerkt, wenn einige cartesianische Philosophen nach ihrem Meister behauptet haben, daß die Ausdehnung das *einzige* reale Attribut der Materie sei, so hat kein Physiker irgend etwas wirklich aus dieser paradoxen These innerhalb der Erforschung der physikalischen Gesetze entnehmen können. Aber es blieb die Hypothese aufrecht, daß die Ausdehnung zwar nicht die einzige, wohl aber die allgemeinste Eigenschaft der Körper ist und auch die wichtigste, um dem Wissen eine rationale Form geben zu können. Und eben diese Hypothese erlaubt es, die bedeutendsten Ideen des Mechanismus in kohärenter Form zusammenzufassen. Die erste Konsequenz, hinsichtlich der weder Galilei noch Newton noch irgendein anderer Physiker bis zum 19. Jahrhundert daran gedacht hätte noch daran gedacht hat, sich in Gegensatz zu Descartes zu begeben, besteht darin, daß die Methoden der Geometrie ein ontologisches Fundament haben, daß sie der Struktur der physikalischen Realität entsprechen und daß über diesen Weg die Gewißheit und die Strenge des mathematischen Denkens in die Naturwissenschaft eindringen können.

In bezug auf die Materie war dies eine Aufforderung, sie als teilbar in elementare Einheiten aufzufassen; dies hielt gewiß das mechanistische Denken im Leibnizschen „Labyrinth des Kontinuums" fest, wo es niemals gänzlich herausgekommen ist, obwohl doch die Fiktion des Massenpunktes eine zusammenhängende Entwicklung der mathematischen Mechanik erlaubt hatte. Aber bevor wir diese Schwierigkeit aus der Nähe prüfen, müssen wir festhalten, daß die fundamentale Hypothese von der Ausdehnung naturgemäß viele andere Konsequenzen für die mechanistische Ontologie nach sich zog: Streng genommen schließt diese Hypothese jedes wirkliche *Innen* aus der Welt der Physik aus, worin sie, wie wenig auch immer, der Hypothese vom Geist und der Identität der Person gleicht. Nun, wie kann man die physikalische Identität eines durch seine Ausdehnung gekennzeichneten Wesens bestimmen? Wenn es einfach ist, läßt sich diese Identität nur durch seine Beziehungen zu anderen Körpern erkennen; ist es ein zusammengesetztes Wesen, so wird sie auch durch eine gewisse Permanenz in den wechselseitigen Beziehungen seiner Teile bestimmt. In beiden Fällen aber wird das *quid* des Dinges auf etwas anderes als es selbst verschoben; fürwahr, die klassische Mechanik ließ gelten, daß ein Körper immer die ihm eigene Trägheit bewahrte, aber dies konnte als Inkonsequenz ausgewiesen werden und wurde es auch. Wenn dem so ist, wie kann dann ein dergestalt eigener Realität entkleidetes Wesen „handeln"? Wie kann es zur „Ursache" werden? Wie soll man die Dynamik der Natur verstehen? Newton konnte auf diese Frage antworten, indem er diesem Begriff der Äußerlichkeit einen dynamischen Sinn verlieh und zwar durch das Gesetz von actio und reactio, vielleicht das bedeutendste seiner Axiome vom Standpunkt einer Naturphilosophie, insbesondere weil es dazu beiträgt, die geometrische Darstellung der „Kraft" anschaulich zu machen.

Die geometrische Grundhypothese sicherte dem mechanistischen Gedankensystem also eine starke Kohärenz; darüber hinaus disziplinierte und steuerte sie den Gebrauch der Einbildungskraft. Dies erklärt wahrscheinlich zum Teil, warum dieses System seine Anziehungskraft für die Physiker bewahrt hat, weit über den Punkt hinaus, wo sein Nutzen für den Fortschritt der Wissenschaft unbestreitbar bei den Fesseln aufhörte, die es dem Erfindungsgeist der Forscher auferlegen konnte.

In Wirklichkeit geht diese Kohärenz aber gewiß zum Teil auf unseren in die Vergangenheit gerichteten Blick zurück. Zu ihren Lebzeiten gelang es der mechanistischen Philosophie nie, in ein vollständiges Einvernehmen mit sich selbst zu gelangen noch sich in ausgesprochen harmonischer Weise in breitere philosophische Kontexte einzufügen; und es entwickelten sich bedeutende Kontroversen zwischen Denkern, die sich in wesentlichen Punkten zu widersprechen glaubten, während ihre Streitgespräche auf dem gemeinsamen Boden ein und derselben Philosophie standen.

Insbesondere liegt die Kehrseite der dem Wesen nach analytischen Prinzipien der mechanistischen Philosophie in der Schwierigkeit, die Konsistenz und die Permanenz der physikalischen Systeme zu begreifen. Wie lassen sich die elementaren Wechselwirkungen, die als einzige real sind, anordnen, um wenigstens den Anschein der systematischen Einheit zu bieten? Alle unmittelbaren Nachfolger Descartes' stellten sich diese Frage und viele antworteten darauf mit einer Rückkehr zu den Finalursachen — die *er* ausgeschlossen hatte — in einer Perspektive, die sich im übrigen von der aristotelischen Teleologie deutlich unterschied; zumindest in diesem Punkt gab es zwischen Leibniz und Newton keinen unüberbrückbaren Gegensatz, denn beide waren überzeugt davon, daß die mechanistische Philosophie durch ein Prinzip der Finalität vervollständigt werden muß. Das 18. Jahrhundert ist in dieser Hinsicht durch die ersten Bemühungen des mechanistischen Denkens gekennzeichnet, sich — nicht nur verbal — von diesem Zwang zu befreien und die Entstehung der Systeme und ihrer Struktur mechanistisch zu erklären. Insbesondere galt es, nur mit den Mitteln des Mechanismus auf die Frage des bemerkenswerten Aufbaues des Sonnensystems eine Antwort zu geben. Die große Entdeckung war dann die der Gravitation, doch ihre Echtheit und ihre wirkliche Bedeutung wurden nicht so ohne weiteres erkannt: Die Cartesianer lehnten sie ab und Newton selbst wollte seinem Gesetz nur die Bedeutung eines mathematischen Ausdrucks geben, der die Berechnung der beobachteten Bewegungen erlaubt. Einige seiner Nachfolger gingen weiter und versuchten, die Gravitation zum Prinzip der Ordnung und Organisation des mechanischen Universums zu erheben; aber sie waren nicht sehr zahlreich, und gerade dieser Umstand verleiht der Allgemeinen Naturgeschichte Kants ihren historischen Glanz.

Das war die erste große Schwierigkeit, die der Mechanismus zu überwinden hatte seit Beginn seiner Entwicklung, und es gelang ihm nie zur Gänze. Wir haben bereits das „Labyrinth des Kontinuums" angesprochen, sowie den Ausweg, den die Mathematiker fanden. Wenn aber der „Massenpunkt" unter Zuhilfenahme der Integralrechnung auf die metaphysische Aporie Leibniz' eine Antwort liefern konnte, die für die Lösung der Probleme der Mechanik wirksam war, blieb doch die Ontologie des Mechanismus in sich selbst durch zwei gegensätzliche Forderungen tiefgehend gespalten: die der geometrischen Kontinuität und die des „Atoms"; der letzte Term der analytischen Reduktion bildet den Baustein des bewegten Körpers, der in der Bewegung fortdauert und auf dem schließlich alles beruht.[3] Seit der Antike hatte der Mechanismus eine Vorliebe für das Atom, aber abgesehen davon, daß dies schlecht mit dem Begriff der Ausdehnung in Einklang zu bringen war, erlegte die Erfahrung bald der neuen Mechanik die Verpflichtung auf, die kontinuierlichen Bereiche und ihre inneren Bewegungen der Rechnung zugänglich zu machen. Nach subtiler Anpassungsarbeit konnte ein Modell des bewegten Atoms verwendet werden, um die Bewegungen von Flüssigkeiten zu beschreiben, aber angesichts bestimmter Probleme drängte sich das neue Modell eines kontinuierlichen Körpers auf, dessen Verformungen um eine Gleichgewichtslage schwanken. Das physikalische Kontinuum wurde so also außer im Atom auch im System der mathematisch beschreibbaren Strukturen verkörpert. Diese Dualität von Atom und Umgebung rief unaufhörlich Divergenzen im Innern der mechanistischen Philosophie hervor und dies ist einer der Punkte, in denen die moderne Physik die inneren Schwierigkeiten des Mechanismus bei weitem nicht gelöst, sondern im Gegenteil unentwirrbar gemacht hat.

Genauso verhält es sich in gewisser Hinsicht mit der Frage der Realität der „Kraft". Der reine Mechanismus ließ als reales dynamisches Element in der Natur allein die Trägheit und die Undurchdringlichkeit gelten. Die mechanistische Philosophie sah sich gezwungen, der „Kraft" das Bürgerrecht unter ihren Grundbegriffen zu verleihen (auch hierin trafen sich Leibniz und Newton in ihrer Gegensätzlichkeit zu Descartes, obgleich sie jeweils sehr verschiedene Auffassungen von dieser Entität besaßen). Die Unmöglichkeit, ein kinematisches Modell der Gravitation zu konstruieren (von Laplace praktisch nachgewiesen), erzwang die faktische Anerkennung der „Kraft" als nicht weiter reduzierbares Element der natürlichen Ontologie neben der undurchdringbaren und trägen Masse und der Bewegung. Die experimentelle Erforschung der vielfältigen Wechselwirkungsweisen der physikalischen Gegenstände, insbesondere der elektrischen und magnetischen, zeigte die Schwierigkeit, für sie streng mechanische Modelle zu finden, führte dafür aber zur Entdeckung neuer Methoden der Vereinheitlichung ihrer Gesetze, und unter der neuen Bezeichnung „Energie" erlangte die „Kraft" nun einen *uneinnehmbaren* Platz unter den Begriffen des Mechanismus und vielleicht jeglicher Naturphilosophie.

Die Geschichte des philosophischen Mechanismus im 19. Jahrhundert wäre lang und kompliziert, aber schon ein rasches Überfliegen reicht aus, um zugleich seine große Wirksamkeit in der Heuristik der praktischen Forschung, seine große Geschmeidigkeit, sein Anpassungsvermögen und dennoch auch seine Unfähigkeit unter Beweis zu stellen, das Gesamtwissen über die natürliche Welt unbestreitbar unter seine Begriffe einzureihen. Am Ende des 18. Jahrhunderts konnte Laplace der newtonschen Variante des Mechanismus eine explizite, dogmatische und einnehmende Form geben, die sie nie zuvor besessen hatte. Seine immense Arbeit an der Himmelsmechanik hatte ihn davon überzeugt, daß das newtonsche Gravitationsgesetz nicht auf ein cartesianisches Modell zurückgeführt werden kann (daß man demzufolge die Fernwirkung zulassen muß), daß es streng und universell gilt und daß die Gravitationskraft sich „von Molekül zu Molekül entlang der sie verbindenden Geraden" auswirkt. Laplace hatte gezeigt, daß das Gesetz die Stabilität des Sonnensystems gewährleistet und mit Kant war er der Meinung, daß man auf seiner Basis dessen Entstehung erklären könne. Am Ende des Jahrhunderts war er doch überzeugt davon, daß er mit der Mechanik und der newtonschen Gravitationstheorie über das Paradigma jeglicher physikalischer Theorie verfüge. Für die übrigen Wechselwirkungen mußten die Gesetze nach dem gleichen Muster abgefaßt werden, wobei der Unterschied zu der Gravitation darin bestand, daß diese Wechselwirkungen (mit Ausnahme der elektrostatischen Anziehung bzw. Abstoßung) nur auf sehr geringe Entfernungen spürbar sind.[4] Da Laplace vor allem an der Form der Gesetze und ihrem mathematischen Ausdruck interessiert war, kümmerte er sich nicht sonderlich um die Natur der in Wechselwirkung stehenden „Moleküle" und ließ die Möglichkeit mehrerer „Flüssigkeiten" zu, deren Eigenheiten er nicht näher bestimmte (er spricht z.B. von „Lichtmolekülen"). Aus diesem Mechanismus der intermolekularen Kräfte vermochten Laplace und seine Schüler interessante Schlußfolgerungen zu ziehen, aber ihre Unternehmung blieb stecken, die echten Fortschritte der Physik vollzogen sich in anderer Richtung.[5]

Jedoch bedeuteten dieses Scheitern des Laplaceschen Programms und das Auffinden dieser neuen Wege keineswegs einen Niedergang der mechanistischen Philosophie, und die Zeitgenossen faßten dies auch nicht so auf. Beispielsweise stützte sich die Wahl des Wellenmodells zur Erklärung der Phänomene der physikalischen Optik im Denken von Fresnel explizit auf die Hypothese von der kontinuierlichen kosmischen Umgebung, deren allen Lichterscheinungen zugrundeliegenden Schwingungen formal mit den mechanischen Schwingungen vergleichbar wären. Wenn auf der anderen Seite die Physiker die Hypothese von der „Wärme" aufgaben, geschah dies nicht deshalb (vielleicht mit Ausnahme von Fourier), um auf jegliche Strukturhypothese zu verzichten, sondern vielmehr, um die Wärme und die Dynamik der thermischen Phänomene als Kumulationseffekt der „lebendigen Kraft" von trägen und unsichtbaren Teilchen zu deuten. Bei den elektrischen und magnetischen Phänomenen lag der Fall in Wahrheit viel mehr im Dunkeln und so sollte es auch noch lange bleiben, doch die theoretische Möglichkeit einer mechanischen Reduktion behielt für lange Zeit Geltung.

Für die verschiedenen Erfinder des Prinzips von der Erhaltung der Energie (mit Ausnahme von J.R. von Mayer) mußte dieses Prinzip doch als eine Verallgemeinerung der Erhaltungsprinzipien der Mechanik betrachtet werden. Hermann von Helmholtz, vielleicht der philosophischste Kopf unter den großen Gelehrten des 19. Jahrhunderts, ging sogar sehr viel weiter in dieser Richtung, als er zu einer Vorstellung von der natürlichen Ontologie von Laplace zurückkehrend zu zeigen versuchte, daß es eine logisch und mathematisch notwendige Beziehung zwischen dem Prinzip von der Erhaltung der „Kraft" und der Hypothese von den universellen zentralen Kräften gab.[6] Diese Übereinstimmung muß hervorgehoben werden, umso mehr als die philosophische Wahl des Mechanismus bei Laplace und bei Helmholtz eine ganz andere Bedeutung hatte: Den ersten hatte die Astronomie in seiner mechanistischen Naturauffassung bestärkt, der zweite war auf dem Weg der Medizin zum Mechanismus gekommen, wobei er kompromißlos die Hypothese von der „Lebenskraft" zurückwies, die damals bei den Physiologen vor allem in Deutschland hoch im Kurs stand. Er mußte sich im übrigen an einem Hindernis stoßen, das dem sehr ähnlich war, das die Schüler von Laplace aufgehalten hatte: Die elektromagnetischen Phänomene sträubten sich gegen das Schema der zentralen Kräfte, doch bewies dies noch nicht das endgültige Scheitern des Mechanismus in diesem Bereich. Ein Hinweis auf den Umfang der Aufnahme, den die mechanistische Philosophie noch in der Mitte des 19. Jahrhunderts erfuhr, wird uns in dem synthetisierenden Werk von Pater Secchi „Die Einheit der physikalischen Kräfte, Versuch einer Naturphilosphie" (1864) zuteil; Hochw. P. Secchi war Direktor des römischen Observatoriums und einer der besten Spezialisten auf dem Gebiet der Physik der Sonne, einer Disziplin, die der mechanistischen Philosophie wahrlich nichts zu verdanken hatte. Doch er hegte volles Vertrauen in diese Philosophie. Obgleich er erkannte, daß die elektromagnetischen Phänomene in ihrer Detailstruktur noch „geheimnisumflort" waren, ahnte er nicht, daß diese Phänomene ebenso wie viele andere, mit denen er täglich bei seiner wissenschaftlichen Arbeit umging, sich endgültig der mechanistischen Reduktion widersetzen würden. Im übrigen gilt es hinsichtlich P. Secchis festzuhalten, daß er keinerlei Widerspruch zwischen seiner mechanistischen Naturphilosophie und den traditionellen Überzeugungen von den Bezügen zwischen Gott und der Welt sah, eher im Gegenteil. Engels wundert sich ganz zu Unrecht darüber; denn einer der Gründe für das Fortdauern und die Lebenskraft des Mechanismus ist die Tatsache, daß er sich in vernünftiger Weise mit einander widersprechenden Metaphysiken ins Einvernehmen zu setzen vermocht hatte — die einen wie die anderen riefen je nach Bedarf seine wissenschaftlichen Garantien zu Hilfe, ob es nun einer deistischen Philosophie oder dem atheistischen Materialismus zum Nutzen gereichte.

Im letzten Drittel des 19. Jahrhunderts entwickelte sich die erste Offensive gegen die mechanistische Philosophie, die, im Unterschied zu den Angriffen mystischer, poetischer oder romantischer Provenienz, aus der Naturwissenschaft selber kam: Die Prinzipien der Thermodynamik wurden nach und nach über den ziemlich engen Bereich hinaus erweitert, innerhalb dessen sie entstanden waren (thermische Maschinen und Physik der Gase), bis hin zu experimentellen Gebieten, in denen die Hypothesen des Mechanismus nicht so ganz direkt anwendbar waren, wie die Chemie oder die Strahlungsphysik. Von daher rührt der Leitgedanke des *Energetismus*, daß der Mechanismus eine zu enge Philosophie sei, weil die mechanische Energie nur eine besondere Art der Energie wäre, auf die man alle übrigen weder reduzieren müsse noch könne. Der Energetismus wurde in Wahrheit niemals eine sehr präzise noch sehr kohärente Philosophie und die verschiedenen Denker, die sich auf ihn beriefen, faßten ihn in unterschiedlicher Weise auf. Für Ostwald, zum Beispiel, war er eine neue Ontologie, die man an die Stelle des Mechanismus setzen sollte. Die Energie stellte ein von der trägen Materie verschiedenes, aber ganz genauso reales Wesen dar. Für andere wie Mach oder Duhem bedeutete der Energetismus die Aufgabe jeglicher Ontologie, die Ersetzung einer Naturphilosophie durch eine Epistemologie. Er war eine neue Form des Positivismus.

Im übrigen ist dies für uns nicht wichtig. Bemerkenswert bleibt, daß am Ende des Jahrhunderts die Diskussionen über Materie und Energie den Mechanismus nicht zugrunde richteten, sondern ihm vielmehr die Gelegenheit boten, sich in neuer Gestalt zu bestätigen und wiederum seine Wirksamkeit als Leitfaden bei der theoretischen und experimentellen Forschung unter Beweis zu stellen. Wir wollen natürlich über Boltzmann reden, über die kinetische Gastheorie sowie allgemeiner über alle Forschungsaktivitäten, die von der Atomhypothese beeinflußt wurden. Diese Renaissance eines militanten Mechanismus hatte einen polemischen oder jedenfalls einen reaktionären Aspekt, der gegen die Ansprüche des Energetismus und des Positivismus gerichtet war, verbunden mit einer entschiedenen Rückkehr zu den elementaren Intuitionen und dem Anspruch auf das Recht, sich von analytischen Abstraktionen freizumachen, um sich nach Belieben konkreter Darstellungen zu bedienen. Dies wird beispielsweise in dem Vorwort zum Buch von J. Perrin ‚Les atomes' von 1912 sehr deutlich: Ohne den Wert der Methode zu bestreiten, die der Energetismus empfiehlt, fordert Perrin einen angemessenen Platz für das intuitive Denken, dem es „Männer wie Dalton und Boltzmann" verdanken, daß sie die Fundamente der Atomistik haben legen können und dessen Funktion darin besteht, die verborgene Struktur in den natürlichen Gegenständen zu „erraten", so wie wir die Funktionsweise der unsichtbaren Teile einer Maschine erraten, die wir nicht zerlegen können. Tatsächlich hatte Boltzmann in diesem Geiste seine *Vorlesungen über Gastheorie* ausgearbeitet, denn für ihn stellten die Hypothesen der kinetischen Theorie eine Rückkehr zu einem Mechanismus dar, der echter und elementarer war als bei den Erben Newtons: Das Scheitern der Hypothese der zentralen Kräfte im Elektromagnetismus, so bemerkte Boltzmann, darf nicht zur Aufgabe der mechanistischen Vorstellungen führen, und im übrigen, so fügte er hinzu, muß diese Hypothese deutlich von denen der kinetischen Theorie abgesetzt werden.

Boltzmann sollte die Richtigkeit dieser Ansichten und ihre Fruchtbarkeit glänzend beweisen, indem er sie mit den Mitteln des mathematischen Ausdrucks zusammenbrachte und so ein neues Licht auf die Gesetze der Thermodynamik warf, die der Energetismus als *Gipfelpunkt* der Naturwissenschaft und der Naturphilosophie betrachtete. Er räumte zwar ein, daß die Intuitionen des Mechanismus letztendlich vielleicht nur Analogien sind, aber eine solche Konzession würde heute nicht mehr genügen, um den Mechanismus zu retten, der auf Schwierigkeiten stößt, die in anderer Weise schwerer wiegen als diejenigen, die die energetistischen Kritiker beeindruckten.

Die vorstehenden kurzen Andeutungen reichen zweifellos aus, um daran zu erinnern, wie die mechanistische Naturphilosophie durch die enge Bindung an die theoretische und experimentelle Entwicklung der Naturwissenschaft in der Lage war zu überleben, indem sie sich wandelte, um eine heuristische Rolle bei dieser Entwicklung zu spielen. Dies war ein bemerkenswertes Ergebnis, wenn man bedenkt wie schmal ihre experimentelle Grundlage um 1800 war verglichen mit der gewaltigen Ausweitung des Wissens seither.

Aber heute kann man schwer leugnen, daß sich mit den großen Entdeckungen am Beginn des 20. Jahrhunderts ein unaufhaltsamer Niedergang dieser Philosophie ankündigte. Einstein war schon dieser Ansicht, als er die Relativitätstheorie erfand und die Physik hat diese Gewißheit nur bestätigt. Die gegenwärtige Situation ist indessen sehr schwer zu charakterisieren, denn als Naturphilosophie ist der Mechanismus nicht wirklich ersetzt worden, und wenn man über die Materie in Termen sprechen will, die über den mathematischen Ausdruck der Gesetze hinausgehen, sucht man sich eher durch Negationen oder zögernde Behauptungen auszudrücken, die unablässig abgestuft oder eingeschränkt werden müssen. Diese Situation ist grundverschieden von derjenigen, die vor 3 Jahrhunderten herrschte, als die Neuerer, die die aristotelischen Thesen leugneten, an deren Stelle Behauptungen setzten, die vollkommen explizit und völlig unvereinbar mit denen waren, die sie beseitigten. Ein moderner Gelehrter wird gerne sagen: „Ein Elektron ist gewiß ein Teilchen mit Masse, aber ...". Descartes und Newton sagten nicht: „Das Licht ist sicherlich actus diaphani, aber ...".

Dennoch sind es alle Konzepte und alle Hypothesen der mechanistischen Philosophie, die in Frage stehen. Um sich davon zu überzeugen, braucht man sie bloß in Frageform zu wiederholen: Ist die Materie in diskrete Einheiten oder in homogene Elemente beliebiger Dimension teilbar derart, daß die letzten Elemente der Teilung nur einer beschränkten Zahl von Arten angehören, die durch eine kleine Zahl von Wechselwirkungen gekennzeichnet werden können? Bewahren diese Elemente ihre Identität in der Zeit? Sind ihre relativen Bewegungen die Urphänomene der Natur und sind alle übrigen im Prinzip auf diese reduzierbar? Lassen sich die natürlichen Wechselwirkungen auf elementare Kräfte reduzieren, die den Regeln der geometrischen Teilung entsprechend den Teilungen der Materie unterliegen? Ist der Unterschied zwischen beweglichem Körper, Bewegung, Kraft, Ursache der Kraft aus sich selbst heraus klar? Sind die Theorien der mathematischen Physik nur dann möglich, wenn alle diese Eigenschaften adäquat im Rahmen eines dreidimensionalen Raumes und einer eindimensionalen Zeit interpretiert werden können? Man sieht, daß keine positive Antwort ohne Vorbehalte gegeben werden kann. Dennoch können die Antworten auch nicht bedingungslos negativ sein, noch lassen sich die Fragen als purer Unsinn abtun, denn die Körper sind tatsächlich ausgedehnt, die Erforschung der Teilchen und der elementaren Wechselwirkungen dauert an. Die positiven Antworten sind, wenn sie möglich sind, einfach niemals universell bejahend, da die Theorie oder die Erfahrung es gestatten, Situationen herzustellen, wo sie es nicht mehr sind.

Einige der offenkundigsten Ergebnisse der modernen Physik stimmen gut mit dieser sonderbaren Situation überein. Schon 1905 entdeckte Einstein die Trägheit der Energie und die Äquivalenz von Masse und Energie als analytische Konsequenz der Axiome der Relativitätstheorie, eine Konsequenz, die ihn überraschte und die er nur mit einem Fragezeichen veröffentlichte, die aber in der Folge unbestreitbar bestätigt wurde. Das war die erste nicht wieder reparierbare Bresche im mechanistischen Gebäude. Die traditionellen Unterscheidungen zwischen Materie, Bewegung, Kraft wurden verwischt. Im übrigen führte die bloße kinematische Analyse, die an der Basis der Theorie stand, schon für sich allein einen wesentlichen Sprung im System herbei, denn sie gründete zugleich auf einer Wellentheorie des Lichtes und auf Axiomen, die den Begriff eines mechanisch vibrierenden Äthers unhaltbar machten.

Der Begriff der Bahn eines quasipunktuellen, materiellen Teilchens behielt noch seinen Sinn, aber er sollte ihn dann in der Quantenmechanik verlieren; nicht nur die Bahneigenschaft, sondern sogar das Teilchen mit seiner dauerhaften Identität (seiner Genidentität, um mit Reichenbach zu sprechen) mußte aufgegeben werden. Diese unheilbare Schwächung des Teilchenbegriffes war übrigens von der klassischen Physik vorbereitet worden: Die Einführung der statistischen Methoden und damit die Ersetzung der einzelnen, individuellen Atome durch Atomverbände in den Schlußfolgerungen war die große Neuerung des modernen Atomismus gewesen. Über allen scharfsinnigen Unterscheidungen, die die Methode aufzwang, hatte sich die realistische Geltung des eigentlichen Teilchenbegriffes einigermaßen verwischt, wobei die Individualität nurmehr die Bedingung der Möglichkeit des Abzählens war. Auch hier hat nun die Physik des 20. Jahrhunderts bei weitem nicht die Schwierigkeiten der mechanistischen Ontologie beseitigt, sondern sie unüberwindbar gemacht, ohne jedoch diese versagenden Begriffe durch andere Konzeptionen zu ersetzen, die in der Lage gewesen wären, sie zu beseitigen (wie ehemals das Atom die „substantiellen Formen" beseitigt hatte). Denn das Photon einerseits und das Elektron andererseits sind immer noch „Teilchen", die abgezählt werden, also Quasiindividuen. Aber die Art, wie man die einen zählt, ist nicht gleich wie die bei den anderen, und keines der beiden gehorcht den „evidenten" klassischen Gesetzen. Die Beziehung des Individuums zur Gesamtmenge kann also nicht mehr in eindeutiger Weise gekennzeichnet werden. Das „Teilchen" der gegenwärtigen Physik bietet also das erstaunlichste Beispiel eines Begriffes dar, der seinen logischen Verfall überlebt. Und diese Bemerkung läßt sich praktisch auf alle Begriffe der mechanistischen Philosophie ausdehnen. Die berühmte Welle-Teilchen-Dualität, die Einstein für das Licht, de Broglie dann für die Materie angenommen hatte, verhilft nicht im eigentlichen Sinne zu einem Ausweg aus der mechanistischen Philosophie, sondern verpflichtet dazu, das, was sie immer sorgfältig unterschieden hatte, zu vermengen.

Die Aufgabe des Determinismus im strengen physikalischen Sinn ist eine Folge dieser Erschütterung der elementaren Begriffe des Mechanismus, ohne daß er von sich aus in offenem Widerspruch zu dieser Philosophie gestanden wäre (da die deterministische Hypothese im Widerspruch zu einigen von der klassischen Mechanik beschriebenen Situationen steht, in denen eine infinitesimale Variation der Anfangsbedingungen eine endliche Variation der Lösungen hervorrufen kann). Wollte man den Indeterminismus zum wichtigsten philosophischen Charakteristikum der Quantenmechanik erheben, so hieße das denn auch, die Tragweite seiner Folgerungen zu unterschätzen.

Mehr noch als im kausalen oder akausalen Verhalten der physikalischen Entitäten heißt es also, den Ursprung des tiefgreifendsten Bruches der modernen Physik mit der mechanistischen Philosophie in ihren Beziehungen zum Raum zu suchen. Denn wie wir schon am Beginn der vorliegenden Abhandlung behauptet haben, liegt der Kern dieser Philosophie zweifellos in dem Postulat, das die Ausdehnung zur grundlegendsten Eigenschaft der Körper erhebt. In dieser Hinsicht sind offensichtlich die Unschärferelationen Heisenbergs Auslösefaktoren für diesen Bruch, denn sie verbieten es, die Lokalisation als eine stets definierte Eigenschaft der Körper und ihrer Teile zu betrachten. Daß dieser Bruch mit der mechanistischen Philosophie, der 1925 vollzogen wurde, sehr wohl auf das Wesentliche zielt, kann heute nicht mehr bezweifelt werden, wie es zwar oberflächlich, aber der Wahrheit entsprechend, der gängige Ausdruck von der „elektronischen Wolke" bezeugt, um die Art und Weise der Präsenz der Elektronen in der Atom- oder Molekülstruktur zu charakterisieren.

Doch beweisen offenbar die Probleme der „Separierbarkeit" — seit J. S. Bell ihre logische Struktur aus dem Quantenformalismus hatte ableiten können, wurden sie überaus häufig diskutiert — am besten, daß die Basishypothesen des Mechanismus unmöglich angesichts bestimmter Konsequenzen aufrecht erhalten werden können, die in diesem Formalismus korrekt abgeleitet und soweit es scheint von der Erfahrung niemals widerlegt worden sind. Aber hier ist der Bruch nicht total, denn die Physik kann nicht den gewöhnlichen Fall eines Systems ausschließen, das aus distinkten Teilen aufgebaut ist, deren relative Lage unbestimmt sein kann, solange die Einheit des Systems erhalten bleibt, aber neuerlich definiert und markiert werden kann, wenn diese Einheit gebrochen wird, wenn etwa ein Elektron durch Ionisierung aus dem Einflußbereich eines Kernes entweicht und eine individuelle Spur in einem geeigneten Apparat hinterläßt. In diesem Fall sind die Bedingungen für eine den Hypothesen des Mechanismus konforme Darstellung aufs neue verwirklicht und man sieht kaum ein, wie man auf sie verzichten könnte, denn gerade so hat die experimentelle Erforschung der subatomaren Welt begonnen und so arbeitet sie heute noch.

Zweifellos rühren wir mit diesen Schwierigkeiten, die bloß mit der Extension der materiellen Entitäten verbunden sind, ans Wesentliche des Bruches der modernen Physik mit dem Mechanismus. Doch bezeugen noch viele andere Zeichen diesen Bruch: Wie wir erwähnt haben, hatte die Vielfalt der Flüssigkeiten, die die Naturphilosophen am Ende des 18. Jahrhunderts einstweilen erfunden hatten, nachdrückliche Versuche hervorgerufen, zur Einheit der physikalischen Kräfte und Formen zurückzukehren, die stets einer der Leitgedanken des Mechanismus gewesen war. Da die klassische Physik gezwungen war, zumindest die unreduzierbare Besonderheit der elektrischen Ladung anzuerkennen, hat sie niemals diese Versuche bis zum Ende führen können. Die moderne Untersuchung über die Elementarteilchen ist weit davon entfernt, in der natürlichen Richtung des Mechanismus fortzuschreiten und hat zur Vervielfachung der Elemente und ihrer Eigenschaften geführt.

Ein gewisses Vergnügen am Bildhaften tut sich in den Namen kund, die diesen unerwarteten und offenbar unabhängigen Eigenschaften von ihren Erfindern zugewiesen worden sind. — „Seltsamkeit", „Charme", „Farbe" ..., das klingt nach einem endgültigen und ironischen Abschied von Descartes, von seinen klaren Begriffen und seiner aufs Einfachste beschränkten Ontologie. Sicherlich setzt das Unternehmen der Vereinheitlichung wieder bei neuen Grundlagen an, aber das sind nicht mehr die des Mechanismus.

Das System der Hypothesen und Begriffe der mechanistischen Philosophie, die der Heuristik und der Beweisführung der Gelehrten bis zum Ende des 19. Jahrhunderts zugrundelag, hatte also zum Fortschritt ihrer Forschung beigetragen. Doch jetzt ist dieses System verfallen, dennoch legen die Entdeckungen der physikalischen Wissenschaft in deutlicher Form keine Ersatzontologie nahe. Sind die Konturen der mechanistischen Ontologie hier durcheinandergeraten oder verwischt, so scheinen sie anderswo wieder auf und der Physiker könnte nur schwer vollkommen auf sie verzichten, wenn er nicht blind für eine Menge von Phänomenen werden will, deren mathematische Beschreibung sich auf relativ einfache Anschauungen stützt.

Wohin soll die Naturphilosophie bei diesem Stand der Dinge ihre Schritte lenken? Auf den ersten Blick ist der bequemste Weg der des Positivismus: Wenn die mechanistische Ontologie, so wird man dann sagen, die einzig mögliche ist, obgleich sie unangemessen bleibt, dann deshalb, weil die Naturwissenschaft keinerlei ontologischen Inhalt besitzt. Ihre Rolle besteht darin, die Erfahrungsdaten zu sammeln und zu verknüpfen, welche ihrerseits nicht die Eigenschaften der Dinge selbst zum Ausdruck bringen, sondern die Wechselwirkungen zwischen den untersuchten Gegenständen, den Versuchs- und Meßinstrumenten und dem sinnlichen, geistigen und sprachlichen Apparat der Forscher. All dies sind Dinge, die in Wirklichkeit ein und demselben Ganzen angehören und nur durch analytische Auswahlprozesse abtrennbar sind, die stets irgendeine Willkür enthalten. Die Geschichte der Physik zeigt, daß die Wahl des Mechanismus große Vorteile in sich birgt (vom Standpunkt der Naturwissenschaft aus zumindest ist es besser, sich das Atom als ein kleines Kügelchen vorzustellen als sich das Universum als ein großes Tier zu denken). Aber das ist genauso willkürlich und die Ergebnisse der modernen Physik zeigen die Grenzen seiner Brauchbarkeit. Der Gegenstand der Naturphilosophie schwindet nun dahin. Möglich bleibt allein eine Philosophie der Naturwissenschaft, die dem Inhalt ihres Wissens gleichgültig gegenüber steht, jedoch von einer allgemeinen Anthropologie, von einer Theorie und von einer Geschichte der Zivilisation abhängig ist. Der Mensch wird wieder, so wie es Protagoras und nach ihm Auguste Comte wollte, das Maß aller Dinge.

Eine solche philosophische Position läßt sich schwer in voller Strenge und ohne Paradox verteidigen, denn wenn das Wissen über die Natur selbst illusorisch ist, warum sind die Gelehrten dann so stark von dieser Illusion gefesselt? Warum versuchen gerade die, die so gerne, wenn es um die Methode geht, eine positivistische Philosophie propagieren, mit so viel Geduld und Leidenschaft, die Quarks zu „sehen" oder die Spuren des „big bang" auszumachen? Wie konnte diese Illusion der Naturwissenschaft in der Praxis so viel Erfolg haben und wie gelang es ihr, jene andere Illusion aus dem Feld zu schlagen, daß die Welt genauso beschaffen ist, wie es unsere Augen und unsere Ohren zeigen?

Auf den natürlichen „realistischen" Protest der Physiker gegen den Positivismus, soweit er die Regeln methodologischer Klugheit überschreitet, kann man sich eine weitere Antwort einfallen lassen, die die Möglichkeit eines Wissens bewahren würde, das über die einfache Anwendung eines bedeutungsfreien Formalismus auf die Ergebnisse hinausgeht. Sicherlich müßte man zunächst zu einer faktischen Gewißheit zurückkehren, der jede Naturphilosophie Rechnung tragen muß, nämlich, daß die wahre Sprache der physikalischen Wissenschaft die mathematische ist, wie man seit langem weiß. In dieser Hinsicht steht die moderne Physik in vollkommener Kontinuität zur klassischen Physik und nichts berechtigt zu der Annahme, daß die mathematische Redeweise der ersten sich weniger unmittelbar auf das „Reale" bezöge als die der zweiten. Der Unterschied taucht erst auf, wenn man durch einen in natürlicher Sprache formulierten Diskurs die „realen" Systeme zu kennzeichnen versucht, die von diesen oder jenen mathematischen Aussagen angepeilt wurden. Da tauchen die soeben angesprochenen Schwierigkeiten auf und es tut sich jene überraschende Kluft auf zwischen den adäquaten oder gemäß den erlaubten experimentellen Kriterien verbesserungsfähigen mathematischen Verkettungen und der philosophischen Sprechweise in natürlicher Sprache, die stets auf der Suche nach einer Kohärenz ist, welche ihr die in ihrem Vokabular und vielleicht in ihrer Syntax eingebauten mechanistischen Begriffe verwehren.

Diese neue und überraschende Situation ist nur in gewisser Weise komplementär zu einer anderen, sehr viel vertrauteren: der Inadäquatheit der mechanistischen Sprechweise für die Beschreibung der einfachsten Experimente bezüglich ganzer Gebiete von natürlichen Phänomenen. Wenn ich sage: „dieser Hund wedelt mit dem Schwanz, weil er soeben seinen Herrn wahrgenommen hat", dann drücke ich eine so vertraute Tatsache aus, daß ich es nicht notwendig habe, das Zeugnis der Odyssee dafür anzurufen, um ihre Bedeutung und ihre Wahrscheinlichkeit zu verbürgen.[7] Dennoch übersteigt dieser Satz die verfügbaren Mittel der mechanistischen Philosophie, innerhalb derer die Ausdrücke „wahrnehmen" und „Herr" keine Bedeutung haben — nicht mehr als das durch die Schrödinger-Gleichung definierte Symbol $\Psi$. Der Unterschied liegt offenbar darin, daß im Fall des Hundes der bedeutungstragende Satz, der der mechanistischen Philosophie entgeht, sich sehr gut in den natürlichen Sprache und überhaupt nicht in der Sprache der Mathematik ausdrücken läßt, während die Schrödinger-Gleichung nicht in die natürliche Sprachen übersetzt werden kann, vielleicht in Ermangelung einer adäquaten Naturphilosophie.

Von Bedeutung ist hier offensichtlich nicht das, was die Naturphilosophie über den Hundeschwanz und seine Bewegungen denkt, sondern vielmehr die Feststellung, daß die Beziehungen zwischen Naturphilosophie, natürlichen Sprachen und Sprache der Mathematik nur mit sehr vielen Vorsichtsmaßregeln vernünftig bestimmt werden können.

Man kann also a priori nicht die Möglichkeit einer Naturphilosophie ausschließen, die unter Verwendung aller Hilfsmittel der natürlichen Sprachen eine Ontologie intelligibel machen würde, die die Grenzen des Mechanismus überschreitet und imstande ist, das Mikroobjekt zu integrieren und in klarer Form die Aussagen der physiko-mathematischen Wissenschaft über dieses Objekt zu charakterisieren.

Noch hat niemand eine solche Philosophie erfunden, aber es ist ermutigend zu sehen, wie einige Gelehrte, die sich weder mit einem schlichten Verzicht auf die Philosophie zufrieden geben, noch an diesem Philosophieersatz Genüge finden, den der Positivismus darstellt, sich tastend auf Wege begeben, die noch dunkel, aber vielleicht vielversprechend sind. Wir denken u. a. an B. d'Espagnat[8] und D. Bohm[9].

*Anmerkungen*

1. Platon: Timaios 52a
2. R. Descartes, Metaphysische Meditationen, II. Meditation
3. Dirac hat diese Schwierigkeit der klassischen Theorien in der Physik klar herausgearbeitet. Principles of Quantum Mechanics, Oxford 1958, S. 3
4. Laplace, Exposition du systeme du monde, 6. Aufl. Buch 4, Kap. 18
5. R. Fox: The Rise and Fall of Laplacian Physics, in: Russell/McCormach (Hrsg.): Historical Studies and Physical Science. Princeton 4 (1974) S. 91
6. H. v. Helmholtz: Über die Erhaltung der Kraft, 1847
7. Homer: Odyssee, XVII/302
8. B. d'Espagnat: Auf der Suche nach dem Wirklichen. Berlin/Heidelberg/New York 1983
9. D. Bohm: Wholeness and the Implicate Order, London 1980

Mario Bunge

# Die Wiederkehr der Kausalität

Die letzten zwei Jahrzehnte sahen ein kräftiges Wiederaufleben kausaler Fragestellungen, Analysen und Theorien. Wie bei vielen anderen zentralen philosophischen Problemen verbirgt sich unter dem Namen Kausalproblem in Wahrheit ein ganzes Bündel von Problemen. Dieses Bündel läßt sich in zwei Teile gliedern:

(i) Das ontologische Problem der Verursachung, d. h. was ist Verursachung: welches sind die Bezugsobjekte der Kausalrelation (Dinge, Eigenschaften, Zustände, Ereignisse, mentale Objekte); wodurch wird die kausale Verknüpfung charakterisiert; in welchem Maße ist die Verknüpfung real; gibt es Kausalgesetze; wie spielen Kausalwirkung und Zufälligkeit ineinander, etc.

(ii) Das methodologische Problem der Kausalität, d. h. wie zeigt sich Verursachung, und was sind die Kriterien von Verursachung: wie erkennen wir eine kausale Verbindung und wie überprüfen wir eine kausale Hypothese?

Jedes dieser Teilsysteme ist randvoll mit Problemen, einigen alten und manchen neuen. Man denke nur an das schwierige Problem, kausale Relationen unter der Oberfläche statistischer Korrelationen aufzudecken, oder an das nicht weniger schwierige Problem, den kausalen Status einer gesetzesartigen Aussage zu bestimmen. Überdies bleibt die Zugehörigkeit jedes der obigen Unterprobleme mit der Zeit fließend. Keines jedoch von ihnen scheint einer erschöpfenden Behandlung entgegenzusehen, auch wenn gelegentlich ein übereiliger Philosoph die „endgültige" Lösung „des" Kausalproblems verkünden mag — vielleicht ohne sich überhaupt die Mühe gemacht zu haben, eine sorgfältige Formulierung des Kausalprinzips vorzuschlagen. Das ist in der Philosophie nichts Überraschendes: von Zeit zu Zeit sind Materie, Eigenschaft, Raum, Zeit, Gesetz, Determination, Zufall und viele andere metaphysische Kategorien für tot erklärt worden, bis man dann schließlich entdeckte, daß sie sich nicht kampflos ergaben. Philosophische Moden sind offenbar ebenso wandelbar wie die Kleidermode, und in keinem Fall zeigt eine solche Mode den inneren Wert eines Problems oder einer Theorie an.

Der hier gegebene Überblick richtet sich auf das ontologische Problem der Verursachung, ist aber nicht auf die philosophische Literatur beschränkt; er versucht ebenso, bestimmte Tendenzen in der neueren Wissenschaft aufzudecken.

## 1. Der Zustand des Kausalproblems in der Mitte des 20. Jahrhunderts

Eine Durchsicht der philosophischen Literatur zeigt, daß das Kausalproblem während der 30er, 40er und 50er Jahre keine Anziehung auf Philosophen auszuüben vermochte. Sicher, ein paar Bücher und Artikel zum Thema erblickten in dieser Zeit das Licht der Welt. Die meisten von ihnen wurden jedoch von Nichtphilosophen geschrieben und beschäftigen sich entweder mit dem angeblichen Tod der Kausalität im Würgegriff der Quantenmechanik oder aber mit Methoden, aus statistischen Korrelationen auf kausale Verknüpfungen zu schließen. Das allgemeine ontologische Problem der Verursachung wurde gewöhnlich außer acht gelassen, wie dies in der Tat überhaupt mit ontologischen Fragen geschah.

Die Kausalität war zum Opfer zweier tiefgreifender intellektueller Revolutionen in den 20er Jahren geworden, der Quantentheorie und des logischen Empirismus. Diese Revolutionen hatten sich keineswegs unabhängig voneinander ereignet. Tatsächlich wurde die Quantentheorie im Lichte des logischen Empirismus interpretiert — nämlich in der Sprache von Meßanordnungen — und diese Philosophie ihrerseits war die Erbin des Hume'schen Empirismus, der eine Verabschiedung der Verursachung als objektive Verknüpfung beinhaltete, sofern diese über den Begriff konstanter Verbindung und regelmäßiger Abfolge hinausging. Abgesehen davon war die Quantentheorie von Grund her probabilistisch. Man braucht sich also nicht zu wundern, daß Kausalität wissenschaftlich und philosophisch als tot erschien.

Diese Entwicklungen vollzogen sich zudem keineswegs isoliert voneinander. Zum einen waren die exakten Wissenschaften kaum an Relationen zwischen ganzen Ereignissen interessiert; stattdessen richtete sich ihre Aufmerksamkeit im wesentlichen auf Beziehungen zwischen Eigenschaften, dargestellt durch Funktionen („Variable"); und funktionale Relationen zwischen mathematischen Repräsentanten von Eigenschaften sind für sich genommen weder kausal noch akausal. Zum anderen erkannte man, daß Wahrscheinlichkeit eine ontologische Kategorie ist, und nicht nur einen Sumpf von Unwissenheit darstellt. Man muß dabei nicht ausschließlich an Quantensprünge und an die probabilistischen Streuungen von Elementarteilchen an Atomkernen denken, sondern ebenso an Genome, die das Produkt von Zufallsprozessen wie der Zufallsmischung von Genen in der Rekombinationsphase sind, und an die Zufallsmutationen, denen die Nukleinsäuren in der Zelle unterliegen. Die Quantentheorie und die Genetik sind auch nicht die einzigen Gebiete, in denen probabilistische Basisgesetze auftauchten: die Wahrscheinlichkeit begann, in die mathematische Psychologie (im besonderen die Lerntheorie) und in die mathematische Soziologie (im besonderen die Theorie der sozialen Mobilität) einzudringen. Das Ganze der zeitgenössischen Wissenschaft wurde von dem Begriff des Zufalls durchzogen. So begannen in der Mitte dieses Jahrhunderts Wissenschaftler und Philosophen sich darüber klar zu werden, daß Wahrscheinlichkeit nicht nur ein Name für unsere Unkenntnis der Ursachen ist: daß im Gegenteil Wahrscheinlichkeit eine Erscheinungsweise des Seins und Werdens darstellt. Daher mußte jede Theorie der Veränderung, die den Zufall ignoriert — und der Kausalismus tat eben dies — falsch sein (Cournot und Peirce hatten das Wissen darüber schon die ganze Zeit vorher).

Der Kausalismus, oder die Doktrin, nach der alle Beziehungen zwischen Ereignissen außer den bloß raumzeitlichen kausale Beziehungen sind, war damit gegen Mitte dieses Jahrhunderts infolge der wissenschaftlichen Entwicklungen wie des Aufstiegs des logischen Empirismus unhaltbar geworden. Jeder Versuch einer Wiederaufnahme der Diskussion kausaler Fragen erschien von da an weltfremd und zum Scheitern verurteilt. Wie wir jedoch aus der Philosophiegeschichte wissen, haben gewisse Probleme ihre eigene Hartnäckigkeit. Es stellte sich heraus, daß dies auch für das Kausalitätsproblem der Fall sein sollte.

## 2. Die Wiederentdeckung der Kausalität

Während sich Philosophen noch freuten, daß wieder ein lästiges Problem mehr verschwunden war, fuhren solche Leute, die mit praktischen Problemen beschäftigt sind, schamlos damit fort, in kausalen Begriffen zu denken. Ingenieure im besonderen können gar nicht anders verfahren, denn es ist nun gerade ihre Aufgabe, Systeme zu entwerfen, mittels derer Menschen Änderungen in ihrer Umwelt bewirken können. Genauso kommen Ärzte nicht an einem Studium der Entstehungsgeschichte von Krankheiten herum: vom Prinzip der Kausalität sind sie ebenso fest überzeugt. Auch Juristen zweifeln nicht an der Realität von Ursache und Wirkung, denn es gehört zu ihren Aufgaben, die Auswirkungen menschlicher Handlungen (oder Handlungsgeflechte) zu untersuchen. Unglücklicherweise gab es in der Mitte dieses Jahrhunderts kaum eine Technik-Philosophie oder eine Philosophie der Medizin; daher nahmen Philosophen keine Kenntnis von der Diskrepanz zwischen dem praktischen Vorgehen von Ingenieuren und Ärzten auf der einen Seite und der Philosophie der Verursachung auf der anderen. Die Rechtsphilosophie dagegen war sehr viel präsenter und steuerte ein bedeutendes Werk zu unserem Problem bei, nämlich „Causation and the Law" von Hart und Honoré (1).

Die Autoren dieses wichtigen und einflußreichen Buches zeigen überzeugend, daß kausale Fragestellungen in jedem Zweig der Rechtswissenschaft an der Tagesordnung sind und weiter, daß es hier eine Vielzahl kausaler Ansätze gibt, von denen einige von Philosophen noch gar nicht in Erwägung gezogen worden sind. Hart und Honoré schälen diese Ansätze sehr klar heraus (wenn auch nicht in exakter Form) und machen sie an einer großen Zahl von Rechtsfällen anschaulich. Ein erstes Ergebnis dieser Arbeit ist die Entdeckung der Mannigfaltigkeit von Ursachen, die verschiedene Rechtsexperten ein und derselben menschlichen Handlung unterlegen können. Man nehme nur einen Mord, der mit einem Gewehr ausgeführt wurde. Was oder wer verursachte hier den Tod des Opfers? Der Leichenbeschauer wird erklären, die Todesursache sei die Schußwunde gewesen. Der Staatsanwalt, daß es die Betätigung des Abzugs durch den Angeklagten war; und der Verteidiger, daß es die rauhe Behandlung des Angeklagten war oder das Klima der Gewalt, in dem er aufgewachsen ist, oder was man gerade mag. Selbst wenn sich alle Experten über die Fragen einig sind und im guten Glauben handeln, so wird doch wahrscheinlich jeder von ihnen ein Element des kausalen Geflechts oder ein Glied der kausalen Kette als die hauptsächlich oder im stärksten Maß relevante Ursache des Ereignisses auswählen — was solange völlig in Ordnung ist, als niemand bezweifelt, daß jedes dieser Elemente einen kausalen Beitrag geleistet hat.

Aus ontologischer Sicht sind die vielleicht am meisten interessierenden Fragen in rechtlichen Zusammenhängen nicht jene, die gesetzwidrige Handlungen betreffen, sondern die Fälle von Fahrlässigkeit oder Unterlassung, d.h. das Versäumnis, etwas zu tun, wenn aus moralischen oder gesetzlichen Gründen Handeln geboten war. Obgleich Unterlassungen in der Ontologie nicht den Status von Ursachen haben, werden sie in ethischen und juridischen Zusammenhängen als solche behandelt. Daher ist der Angestellte, der vergißt, die Tür zu schließen und dadurch einen Einbruch ermöglicht oder erleichtert, die konstitutive Ursache des Verbrechens und kann deshalb haftbar gemacht werden. Daß ein Nicht-Ereignis wie eine Unterlassung als Ursache gelten soll, klingt in der Ontologie absurd, nicht dagegen in der Ethik oder Rechtswissenschaft, und daher gibt dieser Fall einen guten Ausgangspunkt ab, wenn man den Unterschied zwischen Naturgesetz und moralischem (oder allgemeinem) Gesetz untersucht.

Eine andere Besonderheit, die juristisches und ethisches Denken von Ontologie unterscheidet, ist das Auftreten des Begriffs der Verantwortlichkeit, der im Bereich der Naturgesetze ganz fehlt und charakteristisch für die menschliche Sozietät ist (vielleicht überhaupt für Sozietäten von Säugetieren). So berührt es die beiden Bereiche Ethik und Strafgesetz, wer für ein Verbrechen moralisch verantwortlich ist (z.B. als Anstifter), nicht allein, wer es ausgeführt hat (d.h. das schlimme Resultat verursachte). Iwan Karamasow ist moralisch verantwortlich für den von Smerdiakow begangenen Mord und ist daher ebenso schuldig wie dieser. Kein Wunder, daß der Begriff der Verantwortlichkeit und seine Beziehung zu dem der Verursachung eine zentrale Rolle in der Abhandlung von Hart und Honoré spielt.

Im gleichen Jahr wie das vorgenannte Werk erschien das Buch des Verfassers: *„Causality: The Place of the Causal Principle in Modern Science"* (2). Dieses Buch scheint gerade im richtigen Augenblick erschienen zu sein, denn es wurde mehrfach besprochen und in mehrere Sprachen übersetzt. Es kritisierte eine Reihe von Doktrinen, unter ihnen die totale Verwerfung des Begriffs der Verursachung, seine Gleichsetzung mit regelmäßiger Abfolge oder mit konstanter Verknüpfung oder die Auffassung, nach der Verursachung die einzige Form von Determination ist. Darüberhinaus verteidigte es die folgenden Thesen:

(i) *Die Kausalrelation ist eine Beziehung zwischen Ereignissen* — nicht zwischen Eigenschaften oder Zuständen, geschweige denn zwischen Vorstellungen. Genauer ist Verursachung auch keine Relation zwischen Dingen (d.h. es gibt keine causae materiales). Wenn wir sagen, ein Gegenstand A veranlaßte einen Gegenstand B, C zu tun, so meinen wir, daß ein gewisses Ereignis (oder eine Menge von Ereignissen) in A eine Veränderung C im Zustand von B erzeugte.

(ii) Im Gegensatz zu anderen Relationen zwischen Ereignissen ist die Kausalrelation keine externe Beziehung zwischen ihnen, wie die Beziehung des gemeinsamen Auftretens oder der Koinzidenz und die zeitliche Nachfolgebeziehung: *Jede Wirkung ist irgendwie durch ihre Ursache(n) hervorgebracht (erzeugt).* Anders ausgedrückt, Verursachung ist eine Art der Ereigniserzeugung oder, wenn man diesen Ausdruck vorzieht, des Energietransfers.

(iii) *Die kausale Erzeugung von Ereignissen ist gesetzesartig* und nicht etwa unberechenbar. D.h., es gibt Kausalgesetze, oder wenigstens Gesetze von kausalem Status (und daher müssen Regularitäten unterschieden werden von Gesetzesaussagen wie sie Differentialgleichungen darstellen.).

(iv) *Ursachen können statistische Tendenzen motivieren* (im besonderen Wahrscheinlichkeiten), *sie sind aber keine Tendenzen.* Im Ausdruck „Ereignis X verursacht Ereignis Y mit der Wahrscheinlichkeit p" (oder: „Die Wahrscheinlichkeit, daß X das Ereignis Y verursacht, ist gleich p") sind die Terme „Ursachen" und „Wahrscheinlichkeit" nicht gegenseitig durcheinander definiert. Darüberhinaus ist strenge Kausalität nicht stochastisch.

(v) *Die Welt ist nicht streng kausal, obwohl sie determiniert ist:* nicht alle untereinander verbundenen Ereignisse stehen in kausaler Beziehung und nicht alle Regularitäten sind kausaler Natur. Verursachung ist daher nur eine Variante der Determination. Daher muß der Determinismus nicht eng als kausaler Determinismus aufgefaßt werden. Die Wissenschaft ist in einem schwachen Sinn deterministisch: sie fordert lediglich Gesetzesartigkeit (irgendeiner Art) und die Abwesenheit von Wundern.

Eine Flut von Artikeln und Büchern über Kausalität folgte der Publikation von (1) und (2): das Thema war nicht mehr länger tabu. So faßte Lerner (3) eine Reihe von Vorträgen zusammen, die im Semester 1960/61 von verschiedenen Autoren wie Ernest Nagel, Ernst Mayr, Talcott Parsons und Paul Samuelson gehalten wurden. Die *Encyclopedia of Philosophy* widmete dem Problem einen langen Artikel, der von Taylor (4) verfaßt wurde. Suppes veröffentlichte zwei Werke (5, 6), die eine probabilistische Theorie der Kausalität erörterten. Swechnikow (7) ging das Problem physikalischer Verursachung aus der Sicht des dialektischen Materialismus an. Von Wright (8) behandelte den Gegenstand der Verursachung im menschlichen Handeln aus dem Blickwinkel der hermeneutischen Philosophie. Wallace (9, 10) lieferte eine gelehrte historisch-philosophische Abhandlung über Kausalität. Mackie (11) unterzog die Hume'sche Doktrin einer neuen Untersuchung und analysierte verschiedene Begriffe von Verursachung, wie sie im Alltagswissen auftreten.

Harré und Madden (12) führten einen scharfen Angriff gegen Hume und seine Nachfolger und sprachen allen Gegenständen kausale Kräfte zu, d.h. Kräfte, um etwas hervorzubringen und zu erzeugen. Daher charakterisierten sie die Kausalrelation als jene, wodurch die mit „kausaler Kraft" ausgestatteten Einzeldinge Veränderungen in anderen Einzeldingen hervorbringen oder erzeugen. Schließlich untersuchte Puterman (13) unter dem Einfluß polnischer und sowjetischer Autoren das Problem der physikalischen Verursachung aufgefaßt als eine spezielle Form der Determination.

Alles in allem sahen die letzten zwei Jahrzehnte ein kräftiges Wiederaufleben philosophischer Studien der Verursachung. Dennoch warten wir immer noch auf ein zusammenhängendes Werk, das sich mit kausalem Denken auf allen Gebieten befaßt, von den Naturwissenschaften zu den Sozialwissenschaften und den verschiedenen Bereichen rationalen menschlichen Handelns.

## 3. Kausalität in der Physik

Vor einem halben Jahrhundert schien die Kausalität sich von der Physik verabschiedet zu haben und das aus zwei Gründen. Einmal, weil die Quantenmechanik und die Quantenelektrodynamik, als die zwei grundlegendsten Theorien der Physik, wesentlich stochastisch sind: ihre grundlegenden Gesetzesaussagen sind probabilistisch. Zum zweiten, weil entsprechend der üblichen Interpretation dieser Theorien — genannt die Kopenhagener Interpretation — jedes Quantenereignis das Resultat eines so oder anders ausgeführten menschlichen Eingriffs ist, so daß es keine subjektunabhängigen Kausalketten gibt. Mehr noch, Quantenereignisse, so wurde hervorgehoben, werden durch den Experimentator willkürlich „herbeigeführt".

Beide Argumente gegen Kausalität haben in den letzten Jahren viel von ihrer Kraft verloren. Zum einen wird die Kopenhagener Interpretation der Quantenmechanik nicht mehr ohne Einschränkung akzeptiert: mehr und mehr Physiker werden unzufrieden wegen ihrer subjektivistischen Aspekte (siehe z.B. Bunge (14) und Lévi-Leblond (15)). Zum anderen erkennt man allmählich, daß stochastisches Verhalten Verursachung nicht eliminiert, sondern die Kausalrelation modifiziert. Wenn z.B. ein Physiker die Wahrscheinlichkeit ausrechnet oder mißt, mit der ein Atom ein einlaufendes Elektron innerhalb eines gegebenen festen Winkels streut, so behandelt er dieses Ereignis mit der Vorstellung der Verursachung eines gewissen Ereignisses (Streuen des Elektrons in einem gegebenen Winkel), das mit der gegebenen Wahrscheinlichkeit durch das Feld des Atoms bewirkt wird. Er bestimmt also die Tendenz eines gegebenen Ereignisses (des „Stoßes" der zwei Entitäten), ein anderes Ereignis zu bewirken (die Streuung).

So taucht Kausalität, am Anfang durch die Quantenrevolution in die Versenkung verbannt, nun wieder auf, wenn auch in modifizierter Form. Auf der einen Seite enthalten alle Quantentheorien den Begriff der Kraft — der für den Begriff der Verursachung ein quantitatives Maß liefert — obgleich sie ihn in anderer Weise definieren als in der klassischen Physik üblich. Auf der anderen Seite enthalten sie nicht nur Wahrscheinlichkeiten spontaner (unverursachter) Ereignisse, wie radioaktive Zerfallsprozesse und Zerstrahlungen von Atomen in den leeren Raum, sondern auch Wahrscheinlichkeiten von Ereignissen, die durch äußere Wirkungsträger, etwa Felder, eingeführt werden. Nur ist die Ursache-Wirkungs-Relation in solchen Fällen probabilistisch statt deterministisch im engen Sinn. Und schließlich werden die kausalen Aspekte der Quantentheorien in wachsendem Maße als Repräsentanten kausaler Aspekte der Welt angesehen.

Was für die Physik gilt, gilt a fortiori für Astronomie und Kosmologie und ebenso für die Chemie und Geologie. Im besonderen die organische Chemie und Biochemie beschäftigen sich meist mit Makromolekülen und sind von daher empfänglicher für Kausalität als die Mikrophysik, obgleich im Prinzip die theoretische Chemie auf der Quantenphysik aufbaut. So bieten sich dem Biochemiker und dem Molekularbiologen wenig Gelegenheiten, sich des Quanten-Zufallsverhaltens in ihrer täglichen Arbeit zu erinnern: Sie denken nicht so sehr in Begriffen wie Übergangs- und Streuwahrscheinlichkeiten als vielmehr in der Sprache von chemischen Bindungen und Reaktionsenergien. Mehr noch, in der Behandlung großräumiger chemischer Reaktionen benutzen Chemiker die chemische Kinetik, deren Gleichungen lediglich Konzentrationen und ihre Änderungsraten (Ableitungen erster Ordnung) enthalten. Weil diese Gleichungen von erster Ordnung sind, haben in ihnen Trägheitsbewegungen keinen Platz. Das heißt, bei chemischen Reaktionen fehlt die Komponente der Eigenbewegung, die bei anderen Bewegungen so sehr ins Auge fällt. So scheint in der molekularen Chemie das Aristotelische Prinzip „causa cessante cessat effectus" erfüllt zu sein. (Vgl. Bunge (16)).

Ein anderes Feld, auf dem dieses Prinzip gilt, ist die Automaten-Theorie und ihre Anwendungen (z.B. in der Computerwissenschaft). In der Tat bleibt eine deterministische Maschine in ihrem gegebenen Zustand, solange sie keinen Außenreiz erhält, und sie springt in einen anderen Zustand genau in dem Moment, in dem sie einen solchen Impuls empfängt: Ihr fehlt das Merkmal der Spontaneität, und daher kann sie unmöglich das menschliche Gehirn nachahmen. Um es in formaler Sprache auszudrücken: Die nächste Zustandsfunktion M, die charakteristisch für den ihr entsprechenden Maschinentyp ist, bildet die Menge der geordneten Paare (Zustand, Input) in die Menge der Zustände ab, derart, daß $M(s,0) = s$, wenn s ein beliebiger Zustand und 0 der Null-Input ist (nebenbei bemerkt stellt die Funktion M eine mögliche Formalisierung der Kausalrelation her). Man beachte, daß die Vorstellungen von Raum und Zeit, die wesentlich für Hume's Konzeption der Verursachung waren, mit dem eben skizzierten Ansatz nichts zu tun haben.

## 4. Kausalität in der Biologie

Kausales Denken ist in der Biologie immer wirksam: in unserer Epoche jedoch war es ganz besonders bestimmend, vor allem auf den folgenden Gebieten: Evolution, zielgerichtetes Verhalten, kausale Wirkungen von höheren auf untere Ebenen der Komplexität (Abwärts-Verursachung) und Morphogenese. Betrachten wir zuerst die Evolutionstheorie. Molekularbiologen neigen zu dem Glauben, daß angesichts der Zufallsnatur der genetischen Rekombination und Mutation das Zufallsverhalten auf die Ebene des Biotischen übergreift und mehr noch, daß alles, was biologisch neu entsteht, sich durch Zufall bildet (vgl. Monod (17)).

Biologen, die sich mit ganzen Organismen beschäftigen, wissen jedoch, daß dies nur die eine Seite der Geschichte ist; daß die Umwelt Phänotypen, nicht Genotypen auswählt und daß solche Selektion nur zum Teil zufallsartig ist. Tatsächlich werden ja die schlecht angepaßten Lebewesen eliminiert und sie hinterlassen so keine Nachkommen: Ein Monster hat keine Chance, eine neue Linie der Evolution zu begründen. Aus diesem Grund sagt man auch, die Umgebung sei der Anti-Zufall oder der kausale Aspekt der Evolution (Dobzhansky (18)).

Was die finale Kategorie der Verursachung angeht, die noch von Rabelais, Bacon und Spinoza verlacht wurde, so ist sie unter dem Namen „Teleonomie" wieder im Gespräch (vgl. Mayr (19), Monod (17), Ayala (20)). So wird in der Tat oft behauptet, daß der wesentliche Unterschied zwischen der einfachsten Bakterienart und einem nicht belebten Gegenstand darin besteht, daß die erstere zielgerichtet ist, oder ein „teleonomisches Programm" in sich trägt. Und genauso wie die früheren Vertreter der Teleologie in der Tatsache der Adaption einen Beweis von Absicht und Ziel sahen, so tun dies auch die Teleologen (oder Teleonomen) unserer Tage. Ayala etwa schreibt: „Die Aspekte bei Organismen, die man teleologisch nennen kann, sind jene, die als Adaptionen identifiziert werden können"((21), S. 498). Aber diese Identifikation von Adaptiertheit mit Zielgerichtetheit diskreditiert die Theorie der Evolution mittels natürlicher Selektion als unnütz, denn der Kern dieser Theorie ist, daß Adaption, weit davon entfernt, Resultat eines gezielten Prozesses zu sein, das (teilweise durch den Zufall bestimmte) Ergebnis von genetischer Variation und Umweltselektion ist. Würde jedes Lebewesen sich teleologisch verhalten, so wäre es optimal adaptiert und die einzigen evolutionären Faktoren bestünden in Umweltkatastrophen.

Der Gedanke der „Abwärts-Verursachung" liegt in Folgendem: Während manche Genetiker behaupten, daß das Tierverhalten durch das genetische Muster bestimmt sei („Aufwärts-Verursachung"), weisen einige Forscher in der Verhaltensevolution darauf hin, daß die Sozietät den Genotyp beeinflußt und zwar durch Auswahl jener Individuen, die am besten der natürlichen und sozialen Umwelt angepaßt sind. („Abwärts-Verursachung"). Andere schließlich vertreten den Standpunkt, Aufwärts- und Abwärts-

Verursachung seien beide im Spiel (vgl. Campbell (22)). In Wahrheit wird der Begriff der „Verursachung" in diesem Kontext fälschlich verwendet, denn um was es hier geht, ist ein vielschichtiges System, wie es ein soziales Lebewesen darstellt, und zwei verschiedene Blickwinkel, unter denen es betrachtet wird. Der eine ist der „Aufwärts"-Blickwinkel, nach dem die Eigenschaften der höheren Ebene und die Gesetzmäßigkeiten des Systems von den Eigenschaften und Gesetzen seiner Komponenten (im besonderen seiner Nukleinsäuremoleküle) bestimmt werden (und somit auf diese reduzierbar sind). Die rivalisierende Sichtweise ist die „abwärts" gerichtete, nach der sich die Dinge gerade anders herum verhalten, d.h. das Verhalten des Systems auf seinen höheren Schichten (z. B. der sozialen) bestimmt das Verhalten seiner Komponenten. Daher selegiert die Umgebung (im besonderen die soziale Umgebung) durch Auswahl ganzer Organismen indirekt die genetische Ausstattung, d. h. die Zusammensetzung von RNS und DNS. Während die Wahrheit in einer Synthese der „aufwärts"- und der „abwärts"-Auffassungen zu liegen scheint, sollte doch keine dieser Auffassungen mit Hilfe des Begriffs der Verursachung formuliert werden, weil Schichten als Mengen nicht miteinander wechselwirken können (siehe Bunge (23)). Was wir hier vor uns haben, sind keine kausalen, sondern funktionale Relationen zwischen Eigenschaften und Gesetzen auf verschiedenen Schichten.

Schließlich hat auch die Morphogenese zwei Beiträge zum kausalen Denken beigesteuert. Der eine besteht in der Angabe einer Klasse von Modellen der Zellbindungen und anderer morphogenetischer Prozesse in rein physikalischen oder chemischen Begriffen, wie der Diffusion der Produkte chemischer Reaktionen und der Anziehung von Zellen der gleichen Art. Ein zweiter Beitrag kommt von der Katastrophentheorie, deren Bestreben in der Behandlung des Entstehens neuer Formen in allen Bereichen der Realität liegt, von der Hydrodynamik zur Biologie und Soziologie. Ihr Erfinder, der hervorragende Topologe René Thom (24), hat die Platonischen Formen wieder ausgegraben, die von selbst *ab extrinseco* auf träge Masse wirken (Er identifiziert Formen mit topologischen Gestalttypen und stattet sie mit formgebender Fähigkeit wie mit autonomer Existenz aus). Abgesehen davon, daß dies nichts als Platonismus in mathematischem Gewand ist, hat diese Theorie für ein außerordentliches Aufsehen unter Mathematikern gesorgt, die wie Thom, den wirklichen Mechanismen der Prozesse kaum weniger Aufmerksamkeit schenken könnten — im Besonderen sind dies quantenmechanische, molekulare (z. B. hormonale) und Selektionsprozesse. Wie vorauszusehen, wurde die Katastrophentheorie einer vernichtenden Kritik unterzogen (vgl. Zahler und Süssmann (25)).

Insgesamt sind kausale Fragen in unserer Epoche intensiv von Biologen und Biophilosophen diskutiert worden, im Gegensatz zu früheren Jahren, in denen die Betonung auf Beschreibung und Taxonomie lag. Die Wiedererweckung von finalen und formalen Ursachen legt jedoch nahe, daß das Differenzierungsniveau kausalen Denkens bezüglich lebender Systeme noch ziemlich dürftig ist.

## 5. Kausalität in der Psychologie

Der Behaviorismus war das goldene Zeitalter der Kausalität in der Psychologie und den Sozialwissenschaften. Tatsächlich haben das verhaltensorientierte oder Reiz-Reaktions-Schema und der unkonditionierte Reflex die Eigenschaften der kausalen Verbindung, besonders die stillschweigende, irreale Voraussetzung, daß die inneren Zustände des Organismus seine Reaktion nicht beeinflussen. So sollte unter den Voraussetzungen, daß das Lebewesen sich in einem Zustand befindet, der zur Menge der „normalen" Zustände gehört, daß es kein Gedächtnis hat und daß ein einzelner Reiz zu einem ganz bestimmten Zeitpunkt wirkt, jede Reiz-Reaktions-Beziehung konstant sein. Ein Stich in die Hand wird so immer zu einem Zurückziehen der Hand führen, außer natürlich, das Lebewesen ist betäubt worden. Der Grund für die Reaktionskonstanz ist, daß die Erregung auf einem direkten Weg im Nervensystem übermittelt wird, ohne Einwirkungen der höheren Zentren. Jede Abweichung vom Normalzustand des Nervensystems wird jedoch die Reiz-Reaktions-Beziehung verzerren. So kann eine Curare- oder Strychnin-Injektion die nervöse Leitung unterbrechen, so daß der Reiz nicht die übliche Reaktion hervorruft. Dies zeigt, daß Reiz-Reaktions-Relationen von begrenzter kausaler Reichweite sind. Präziser gesprochen, es zeigt, daß der Zustand des Systems beteiligt ist; nur spielt es keine Rolle, auf welchen Zustand der Input wirkt, solange wir keinen Wert darauf legen, zwischen den möglichen Reaktionen zu unterscheiden (mit anderen Worten, das Tier ist keine black box, sondern wenigstens eine grey box wie ein Automat).

Gehen wir im Nervensystem (oder im phylogenetischen Baum) höher hinauf, so entdecken wir, daß Reiz-Reaktions-Beziehungen eine noch weiter eingeschränkte oder sogar gar keine kausale Reichweite mehr entfalten können. Unter Umständen treffen wir auf vorstellungsgelenkte Vorgänge, die die Reaktionen zerstören oder verzerren, sich sogar gegenseitig hemmen oder neuartige Reaktionen hervorbringen können. So sind wir gelegentlich imstande, das Niesen zu unterdrücken und uns selbst gegen Schmerz gefühllos zu machen. Hier läßt sich noch mehr anführen: Einige dieser vorstellungsgelenkten Prozesse sind selbststartend und nicht durch äußere Sinnesreize hervorgerufen. Sie sind freilich nicht völlig unverursacht, sondern dürften sich als Resultat der Tätigkeit neuraler Systeme oder der Wechselwirkungen zwischen diesen und anderen Untersystemen des Körpers erklären lassen.

Aufgrund ihres wachsenden Interesses an inneren Zuständen entwickelte sich die Psychologie vom Behaviorismus weg, und damit auch vom Kausalismus. Ein anderer Faktor innerhalb dieses Trends war die Arbeit mit stochastischen Lernmodellen und an zufallsartig feuernden neuralen Vernetzungen. Obgleich die meisten der eben angesprochenen Psychologen Behavioristen oder höchstens Neobehavioristen waren, konzentrierten sie sich auf die Wahrscheinlichkeit einer korrekten Realisierung von Ergebnissen in einem gegebenen Versuch, und waren daher eher stochastisch als streng kausal eingestellt. Bis dahin jedoch bewahrten sie den Standpunkt der externen Betrachtung, die für kausales Denken typisch ist.

Die oben erwähnte Abwendung von der Kausalität in der Psychologie — vor allem in der physiologischen Psychologie und der Lerntheorie — hat keinen gewichtigen Einfluß

149

auf die Philosophie des Bewußtseins gehabt. Besonders die psychophysischen Dualisten aus der vielfältigen Schar der Interaktionisten vertraten nach wie vor die Auffassung, daß Gehirnprozesse mentale Prozesse verursachen könnten und umgekehrt, obgleich das Gehirn und der Geist zwei verschiedenartige Entitäten sind (siehe z. B. Popper und Eccles (26)). Aber der Begriff von wirksamer Ursache, der hier auftritt, ist natürlich der Vulgärbegriff, nicht der in der Naturwissenschaft verwendete; dort ist Verursachung eine Relation zwischen Veränderungen in konkreten Entitäten und darüber hinaus, wenigstens im Prinzip, in exakten Termen und nicht nur in der Umgangssprache beschreibbar. Für einen physiologischen Psychologen kann es keine Wirkung des Gehirns auf einen immateriellen Geist oder umgekehrt geben: er wird lediglich Wirkungen zugeben — einige von ihnen kausaler Art —, die von einem Subsystem des neuroendokrinen Systems auf ein anderes erfolgen. Zum Beispiel kann in manchen Yoga-Erfahrungen der cerebrale Kortex auf das autonome System wirken — so weit, wie es ein Glied zur Bewegung veranlassen kann. Für den Naturwissenschaftler sind dies biologische Prozesse, die erklärt werden können oder erklärt werden müssen, ohne Zuflucht zu einem immateriellen Geist oder Ich zu nehmen (Bunge (16), (27)).

Auch die Handlungstheorie ist voll von kausalem Denken. Ein Markstein unserer Epoche ist von Wright's „*Explanation and Understanding*" (8), eine Studie der Beziehungen zwischen menschlichen Zwecken, Handlungen und deren Resultaten und Konsequenzen. Von Wright baut stark auf den nicht-Humeschen Begriff von Verursachung als Ereigniserzeugung, und er trifft eine sinnvolle Unterscheidung zwischen dem Resultat und der Konsequenz einer menschlichen Handlung, zwei Begriffe, die gewöhnlich in der Kategorie der Wirkung miteinander vermengt werden. Jedoch ist das Vorbild seiner Analyse von Verursachung und kausaler Erklärung der probabilistische Automat mit endlicher Zustandsmenge (den er selbst nicht mit diesem Ausdruck bezeichnet). Dieses Modell dürfte seiner Absicht in gewissem Maße entgegengekommen sein, denn jeder Zustand des Automaten (oder Knoten seines Moore-Graphen) kann als Repräsentant einer „Lage der Dinge" (oder einer möglichen Welt") dienen, die durch menschliches Handeln beeinflußt werden kann. Doch alles, was dabei herauskommt, ist ein Fächer möglicher aufeinanderfolgender Zustände: Das Modell teilt uns nichts über den mutmaßlichen kausalen Mechanismus mit, der für die Entwicklung der Zustände „verantwortlich" ist — außer natürlich, man fügt das Postulat hinzu, daß der Mensch der einzige kausale Akteur im Universum ist. Jedenfalls macht von Wright wenig Gebrauch vom stochastischen Modell der Welt, wenn er den Punkt diskutiert, der ihn am meisten interessiert, nämlich die kausale Beziehung zwischen menschlichen Handlungen und ihren Konsequenzen. In gleicher Weise nimmt Tuomela in seinem umfangreichen Buch (28) über dasselbe Thema einen kausalistischen Standpunkt ein, und er macht im einzelnen die finale oder zweckgerichtete Verursachung zum Vorreiter seiner Theorie, vermutlich unter der zweifelhaften Voraussetzung, daß jedes menschliche Handeln absichtsvoll ist.

Zum Schluß wollen wir zur eigentlichen Psychologie zurückkehren, um einige neuere Studien zur Psychologie der Kausalität einzubeziehen, die in der Linie von Piagets klassischen Untersuchungen der 20er Jahre entstanden. Es gibt einige interessante neue Resultate auf diesem Gebiet, darunter die Arbeiten von Shultz (29) über die Frage, ob Kinder im Alter von 2 bis 13 Jahren sich kausale Beziehungen als bloße Verkettung (oder Abfolge) benachbarter Ereignisse vorstellen, oder aber in der begrifflichen Form des Energietransfers (d. h. der Ereignisgenerierung). Die Experimente weisen auf das zweite hin: Kinder sind von Natur aus keine Jünger Humes. Für das Verstehen von Veränderungen in der begrifflichen Form kausaler Mechanismen ergibt sich natürlich ein ziemlich abweichendes Bild (so fand z. B. Piaget (30) heraus, daß Kinder unter 11 Jahren, also bevor sie formale Operationen erfassen können, nicht in der Lage sind, den Klang einer Stimmgabel zu erklären, die durch die Vibrationen einer anderen in der Nähe befindlichen Stimmgabel ausgelöst werden). Unglücklicherweise haben es die meisten Psychologen unterlassen, den Begriff der Verursachung zu klären und sie neigen daher dazu, die Frage der „Wahrnehmung" von Verursachung mit den Problemen einer nomischen Auffassungsweise der Welt, der Erklärungsproblematik und dem Problem möglicher Folgerungsbeziehungen zu vermengen. Der Schluß daraus liegt auf der Hand, nämlich, daß man aufmerksam die Beschreibungen ihrer Experimente lesen sollte und weniger die Folgerungen, die sie selbst aus ihnen ziehen.

## 6. Kausalität in den Sozialwissenschaften

In menschlichen Angelegenheiten ist der Zufall immer gegenwärtig: Wäre dies nicht so, könnten wir zuverlässig den zukünftigen Zustand unserer Wirtschaft, unserer politischen Verhältnisse und sogar unserer kulturellen Formen vorhersagen. Verursachung jedoch ist ein Faktor, mit dem man nicht weniger rechnen muß. Jeder Mensch verläßt sich auf gewisse kausale Verbindungsglieder, wenn er die Absicht hat, jemand anderen dazu zu bewegen, irgendetwas zu tun oder wenn er jemanden davon abhalten will, ihn zu zwingen, sich in bestimmter Weise zu verhalten. Was für individuelle Handlungen gilt, gilt ebenso für gesellschaftliche oder wenigstens gemeinsam unternommene Handlungen. Sicher können wie im Fall der Physik, der Biologie und der Psychologie oft nur die Wahrscheinlichkeiten des Auftretens gewisser kausaler Verbindungen abgeändert werden; zum Beispiel kann soziale Mobilität (die eine Verhaltenswahrscheinlichkeit darstellt) verstärkt oder geschwächt werden. Dies aber mag für praktische Zwecke durchaus hinreichen und es zeigt jedenfalls, daß die Sozialwissenschaften die Kategorie der Verursachung nicht ignorieren können. Aber genau dies ist es, was sie während der langen Phase positivistischer Sozialwissenschaften versucht haben, einer Phase, die Historiker bis auf Ranke zurückdatieren.

Unsere Epoche sah den Anfang vom Ende der Nacht einer bloß erzählenden (oder „objektiven") Historiographie in den englisch-sprachigen Ländern. (Die Suche nach kausalen Verknüpfungen hatte schon früher begonnen, besonders bei den französischen Sozial- und Wirtschaftshistorikern Fernand Braudel und Pierre Vilar. Das Werk dieser wissenschaftlichen Außenseiter war jedoch in den englisch-sprachigen Ländern bis vor wenigen Jahren unbekannt). Das englische Manifest der analytischen (oder interpretativen) Geschichtsschreibung war Carrs „*What is History?*" (31). Dieses Buch, das ein ganzes Kapitel dem Thema Verursachung widmete, verkündete den Slogan: „Das Studium der Geschichte ist ein Studium von Ursachen" (S. 113).

Der Historiker, so schreibt Carr, wird gewöhnlich einem bestimmten Ereignis mehrere Ursachen zuschreiben und sie dann entweder nach ihrer Wichtigkeit oder in ihrer zeitlichen Ordnung einstufen (Machiavelli-Knoten). Unglücksfälle oder Zufallsereignisse (im Aristotelischen Sinn des Wortes), wie Antonius' Leidenschaft für Cleopatra, liegen nicht außerhalb kausaler Ketten, sondern sind Glieder kausaler Ketten, die mit der einen in Wechselwirkung treten, für die der Historiker sich gerade interessiert. Carr kritisiert Sir Karl Popper für dessen Behauptung, daß in menschlichen Angelegenheiten fast alles möglich sei, und für sein mangelndes Erfassen der kausalen Netze, die historischen Prozessen zu Grunde liegen. Und er kritisiert Sir Isaiah Berlin für seine Auffassung, historischer Determinismus sei moralisch verwerflich, weil dieser durch den Versuch, menschliche Handlungen in kausaler Begrifflichkeit zu erklären, den freien Willen leugne und Historiker ermutige, ihrer ureigenen Verantwortung auszuweichen, die darin bestehe, die Napoleons und Stalins der Geschichte zu verdammen. Wahr genug, erinnert uns Carr daran, daß es die Aufgabe des Historikers ist, Tatsachen zu entdecken und zu erklären und nicht Moral zu lehren.

Der amerikanische Historiker Lawrence Stone denkt in dieselbe Richtung und so, wie Carr an der Russischen Revolution arbeitet, untersucht er den Englischen Bürgerkrieg (32) und versucht, das aufzudecken, was er die Vorbedingungen, Beschleuniger und Auslöser dieses komplexen Prozesses nennt. Obwohl er die Ansätze der narrativ und der analytisch eingestellten Historiker gegenüberstellt, glaubt Stone, daß der Hauptunterschied zwischen ihnen darin besteht, daß „der erste innerhalb eines Rahmens von Modellen und Annahmen arbeitet, deren er sich nicht immer voll bewußt ist, während der zweite sich darüber im klaren ist, was er tut, und dies auch explizit angibt" (S. XI).

Eine ähnliche Abwendung vom Deskriptivismus in Richtung einer Suche nach kausalen Bindegliedern ereignete sich ungefähr zur selben Zeit in der Anthropologie und Archäologie. Die Beschreibung von Kunstgegenständen, abgehoben von ihrem sozialen Ort, wurde ersetzt durch eine versuchsweise Erklärung ihrer Funktion oder ihres praktischen Gebrauchs. Und die Beschreibung kultureller Verhaltensweisen wurde durch Hypothesen über die sozialen Strukturen und ökonomischen Bedingungen ergänzt. Die Sozialanthropologie eroberte sich einen festen Platz und die Notwendigkeit theoretischer Orientierung wurde fühlbar, als die Praktiker vor Ort begannen, zusätzlich zu Spaten und Tonbandgeräten ihre Gehirne zu gebrauchen. Der Markstein dieser Epoche ist Harris' brillantes und eloquentes Buch „Rise of Anthropological Theory" (33), eine durchschlagende Kritik des antitheoretischen Vorurteils ebenso wie des kulturellen Idealismus. Harris verteidigt dagegen den kulturellen Materialismus, der in der Tat eine Variante des ökonomischen Materialismus darstellt. Ebenso tritt er für den Operationalismus ein und pflegt wie die meisten Sozialwissenschaftler als „Theorien" etwas zu bezeichnen, was größtenteils Hypothesen sind. Er klagt die Suche nach bloß statistischen Korrelationen an, die Computern anvertraut werden könnte und wenig zu unserem Verständnis der sozialen Realität beitrüge; dagegen macht er geltend, daß „Kausalität lebendig ist und überall ihre Lebenskraft beweist" (S. 620).

Die Ökonomen teilen sich in verschiedene Fraktionen nach der Bedeutung, die sie kausalen Hypothesen beimessen und ebenso nach ihren Vorstellungen, die sie von der Natur solcher Hypothesen haben. So macht sich Samuelson (34) die Auffassung von Verursachung als regulärer Abfolge in der Zeit zu eigen und betrachtet konsequenterweise Differenzengleichungen und Differentialgleichungen mit der Zeit als unabhängiger Variable als Kausalgesetze. An einer regulären Abfolge von Ereignissen müssen aber gar keine kausalen Verknüpfungen beteiligt sein und, ohne daß die beschreibenden Gleichungen mit semantischen Annahmen angereichert werden, die auf kausale Faktoren weisen, sind diese Gleichungen weder kausal noch akausal (siehe (2)). Nebenbei, so unbeteiligt an Ursachenforschung der theoretische Ökonom zu sein vorgibt, der praktische Ökonom — zum Beispiel der Finanzminister — ist, um vorsorgen und planen zu können, darauf angewiesen, zu wissen, welche Wirkung es hat, in einer gegebenen Situation mehr Geld zu drucken, was ein Schließen oder Öffnen der Zollgrenzen bewirkt und so weiter.

Der Ökonometriker Wold (35) betont die Bedeutung der Suche nach kausalen Bindegliedern und diskutiert einige paradoxe Ereignisse, die sich ergeben, wenn man sich nicht darum kümmert, Ursachen und Wirkungen klar herauszuarbeiten. Zum Beispiel kann es passieren, daß man für ein gegebenes Paar von Variablen x und y (z. B. Nachfrage und Preis) zwei lineare Regressionsgleichungen hat, etwa $y = ax + b$ und $x = cy + d$, so daß das System, das sie darstellen, nicht konsistent ist. Aber hier werden in der Tat zwei verschiedene Hypothesen ausgedrückt und sie sollten deshalb nicht zusammen betrachtet werden. In der ersten wird y kausal durch x beeinflußt, während in der zweiten die entgegengesetzte kausale Beziehung angenommen wird. Das Problem kann dann nicht gelöst werden, ohne daß man sich für eine der Hypothesen entscheidet.

Schließlich haben Soziologen ihre Arbeit an dem methodologischen Problem fortgesetzt, wie man aus statistischen Korrelationen auf kausale Vernetzungen schließen (oder solche wenigstens vermuten) kann. Zwei der besonders hervorragend auf diesem Gebiet Tätigen sind Blalock (36) und Boudon (37). Der Philosoph wird erstaunt sein, zu sehen, daß diese und andere Forscher Eigenschaften („Variable") wie Alter und Geschlecht als mögliche Ursachen oder Wirkungen behandeln. Er wird sich eher wünschen, (relative) Differenzen in den Werten solcher „Variablen" als Ursachen oder Wirkungen zu deuten, weil letztere immer Änderungen in Eigenschaften (und damit in Zuständen) sind.

So weit für einen Überblick über kausales Denken in den Einzelwissenschaften. Nun wollen wir uns wieder der ausdrücklichen Philosophie von Verursachung zuwenden, wie sie sich in der jüngeren Literatur findet.

## 7. Ordinary language-Analysen des Verursachungsbegriffs

Die meisten Philosophen analysieren den Begriff der Kausalrelation (oder der Alltagssprache), wobei sie gelegentlich eine Prise Logik hinzufügen. Letztere dient oft als Teppich, unter den der begriffliche Unrat des Alltagsverstandes gekehrt wird. Ein Beispiel dafür ist der oft zitierte Text von Davidson (38). Dieser Artikel bezweckt, die logische Form singulärer Kausalaussagen zu untersuchen wie etwa „Die Überschwemmung verursachte die Hungersnot" und ebenso die Form von Kausalgesetzen — dafür wird kein Beispiel angegeben. Der Kern der Sache aber, nämlich der Ausdruck „c verursacht e" wird nicht anders als linguistisch analysiert. Es fehlt auch jeder Versuch, zu überprüfen, ob es irgendwelche echten Gesetzesaussagen gibt, die die gegebene Analyse stützen. Ein Vorgehen, das den Dogmatismus beleuchtet, zu dem die Kultivierung des Alltagsverstandes führen kann.

In einem anderen häufig zitierten Text behauptet Scriven (39), daß „eine Ursache oder eine Wirkung (mindestens) soviel bedeuten kann wie ein Zustand, ein Ereignis, eine Relation, eine Anordnung, ein Vorgang, ein Gegenstand, eine Möglichkeit, ein Gedanke oder die Abwesenheit von all diesem" (S. 50). Der Grund für solche Permissivität besteht darin, daß Scriven — genauso wie Davidson (36), Vendler (40) und andere — hauptsächlich an alltagssprachlichen Ausdrücken interessiert ist, unter denen wir solche finden wie „Susanne wurde krank, weil sie nicht aß" — mit dem suggestiven Eindruck, daß ein Nicht-Ereignis kausale Wirksamkeit hätte. Aber solche Ausdrücke sind natürlich nur handliche Abkürzungen für langwierige Verknüpfungen von Sätzen über das Verhalten des menschlichen Stoffwechsels unter verschiedenen Bedingungen der Nahrungsaufnahme. Es sind diese Sätze, nicht ihre alltagssprachliche Kurzfassung, die untersucht werden sollten, wenn jemand kausale Verknüpfungen ausgraben und damit herausfinden will, welche Art von Objekten durch solche Verknüpfungen in Beziehung gesetzt werden können. Alltagssprache ist etwas, das analysiert, verfeinert oder gar verworfen werden muß, anstatt unbesehen übernommen zu werden.

In keinem Fall würde sie uns helfen, eine kausale Analyse wissenschaftlicher Theorien durchzuführen; a fortiori ist sie nicht dazu geschaffen, kausale Gesetzesaussagen hervortreten zu lassen, ganz zu schweigen vom kausalen Status von Gesetzesaussagen. Mackie (11) weist darauf hin, daß es eine Vielzahl von kausalen Ansätzen gibt und plädiert für Toleranz gegenüber der Einführung neuer Entwürfe. Wir können, wenn wir wollen — so seine Argumentation — nicht nur von notwendigen und hinreichenden Ursachen reden, sondern auch von Ursachen, die nur notwendig oder nur hinreichend sind. Und er behauptet weiter, daß wir in allen Fällen kausaler Aussagen Argumente über negierte Tatsachen (kontrafaktische Konditionale) voraussetzen. Man kann erwidern, daß letztere brauchbare heuristische Anhaltspunkte dafür abgeben können, um auf kausale Verbindungsglieder zu schließen oder solche zu vermuten — wie etwa in „Wenn A nicht gehandelt hätte, hätte sich B mit Sicherheit nicht ereignet" — nicht aber für das Formulieren kausaler Hypothesen (Nebenbei, wir wissen, was es bedeutet, für eine Aussage eine andere vorauszusetzen, aber nicht, was es heißt, für eine Aussage einen kontrafaktischen Satz vorauszusetzen, der keine Aussage ist).

Einige Philosophen meinen, der Begriff der Kausalrelation könne innerhalb des Aussagenkalküls formalisiert werden, nämlich so: $C \rightarrow E$ (hinreichende Verursachung), $E \rightarrow C$ (Notwendigkeit) oder $C \leftrightarrow E$ (notwendige und hinreichende Verursachung), wobei C und E dann wieder in Konjunktionen oder Disjunktionen aufgelöst werden. Das aber reicht offensichtlich nicht aus, denn nach allem Dafürhalten ist die kausale Verknüpfung eine Relation und erfordert deshalb zumindest den Prädikatenkalkül. Die allgemein gebräuchliche Maxime „Jedes Ereignis hat eine Ursache" kann daher so formalisiert werden:

$$(x) \ (Ex \rightarrow (\exists y) \ C y x).$$

Aber sogar diese verfeinerte Analyse ist unzureichend, weil sie die Prädikate C und E nicht mit analysiert: Sie teilt uns nicht einmal mit, auf welche Arten von Objekten man diese Prädikate anwenden kann. So sind also die elementaren Analysen der Kausalrelation — das gewichtigste noch, was wir von ordinary language-Philosophen erhalten haben — unzulänglich. Hier müssen tiefer schürfende Ansätze unternommen werden.

## 8. Der probabilistische Ansatz

Einer Reihe von Denkern drängte sich der Eindruck auf, daß Verursachung nur eine spezielle Form von Verhaltenstendenz darstellt. Man betrachte einen Gegenstand b am Ort p mit zwei Freiheitsgraden der Bewegung oder einer anderen Veränderung: zur linken und zur rechten Seite. Man nehme weiter an, daß b, lokalisiert in p, sich mit der Wahrscheinlichkeit P nach der linken Seite oder mit der Wahrscheinlichkeit 1-P nach der rechten Seite bewegen kann. Wenn P weder 1 noch 0 ist, wird eine dieser beiden Veränderungen eintreten. Wenn aber P = 0 ist, wird b sich nach rechts bewegen, wenn P = 1, dann nach links. Die Verallgemeinerung scheint auf der Hand zu liegen: Determiniertheit ist ein Grenzfall von Wahrscheinlichkeit.

Der obige Gedanke ist von Suppes systematisch verfolgt worden (5, 6). Eine Ursache ist nach seiner Einschätzung etwas, das Wahrscheinlichkeiten erzeugt. Genauer, wenn $A_t$ ein Ereignis zur Zeit t ist und $B_{t'}$ ein Ereignis zu einer späteren Zeit $t' > t$, dann nennt man $A_t$ eine *prima facie-Ursache* von $B_{t'}$ genau dann, wenn bei gegebenem $A_t$ die bedingte Wahrscheinlichkeit von $B_{t'}$ größer ist als die absolute Wahrscheinlichkeit, d.h.

$$P(B_{t'} | A_t) > P(B_t).$$

Eine *hinreichende oder bestimmende Ursache* wird dann definiert als eine Ursache, die ihre Wirkung mit der Wahrscheinlichkeit 1 erzeugt. Und eine *unechte Ursache* ist eine *prima facie-Ursache*, die keinen Einfluß auf das Resultat hat. Die gesamte Theorie besteht in einer sorgfältigen Ausarbeitung dieser Definitionen mit Hilfe des Wahrscheinlichkeitskalküls. Die einzige (stillschweigende) Hypothese ist das, was Physiker mißverständlich „Kausalitätsbedingung" nennen, d. h. die Annahme, daß Einflüsse ihren Wirkungen vorausgehen. Keine andere Annahme wird verwendet, noch nicht einmal — wie Suppes selbst hervorhebt — die Hypothese, daß jedes Ereignis eine Ursache hat. Das Buch vertritt somit eine nichtkausale Theorie von Verursachung: genauer, es ist eine in exakte Sprache gefaßte moderne Version der Hume'schen Auffassung von Verursachung als konstanter Verknüpfung oder Abfolge.

Diese Analyse von Verursachung ist aus den folgenden Gründen inadäquat (weitere Kritikpunkte siehe bei Bunge (40)): Zuerst einmal segnet sie den *post hoc ergo propter hoc*-Fehlschluß ab. Man betrachte dazu die Ereignisse

$A_t$ = Das Barometer fällt (hier) zur Zeit t.

$B_{t'}$ = Es regnet (hier) zur Zeit $t' > t$

Da die Wahrscheinlichkeit, daß es an einem gewissen Ort regnet, gegeben das Barometer ist gefallen, größer ist als die absolute Wahrscheinlichkeit des Regnens, sind wir eingeladen, das Fallen des Barometers als Ursache des Regens anzusehen. Zum zweiten, aufgrund desselben Merkmals vermag die Hume-Suppes-Analyse nicht zwischen gut gestützten (aber vielleicht zufälligen) positiven Korrelationen und Verursachung zu unterscheiden. Drittens macht Suppes sich unkritisch den vagen Ereignisbegriff zu eigen, wie er in der Wahrscheinlichkeitstheorie verwendet wird, wobei ein Ereignis nur ein Element aus einer Familie von Mengen darstellt, die den Definitionsbereich des Wahrscheinlichkeitsmaßes bildet. Folgerichtig kann er eigentliche Ereignisse (d. h. Veränderungen in den Zuständen von Gegenständen) nicht von Eigenschaften und Zuständen oder sogar von rein begrifflichen Objekten unterscheiden. So kommt er dazu, von *negativen Ereignissen* zu sprechen, wie etwa das Ereignis, keine Erklärung zu bekommen, und damit dann auch von *logischen Ereignissen*, z. B. eine Erkältung zu bekommen oder keine Erkältung zu bekommen — was noch ganz in Ordnung ist, solange man bei der probabilistischen Verwendung von „Ereignis" bleibt, aber keine Hilfe für den Wissenschaftler und den Philosophen bedeutet, für den es lediglich „positive" Ereignisse und (affirmative und negierende) Behauptungen über Ereignisse gibt.

Zusammenfassend, der probabilistische Ansatz des Kausalproblems bekommt den eigentlichen Begriff von Verursachung als eine Art der Ereignisgenerierung nicht in den Griff. Ein alternativer Ansatz, genauso exakt, aber besser begründet, muß daher unternommen werden. Der sogleich diskutierte scheint dabei der am meisten versprechende Weg zu sein.

## 9. Der Zustandsraum-Gesichtspunkt

In den Naturwissenschaften sind sowohl Ursachen als auch Wirkungen Ereignisse, d. h. Veränderungen des Zustands konkreter Gegenstände, seien es nun Felder, Organismen oder Gemeinschaften (Gegenstände, ihre Eigenschaften und Zustände, haben nicht den Status von Ursachen oder Wirkungen, sondern rangieren vielmehr als Bedingungen, Ergebnisse oder ähnliches). Es reicht aber nicht aus, zu sagen, die Kausalrelation sei eine Beziehung zwischen Ereignissen. Es genügt auch nicht, hinzuzufügen, daß die Kausalrelation nichtreflexiv, asymmetrisch und transitiv ist, allein schon aus diesem Grund, daß es unendlich viele Relationen mit diesen formalen Eigenschaften gibt. Wir müssen spezifizieren, aber nicht so sehr, daß die geforderte Allgemeinheit verlorengeht.

Der Weg, mit Gegenständen und ihren Veränderungen in allgemeiner Weise umzugehen, ohne irgendwelche besonderen Gesetze vorauszusetzen, ist die Verwendung des Zustandsraum-Ansatzes (ein System der Ontologie, das auf diesem Weg konzipiert ist, sowie weitere Details über die daraus folgenden Aspekte, siehe Bunge (41)). Man betrachte irgendeinen konkreten Gegenstand — gleich ob Teilchen oder Feld, Atom oder chemisches System, Zelle oder Organismus, Ökosystem oder Gesellschaft. Wir wollen annehmen, daß jeder Gegenstand zu jedem Zeitpunkt sich in dem einen oder anderen Zustand relativ zu einem gegebenen Bezugssystem befindet, und daß kein Gegenstand ewig in demselben Zustand verharrt. Ein Weg, Zustände und Veränderungen von Zuständen zu beschreiben, ist der folgende:

Man verfertige eine Liste aller (bekannten) Eigenschaften des betreffenden Gegenstandes und stelle jede Eigenschaft durch eine (mathematische) Funktion dar. Solch eine Liste (oder n-Tupel) ist die Zustandsfunktion des Gegenstandes: Wir nennen sie F. Die Veränderbarkeit eines Gegenstandes spiegelt sich in der Zeitabhängigkeit von F wieder. Mit laufender Zeit wandert der Wert von F zum Zeitpunkt t, d. h. F(t) durch einen abstrakten Raum. Dieser Raum wird *Zustandsraum* des Gegenstandes x genannt oder kurz S(x). Jedes Ereignis oder jede Veränderung, die sich in x ereignet, kann durch ein geordnetes Paar von Punkten in S(x) dargestellt und durch einen Pfeil, der die beiden Punkte verbindet, veranschaulicht werden. Die Gesamtheit aller solcher Paare bildet den *Ereignisraum* von x oder E(x). Die Menge aller tatsächlich möglichen (d. h. gesetzesartig zugelassenen, nicht nur vorstellbaren) Ereignisse in (oder Veränderungen an) dem Gegenstand x, also E (x), ist eine Untermenge des cartesischen Produkts von S(x) mit sich selbst.

Die Aussage, daß das Ereignis e sich innerhalb des Gegenstandes x oder an ihm ereignet, wird so abgekürzt: e ∈ E(x). Ein Vorgang im Gegenstand x ist darstellbar als eine Abfolge (oder Liste) von Zuständen von x oder andernfalls als eine Liste von Ereignissen in x. Eine brauchbare Darstellung der Menge aller Veränderungen, die sich in einem Gegenstand x während einer gegebenen zeitlichen Periode ereignen, erhält man, wenn man alle geordneten Paare (t, F(t)) aus den Zeitpunkten und den entsprechenden Zuständen des Gegenstandes bildet. Solch eine Menge, also $h(x) = \{(t, F(t)): t \in T\}$, kann man als die *Geschichte* von x in der Epoche T bezeichnen.

Betrachten wir nun zwei verschiedene Gegenstände oder Teile von Gegenständen. Wir wollen sie x und y nennen und mit h(x) und h(y) ihre jeweilige Geschichte in einem gewissen Zeitintervall bezeichnen. Weiter nennen wir h(y/x) die Geschichte von y für den Fall einer Einwirkung von x auf y. Dann können wir sagen, daß x auf y genau dann *einwirkt*, wenn h(y) ≠ h(y/x), d. h. wenn x Veränderungen in den Zuständen von y herbeiführt. Der totale Einfluß (oder die totale Wirkung) von x auf y wird definiert als die Differenz zwischen der erzwungenen Trajektorie von y, h(y/x), und seiner freien Trajektorie h(y) im vollständigen Zustandsraum, also als $A(x, y) = h(y/x) \cap \overline{h(y)}$ wobei $\overline{h(y)}$ das Komplement von h(y) in dem gegebenen Raum ist. Auf die gleiche Weise wird die Rückwirkung von y auf x dargestellt. Die Wechselwirkung zwischen Gegenständen x und y ist natürlich die mengentheoretische Vereinigung von A(x,y) und A(y,x).

Betrachten wir schließlich noch eine Veränderung *c* (ein Ereignis oder ein Prozeß) innerhalb eines Gegenstandes *x* in einem Zeitintervall $\tau_1$, und eine andere Veränderung *e* (Ereignis oder Prozeß) innerhalb eines Gegenstandes *y* ≠ *x* in einem anderen Zeitintervall $\tau_2$. (Der eine Gegenstand darf dabei ein Teil des anderen sein und die Veränderungen und Zeitintervalle beziehen sich auf ein gemeinsames Bezugssystem). Dann sagen wir, daß die Veränderung *c* eine Ursache der Veränderung *e* ist genau dann, wenn folgendes erfüllt ist:
(i) *e* beginnt später als *c* und
(ii) die Geschichte *h(y/x)* von y im Intervall $\tau_2$ ist enthalten in dem vollständigen Einfluß A(x,y) von *x* auf *y* im Intervall $\tau_1 \cup \tau_2$.

In diesem Fall wird *e* als eine *Wirkung* von *c* bezeichnet.

Nachdem wir die Begriffe Ursache und Wirkung definiert haben, können wir nun das strenge *Kausalprinzip* aufstellen. Eine mögliche Formulierung dieses Prinzips ist: „Jedes Ereignis ist durch ein anderes Ereignis verursacht". Präziser: „Sei x ein Gegenstand mit Ereignisraum F(x) (relativ zu einem Bezugssystem). Dann gibt es für jedes $e \in E(x)$ einen anderen Gegenstand $y \neq x$ mit Ereignisraum E(y) relativ zum selben Bezugssystem, so daß $e'' \in E(y) e$ verursacht". Es ist eine These von (2), daß das Kausalprinzip niemals streng erfüllt ist, weil es zwei allgegenwärtige Aspekte des Werdens vernachlässigt: Spontaneität (oder Eigenbewegung) und Zufall.

Die Problematik raumzeitlicher Nachbarschaft, der Kontinuität etc. können mit Hilfe der obigen Begrifflichkeit und einer Theorie von Raum und Zeit behandelt werden (siehe Bunge (16)). Es wäre von Interesse, einmal alle möglichen kausalen Dogmen innerhalb des begrifflichen Rahmens des Zustandsraums zu formulieren. Dies würde es erleichtern, sie untereinander zu vergleichen und sie mit den allgemeinsten Prinzipien der Naturwissenschaft zu konfrontieren. Aber das ist nur eines unter den vielen offenen Problemen in der Ontologie der Wissenschaft.

## *10. Schluß*

Noch vor zwanzig Jahren glaubte man das Kausalproblem ein für allemal begraben. Nun ist es so lebendig, wie ein philosophisches Problem eben sein kann. Philosophen haben zu ihm zurückgefunden, einige von ihnen bewaffnet mit neuen, wirksameren analytischen Werkzeugen, und Wissenschaftler sprechen unerschrocken von kausalen Faktoren, Wirkungen und kausalen Vernetzungen.

Gewiß glauben nur wenige an die universelle Gültigkeit des Kausalprinzips: angesichts der Universalität von Zufall und Spontaneität (oder Auto-Determination) haben wir es eingeschränkt. Dennoch denken wir weiter in den Kategorien von Ursache und Wirkung und ebenso in kausalen und nichtkausalen Beziehungen zwischen Ursachen und Wirkungen. Im besonderen können wir häufig die Wahrscheinlichkeit abschätzen oder messen, mit der ein gegebenes Ereignis ein bestimmtes Resultat oder eine bestimmte Wirkung haben wird — aber gewöhnlich verkennen wir Wahrscheinlichkeiten nicht als kausale Verbindungen.

Einen extremen Kausalismus haben wir verworfen, aber — weit entfernt davon, Indeterministen zu werden — haben wir den Determinismus mit neuen, nichtkausalen Bestimmungen angereichert. Und noch immer befinden wir uns auf dem Weg, unseren grundlegenden Begriffen und Hypothesen hinsichtlich der Verursachung Gestalt zu geben.

Ich danke Herrn Prof. Kanitscheider für die Einladung, zu dieser hervorragenden Aufsatzsammlung beitragen zu können und ebenso bedanke ich mich bei Dipl.-Math. Bartels, daß er mich auf einen formalen Fehler hingewiesen hat.

# Literaturangaben

Ayala, F.J. (20) Teleological Explanation in Evolutionary Biology, Philosophy of Science 37 (1970), 1 — 15

Blalock, H.M., Jr., and Blalock, A.B. (Eds.) (36) Methodology in Social Research. New York: McGraw-Hill, 1968

Boudon, R. (37) L'analyse mathématique des faits sociaux. Paris: Plon, 1967

Bunge, M. (2) Causality: The Place of the Causal Principle in Modern Science. Cambridge, Mass.: Harvard University Press, 1959, Rev. eds.: Cleveland and N.Y., The World Publ. Co., 1963; New York, Dover 1979
— (13) Philosophy of Physics. Dordrecht: Reidel, 1973
— (16) A World of Systems. Dordrecht and Boston: Reidel, 1979
— (23) Levels and Reduction. American Journal of Physiology R2 (1977), 75 — 82
— (27) Emergence and the Mind. Neuroscience 2 (1977), 501 — 509
— (40) Review of P. Suppes' Probabilistic Theory of Causality. British Journal for the Philosophy of Science 24 (1973), 409 — 410
— (41) The Furniture of the World. Dordrecht and Boston: Reidel, 1977

Campbell, D.T. (22) Downward Causation in Hierarchically Organized Biological Systems. In F.J. Ayala and T. Dobzhansky (Eds.), Studies in the Philosophy of Biology. Los Angeles and Berkeley: University of California Press, 1974

Carr, E.H. (31) What is History? New York: Vintage Books, 1967. Reprint of the original 1961 ed.

Davidson, D. (38) Causal Relations. Journal of Philosophy LXIV (1967), 691 — 703

Dobzhansky, T. (18) Chance and Creativity in Evolution. In J. Ayala and T. Dobzhansky (Eds.), Studies in the Philosophy of Biology. Los Angeles and Berkeley: University of California Press, 1974

Dobzhansky, T., Ayala, F.M., Stebbins, G.L. and Valente, J.W. (21) Evolution. San Francisco: Freeman, 1977

Harris, M. (33) The Rise of Anthropological Theory. New York: Crowell, 1968

Harré, R. and Madden, E.H. (12) Causal Powers: A Theory of Natural Necessity. Oxford: Blackwell, 1975

Hart, H.L.A., and Honoré, A.M. (1) Causation and the Law. Oxford: Clarendon Press, 1959

Lerner, D. (Ed.) (3) Cause and Effect. New York: The Free Press, 1965

Levy-Leblond, J.-M. (15) Towards a Proper Quantum Theory. In J.L. Lopes and M. Paty (Eds.) Quantum Mechanics: A Half-Century Later. Dordrecht and Boston: Reidel, 1977

Mackie, J.L. (11) The Cement of the Universe: A Study of Causation. Oxford: Clarendon, 1975

Mayr, E. (19) Cause and Effect in Biology. In Lerner (3)

Monod, J. (17) Le hasard et la nécessité. Paris: Ed. du Seuil, 1970

Piaget, J. (30) Understanding Causality. New York: Norton, 1974

Popper, K.R., and Eccles, J.C. (26) The Self and its Brain. New York: Springer International, 1977

Puterman, Z. (13) The Concept of Causal Connection. Uppsala: Filosofiska Studier, 1977, Two mimeographed volumes.

Samuelson, P. (34) Some Notions on Causality and Teleology in Economics. In Lerner (3)

Scriven, M. (39) The Logic of Cause. Theory and Decision 2 (1971), 49 — 66

Shultz, T.R. (29) The Principles of Causal Inference and Their Development. Department of Psychology. McGill University, 1978. Preprint.

Stone, L. (32) The Causes of the English Revolution 1529 — 1642. London: Routledge and Kegan Paul, 1972

Suppes, P. (5) A Probabilistic Theory of Causality. Acta Philosophica Fennica, XXIV (1970)

— (6) Probabilistic Metaphysics. Uppsala: Filosofiska Studier, 1974. Two mimeographed volumes

Svechnikov, G.A. (7) Causality and the Relation of States in Physics. Moscow: Progress Publishers, 1971

Taylor, R. (4) Causation, The Encyclopaedia of Philosophy. P. Edwards (Ed.). New York: Macmillan and Free Press, 1967

Thom, R. (24) Stabilité structurelle et morphogenèse. Readings, Mass.: Benjamin, 1972

Tuomela, R. (28) Human Action and its Explanation. Dordrecht and Boston: Reidel, 1977

Vendler, Z. (40) Causal Relations. Journal of Philosophy 64 (1967) 704 — 713

Wallace, W. (9) Causality and Scientific Explanation I: Medieval and Early Classical Science. Ann Arbor, Mich.: University of Michigan Press, 1972

— (10)Causality and Scientific Explanation II: Classical and Contemporary Science. Ann Arbor, Mich.: University of Michigan Press, 1974

Wold, H. (35) Mergers of Economics and Philosophy of Science: A Cruise in Deep Seas and Shallow Waters. Synthese 20 (1969) 427 — 482

von Wright, G.H. (8) Explanation and Understanding. Ithaca, N.Y.: Cornell University Press

Zahler, R.S. and H. Süssmann (25) Claims and accomplishments of applied catastrophe theory. Nature 269 (1977), 759 — 763

# IV. Raum, Zeit und Kosmologie

Wolfgang Büchel

# Die Relativität von Raum und Zeit — Realität und Konstruktion

Nach der speziellen Relativitätstheorie werden bewegte Körper verkürzt und bewegte Uhren verlangsamt. Ist das eine Verkürzung von ähnlicher Art wie etwa die Schrumpfung, die als Folge von Abkühlung eintritt, oder geht es um mehr, um einen vierdimensionalen, anschaulich nicht faßbaren Zusammenhang von Raum und Zeit? Nach der allgemeinen Relativitätstheorie ist die Winkelsumme eines Dreiecks, das aus drei die Sonne umschließenden Lichtstrahlen gebildet wird, größer als 180°. Ist das lediglich eine Ablenkung des Lichtes durch die Schwerkraft, die mit der Struktur des Raumes als solchen nichts zu tun hat, oder handelt es sich um eine „Krümmung" der vierdimensionalen Raumzeit?

Zu der zweiten Frage wird seit H. Poincaré gewöhnlich erklärt, daß es sich um eine von der Sache her willkürliche Definition oder Konvention handele, und moderne Wissenschaftskritiker wie K. Hübner oder P. Feyerabend wollen an diesem und ähnlichen Beispielen dartun, daß die Grundlagen der Naturwissenschaft nicht willkürfreier seien als die von Philosophien oder Mythologien.[1] In der Tat sind beide Auffassungen — bloße Schwerkraft-Ablenkung und Raumzeit-Krümmung — widerspruchsfrei durchführbar — so wie auch kein innerer Widerspruch und kein Widerspruch mit den Gegebenheiten der Sinneswahrnehmung auftreten muß, wenn jemand behauptet, alle Körper und Gegenstände würden in objektiver Wirklichkeit in derselben Weise kleiner, wie er sie als verkleinert wahrnimmt. Dennoch wird eine solche Verkleinerungstheorie kaum als „vernünftig" angesehen werden, und wir wollen zeigen, daß es in ähnlicher Weise vernünftige Gründe dafür gibt, sich für eine vierdimensionale Raumzeit und ihre „Krümmung" zu entscheiden.

## *Raumkrümmung — das Problem*

Wir betrachten das Problem der Krümmung zunächst am Beispiel des dreidimensionalen Raumes, wo es sich leichter veranschaulichen läßt; das Ergebnis kann dann ohne weiteres auf die vierdimensionale Raumzeit übertragen werden.

Die Frage nach der Raumkrümmung, d. h. nach Euklidizität oder Nichteuklidizität des dreidimensionalen Raumes, kann man wie folgt formulieren: Wenn man durch entsprechende physikalische Gebilde den geometrischen Begriff der Geraden immer besser realisiert und die Winkel eines aus dreien solcher Geraden gebildeten Dreiecks immer genauer ausmißt, konvergiert dann die Summe der Meßresultate gegen 180° oder gegen einen von 180° verschiedenen Wert?

1. K. Hübner, Kritik der wissenschaftlichen Vernunft, Freiburg/München 1978; P. Feyerabend, Wider den Methodenzwang, Frankfurt 1976

Die Gerade kann man definieren als die Linie, welche die kürzeste Verbindung zwischen je zwei beliebigen ihrer Punkte darstellt, oder als die Linie mit „maximaler Symmetrie", d. h. als die Linie, bei der kein Teilstück vor irgendeinem anderen Teilstück ausgezeichnet oder hervorgehoben ist (was auch bei einer Kreislinie der Fall ist) und bei der keine Seite vor der anderen hervorgehoben ist (was bei einer Kreislinie nicht der Fall ist). Unter der Voraussetzung, daß beide Definitionen eindeutig sind, kann man zeigen, daß sie äquivalent sind, d. h. daß die kürzeste Linie auch die maximal symmetrische ist.[2] Beide Definitionen setzen den Begriff des starren Körpers voraus, d. h. eines Körpers, der bei der Bewegung durch den Raum seine Gestalt und Größe nicht ändert: Die Gerade als die maximal symmetrische Linie wird gebildet durch die Rotationsachse eines starren Körpers, der an zwei Punkten festgehalten wird, d. h. durch die Gesamtheit der Punkte des Körpers, die bei der Rotation ihre Lage im Raum nicht verändern. Die Gerade als die kürzeste Verbindung zwischen den Punkten A und B wird festgelegt, indem man verschiedene Verbindungslinien zwischen A und B „ausmißt" durch Aneinanderlegen von miteinander kongruenten hinreichend kleinen starren Körpern („Maßstäben") und so die kürzeste Linie bestimmt. Die ganze Diskussion um die etwaige Raumkrümmung läuft dann, wie wir sehen werden, auf die Frage hinaus, ob die Körper, die uns bei der Bewegung durch den Raum als „starr" erscheinen, d. h. bei denen keinerlei Anzeichen einer Gestalts- oder Größenänderung erkennbar sind, auch in Wirklichkeit starr sind oder reale, aber nicht erkennbare Veränderungen erfahren.

Aus dem Gesagten ergibt sich zunächst, daß Lichtstrahlen nur dann als Gerade angesehen werden können, wenn die Lichtgeschwindigkeit in dem fraglichen Raumbereich überall dieselbe Größe hat. Ein Lichtstrahl nimmt nämlich jenen Weg, der *in der kürzesten Zeit* vom Ausgangspunkt A zum Endpunkt B führt. Wenn nun die Lichtgeschwindigkeit in dem Raumgebiet „links" von der Geraden AB größer ist als in dem Raum „rechts" von AB, dann verläuft ein Lichtstrahl nicht längs der Geraden AB, sondern er läuft von A nach B auf einem Bogen, der von der Geraden AB nach links hin abweicht; denn der Weg längs dieses Bogens ist zwar etwas länger als längs der Geraden, aber dieser Umweg wird dadurch „überkompensiert", daß die Lichtgeschwindigkeit in dem Gebiet, durch das der Bogen führt, größer ist als in dem Gebiet, durch das die Gerade führt, und darum kommt das Licht längs des Bogens rascher von A nach B als längs der Geraden. Das ist zu beachten bei Lichtstrahlen, die etwa an der Sonne entlang laufen: Sind A und B die Anfang- bzw. Endpunkte des Lichtstrahls, so verläuft der Strahl längs eines Bogens, der von der Geraden AB zu dem von der Sonne entfernten Raumbereich hin abweicht; denn in diesem Raumbereich ist die Lichtgeschwindigkeit nach der allgemeinen Relativitätstheorie etwas größer als längs der Geraden. Bildet man also eine die Sonne umschließende dreieckartige Figur aus drei Lichtstrahlen, so besteht dieses „Dreieck" auch und gerade nach der allgemeinen Relativitätstheorie nicht aus drei Geraden, sondern aus drei Bögen, deren jeder von der Sonne weg gewölbt ist, und wegen dieser Wölbung sind die Winkel, die von je zweien solcher Bögen an ihrem Schnittpunkt gebildet werden, größer als die Winkel, die gebildet werden

---

2. Vgl. W. Büchel, Philosophische Probleme der Physik, Freiburg 1965, S. 239

von zwei entsprechenden Geraden, d. h. kürzesten Verbindungen zwischen den Eckpunkten des Dreiecks. Aus der Kenntnis der Lichtgeschwindigkeit in der Sonnenumgebung kann man ausrechnen, daß die Winkelsumme des Lichtstrahlen-„Dreiecks" um 2,3 Bogensekunden größer ist als die Winkelsumme eines Dreiecks aus kürzesten Verbindungslinien.

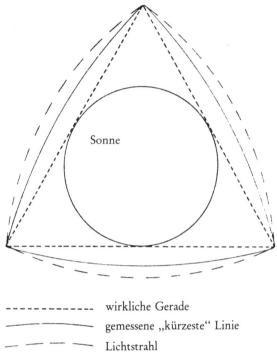

``---------``  wirkliche Gerade
────────  gemessene „kürzeste" Linie
`— — — —`  Lichtstrahl

Geometrie am Sonnenrand nach Poincaré

Aber auch die Winkelsumme eines Dreiecks aus kürzesten Verbindungen beträgt nicht 180°, sondern 180° + 2,3 Bogensekunden, die Winkelsumme eines Lichtstrahlen-Dreiecks also 180° + 4,6 Bogensekunden — das ist die durch entsprechende Messungen an Lichtstrahlen erhärtete und heute als empirische Gegebenheit von keiner Seite mehr bestrittene Behauptung der allgemeinen Relativitätstheorie. Die entscheidende Frage ist nun, ob die durch Ausmessen mit „starren" Maßstäben als kürzeste Verbindungen bestimmten Linien tatsächlich die kürzesten Verbindungen sind. Denn es wäre ja zumindest mit der Möglichkeit zu rechnen, daß die vermeintlich „starren" Maßstäbe bei ihrer Bewegung durch den Raum doch Veränderungen erführen, daß sie etwa bei der Annäherung an die Sonne etwas schrumpften und sich bei der Entfernung von der Sonne etwas ausdehnten. Wenn diese Schrumpfung bzw. Ausdehnung bei allen Körpern jeglichen Materials in genau gleicher

Weise erfolgen würde, könnte man davon unmittelbar gar nichts bemerken; denn jeder Beobachter z. B., der sich mit den Maßstäben mitbewegen würde, würde in gleicher Weise schrumpfen bzw. sich ausdehnen, würde also feststellen, daß die Größenverhältnisse zwischen den Maßstäben, seinem Körper und allen mitgeführten Gegenständen unverändert blieben. Die Größenänderung der Maßstäbe könnte nur indirekt daran erkannt werden, daß die Winkelsumme eines Dreiecks aus solchen Linien, die vermittels der Maßstäbe als „kürzeste" Verbindungen bestimmt werden, größer ist als 180°. Denn die Schrumpfung der Maßstäbe bei der Annäherung an die Sonne hätte einen ähnlichen Effekt wie den, den wir oben bei den Lichtstrahlen beschrieben haben: Die Linie, die sich bei der Messung als kürzeste ergibt, ist ein Bogen, der von der wirklichen kürzesten Verbindung zu dem von der Sonne entfernteren Raumbereich hin abweicht; denn in diesem Raumbereich schrumpfen die Maßstäbe weniger, als wenn sie entlang der wirklichen Geraden angelegt werden, und infolgedessen ergibt die Messung mit den geschrumpften Maßstäben für die Länge der wirklichen Geraden einen größeren Betrag als für die Länge des Bogens. Diese Sicht der Dinge ist es, die wohl als erster H. Poincaré vorgeschlagen hat: Euklidischer Raum, aber nichteuklidische Meßresultate, weil die Maßstäbe in der beschriebenen Weise bei der Bewegung durch den Raum deformiert werden.

Die andere Auffassung dagegen sagt: Die Maßstäbe bleiben bei der Bewegung durch den Raum unverändert, die gemessene kürzeste Linie ist also die wirklich kürzeste, aber der Raum selbst, die Lagebeziehungen *zwischen* den Körpern haben eine nichteuklidische Struktur.

Die nichteuklidische Raumstruktur ist das, was man oft als *Raumkrümmung* bezeichnet. Diese Ausdrucksweise ist nicht sehr glücklich, weil sie den Eindruck erweckt, als ob der dreidimensionale Raum in irgendwelchen höheren Dimensionen „verbogen" sein solle. Das ist jedoch nicht gemeint; es handelt sich vielmehr um folgendes:

Die ersten (differentialgeometrischen) Untersuchungen nichteuklidischer Lagebeziehungen hat K. F. Gauß tatsächlich vorgenommen an zweidimensionalen Flächen, die im dreidimensionalen Raum gebogen sind; man denke etwa an die Oberfläche einer Kugel oder an die Schale eines Eies. Legt man auf der Kugeloberfläche oder Eischale kürzeste Verbindungen fest durch straff gespannte Fäden, so ist die Winkelsumme eines aus solchen „Geraden" gebildeten Dreiecks infolge der Biegung der Fläche größer als 180°. Als *Krümmung* K der Fläche an einem bestimmten Punkt definierte Gauß den Ausdruck

$$K = \frac{\pi}{180°} \cdot \frac{\text{Winkelsumme} - 180°}{\text{Dreiecksfläche}}$$

(Genauer: K ist gegeben durch den Grenzwert, den dieser Ausdruck für eine gegen Null gehende Dreiecksfläche annimmt). Das Verdienst von Gauß war es, zu zeigen, daß man alle geometrischen Beziehungen auf der Fläche mathematisch erfassen kann, indem man nur und ausschließlich mit dem so definierten K operiert. In der Definition von K kommen nur Größen vor, die in und auf der zweidimensionalen Fläche gemessen weden; daß die Fläche im dreidimensionalen Raum gebogen ist, geht in die Definition von K in keiner Weise ein. (Insbesondere ist es unerheblich, daß auf der Oberfläche einer Kugel mit dem Radius rK = $1/r^2$ ist.)

Nachdem es also möglich geworden war, die nichteuklidische Geometrie auf einer zweidimensionalen Fläche vollständig ohne begrifflichen Rückgriff auf die Biegung der Fläche im dreidimensionalen Raum zu behandeln, war der Weg geöffnet, in ähnlicher Weise auch nichteuklidische dreidimensionale Räume mathematisch zu entwerfen, ohne dabei irgendwie an eine „Verbiegung" dieser Räume in höheren Dimensionen zu denken: Man gibt an jedem Raumpunkt für je drei aufeinander senkrechte Ebenen an, wie groß in jeder Ebene das Verhältnis von Winkelsummenüberschuß und Flächeninhalt (entsprechend dem obigen K) ist, und man macht noch weitere Angaben ähnlicher Art, die sich aber alle im Rahmen des Dreidimensionalen halten. Diese Angaben werden in einem „Krümmungstensor" zusammengefaßt, aus dem sich dann alle geometrischen Beziehungen ableiten lassen. (Riemann)

Das ist die Art und Weise, wie die allgemeine Relativitätstheorie die oben beschriebenen Nichteuklidizitätseffekte in der Umgebung schwerer Massen auffaßt: Nicht Körper und Maßstäbe werden deformiert, sondern die Struktur des Raumes selbst, d. h. der Lagebeziehungen *zwischen* den Körpern ist nichteuklidisch. Auch die zeitlichen Prozeßabläufe werden nicht, so wie wir uns bis jetzt ausgedrückt haben, verlangsamt, sondern die Struktur der zeitlichen Beziehungen *zwischen* ihnen ist verändert; denn, was nach der allgemeinen Relativitätstheorie nichteuklidisch wird, ist nicht der dreidimensionale Raum allein, sondern die vierdimensionale Raumzeit. Die Nichteuklidizität der Zeitstruktur ist der Grund dafür, daß Lichtstrahlen nicht längs räumlicher Geraden verlaufen; die Redeweise von einer veränderlichen Lichtgeschwindigkeit, deren wir uns bisher bedienten, ist vom Standpunkt der allgemeinen Relativitätstheorie nur ein Notbehelf und wäre nur dann wörtlich zu nehmen, wenn man sich der Auffassung von Poincaré anschließen würde.

Die „Krümmung" der vierdimensionalen Raumzeit bedeutet also nach der allgemeinen Relativitätstheorie eine nichteuklidische Raumzeit-Struktur, die aber nichts mit einer „Verbiegung" in höheren Dimensionen zu tun hat. (Um hinreichend viele Biegungsmöglichkeiten zu bieten, wären übrigens nicht nur 5, sondern 10 Dimensionen einer euklidischen „Überraumzeit" erforderlich.) Träger und Vermittler der Krümmung ist das „metrische Feld", eine durchaus materiell-physikalische Realität von ähnlicher Art wie das elektromagnetische Feld. Seine Realität erweist das metrische Feld vielleicht am schlagendsten dadurch, daß es Energie aufnehmen, abgeben, speichern und transportieren kann. Insofern kann man das metrische Feld durchaus mit der früher erwähnten Eischale vergleichen: So wie die Eischale eine materielle Realität ist, welche die Lagebeziehungen zwischen den Punkten auf der Eischale festlegt, welche festlegt, wie groß die Winkelsumme der Dreiecke ist usw., so ist auch das metrische Feld eine materielle Realität, welche die Lagebeziehungen in der Raumzeit festlegt. Darüber hinaus darf man den Vergleich mit der Eischale jedoch nicht ausdehnen; denn von einer Biegung in höheren Dimensionen ist im Begriff des metrischen Feldes eben nichts enthalten.

## *Argumente für Maßstabsänderungen*

Damit sind die beiden Positionen beschrieben, die sich gegenüberstehen: Euklidizität von Raum und Zeit mit Änderungen an Maßstäben und Uhren, oder nichteuklidische Raumzeit-Struktur mit unveränderten Maßstäben und Uhren. Poincaré hatte gemeint, daß ein Physiker sich gegenüber einer solcher Alternative wohl immer für die Euklidizität entscheiden werde, weil die euklidische Geometrie einfacher sei als die nichteuklidische. Das Gegenteil ist geschehen: Alle Physiker *rechnen* heute mit der Mathematik des nichteuklidischen metrischen Feldes. Wenn sie sich jedoch darüber äußern, was das sachlich zu bedeuten habe, so ist manchmal eine eigenartige Unsicherheit oder Unentschiedenheit zu bemerken, weil es eben um eine Frage geht, die durch Messungen nicht entschieden werden kann.

Einstein selbst scheint einmal in der Entscheidung für eine nichteuklidische Metrik eine bloße Sache der Zweckmäßigkeit zu sehen. Er erläutert das Problem am Beispiel einer ebenen Tischplatte, die vermittels kleiner gleichlanger Stäbchen, die als Einheitsmaßstäbe dienen, ausgemessen wird. Wenn die Stäbchen temperaturempfindlich sind und der Rand der Tischplatte kälter ist als ihr Inneres, ergeben sich aufgrund der temperaturbedingten verschiedenen Ausdehnung der Stäbchen scheinbare Nichteuklidizitätseffekte. Dann schreibt Einstein: „Würden ... Stäbchen jeder Art, d. h. jeden Materials, sich *in gleicher Weise* temperaturempfindlich verhalten ... und hätten wir kein anderes Mittel, die Wirkung der Temperatur wahrzunehmen, als das geometrische Verhalten der Stäbchen ..., so könnte es wohl zweckmäßig sein, zwei Punkten des Tisches die Entfernung 1 zuzuschreiben, wenn sich die Enden eines unserer Stäbchen mit ihnen zur Deckung bringen lassen; denn wie sollte man ohne die krasseste Willkür die Strecke anders definieren?"[3] Ein modernes Physikbuch bezeichnet gleichfalls die Wahl der nichteuklidischen Geometrie als eine „für viele Zwecke bequemere Definition" der Längeneinheit, rechnet aber 3 Seiten weiter mit schrumpfenden Maßstäben und verlangsamten Uhren, weil das in dem betrachteten speziellen Fall „günstig" sei.[4]

Einstein wollte einmal zeigen, daß die allgemeine Relativitätstheorie eine von E. Mach aufgestellte Forderung erfülle, wonach die träge Masse aller Körper in der Nähe schwerer Massen zunehme. Tatsächlich erfüllt die allgemeine Relativitätstheorie diese Forderung nicht; im vierdimensionalen Formalismus ist die träge Masse (d. h. die Ruhemasse) von der An- und Abwesenheit anderer Massen unabhängig. Die gewünschte Massenzunahme ergibt sich nur, wenn man einen euklidischen Raum mit Maßstabsänderung und Verlangsamung aller Prozeßabläufe zugrunde legt; denn die Verlangsamung aller Prozeßabläufe bedeutet auch eine Verlangsamung aller Beschleunigungsvorgänge, und die kann man dann als eine Zunahme der trägen Masse interpretieren. Einstein ging diesen Weg, und so ergab sich das Kuriosum, daß Einstein vor und hinter der fraglichen Stelle überall mit vierdimensionaler Nichteuklidizität rechnet, an der einen Stelle aber die Uhrenverlangsamung wörtlich

---

3. A. Einstein, Über die spezielle und die allgemeine Relativitätstheorie, Braunschweig 1969, S. 68
4. R. u. H. Sexl, Weiße Zwerge — schwarze Löcher, Reinbek 1975, S. 28, 31

nimmt — ein verständlicher Irrtum, aber kein Sachargument zugunsten eines euklidischen Raumes.[5]

Von einem wissenschaftstheoretischen Standpunkt aus plädieren in neuerer Zeit die Vertreter der „Protophysik" oder „Erlanger Schule", vor allem P. Lorenzen und P. Janich, für eine euklidische Geometrie.[6] Ihre Argumentation kann man vielleicht in folgender Formulierung zum Ausdruck bringen, die sich zwar bei den Vertretern der Protophysik selbst nicht findet, die aber wohl verständlicher werden läßt, worum es geht: Mathematik und Physik sind nach der Erlanger Schule ihrem Wesen nach „angewandte" Wissenschaften, d. h. ihrem Wesen nach auf die Ermöglichung und Vorbereitung von Technik hin bezogen. Die geometrischen Axiome drücken also jene Voraussetzungen aus, die man machen muß, um räumliche Konstruktionen technisch durchzuführen. Zu diesen Voraussetzungen gehört, daß man ein räumliches Gebilde frei im Raum transportieren und drehen kann und daß man den Plan einer räumlichen Konstruktion vor deren tatsächlicher Ausführung in verkleinertem Maßstab auf einem Blatt Papier oder in einem Modell entwerfen kann.

Die erste Voraussetzung der freien Beweglichkeit bedeutet, daß die Geometrie des dreidimensionalen Raumes ein *konstantes* Krümmungsmaß K haben muß, d. h. daß K überall im Raum denselben Wert hat. Wie wir nämlich oben gesehen haben, ist K definiert durch das Verhältnis von Winkelsummenüberschuß und Flächeninhalt. Wenn ich nun irgendein Gebilde durch den Raum bewege und wenn K in verschiedenen Raumgebieten einen verschiedenen Wert hätte, müßte sich bei den Dreiecken, die in meinem Gebilde enthalten sind, das Verhältnis von Winkelsumme und Flächeninhalt ändern, und das wäre nur möglich, wenn sich die Winkel oder der Flächeninhalt änderten. Ähnliche Formänderungen müßten bei fast allen anderen geometrischen Gebilden auftreten, denn auch bei einem Kreis z. B. ist das Verhältnis von Umfang und Radius von K abhängig und daher mit K veränderlich. Ähnliches tritt schon bei bloßen Drehungen auf, wenn das Krümmungsmaß in den verschiedenen Richtungen des Raumes verschieden groß ist. In einem Raum mit variablem Krümmungsmaß kann also ein räumliches Gebilde nicht ohne Formänderungen transportiert und gedreht werden, und diese Formänderungen führen bei technischen Konstruktionen zu Spannungen und Brüchen. Die freie Beweglichkeit technischer Konstruktionen setzt also einen Raum mit konstantem Krümmungsmaß voraus.

Eine zweite Voraussetzung technischen Konstruierens besteht darin, daß eine räumliche Konstruktion vor ihrer tatsächlichen Ausführung in verkleinertem Maßstab als Zeichnung oder Modell entworfen werden kann. Daraus folgt, daß $K = 0$ sein muß. Denn $K \neq 0$ bedeutet, daß Dreiecke mit verschieden großem Flächeninhalt verschiedene Winkelsummen haben, und ähnliches gilt für die anderen geometrischen Figuren; bei einem Kreis z. B. hängt für $K \neq 0$ das Verhältnis Umfang/Radius vom Flächeninhalt des Kreises ab. Wesentliche geometrische Verhältnisse hängen also für $K \neq 0$ vom Flächeninhalt, d. h. von der Größe der betr. Figur ab, und das bedeutet, daß wesentliche geometrische Beziehungen bei

---

5. A. Einstein, Grundzüge der Relativitätstheorie, Braunschweig 1969, S. 101.
6. Zur Protophysik siehe: P. Janich, Die Protophysik der Zeit, Frankfurt 1980; G. Böhme (Hrsg.), Protophysik, Frankfurt 1976; O. Schwemmer (Hrsg.), Vernunft, Handlung und Erfahrung, München 1981

in verkleinertem Maßstab ausgeführten Plänen oder Modellen anders sind als bei der tatsächlichen Konstruktion. Damit wird ein technisch planendes Entwerfen in verkleinertem Maßstab unmöglich.

Technische Konstruktionen sind also nur soweit möglich, als die störenden Effekte, die aus der Raumkrümmung resultieren, innerhalb der bei der Konstruktion zugelassenen Toleranzen liegen. Die Erlanger Schule, für die, wie gesagt, die Geometrie ihrem Wesen nach auf technische Anwendung bezogen ist, leitet daraus die methodische Forderung ab, daß die Geometrie euklidisch vorgehen und etwaige Abweichungen von der Euklidizität als Störungen betrachten müsse, so wie sie ja tatsächlich Störungen der technischen Konstruktion darstellen. Dieses methodische Postulat hat ersichtlicherweise eine gewisse Verwandtschaft mit der inhaltlichen Behauptung, daß durch die Anwesenheit schwerer Massen nicht die Raumstruktur beeinflußt, sondern die Maßstäbe und Uhren verändert, „gestört" würden. Anderseits findet man bei den Vertretern der Erlanger Schule manchmal die Erklärung, daß sie über geometrische Gebilde von astronomischen Dimensionen gar nichts aussagen wollten, da solche Gebilde jenseits jeder technischen Konstruktionsmöglichkeit lägen, also gar nicht Gegenstand der Geometrie als wesentlich technikbezogener Wissenschaft sein könnten.

## *Argumente für Nichteuklidizität*

Durch Messungen läßt sich, wie beschrieben, nicht entscheiden, ob die Maßstäbe verändert werden oder der Raum nichteuklidisch ist. Ist diese Diskussion dann überhaupt mehr als ein Streit um Worte? Betrachten wir ein ähnliches Problem: Es gab und gibt Leute, die behaupten, die Erdoberfläche sei die Innenseite einer Hohlkugel, innerhalb derer sich Sonne, Mond und Sterne befänden.[7] Diese Hohlwelttheorie läßt sich durch keine Messung widerlegen. Denn man kann die Hohlwelttheorie mit allen experimentellen Gegebenheiten in Einklang bringen, indem man die „wirkliche Welt" der üblichen Auffassung in folgender Weise in eine „Hohlwelt" transformiert:

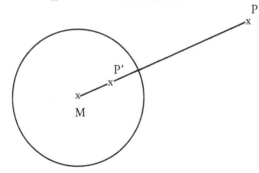

7. Siehe bei Feyerabend (Anm. 1), S. 400

M sei der Erdmittelpunkt, a der Erdradius, P ein Punkt der wirklichen Welt, R die Distanz MP. Dann liegt der zu P zugeordnete Hohlweltpunkt P' auf der Geraden MP, und die Distanz MP' ist gegeben durch MP' = $a^2/R$ (Transformation durch reziproke Radien). Ein Körper, der sich in der wirklichen Welt auf einer Geraden von der Erde weg bewegt, bewegt sich in der Hohlwelt auf einem Kreis zum Mittelpunkt und wird dabei immer kleiner. Ein Körper dagegen, der sich in der wirklichen Welt in einem Bergwerksschacht dem Erdmittelpunkt nähert, entfernt sich in der Hohlwelt vom Mittelpunkt und wird immer größer. Von diesen Veränderungen können aber grundsätzlich weder Raumfahrer noch Bergleute etwas bemerken, weil in der Hohlwelt solche Naturgesetze gelten, wie man sie erhält, wenn man die Naturgesetze der wirklichen Welt in der beschriebenen Weise in die Hohlwelt transformiert, z. B. das Gesetz, daß ein kräftefreier Körper sich auf einem Kreis bewegt, der durch M geht, und daß Lichtstrahlen sich auf ebensolchen Kreisen fortpflanzen. Das hat zur Folge, daß im Bewußtsein der Hohlweltmenschen dieselben Sinnesempfindungen auftreten wie in dem unseren.

Zwischen der Hohlwelttheorie und der üblichen Auffassung kann also durch Experimente und Messungen nicht entschieden werden, und doch wird durchweg angenommen, daß nicht ein bloßer Streit um Worte vorliege, sondern daß die Hohlwelttheorie falsch und die übliche Auffassung richtig sei. Einer solchen Entscheidung liegen offenbar allgemeinere wissenschaftstheoretische Prinzipien und Kriterien zugrunde, die dann auch für unsere Frage nach Raumkrümmung oder Maßstabsänderungen herangezogen werden können.

Als derartiges wissenschaftstheoretisches Kriterium wird oft die *Einfachheit* einer Theorie angeführt gemäß dem Satz: Simplex sigillum veri, Einfachheit ist Kennzeichen der Wahrheit. In diesem Sinn hatte Poincaré gemeint, ein Physiker werde sich im Zweifelsfall immer zugunsten der Euklidizität entscheiden, weil die euklidische Geometrie einfacher ist als die nichteuklidische. Tatsächlich jedoch haben sich die Physiker für den nichteuklidischen Formalismus der allgemeinen Relativitätstheorie entschieden, und schon das zeigt, daß in Wirklichkeit nicht die Einfachheit, sondern die *Einheitlichkeit* einer Theorie den Ausschlag gibt. Bei einer naturwissenschaftlichen Theorie geht es nämlich immer darum, möglichst viele Phänomene aus möglichst wenigen voneinander logisch unabhängigen Annahmen abzuleiten, und eine Theorie ist um so *einheitlicher*, je mehr Phänomene sie aus je weniger Annahmen ableiten kann. Die einheitlichere Theorie ist dann im allgemeinen gerade nicht die einfachere oder leichtere; denn je geringer die Zahl der Annahmen ist, aus denen die vorgegebenen Phänomene abgeleitet werden sollen, desto größer wird normalerweise der Aufwand an logischer und mathematischer Geschicklichkeit, der für eine solche Ableitung erforderlich ist. Selbstverständlich verbürgt das Kriterium der Einheitlichkeit keine Unfehlbarkeit, wie es überhaupt keine Unfehlbarkeit in der menschlichen Erkenntnis gibt; aber es hat sich doch durchweg in der Erkenntnispraxis sowohl der vorwissenschaftlichen Lebenswelt wie der wissenschaftlichen Forschung bewährt.[8]

Nach dem Einheitlichkeitskriterium hat der nichteuklidische Formalismus der allgemeinen Relativitätstheorie eindeutig Vorrang gegenüber der Annahme von Maßstabsände-

---

8. Zum Einheitlichkeits-Kriterium vgl. W. Büchel, Die Macht des Fortschritts. Plädoyer für Technik und Wissenschaft, München 1981, S. 210

rungen. Die nichteuklidische Theorie kann die drei Phänomenklassen der scheinbaren Maßstabsänderung, der scheinbaren Uhrenverlangsamung und schließlich aller Gravitationseffekte aus einer einzigen Grundannahme ableiten, nämlich aus einer mathematischen Gleichung, die den Zusammenhang zwischen dem Krümmungsmaß der Raumzeit und der Anwesenheit von Materie beschreibt. Die räumlichen und zeitlichen Nichteuklidizitätseffekte werden zusammengefaßt durch die vierdimensionale Betrachtungsweise, die nicht den Raum für sich und die Zeit für sich, sondern die vierdimensionale Raumzeit behandelt und auf die wir noch ausführlicher zu sprechen kommen werden; daraus ergeben sich „Querverbindungen" zwischen den räumlichen und zeitlichen Effekten. Die Gravitationseffekte leiten sich folgendermaßen ab: Als „Weltlinie" eines Körpers bezeichnet man die Gesamtheit der Punkte, die seine Lage in der Raumzeit beschreiben. Aus der oben erwähnten Grundgleichung kann man folgern, daß die Weltlinie eines Körpers, auf den keine Kräfte einwirken, eine vierdimensionale „Gerade" ist in dem Sinn, wie wir es früher definiert haben: kürzeste Verbindung und maximale Symmetrie. Im Zusammenhang mit nichteuklidischen Strukturen gebraucht man jedoch nicht die Bezeichnung „gerade", sondern „geodätisch", weil „gerade" manchmal im Sinn von „geodätisch in einem euklidischen Raum" verwendet wird. Die Krümmung der Raumzeit in der Nähe schwerer Massen hat dann zur Folge, daß die geodätischen Weltlinien genau jene Weltlinien sind, welche das Verhalten frei fallender Körper beschreiben; damit ist die Gravitation auf die Krümmung der Raumzeit zurückgeführt.

Hält man dagegen an der Euklidizität fest, dann stehen Maßstabsänderungen, Uhrenverlangsamung und Gravitationseffekte beziehungslos nebeneinander. Das hat zur Folge, daß es im weitesten Umfang willkürlich ist, welche konkrete Art von Maßstabsänderungen man annehmen will, um den empirischen Gegebenheiten gerecht zu werden: Man kann annehmen, daß ein Körper, der sich der Sonne nähert, nur in der Richtung der Verbindungslinie Körper-Sonne „zusammengedrückt" wird, während er in den Richtungen senkrecht zu dieser Verbindungslinie unverändert bleibt; man kann umgekehrt eine Veränderung nur in den Richtungen senkrecht zur Verbindungslinie annehmen; und man kann schließlich eine Veränderung in der Richtung der Verbindungslinie mit Veränderung in den Richtungen senkrecht dazu in verschiedenster Weise kombinieren: Wenn man es richtig anstellt, sind die Meßresultate, die sich ergeben, stets dieselben.[9] Es ist ähnlich wie bei der Hohlwelttheorie, bei der man ja auch die Wahl hat, ob man die Oberfläche der Erde oder des Mondes oder eines anderen Sternes als die entscheidende Hohlkugel ansehen will. Im nichteuklidischen Formalismus gibt es keine solche Vieldeutigkeit, weil es da überhaupt keine Maßstabsänderungen gibt.

Allerdings: Die nichteuklidische Mathematik ist im allgemeinen schwieriger als die euklidische Geometrie. Darum kann es sich in speziellen Fällen als das Einfachste erweisen, einen euklidischen Formalismus mit einer geeigneten Maßstabsänderung anzuwenden und auf dieser Basis die Effekte, für die man sich interessiert, auszurechnen. Diese Situation erklärt die früher beschriebene Unsicherheit der Physiker, welche Auffassung „zweckmäßiger", „günstiger", „bequemer" sei.

9. Vgl. W. Büchel bei Böhme (Anm. 6), S. 248

*Für die Nichteuklidizität* spricht also die einheitliche Ableitung der scheinbaren Maßstabsänderungen, Uhrenverlangsamung und Gravitationseffekte aus einer einzigen Grundannahme. *Gegen die Euklidizität* spricht die Vieldeutigkeit, die sich bei der Frage nach der konkreten Art der Maßstabsänderungen ergibt. Das Argument gegen die Euklidizität kann man verschärfen, wenn man die Geometrie des *gesamten Universums* betrachtet. Für derartig riesige Dimensionen ist die Geltung der allgemeinen Relativitätstheorie nicht bewiesen, läßt sich aber plausiblerweise vermuten. Wenn man annimmt, daß die mittlere Massendichte im Universum überall denselben Wert hat, so folgt, daß auch das Krümmungsmaß K der kosmischen Nichteuklidizität überall denselben Wert hat. Ob K positiv oder negativ ist, d. h. ob die Winkelsumme eines über kosmische Distanzen erstreckten Dreiecks größer oder kleiner ist als 180°, ist unbekannt; Hinweise sprechen eher für ein negatives K. Sollte jedoch K positiv sein, dann ergäbe sich daraus ein spezielles Argument gegen die Rückführung der kosmischen Nichteuklidizität auf Maßstabsänderungen in einem euklidischen Raum.

Um dies zu erläutern, wollen wir im folgenden im Sinn der Euklidizitätsannahme unterscheiden zwischen der *phänomenalen* und der *wirklichen* Geometrie. Die phänomenale Geometrie sei die Geometrie, so wie sie sich ergibt, wenn wir unsere Maßstäbe als unverändert voraussetzen; die wirkliche Geometrie sei jene, die sich ergibt, wenn wir im Sinn der Euklidizitätsannahme unsere Maßstäbe als deformiert ansehen und dem durch Korrekturen an den „phänomenalen" Meßergebnissen Rechnung tragen. Wir setzen also voraus, daß der Raum phänomenal im Mittel überall gleich dicht mit Materie erfüllt ist und daß die phänomenale kosmische Geometrie ein überall gleich großes positives Krümmungsmaß besitzt. Aus letzterem kann man rein mathematisch ableiten, daß der phänomenale Raum in einem ähnlichen Sinn „geschlossen" sein muß wie eine Kugeloberfläche: Es gibt eine oberste Grenze für den möglichen phänomenalen Abstand zwischen zwei Raumpunkten — auf der Kugel ist es der Abstand zwischen zwei diametral gegenüberliegenden Punkten —, das Volumen des Raumes beträgt eine endliche Anzahl von phänomenalen Kubikkilometern, und wenn man phänomenal „immer geradeaus" durch den Raum fliegt, kommt man schließlich „aus der entgegengesetzten Richtung" zum Ausgangspunkt zurück.[10] Was folgt daraus für die wirkliche Geometrie, die nach der Euklidizitätsannahme hinter dieser phänomenalen Geometrie steht?

Wenn man am euklidischen Raum festhält, muß man konsequenterweise auch daran festhalten, daß dieser „offen" ist, d. h. daß es keine oberste Grenze für den wirklichen Abstand zwischen zwei Raumpunkten gibt, daß das wirkliche Volumen des Raumes unendlich ist und daß es keine wirklich in sich zurücklaufenden Geraden gibt. Der Vertreter der Euklidizität kann dann wählen zwischen zwei Annahmen:

1. Der ganze unendliche wirkliche Raum ist im Prinzip der Erforschung und dem Betreten durch einen Beobachter zugänglich.

---

10. Vgl. W. Rinow, Die innere Geometrie der metrischen Räume (Grundlehren d. mathem. Wissenschaften 105), Berlin 1961, S. 363, 397

2. Aus irgendwelchen Gründen ist nur ein abgegrenzter Teilbereich der Erforschung und dem Betreten zugänglich.

Im ersten Fall ist dem Beobachter der ganze unendliche wirkliche Raum im Prinzip zugänglich. Die phänomenale Ausmessung des dem Beobachter im Prinzip zugänglichen Raumes ergibt aber gemäß Voraussetzung nur eine endliche Anzahl von phänomenalen Kubikkilometern. Das bedeutet, daß irgendwo wenigstens ein phänomenaler Kubikkilometer in Wirklichkeit ein unendlich großes Volumen umfaßt, d. h. daß dort die Maßstäbe auf eine unendliche Größe auseinandergezogen werden.

Um dieser absurden Folgerung zu entgehen, wird der Vertreter der Euklidizität die zweite Annahme wählen, gemäß der nur ein abgegrenzter Teilbereich dem Beobachter im Prinzip zugänglich ist. Was geschieht dann, wenn ein Raumschiff die Grenze des zugänglichen Bereichs erreicht — ein solches Raumschiff muß ja, wenn es phänomenal immer geradeaus fliegt, von der anderen Seite her zum Ausgangspunkt zurückkehren — ? Die Situation beim Erreichen der Grenze kann man sich veranschaulichen am Beispiel einer Erdkarte, auf der die gesamte Erdoberfläche in einem begrenzten Teil eines ebenen Kartenblattes abgebildet ist, und zwar so, daß jeder Punkt der Erdoberfläche nur einmal auf der Karte erscheint. Was geschieht, wenn das kartographische Abbild eines Schiffes, das die Erde umfährt, auf der Karte den Kartenrand erreicht? Das Schiff „verschwindet" an dieser Stelle des Randes und „taucht wieder auf" an einer irgendwie gegenüberliegenden Stelle des Randes. Genau genommen wird das Schiff beim allmählichen Überschreiten des Randes sogar in zwei Teile zerlegt, von denen der vordere an der neuen Stelle auftaucht, während der hintere sich noch an der alten Stelle befindet. Etwas genau Entsprechendes müßte mit unserem Raumschiff geschehen, wenn es die Grenze des zugänglichen Raumbereiches überschreitet, doch ohne daß die Insassen etwas davon bemerkten.

Das Vorstehende ist eine Verdeutlichung der mathematischen Tatsache, daß ein offener und ein geschlossener Raum eine verschiedene topologische Struktur besitzen und daß es daher keine überall eindeutige und stetige Transformation geben kann, welche die beiden Räume aufeinander abbildet. Dieses Argument wurde schon von H. Reichenbach gegen das Festhalten an der Euklidizität vorgetragen[11]; soweit ersichtlich, hat bisher kein Vertreter der Euklidizitätsannahme darauf geantwortet.

## *Vierdimensionale Raumzeit oder Verkürzung bei Bewegung?*

Geht es bei der allgemeinen Relativitätstheorie um Euklidizität oder Nichteuklidizität, so geht es bei der speziellen Relativitätstheorie darum, ob die Verkürzung, Verlangsamung und Massenzunahme, die etwa ein relativ zur Erde bewegter Körper nach den Messungen eines auf der Erde ruhenden Beobachters erfährt, reale, „innere" Veränderungen dieses Körpers darstellen so wie etwa die Verkürzung aufgrund von Abkühlung oder ob der Körper an sich unverändert bleibt und seine unveränderte vierdimensionale Realität lediglich in verschiedener Weise in Raum und Zeit hinein „projiziert". Nach der ersten Ansicht wird an

11. H. Reichenbach, Philosophie der Raum-Zeit-Lehre, Braunschweig 1977, § 12 S. 96ff

der herkömmlichen Auffassung von Raum und Zeit nichts geändert; nach der zweiten Auffassung sind räumliches Nebeneinander und zeitliches Nacheinander nicht, wie bisher angenommen, innerlich unabhängig voneinander, sondern nur „Projektionen" einer ihrem Wesen nach vierdimensionalen Realität.

Experimentell läßt sich keine Entscheidung zwischen den beiden Auffassungen treffen. Auch wenn man eine reale, „echte" Verkürzung und Verlangsamung eines bewegten Beobachters, seiner Maßstäbe und Uhren annimmt, so wirken diese Verkürzungen und Verlangsamungen doch in so „raffinierter" Weise miteinander zusammen, daß der bewegte Beobachter gerade aufgrund dieser seiner Verkürzungen und Verlangsamungen legitimerweise zu dem Ergebnis kommt, daß nicht er, sondern der andere, ruhende, verkürzt und dessen Uhren verlangsamt seien. Insofern ist dann nicht zu erkennen, wer nun eigentlich bewegt und wer ruhend sein soll.

Es gibt aber Umstände, welche die Auffassung begründen könnten, unverkürzt und unverlangsamt seien jene Körper, die sich *relativ zum umgebenden Fixsternhimmel* in Ruhe befinden, und ein Körper, der sich relativ zum umgebenden Fixsternhimmel bewegt, sei darum mit den an ihm spielenden Prozeßabläufen in der Bewegungsrichtung verkürzt und verlangsamt. Betrachtet man nämlich eine Gruppe von Galaxien, die noch nicht so groß ist, daß sich innerhalb ihrer die allgemeine Expansion des Universums schon bemerkbar macht, dann ist es eine Erfahrungstatsache, daß die Relativgeschwindigkeiten, mit denen sich die Sterne einer solchen Galaxiengruppe relativ zueinander bewegen, klein sind im Vergleich zur Lichtgeschwindigkeit. Da die Lichtgeschwindigkeit für alle relativistischen Effekte maßgeblich ist, kann man sagen, daß im Hinblick auf die Relativitätstheorie alle diese Sterne relativ zueinander ruhen, und dementsprechend könnte man die Auffassung vertreten, unverkürzt und unverlangsamt seien jene Körper mitsamt den an ihnen ablaufenden Prozessen, die sich zu diesem sie umgebenden Teil des Fixsternhimmels in Ruhe befinden. Betrachtet man eine andere, von der ersten weit entfernte Galaxiengruppe, die sich aufgrund der allgemeinen Expansion des Universums von der ersten mit einer bestimmten Geschwindigkeit entfernt, dann wären an dieser anderen Stelle des Universums jene Körper unverkürzt und unverlangsamt, die sich relativ zu der sie umgebenden Galaxiengruppe in Ruhe befinden. In diesem Sinn ist es zu verstehen, wenn wir von Ruhe nicht relativ zum Fixsternhimmel schlechthin, sondern *relativ zum jeweils umgebenden Teil des Fixsternhimmels* sprechen. Der Zustand der Ruhe relativ zum umgebenden Fixsternhimmel ist also durch die empirischen Gegebenenheiten eindeutig vor allen anderen Bewegungszuständen hervorgehoben und ausgezeichnet, und insofern könnte man plausiblerweise zu der Auffassung neigen, daß die Bewegung relativ zum umgebenden Fixsternhimmel zum Auftreten von Verkürzungen und Verlangsamungen an dem bewegten Körper führe.

Damit in Einklang stände folgender Sachverhalt: Der ganze Weltraum ist mit einer für das bloße Auge allerdings nicht sichtbaren Strahlung erfüllt, welche das Überbleibsel des seinerzeitigen „Urknall-Feuerballs" darstellt. Man konnte die Geschwindigkeit messen, mit der sich die Erde durch dieses „Strahlungsmeer" bewegt, und es ergab sich: Die Geschwindigkeit relativ zum Strahlungsmeer ist dieselbe wie die relativ zum umgebenden Fixsternhimmel; ein Körper, der relativ zum Fixsternhimmel ruht, ruht auch relativ zum Strahlungsmeer.

175

Wenn man voraussetzt, daß der Weltraum in dem früher erklärten Sinn in sich selbst „geschlossen" ist, könnte man aufgrund der heutigen kosmologischen Theorien noch folgenden Umstand heranziehen: Relativ zum umgebenden Fixsternhimmel und zum Strahlungsmeer befinde sich ein Beobachter A in Ruhe und ein Beobachter B in Bewegung mit konstanter Geschwindigkeit und Richtung. In der Richtung dieser seiner Bewegung sendet B je ein Funksignal sowohl nach vorwärts wie nach rückwärts (d. h. in die der Bewegung entgegengesetzte Richtung) aus. In dieselben Richtungen sendet auch A Funksignale aus. B sendet seine beiden Signale zur genau gleichen Zeit ab, A ebenso. Nach Umlaufen des ganzen Weltraums kommen die Signale zu A und B zurück, aber: Bei A treffen seine beiden Signale, das nach vorwärts und das nach rückwärts, zur genau gleichen Zeit wieder ein; bei B dagegen trifft sein nach rückwärts ausgesandtes Signal eher ein als das nach vorwärts ausgesandte, weil B dem nach rückwärts ausgesandten Signal, das nun von vorne wieder auf B zukommt, gleichsam entgegenläuft, während anderseits das nach vorwärts ausgesandte Signal, das nun von hinten wieder auf B zukommt, gleichsam hinter B hinterherlaufen muß. Es ergibt sich also erneut, daß der Zustand der Ruhe relativ zum umgebenden Fixsternhimmel vor allen anderen Bewegungszuständen hervorgehoben und ausgezeichnet ist.[12]

*Gegen* die Annahme, daß es sich bei den relativistischen Effekten um eine reale, „innere" Verkürzung und Verlangsamung analog zu der Verkürzung bei Abkühlung handele, spricht eine Überlegung ähnlich der, wie wir sie bei der allgemeinen Relativitätstheorie zugunsten der Nichteuklidizität anstellten. Das Gemeinte sei zunächst an einem Beispiel veranschaulicht: Man kennt im Prinzip alle geometrischen Eigenschaften eines dreidimensionalen Gebildes, wenn man seine Projektionen auf drei zueinander senkrechte Ebenen kennt. Nun betrachte man, wie sich diese Projektionen ändern, wenn man das fragliche Gebilde ohne Änderung seiner Eigenschaften irgendwie im dreidimensionalen Raum dreht. Obwohl das Gebilde selbst unverändert bleibt, ändert sich in seinen Projektionen fast alles: Winkel, Abstände, Kurven usw. Grundsätzlich kann man natürlich aus der genauen mathematischen Analyse der Projektionen ableiten, daß das projizierte Gebilde selbst unverändert bleibt und sich lediglich dreht; aber das ist ein äußerst mühsames und undurchsichtiges Verfahren. Stützt man sich dagegen nicht auf die zweidimensionalen Projektionen, sondern beschreibt das Gebilde direkt in seiner dreidimensionalen Struktur, mit seinen wirklichen Winkeln, Abständen usw., dann wird alles sofort einheitlich und durchsichtig.

Ebenso ist es, wenn man die Verkürzungen, Verlangsamungen, Massenzunahme usw., die ein bewegter Körper gemäß der speziellen Relativitätstheorie erfährt, als Veränderung der Projektionen eines in sich unveränderten vierdimensionalen Gebildes auffaßt: Alle Phänomene, die sonst zusammenhanglos nebeneinander stehen, gewinnen einen einheitlichen und durchsichtigen Zusammenhang, in der Mechanik ebenso wie in der Elektrizitäts-

---

12. Vgl. E. H. Brans-D.R. Stewart, Unaccelerated-Returning-Twin Paradox in Flat Space-Time, Physical Review D *8*, 1662 (1973); S. J. Prokhovnik, Cosmology Versus Relativity — The Reference Frame Paradox, Foundations of Physics *3*, 351 (1973); C. N. Gordon, The Identification of a Preferred Inertial Frame, Foundations of Physics *5*, 173 (1975)

lehre, Atomphysik usw. Die Situation ist ähnlich wie früher bei der allgemeinen Relativitätstheorie, wo wir sahen, daß eine einheitliche Zusammenfassung der empirischen Gegebenheiten in der Nähe schwerer Massen nur möglich ist, wenn man die Phänomene nicht als Veränderungen von Körpern und Prozeßabläufen im euklidischen Raum auffaßt, sondern als Auswirkungen einer nichteuklidischen Struktur der Raumzeit. Dazu ist jetzt zu ergänzen, daß nur die *vierdimensionale* Auffassung der Raumzeit und der Körper in ihr diese einheitliche Zusammenfassung ermöglicht; wollte man schon bei den Phänomenen der speziellen Relativitätstheorie die vierdimensionale Betrachtungsweise ablehnen, stände man bei der speziellen wie bei der allgemeinen Relativitätstheorie isolierten Phänomenen ohne einheitlichen Zusammenhang gegenüber.

Dem Gesagten widerspricht nicht, daß, wie ausgeführt, die Ruhe relativ zum umgebenden Fixsternhimmel einen ausgezeichneten und hervorgehobenen Bewegungszustand darstellt. Um das zunächst wieder an einem anschaulichen Beispiel zu verdeutlichen, betrachten wir im dreidimensionalen Raum eine Gruppe von geometrischen Gebilden wie Quadern, Zylindern, Pyramiden und Kegeln, deren Grundflächen alle in einer und derselben Ebene liegen sollen. Durch die Ansammlung dieser geometrischen Gebilde ist dann eine bestimmte Ebene vor allen anderen Ebenen des Raumes ausgezeichnet und hervorgehoben, nämlich jene Ebene, in der die Grundflächen aller Gebilde unserer Gruppe liegen. Die Auszeichnung dieser Ebene ist also nicht im Raum als solchem begründet, sondern in den geometrischen Gebilden, die den Raum erfüllen. Ähnlich ist es bei der Auszeichnung des Zustands der Ruhe relativ zum umgebenden Fixsternhimmel. In der vierdimensionalen Raumzeit wird, wie früher erklärt, die Bewegung eines Körpers durch eine „Weltlinie" dargestellt. Da die Sterne des umgebenden Fixsternhimmels, wie oben ausgeführt, relativ zueinander praktisch ruhen, verlaufen in der vierdimensionalen Raumzeit alle ihre Weltlinien parallel zueinander, und die Richtung aller dieser Parallelen zeichnet in der Raumzeit eine Richtung vor allen anderen Richtungen aus. Die Auszeichnung dieser Richtung ist also nicht in der Raumzeit als solcher begründet, sondern in der Materie, welche die Raumzeit erfüllt, und zu der natürlich auch das Strahlungsmeer der Urknall-Strahlung zu rechnen ist. Würden die Sterne des umgebenden Fixsternhimmels relativ zueinander nicht praktisch ruhen, sondern sich mit entsprechend großen Geschwindigkeiten durcheinander bewegen, dann gäbe es in der Raumzeit keine ausgezeichnete und hervorgehobene Richtung, und dann wäre auch der Zustand der Ruhe relativ zum umgebenden Fixsternhimmel nicht vor anderen Bewegungszuständen hervorgehoben, weil es ja gar keinen ruhenden umgebenden Fixsternhimmel gäbe.

## *Mißverständnisse*

Unser entscheidendes Argument war sowohl bei der speziellen wie bei der allgemeinen Relativitätstheorie die Einheitlichkeit der Naturbeschreibung, die durch Vierdimensionalität und Nichteuklidizität erreicht wird. Daß auf diese Weise eine größere Einheitlichkeit der Naturbeschreibung erzielt wird, ist eine Erfahrungstatsache, die sich nicht aus irgendwelchen allgemeinen philosophischen Erwägungen über das Wesen von Raum und Zeit usw.

ableiten läßt. Das Einheitlichkeitsargument ist auch zu unterscheiden von gewissen Gedanken, die zwar bei der Entwicklung der Relativitätstheorie eine psychologisch-heuristisch nützliche Rolle gespielt haben, die aber, genau genommen, kaum stichhaltig sind, so daß das Festhalten daran zu vielen unnötigen Diskussionen geführt hat.

Man hat z. B. früher auf die Mißerfolge der Versuche hingewiesen, die einen „Ätherwind" nachweisen sollten, und aus dem negativen Ausgang aller dieser Versuche, vor allem des Michelson-Versuchs, abgeleitet, daß durch die Natur unter allen gleichförmig-gradlinig bewegten Bezugssystemen keines vor den anderen ausgezeichnet sei. Diese Argumentation, für sich allein genommen, ist durch das entkräftet, was wir oben über die Auszeichnung der Ruhe relativ zum umgebenden Fixsternhimmel sagten. Daß sich, wie gemessen werden konnte, die Erde mit einer Geschwindigkeit von 390 km/sec durch das Strahlungsmeer der Urknall-Strahlung bewegt, hat man mit Recht als „neuen Ätherwind" bezeichnet.

Man muß auch zugeben, daß der Name „allgemeine Relativitätstheorie" sehr unglücklich ist; denn die allgemeine Relativitätstheorie ist in Wirklichkeit keine Relativitätstheorie, sondern eine Gravitationstheorie. „Relativität" im Sinn der speziellen Relativitätstheorie bedeutet, daß es, soweit es sich um gradlinig-gleichförmige Bewegungen handelt, keinen als „Ruhe" ausgezeichneten Bewegungszustand gibt, weil es unter den geodätischen Weltlinien, durch welche gradlinig-gleichförmige Bewegungen dargestellt werden, keine gibt, deren Richtung durch die Raumzeit als solche vor den Richtungen der anderen Weltlinien ausgezeichnet wäre. „Allgemeine Relativität" sollte ursprünglich bedeuten, daß eine ähnliche Relativität auch für beschleunigte Bewegungen gelten solle. Das ist jedoch in der allgemeinen Relativitätstheorie, so wie sie heute fertig vorliegt, nicht der Fall. Eine beschleunigte Bewegung wird in der Raumzeit durch eine nicht-geodätische Weltlinie beschrieben; dieses Nichtgeodätisch-Sein ist eine Eigenschaft, die der Weltlinie „absolut" zukommt (wenn das metrische Feld gegeben ist) und die geodätische und nicht-geodätische Weltlinien eindeutig voneinander unterscheidet. Der Unterschied zwischen beschleunigten und nichtbeschleunigten Bewegungen ist also auch in der allgemeinen Relativitätstheorie, entgegen der ursprünglichen Hoffnung Einsteins, nicht relativiert. (Physikalisch formuliert: Die ursprüngliche Hoffnung Einsteins, daß sich aus dem Formalismus der allgemeinen Relativitätstheorie zwangsläufig das Machsche Prinzip ableiten lasse, hat sich nicht erfüllt.)

Die unglückliche Redeweise von allgemeiner Relativität hat viel zu der Verwirrung beigetragen, die in der immer wieder aufflackernden Diskussion um das sog. Zwillings-Paradoxon zum Ausdruck kommt.[13] Gemeint sind zwei Zwillinge, von denen sich der eine beständig gradlinig-gleichförmig bewegt, während der andere sich einmal vom ersten trennt, in beschleunigter bzw. verzögerter Bewegung den Weltraum durchfliegt und dann zum ersten zurückkehrt. Beim Wiederzusammentreffen zeigt sich, daß der erste Zwilling erheblich stärker gealtert ist als der zweite. Das kommt daher, daß die Länge der durchlaufenen Lebenszeit gemessen wird durch die Länge der durchlaufenen vierdimensionalen

---

13. Zum Zwillings-Paradox vgl. L. Marder, Reisen durch die Raumzeit, Braunschweig/Wiesbaden 1979; W. Büchel, Die Struktur wissenschaftlicher Revolutionen und das Uhren-Paradoxon, Zeitschr. f. allgem. Wissenschaftstheorie 5, 218 (1974)

Weltlinie, und zwischen der Trennung und Wiedervereinigung ist die Weltlinie des zweiten Zwillings kürzer als die des ersten. Denn die Weltlinie des ersten Zwillings ist geodätisch, die des zweiten nicht, und wegen der besonderen Verhältnisse in der vierdimensionalen Raumzeit (imaginäre Koordinaten für die Zeitachse) ist eine (zeitartige) geodätische Weltlinie nicht die kürzeste, sondern die längste Verbindung zwischen ihren Punkten.

Die Diskussion über diesen in Wirklichkeit gar nicht paradoxen Sachverhalt entzündet sich immer an dem Gedanken, daß, wenn wirklich allgemeine Relativität aller Bewegungen bestehen solle, nicht nur der erste Zwilling feststellen dürfe, daß der zweite weniger gealtert sei, sondern auch der zweite feststellen müsse, daß der erste weniger gealtert sei. Dieser Einwand ist zutreffend und zeigt in der Tat, daß die Bezeichnung als „allgemeine Relativitätstheorie" irreführend ist; aber er zeigt nicht, was er nach Meinung der Kritiker zeigen sollte, daß nämlich der mathematische Formalismus der Relativitätstheorie innerlich widersprüchlich oder empirisch falsch sei. Nicht der Formalismus ist falsch, sondern gewisse heuristische Überlegungen, die bei der Aufstellung des Formalismus mitspielten.

Eine ähnliche Zweideutigkeit herrscht bezüglich der Frage, ob man beschleunigte Bewegungen noch nach der speziellen Relativitätstheorie behandeln könne oder dazu die allgemeine Relativitätstheorie heranziehen müsse. Zur Verdeutlichung des Problems zunächst wieder ein anschauliches Beispiel: Wenn man im dreidimensionalen euklidischen Raum eine zweidimensionale Kugeloberfläche betrachtet, so treten auf dieser Nichteuklidizitätseffekte auf. Das hat aber ersichtlicherweise nichts mit einer Nichteuklidizität des dreidimensionalen Raumes zu tun, sondern rührt daher, daß aus dem euklidischen dreidimensionalen Raum eine nichteuklidische zweidimensionale Fläche „herausgeschnitten" wurde.

Ähnliches gilt in der vierdimensionalen Raumzeit, wenn man Messungen betrachtet, die von beschleunigten Beobachtern vorgenommen werden. Die Weltlinien solcher Beobachter sind, wie erwähnt, nichtgeodätisch, und das hat zur Folge: Die beschleunigten Beobachter spalten durch ihre Messungen die vierdimensionale Raumzeit so in Zeit und dreidimensionalen Raum auf, daß der Raum und die Zeit, für sich allein betrachtet, Nichteuklidizitätseffekte zeigen. Mit der Frage, ob die vierdimensionale Raumzeit selbst nichteuklidisch sei, hat das zunächst ebensowenig zu tun wie in unserem Beispiel die Nichteuklidizität auf der Kugelfläche mit der Euklidizität des dreidimensionalen Raums. Beschleunigte Bezugssysteme spalten *jede* Raumzeit, ob euklidisch oder nicht, in einen nichteuklidischen Raum und eine nichteuklidische Zeit auf. Ob die vierdimensionale Raumzeit euklidisch ist oder nicht, d. h. ob man von der speziellen zur allgemeinen Relativitätstheorie übergehen muß, entscheidet nicht die Raum-Zeit-Aufspaltung durch beschleunigte Beobachter, sondern die die An- oder Abwesenheit schwerer Massen und ihres die vierdimensionale Raumzeit „krümmenden" Einflusses. Wenn Einstein dennoch die Nichteuklidizitätseffekte in beschleunigten Bezugssystemen zum Anlaß nahm, auf die Nichteuklidizität der Raumzeit zu schließen,[14] dann war das folglich zwar heuristisch fruchtbar, aber logisch nicht schlüssig, und wenn heute immer noch Ähnliches geschieht, trägt das sicherlich nicht zur Klarheit bei.[15]

---

14. A. Einstein (Anm. 3), S. 63ff
15. Hieraus entstehen Diskussionen wie bei V. Fock, Theorie von Raum, Zeit und Gravitation,

Das Gesagte sei verdeutlicht am Beispiel eines etwa 100 m langen Raumschiffs, in dessen Bug und Heck sich je eine sehr genau gehende Uhr befinde; der Gang der Uhren werde durch irgendeine Methode des Uhrenvergleichs — elektrische oder Lichtsignale, Hin- und Hertransport einer dritten Uhr usw. — miteinander verglichen. An der Seitenwand des Raumschiffs sei innen ein Scheinwerfer angebracht, der einen Lichtstahl genau senkrecht zur Wand auf die gegenüberliegende Wand strahlt.

Zunächst bewege sich das Raumschiff antriebslos im freien Weltraum. Seine Weltlinie ist also geodätisch, es treten keine Nichteuklidizitätseffekte auf, das bedeutet: Die Uhren zeigen gleiche Ganggeschwindigkeit, und der Lichtstrahl des Scheinwerfers trifft die gegenüberliegende Wand an der genau gegenüberliegenden Stelle. Nun beschleunigt das Raumschiff, seine Weltlinie ist nichtgeodätisch, und der dadurch „erzeugte" zeitliche Nichteuklidizitätseffekt besteht darin, daß die vordere Uhr „schneller geht" als die hintere. Dieses „Schneller-Gehen" bedeutet jedoch keine Beeinflussung der Uhren selbst, sondern rührt daher, daß die Mechanismen, die den Gangvergleich zwischen den Uhren bewerkstelligen, in einem Bezugssystem mit nichtgeodätischer Weltlinie arbeiten. Ein weiterer Nichteuklidizitätseffekt besteht darin, daß der Lichtstrahl des Scheinwerfers die gegenüberliegende Wand nicht an der genau gegenüberliegenden Stelle trifft, sondern etwas nach dem Heck hin abgelenkt ist, ähnlich der Lichtablenkung in der Nähe schwerer Massen.

Dann stürzt das Raumschiff in freiem Fall auf einen Planeten zu. Seine Weltlinie ist jetzt geodätisch, und obwohl die vierdimensionale Raumzeit durch die Masse des Planeten „gekrümmt" ist, treten im Raumschiff praktisch keine Nichteuklidizitätseffekte auf (siehe unten); die Uhren zeigen gleiche Ganggeschwindigkeit, und der Lichtstrahl des Scheinwerfers trifft die gegenüberliegende Wand an der genau gegenüberliegenden Stelle. Schließlich ruht das Schiff, mit dem Heck nach unten, auf der Oberfläche des Planeten. Seine Weltlinie ist nichtgeodätisch, infolgedessen tritt wieder das „Schneller-Gehen" der Uhren auf, und der Lichtstrahl des Scheinwerfers wird wieder nach dem Heck hin abgelenkt.

Daß die Nichteuklidizität der Raumzeit in dem frei fallenden Raumschiff nicht sichtbar wird, ist wie folgt zu verstehen: Wie aus der oben gegebenen Definition des Krümmungsmaßes ersichtlich ist, werden die Abweichungen von der euklidischen Geometrie (bei vorgegebenem Krümmungsmaß) um so kleiner, je kleiner die Flächen der betrachteten Gebilde sind; für hinreichend kleine Gebilde, d.h. in der allgemeinen Relativitätstheorie für hinreichend kleine Raumzeit-Bereiche, sind die Nichteuklidizitätseffekte also praktisch unsichtbar. Das gilt aber nur, wenn man Bezugssysteme benutzt, die aus geodätischen Weltlinien gebildet sind. Andernfalls spalten nichtgeodätische Bezugssysteme doch wieder, wie oben beschrieben, die Raumzeit so auf, daß der Raum für sich und die Zeit für sich eine Nichteuklidizität aufweisen, die erheblich größer sein kann als die vierdimensionale Raumzeit-Nichteuklidizität und deren Auswirkungen schon in Raum- und Zeitbereichen sichtbar werden, in denen die Auswirkungen der vierdimensionalen Raumzeit-Nichteuklidizität noch nicht erkennbar sind.

Berlin-Ost 1960, oder L. Brillouin, Relativity Reexamined, New York/London 1970. Vgl. auch W. Büchel, Zur Begründung und Deutung der Relativitätstheorie, Philosophia Naturalis *10*, 211 (1967/68)

*Für hinreichend kleine Bereiche* kann man also unter Zugrundelegung eines Bezugssystems mit nichtgeodätischer Weltlinie immer Nichteuklidizitätseffekte erzeugen (die Einschränkung auf kleine Bereiche rührt daher, daß sich beschleunigte Bezugssysteme im allgemeinen nur für solche Bereiche sinnvoll definieren lassen), und umgekehrt kann man *für hinreichend kleine Bereiche* durch Verwendung eines Bezugssystems mit geodätischer Weltlinie die etwa bestehende Nichteuklidizität der Raumzeit „verdecken". Der entscheidende Unterschied zwischen einer nur-speziellen Relativitätstheorie, welche die Schwerkraft als eine „gewöhnliche" Kraft behandeln würde, und der allgemeinen Relativitätstheorie, welche die Schwerkraft als Folge der Raumzeitkrümmung auffaßt, ist der: Nach der nur-speziellen Relativitätstheorie hat ein auf der Erdoberfläche ruhendes Bezugssystem eine geodätische Weltlinie (wenn man von der Bewegung und Rotation der Erde selbst absieht), und daher treten in ihm keine Nichteuklidizitätseffekte auf, während ein frei fallendes Bezugssystem eine nichtgeodätische Weltlinie hat und daher Nichteuklidizitätseffekte erzeugt; nach der allgemeinen Relativitätstheorie ist es umgekehrt. Die vielzitierte „Äquivalenz" von Beschleunigung und Gravitation besteht darin, daß nach der allgemeinen Relativitätstheorie sowohl ein im gravitationsfreien Raum beschleunigter wie ein in der Nähe einer schweren Masse relativ zu dieser ruhender Körper eine nichtgeodätische Weltlinie hat; darüber hinaus darf man diese Äquivalenz nicht ausdehnen.

Roberto Torretti

# Kosmologie als ein Zweig der Physik

## 1. Alte und neue Kosmologie

Erst seit etwa 50 Jahren hat die Kosmologie sich in einen echten Zweig der Physik entwickelt, mit ihren eigenen Phänomenbereichen und einer wachsenden, für den Nichtspezialisten meist unverständlichen Literatur, wobei sie einerseits sich die jüngsten Errungenschaften der Fundamentalphysik zunutze macht, auf der anderen Seite fruchtbare Problemstellungen und Einsichten an anderen Fronten der Forschung liefert.

Ihre offizielle Weihe erhielt die Kosmologie etwa 1978, als der Nobelpreis an A.A. Penzias und R.W. Wilson für eine kosmologische Entdeckung verliehen wurde. Und doch kann diese Disziplin, die so spät zu voller wissenschaftlicher Anerkennung gelangt ist, beanspruchen, der älteste Teil der Wissenschaft zu sein. Bekanntlich waren die Spekulationen über das Seiende im Ganzen der Beginn der rationalen Forschung in Griechenland vor 2500 Jahren.

Die neue Kosmologie ist aber nur sehr indirekt eine Fortsetzung der alten, insofern nämlich als die griechischen Spekulationen den Ursprung aller Physik darstellen.

Obwohl die neue Kosmologie einige der alten Probleme aufgegriffen hat — z.B. die Endlichkeit oder Unendlichkeit des Raumes oder das Alter des Universums — entstand sie nicht direkt aus dem Bemühen, diese Frage zu behandeln. So versuchte Einstein im frühesten Dokument der neuen Kosmologie[1] eine Hypothese über die globale Geometrie des Universums nicht, um den Vorsokratikern nachzufolgen, sondern um einer anscheinenden Schwierigkeit seiner Gravitationstheorie auszuweichen. Und die beiden Radiophysiker des Bell Telephon-Laboratoriums Penzias und Wilson deuteten das schwache Radiosignal, das sie bei 4080 MHz entdeckt hatten, erst dann als Echo des Urknalls, als die einfacheren nicht-kosmologischen Interpretationen versagten.

Hauptunterschied der neuen gegenüber der alten Kosmologie ist, daß die erste als empirische Wissenschaft keinen Anspruch auf Endgültigkeit macht: ihre Sätze fungieren nicht als ewige Wahrheiten, sondern gelten als wegwerfbare Treppenstufen der Forschungspraxis. Es ist daher kaum zu erwarten, daß die physikalische Kosmologie den Wunsch nach einem „wissenschaftlichen Weltbild" so erfüllen kann, wie die breite Öffentlichkeit sich dies vorstellt.

## 2. Kosmologische Phänomene

Das Bestehen der Kosmologie als ein eigenes Forschungsgebiet hängt von dem Vorhandensein eigentlich kosmologischer Phänomene ab, d.h. beobachtbarer Vorgänge, die aus-

---

1. A. Einstein, Kosmologische Betrachtungen zur allgemeinen Relativitätstheorie, Preuss. Akademie der Wissenschaften, Sitzungsberichte, Berlin 1917, S. 142-152.

schließlich durch Hypothesen über den Aufbau und die Entwicklung der Welt im Großen erklärt werden können. Die Mehrzahl der Naturwissenschaftler stimmt darin überein, daß zwei Phänomene in diese Kategorie fallen:
1) Die sog. *kosmologische Rotverschiebung*, die von Slipher 1915 entdeckt worden ist, d.i. die systematische Verschiebung der Spektrallinien des Lichtes von fernen Galaxien in Richtung auf niedrigere Frequenzen; sie wird allgemein als empirische Stütze für die Expansion des Universums angesehen.
2) Die *Mikrowellenhintergrundstrahlung*, von Penzias und Wilson 1965 entdeckt; sie wird üblicherweise als Relikt eines frühen Entwicklungszustandes des Universums angesehen, wo Materie und Strahlung bei hoher Temperatur im thermischen Gleichgewicht waren, wobei ihre Verteilung im Raum fast völlig homogen war.

Um Sliphers Entdeckung zu verstehen, müssen wir bedenken, daß die beobachtete Frequenz $v_b$ des periodischen Signals sich von der ausgesandten Frequenz $v_a$ entsprechend der Relativbewegung von Beobachter und Quelle unterscheidet. Wenn das Lichtsignal nur kurze Entfernungen zurückzulegen hat, wird dieser sog. *Doppler-Effekt* von der Beziehung

$$z = \frac{v_a - v_b}{v_a} = 1 - \sqrt{\frac{c-v}{c+v}} \qquad (1)$$

beschrieben. Dabei ist $c$ die Vakuumlichtgeschwindigkeit und $v$ die Komponente der Relativgeschwindigkeit von Beobachter und Quelle in Richtung des Lichtsignals ($v$ ist positiv, wenn ihre Entfernung wächst und negativ, wenn sie abnimmt). Wenn $v$ viel kleiner als $c$ ist (nämlich so viel, daß $\frac{v^2}{c^2}$ vernachlässigt werden kann), vereinfacht sich die Formel[2] zu $z = \frac{v}{c}$. Unter der Annahme, daß jede Spektrallinie — die nach unserer heutigen Physik entsteht, wenn Atome eines bestimmten Elementes von einem Energiezustand in den anderen übergehen — immer und überall dieselbe ihr eigentümliche Emissionsfrequenz besitzt, können wir die Radialgeschwindigkeit der astronomischen Quellen bestimmen. Genauer gesagt, wir bestimmen ihre Geschwindigkeit relativ zu uns, indem wir $z$ aus der Frequenz $v_a$ jeder Spektrallinie und ihrer beobachteten Frequenz $v_b$ berechnen. (Man beachte, daß wegen (1) alle Spektrallinien einer Quelle um den gleichen Betrag verschoben sind; dadurch können sie leicht durch ihren Ort im beobachteten Linienmuster identifiziert werden.) Das war es, was Slipher in seiner Untersuchung der galaktischen Spektren erreichen wollte. Er bemerkte bald, daß die weitaus größere Zahl von Galaxien Rotverschiebung anzeigten ($v_a > v_b$; $z > 0$) und somit eine positive Rezessionsgeschwindigkeit besaßen. In den 20er Jahren entwickelte Edwin Hubble verläßliche Methoden zur Entfernungsbestimmung von anderen Galaxien und verkündete 1929 das Gesetz, das heute seinen Namen trägt: Die Rezessionsgeschwindigkeit der Galaxien wächst linear mit der Entfernung. Diese überraschende Aussage ließ sich leicht verstehen, wenn der Raum selbst expandierte, in Einklang mit den Vorhersagen von Einsteins Gravitationstheorie, wie sie von Alexander

---

2. Man sieht dies ein, wenn man Zähler und Nenner des Bruches unter der Wurzel in (1) mit $(c-v)$ multipliziert, beide durch $c^2$ teilt und $v^2/c^2 = 0$ setzt.

Friedmann (1922) und unabhängig auch von George Lemaître (1927) ausgearbeitet worden waren. Wir sollten uns jedoch bewußt bleiben, daß die Doppler-Formel (1) in einem Friedmann-Universum nur lokal, aber nicht über intergalaktische Entfernungen gilt. Folglich muß i) Hubbles Gesetz zwar eine lineare Beziehung zwischen Rotverschiebung z und Entfernung sein, aber die Rezessionsgeschwindigkeit kann durchaus nicht hergeleitet werden, wenn man nicht noch mehr über die globale Geometrie des Universums weiß; ii) der Proportionalitätsfaktor, der Rotverschiebung und Entfernung verbindet — sein *heutiger* Wert ist die bekannte *Hubble-Konstante* $H_0$ —, ist ziemlich sicher zeitabhängig; und iii) die kosmologische Rotverschiebung ist genau genommen kein Doppler-Effekt.

Bezüglich der Mikrowellenhintergrundstrahlung gibt es zwei wesentliche Züge zu betonen. Erstens zeigt der Strahlungsfluß bei jeder beliebigen Frequenz keine Zeit- oder Richtungsabhängigkeit. Die Strahlung ist also *gleichförmig* und *isotrop*. Da aus der Isotropie die Homogenität folgt — wenn wir nicht an einem untypischen Ort des Raumes leben — muß das gesamte Universum gleichförmig mit dieser Strahlung angefüllt sein. Kleine Spuren von Anisotropie erklärt man mit der Eigenbewegung der Erde durch den stationären Photonensee. Die Strahlung selbst kann nicht auf bestimmte astronomische Quellen zurückgeführt werden. Zweitens, wenn wir in einem Diagramm den Energiefluß gegen die Frequenz auftragen, stimmt die resultierende Kurve mit einer thermischen Strahlung von knapp 3 K überein.[3] Die weltweite Anwesenheit solcher Strahlung ist eine Spur von jener Zeit, wo sie mit der Materie im Gleichgewicht war, was — nach unserem heutigen Wissen — nur dann der Fall gewesen sein kann, wenn das Universum homogen und isotrop expandiert. Entkoppelt die Strahlung nach einiger Zeit von der Materie, so kühlt sie sich ab, behält aber ihre thermische Struktur (was man an der Fluß-Frequenz-Kurve sehen kann).

Auch nach einer solchen kurzen Skizze leuchtet es ein, daß die erwähnten Phänomene nur dann als kosmologisch bedeutsam angesehen werden können, wenn sie in einen reichen wissenschaftlichen Denkzusammenhang eingebettet werden. Beobachtungen ohne Begriffe sind stumm und deshalb so gut wie blind. Eine Veränderung im theoretischen Ansatz kann Phänomenen einen kosmologischen Status verleihen, die ihn vorher nie gehabt haben. So ist etwa für die Vertreter der Steady-State-Kosmologie, welche davon ausgeht, daß das Universum von allen Orten und zu allen Zeiten gleich aussieht, das wichtigste kosmologische Phänomen in der Dunkelheit des Nachthimmels zu erblicken, welche sie als hinreichenden Beweis der Expansion des Universums ansehen. Ihre Deutung stützen sie auf ein Argument, das auf Kepler zurückgeht, aber sonst als das *Olbers-Paradoxon* bekannt geworden ist: Ein Beobachter, der von überall her Licht empfängt, das von homogen und statisch verteilten Quellen (z.B. Galaxien) bis in die unbegrenzte Vergangenheit zurück ausgesandt wurde, müßte jeden Fleck des Himmels mit Sternenlicht mittlerer (z.B. Sonnen-)

---

3. Thermische Strahlung von dieser Temperatur hat ihre Spitze bei 45 GHz. Da die Erdatmosphäre für Frequenzen knapp über diesem Wert undurchsichtig ist, ist die Form dieser Kurve verläßlich nur dann zu bestimmen, wenn Messungen außerhalb der Atmosphäre durchgeführt werden. Die Ergebnisse, die von D.P. Woody und P.L. Richards veröffentlich worden sind (Phys. Rev. Lett. *42* (1979) S. 925), zeigen eine kleine, aber merkbare Abweichung von den früheren Beobachtungen.

Stärke erfüllt sehen. Das Paradoxon kann aufgelöst werden, wenn man die Flucht der Quellen nach dem Hubble-Gesetz berücksichtigt, denn dann wird die Frequenz und damit die Energie des Lichtes relativ zur Entfernung der Quelle herabgesetzt. Wenn man andererseits die Evolution des Universums in Rechnung stellt, löst sich das Paradoxon deshalb auf, weil die Gesamtheit des Lichtes, das bisher von allen Quellen produziert wurde, nicht ausreicht, um einen hellen Nachthimmel aufrechtzuerhalten.

## 3. Allgemeine Prinzipien

Die fundamentale Voraussetzung der wissenschaftlichen Kosmologie besteht darin, daß jene physikalischen Gesetze, die von Menschen jetzt und hier auf experimentellem Wege gefunden worden sind, immer und überall gelten. Hierzu muß man zwei Bemerkungen machen.

Einerseits ist es klar, daß wir aus der Erfahrung nichts über die globale Struktur und Entwicklung des Universums lernen können, wenn sich nicht alle wesentlichen Züge der physikalischen Phänomene zumindest prinzipiell in Laboratorien und Observatorien aufweisen lassen. Die kosmologische Forschung wäre ziellos und willkürlich, wenn wir nicht annehmen dürften, daß die hochenergetischen Reaktionen bei CERN oder Fermilab genauso ablaufen wie im frühen heißen und dichten Universum. Auf der anderen Seite erwartet niemand, daß die allgemeinen Naturgesetze exakt mit den Formeln übereinstimmen, wie wir sie heute in den Lehrbüchern finden. Dürfen wir diese nun dann ändern, wenn sie nicht in unsere kosmologischen Hypothesen passen? Einige Wissenschaftler haben es so getan. So dachte E.A. Milne, er könne die Diskrepanz zwischen dem „Alter des Universums" (d.i. die Zeit, die seit dem überdichten Zustand der Materie verstrichen ist), wie es an der kosmologischen Rotverschiebung gewonnen worden war, und dem offenbar größeren Alter unseres Planeten, wie es aus den geologischen Daten folgt, überwinden, indem er zwei natürliche Zeitskalen einführte, welche sich in jeweils verschiedenen periodischen Phänomenen manifestieren. Beide Skalen stimmen in kurzen Zeitintervallen überein, laufen aber in großen Zeiträumen auseinander.[4] P.A.M. Dirac hatte keine Bedenken, eine Zeitabhängigkeit der Gravitationskonstante einzuführen, um die Konstanz bestimmter Zahlen zu sichern, wie etwa das Verhältnis der Größe des Nukleons zur Größe des beobachtbaren Universums oder das Verhältnis der Stärke der Gravitationswechselwirkung zwischen den zwei Teilchen, die das Wasserstoffatom aufbauen, zur Stärke der elektromagnetischen Wechselwirkung zwischen beiden. (Dirac schätzte *beide* Verhältnisse auf $10^{-40}$).

Die Begründer der Steady-State-Kosmologie, H. Bondi und T. Gold, glaubten, daß die von Menschen erarbeitete Physik nur dann universell anwendbar sei, wenn unser Wohnort in Raum und Zeit in keiner Weise untypisch ist. Deshalb forderten sie als Grundvoraussetzung jeder wissenschaftlichen Kosmologie das Vollkommene Kosmologische Prinzip

---

4. Heute wissen wir, daß das Alter des Universums, das damals als 2 Milliarden Jahre galt, um den Faktor 5 bis 10 unterschätzt worden war.

(VKP): das Universum bietet an jedem Ort und zu jeder Zeit den gleichen Anblick. Seltsamerweise führte dieses Prinzip, das die durchgängige Gültigkeit der irdischen Physik sichern sollte, dazu, genau die letztere zu modifizieren. Um die Galaxienflucht mit der Stationaritätsforderung zu harmonisieren, führten Bondi und Gold ein Gesetz ein, für das es nicht die mindeste Stütze im Labor gab. Das Gesetz behauptet nämlich, daß Materie überall andauernd entsteht und zwar ca. 2 Nukleonen pro $km^3$ und Jahrhundert.

Die Entdeckung der Hintergrundstrahlung hat die meisten Wissenschaftler überzeugt, daß das Universum vor einigen Milliarden Jahren völlig anders aussah. Die Auszählung einiger astronomischer Objekte (z.B. Quasare) deutet darüberhinaus an, daß diese heute seltener sind als sie früher waren. Das muß man als Widerlegung der Steady-State-Theorie werten. Obwohl also diese Theorie empirisch nicht haltbar ist, sollte man doch anmerken, daß ihre obige philosophische Begründung unkorrekt war. Man muß sorgfältig die allgemeinen Gesetze der Physik von den speziellen Anwendungsbedingungen trennen. Die Universalität der Gesetze zieht nicht die Gleichförmigkeit dieser Bedingungen nach sich. Gerade durch die Vielfalt der Natur erkennt man die Regularitäten. Unsere Fähigkeit, ungewöhnliche Umgebungen zu schaffen und ungeläufige Prozesse zu provozieren, sind beim Fortschritt der Wissenschaft viel wichtiger gewesen als die vermeinte Durchschnittlichkeit unseres Wohnortes im Universum.

Obwohl die Kosmologen heute dem VKP nicht mehr anhängen, nehmen sie i.a. an, daß wir gegenwärtig keinen privilegierten Standpunkt innehaben. Das ist das sog. *Kopernikanische Prinzip*. Im Verein mit der beobachteten Isotropie der Hintergrundstrahlung und der großräumigen Verteilung der Galaxien zieht das Kopernikanische Prinzip die globale Isotropie nach sich und daraus folgt die Homogenität des Universums. Andererseits ist unsere gegenwärtige Epoche im Rahmen einer evolutionären Kosmologie von besonderer Art, insofern die Welt heute an einigen Orten die Existenz intelligenter Lebewesen zuläßt, was früher noch nicht der Fall war und später nicht mehr möglich sein wird. Allgemeiner, jede Theorie über das Universum, die innerhalb desselben vertreten wird, setzt als Möglichkeitsbedingung voraus, daß in ihm irgendwann Leben und Intelligenz gedeihen kann. Diese Voraussetzung, heute *Anthropisches Prinzip* genannt, kann einige der Kosmologie zugehörigen Tatsachen verständlich machen. So beschränkt z.B. das Anthropische Prinzip im Rahmen der gegenwärtig akzeptierten physikalischen Gesetze die zulässigen Werte der Fundamentalkonstanten auf ein enges Intervall um ihre gemessenen Werte.

## 4. Raumzeit als Riemannsche Mannigfaltigkeit

Die mathematische Schlüsselidee der Kosmologie des 20. Jh. ist die der Riemannschen Mannigfaltigkeit. Dieser Begriff, von Bernhard Riemann 1854 eingeführt, machte es möglich, sinnvoll von Form, Größe und Alter des Universums zu reden und Hypothesen aufzustellen, die diese Begriffe mit der beobachtbaren Verteilung der Materie und Strahlung verbinden. Um zu verstehen, was eine Riemannsche Mannigfaltigkeit ist, geht man am besten von seinem Begriff einer „$n$-fach stetig ausgedehnten Größe' aus, oder $n$-Mannigfaltigkeit, wie man heute sagt. Man betrachte eine glatte Oberfläche wie die eines

Golfballs oder eines Eies. Wie wir aus der Geographie wissen, kann eine jede solche Fläche durch einen Atlas dargestellt werden, d.i. eine Menge von *ebenen* Landkarten, wobei jede eine Region der Fläche wiedergibt. Entsprechend der geographischen Analogie nennen wir auch hier eine solche Darstellung eine *Karte*. Die Karten eines guten Atlanten sollen folgende Forderungen erfüllen:

1) Jede Karte gibt mit genau einem Punkt den entsprechenden Punkt ihres Bereiches wieder (Die Karte ist eine bijektive Abbildung ihres Bereiches).
2) Jeder Punkt der Fläche wird durch mindestens eine Karte erfaßt (Die kartierten Bereiche überdecken die gesamte Fläche).
3) Die Karten erhalten die Stetigkeit, so daß benachbarte Teile der Fläche immer durch benachbarte Teile der entsprechenden Karten wiedergegeben werden.
4) Überschneiden sich zwei Karten, d.h. gibt es einen Bereich der Flächen, den sie beide darstellen, dann sind die überschneidenden Teile stetigkeitserhaltende bijektive Abbildungen von einander (Bedingung 4 folgt aus 1 + 3).

Die Punkte einer ebenen Seite können durch Zahlenpaare identifiziert werden (Koordinaten) und zwar so, daß benachbarte Rechtecke auf der Seite benachbarten „Rechtecken" im Zahlensystem entsprechen.[5] Wenn die Seite eine Karte der Fläche enthält, liefert das Koordinatensystem eine stetigkeitserhaltende bijektive Abbildung des entsprechenden Bereichs auf der Fläche, welche wir eine reellwertige Karte nennen können. Eine Menge solcher Karten, die die Forderungen 1—4 erfüllen, stellen dann einen reellwertigen Atlas auf der Fläche dar. (Eine solche numerische Darstellung kann man z.B. verwenden, um den Informationsgehalt eines normalen Atlanten in den Speicher eines Computers einzugeben).

Die Entsprechung zwischen zwei überschneidenden Karten eines reellwertigen Atlanten ist eine Funktionsbeziehung zwischen Zahlenpaaren, die man Koordinatentransformation nennt. Wir können daher Forderung 4 verschärfen:

4') Überschneiden sich zwei Karten, dann sind beide Koordinatentransformationen zwischen ihnen unendlich glatt (beliebig oft differenzierbar).

Zahlenkarten und Atlanten lassen sich leicht verallgemeinern. Man nehme ein beliebiges System von Objekten, welches irgendeine Art der Stetigkeit besitzt und das man mit einer partiellen eindeutigen stetigkeitserhaltenden Darstellung durch Zahlentripel, -quadrupel und $n$-tupel versehen kann (z.B. ein Klangsystem, das durch Zahlentripel entsprechend stetig veränderbarer Tonhöhe, Klangfarbe und Lautstärke dargestellt werden kann). Jede solche Darstellung ist eine (reell-'wertige) $n$-Karte des Systems. Eine Menge von $n$-Karten, die die Bedingungen 1, 2, 3, und 4 ' hinsichtlich eines beliebigen Systems von Objekten erfüllen, ist ein (reell-wertiger, glatter) $n$-Atlas des Systems. Jedes System, das mit einem solchen $n$-Atlas ausgestattet ist, ist eine (reelle, glatte) $n$-Mannigfaltigkeit. Erinnert man sich an die übliche Weise, physikalische Ereignisse — oder vielmehr ihre kosmische Lokalisierung — zu benennen, nämlich durch drei Raum- und eine Zeitkoordinate, so sieht man, daß die mathematische Physik diese kosmische Bühne immer als 4er-Mannigfaltigkeit be-

---

5. Unter einem „Rechteck" $(a, b) \times (c, d)$, mit $a, b, c, d \varepsilon \mathbb{R}$ und $a < b, c < d$ verstehe ich die Menge aller reellen Zahlenpaare $\langle x, y \rangle$ derart, daß $a < x < b$ und $c < y < d$.

handelt hat, denn die raumzeitlichen Koordinatensysteme erfüllen offensichtlich die vier Bedingungen. Diese Mannigfaltigkeit nennen wir die Raumzeit.

Unsere Definitionen haben einen klaren mathematischen Vorteil: sie ermöglichen es uns, in präziser Weise von „glatten" Entsprechungen zwischen beliebigen Mannigfaltigkeiten zu reden. Es möge die Abbildung f jedem Punkt P der $n$-Mannigfaltigkeit M genau einen Punkt fP der $m$-Mannigfaltigkeit M′ zuordnen. Es sei g eine Karte (mit der Umkehrung $g^{-1}$) der Umgebung P aus M und h eine Karte der Umgebung fP aus M′. Wir sagen dann, f sei glatt in P, wenn die zusammengesetzte Funktion $h \cdot f \cdot g^{-1}$ (eine Funktion von Zahlen-$n$-tupeln in Zahlen-$m$-tupel) glatt in g(P) ist.

Da Koordinatentransformationen überall glatt sind, ist die spezielle Wahl der Karten g und h belanglos. Man sagt, f sei eine *glatte Abbildung* von M in M′, wenn in jedem Punkt M glatt ist. So wird eine *Kurve* in einer beliebigen $n$-Mannigfaltigkeit M als glatte Abbildung eines offenen Intervalls der reellen Zahlen in M gekennzeichnet.

In der gewöhnlichen Geometrie fragen wir nach der Länge von Kurven. In einer beliebigen $n$-Mannigfaltigkeit erhält diese Frage nur dann eine Antwort, wenn die Mannigfaltigkeit eine reichere (sog. »metrische«) Struktur besitzt als die bisher beschriebene. Riemann hat schon gesehen, daß es viele Möglichkeiten gibt, eine solche Struktur zu bilden und schlug selber ein Verfahren vor. Reelle $n$-Mannigfaltigkeiten, die zusätzlich eine metrische Struktur dieser Art besitzen, nennt man Riemannsche $n$-Mannigfaltigkeiten. Für eine skizzenhafte Andeutung beziehe ich mich nochmals auf eine gewöhnliche Fläche (d.h. eine 2-Mannigfaltigkeit). Man betrachte eine Kurve $\gamma$ auf einer Ebene $\pi$ mit den Endpunkten $P$ und $Q$ und markiere auf $\gamma$ in gleichen Abständen eine Reihe von Punkten $P_0, P_1 \ldots, P_n$, wobei $P_0 = P$ und $P_n = Q$ gesetzt sei. $x^1$ und $x^2$ seien ebene Cartesische Koordinaten (Hier sind die Hochzahlen Indizes, nicht Exponenten). Wenn $\Delta x_j^i$ die Veränderung der $i$-ten Koordinaten beim Übergang von $P_j$ zu $P_{j+1}$ ist, dann ist die Entfernung zwischen diesen beiden Punkten nach dem Pythagoreischen Lehrsatz gleich der positiven Wurzel aus $(\Delta x_j^1)^2 + (\Delta x_j^2)^2$ (Hier sind die Hochzahlen außerhalb der Klammer Exponenten). Die Verbindung aufeinanderfolgender Punkte stellt einen Polygonzug dar, dessen Länge durch

$$\sum_{j=0}^{n-1} \sqrt{(\Delta x_j^1)^2 + (\Delta x_j^2)^2}$$

gegeben ist.

Erhöht man die Zahl der Punkte auf der Kurve, nähert man sich dem anschaulichen Begriff der Länge der Kurve. Deshalb *definieren* wir die Länge $s(\gamma)$ der Kurve $\gamma$ als Grenzwert jener Summe, wenn $n \to \infty$ geht:

$$s(\gamma) = \lim_{n \to \infty} \sum_{j=0}^{n-1} \sqrt{(\Delta x_j^1)^2 + (\Delta x_j^2)^2} = \int_\gamma \sqrt{(dx^1)^2 + (dx^2)^2}$$

Der Integrand des letzten Ausdruckes ist das *Linienelement* der Ebene, das wir mit $ds$ bezeichnen. $ds^2$ kann dann als

$$1 \cdot dx^1 dx^1 + 0 \cdot dx^1 dx^2 + 0 \cdot dx^2 dx^1 + 1 \cdot dx^2 dx^2 = \sum \delta_{ij} dx^i dx^j$$

geschrieben werden, wobei $\delta_{ij}$ gleich 1 ist, wenn $i = j$ sonst aber 0, und über $i$ und $j$ summiert wird.

Setzen wir für die Cartesischen Koordinaten $x^1$, $x^2$ beliebige Koordinaten $u^1$, $u^2$ ein, erhalten wir einen anderen Ausdruck für das $ds^2$, nämlich die allgemeine Form $\Sigma g_{ij} du^i du^j$, wo $g_{ij}$ reellwertige Funktionen der Koordinaten sind, die durch die Bedingung $\Sigma g_{ij} du^i du^j = \Sigma g_{ij} dx^i dx^j$ festgelegt werden (wählen wir etwa Polarkoordinaten $u^1 = r$, $u^2 = \varphi$ mit dem gleichen Ursprung wie das $x$-System, dann ist $g_{11} = 1$, $g_{12} = g_{21} = 0$ und $g_{22} = r^2$).

Nehmen wir nun an, daß $\gamma$ nicht in einer Ebene, sondern auf einer krummen Fläche $\sigma$ im Raum liegt. Wieder können wir ihre Länge als Grenze der Länge des Polygonzuges $s(\gamma) = \int_\gamma \sqrt{\Sigma\, dx^i dx^i}$ definieren, wo $x^i$ räumliche Cartesische Koordinaten sind und $i$ von 1 bis 3 läuft. C.F. Gauß zeigte jedoch 1820, daß die Länge von $\gamma$ auch vermittels einer 2er-Karte der Fläche $\sigma$ mit Koordinatenfunktionen $u^1$ und $u^2$ ausgedrückt werden kann. Die Länge wird dann durch das Integral $\int_\gamma \sqrt{\Sigma g_{ij} du^i du^j}$ ausgedrückt, wobei die $g_{ij}$ reelle Funktionen sind, die von den Koordinaten der Fläche $\sigma$ abhängen ($i, j$ laufen von 1 bis 2). Den Integrand kann man wieder mit $ds$ bezeichnen und Linienelement von $\sigma$ nennen.

Führen wir die 2er-Karte $(\hat{u}^1, \hat{u}^2)$ statt $(u^1, u^2)$ ein, müssen wir $g_{ij}$ im Ausdruck für $ds$ durch neue Funktionen $\hat{g}_{ij}$ ersetzen, und zwar so, daß $\Sigma\, \hat{g}_{ij} d\hat{u}^i d\hat{u}^j = \Sigma\, g_{ij} du^i du^j$ ist; denn die Länge der Kurve muß natürlich invariant unter einer Koordinatentransformation sein, deshalb gilt

$$\hat{g}_{ij} = \Sigma\, \frac{\partial u^h}{\partial \hat{u}^i}\, \frac{\partial u^k}{\partial \hat{u}^j}\, g_{hk} \quad (h, k \text{ laufen von 1 bis 2}).$$

Eine Regel, die jeder 2er-Karte von $\sigma$ eine Anordnung von 4 Funktionen $g_{ij}$ zuschreibt, welche diese Transformation erfüllen, definiert ein kovariantes Tensorfeld vom Rang 2 auf $\sigma$. Da dieses Tensorfeld das Längenmaß bestimmt, nennen wir es das *metrische* Feld von $\sigma$. Wir nennen die $g_{ij}$ die metrischen *Komponenten* hinsichtlich jener Karte. Die folgenden Bemerkungen werden im Anschluß noch nützlich sein. Aus der Natur des Linienelementes folgt, daß die metrischen Komponenten hinsichtlich einer Karte nicht alle zugleich in einem Punkt von $\sigma$ verschwinden können; wir drücken dies damit aus, daß wir sagen, das metrische Feld sei *nicht-singulär* oder *nirgends entartet*. Klarerweise muß $ds^2$ — als Ausdruck unter dem Wurzelzeichen in der Längendefinition — immer positiv sein, sonst wäre die Länge einer Kurve ja Null oder imaginär; das ist sichergestellt, wenn das metrische Feld *ein positiv definites* Tensorfeld ist. Da es keinen Grund gibt, zwischen den Komponenten $g_{12}$ und $g_{21}$ zu unterscheiden, können wir das metrische Feld als *symmetrisches* Tensorfeld führen, bei dem generell $g_{ij} = g_{ji}$ gilt. Im Fall, daß $\sigma$ auf einer Ebene abgewickelt werden kann (z.B. wenn $\sigma$ ein Zylinder oder Kegel ist), aber auch nur dann, kann man eine Cartesische 2er-Karte einführen, bei der die metrischen Komponenten konstante Werte $g_{ij} = \delta_{ij}$ annehmen; diese Eigenschaft kann als Kennzeichen der Flachheit angesehen werden.

Die obigen Ideen lassen sich leicht zu einer Riemannschen $n$-Mannigfaltigkeit verallgemeinern. M sei eine (reelle, glatte) $n$-Mannigfaltigkeit und $g$ ein symmetrisches kovariantes nicht-singuläres Tensorfeld der Stufe 2, das auf M definiert ist. Wenn $g$ positiv definit ist, können wir die Länge der Kurve $\gamma$ in M, die im Bereich der Karte $n$ liegt, als Integral

$$\int_\gamma \sqrt{\Sigma\, g_{ij} du^i du^j}\ \text{definieren}.$$

Dabei sind $g_{ij}$ die Komponenten von $g$ in bezug auf $u$ und $i, j$ laufen von 1 bis $n$ (Sollte $\gamma$ nicht in den Bereich einer einzigen Karte passen, können wir die Länge stückweise berechnen). Auch wenn $g$ nicht positiv definit ist, kann man quantitative Vergleiche zwischen Kurven in M durchführen und zwar über das sog. „Energie-Integral" $\int_\gamma ds^2$, das in benanntem Fall die Form $\int_\gamma \sum g_{ij} du^i du^j$ besitzt. Extremalkurven, wo die Länge, bzw. die „Energie" ein Maximum oder Minimum besitzt, werden als *Geodäten* bezeichnet. Sie sind die Riemannschen Verallgemeinerungen der geraden Linien. Die Mannigfaltigkeit M, die eine Metrik $g$ trägt, ist eine Riemannsche $n$-Mannigfaltigkeit.[6]

Wenn M durch Karten überdeckt werden kann, in bezug worauf die metrischen Komponenten die konstanten Werte $g_{ij} = \pm \delta_{ij}$ haben, nennen wir die Mannigfaltigkeit und ihre Metrik *flach*. Man kann zeigen, daß die Flachheit äquivalent durch das Verschwinden eines Tensorfeldes 4. Stufe, das durch die Metrik festgelegt ist, des sog. Riemann-Tensors, ausgedrückt werden kann. Wenn nicht alle Komponenten des Riemann-Tensors identisch verschwinden, nennt man die Mannigfaltigkeit *gekrümmt*.

Hermann Minkowski zeigte 1907, daß gemäß der Speziellen Relativitätstheorie die Raumzeit mit einem symmetrischen nichtsingulären, kovarianten Tensorfeld ausgestattet ist und daher eine Riemannsche 4er-Mannigfaltigkeit darstellt. Zur Kennzeichnung dieses metrischen Feldes (Minkowski-Metrik) benutzen wir die speziellen, mit inertialen Bezugssystemen verbundenen Karten, die Einstein in seiner Originalarbeit von 1905 einführte, die aber heute „Lorentz-Karten" genannt werden. In bezug auf eine Lorentz-Karte mit den räumlichen Koordinatenfunktionen $x^1$, $x^2$, $x^3$ und der zeitlichen $x^4$ erhalten die Komponenten der Minkowski-Metrik die festen Werte $g_{ij} = \delta_{ij}$, außer wenn $i = j = 4$, und $g_{44} = -c^2$, wo $c$ die Vakuumlichtgeschwindigkeit ist. Wählen wir die Einheit so, daß $c = 1$ (z.B. messen wir die Zeit und die Entfernung in Lichtjahren), erhält das Minkowski-Linienelement in dieser Karte die Form

$$ds^2 = (dx^1)^2 + (dx^2)^2 + (dx^3)^2 - (dx^4)^2.$$

Nach dieser Definition ist die Minkowski-Metrik flach, aber nicht positiv definit, denn $ds^2$ kann sicher positiv (oder raumartig), negativ (zeitartig) oder Null (lichtartig) sein. Ist $ds^2$ entlang einer bestimmten Kurve immer raum-, bzw. zeit- oder lichtartig, so überträgt man diese Begriffe auf diese Kurve. Die aufeinanderfolgenden Ereignisse in der Geschichte eines physikalischen Objektes schneiden eine Röhre aus der Raumzeit heraus. Ist der Gegenstand von verschwindendem Volumen, geht die Röhre in eine Kurve über, die *Weltlinie* des Objektes. Die Spezielle Relativitätstheorie verlangt, daß die Weltlinie eines massiven Teilchens immer eine zeitartige Kurve ist, während die Weltlinie eines masselosen Teilchens (z.B. eines Photons) eine lichtartige Kurve ist.[7] Freie massive Teilchen — das sind solche, die eine Trägheitsbewegung ausführen — folgen einer zeitartigen Geodäte.

---

6. Einige Autoren nennen (M, $g$) Riemannsch nur dann, wenn $g$ positiv definit ist, sonst semi-Riemannsch oder pseudo-Riemannsch.
7. Die sog. Tachyonen (Teilchen mit $v > c$) hätten, wenn sie existieren, eine imaginäre Ruhemasse; ihre Weltlinie wäre dann raumartig.

Das Integral $\int_\gamma \sqrt{-ds^2}$ entlang einer zeitartigen Kurve $\gamma$ heißt die *Eigenzeit*; eine gute Uhr, deren Weltlinie $\gamma$ ist, mißt eben diese physikalische Größe.

## 5. Einsteins Gravitationstheorie und die Geburt der Modernen Kosmologie

Der Kern der Speziellen Relativitätstheorie besteht in einer Vorschrift über die mathematische Form der Naturgesetze. Die Form muß in bezug auf jede Lorentz-Karte gleich und deshalb invariant sein gegenüber den Lorentz-Transformationen zwischen solchen Karten. Nun ist aber das erfolgreichste Gesetz der Klassischen Physik, Newtons Gravitationsgesetz, nicht Lorentz-invariant. Die Allgemeine Relativitätstheorie war die schwer erkämpfte originelle Antwort Einsteins auf diese Schwierigkeit. Der springende Punkt ist die merkwürdige Ähnlichkeit zwischen Newtons Gravitationskraft und den Trägheitskräften, das sind jene scheinbaren Kräfte, die im Rahmen der Newtonschen Theorie auftreten, wenn wir die Trägheitsbewegung eines Körpers auf ein nicht-inertiales Bezugssystem beziehen.[8] Sie sind die einzigen klassischen Kräfte, die auf jeden Körper unabhängig von seinem inneren Aufbau wirken,[9] und die nicht abgeschirmt werden können. Zwar unterscheiden sich die Trägheitskräfte insofern von der Gravitation, als sie nicht auf materiale Quellen zurückgeführt werden können. Deshalb hielt man sie für fiktiv, nur durch die falsche Wahl des Bezugssystems hervorgebracht. Ernst Mach jedoch, der die Bevorzugung der inertialen gegenüber den nichtinertialen Bezugssystemen als physikalisch unbegründet ansah und sich darüberhinaus über die Ausrichtung der Schwingungsebene des Foucaultschen Pendels zu den Fixsternen wunderte, äußerte 1880 die Vermutung, daß die Trägheitskräfte auf die Wirkung der fernen Massen zurückgehen könnten. Einstein erklärte die Ähnlichkeit zwischen Schwere und Trägheit durch einen Identifikationsakt, d.h. er betrachtete sie als Manifestationen ein und derselben Eigenschaft der Materie unter verschiedenen Umständen. Diese Idee war nicht kühner als Newtons Hypothese über die Wesensgleichheit von Planetenbewegungen und freiem Fall. Einstein wagte einfach noch einen Schritt weiter in Richtung auf eine gedankliche Vereinheitlichung des scheinbar Getrennten, indem er den Bereich der Gravitation erweiterte und die Trägheitsphänomene darin einschloß oder, so kann man es auch ausdrücken, den freien Fall unter die Trägheitsbewegungen einreihte.

Um dies zu bewerkstelligen, müssen wir bedenken, daß in der Speziellen Relativitätstheorie ein Trägheitsteilchen einer raumzeitlichen Geodäte folgt. Es ist als ob Dinge, an de-

---

8. Echte Trägheitskräfte, Zentrifugal- und Corioliskräfte. Man zählt dazu auch die sog. d'Alembert-Kraft, die proportional jener zusätzlichen Beschleunigungskomponente eines nichtinertialen Körpers relativ zu einem nicht-inertialen Bezugssystem ist, die weder von den eben genannten Scheinkräften noch von den realen Kräften, die einen Körper relativ auf ein Inertialsystem beschleunigen, stammt.
9. Deshalb reagiert jeder Körper auf gravische und inertiale Kräfte gleich (bis auf einen Faktor, der von der Wahl der Einheit abhängt); Newton hielt dies mit der Genauigkeit von 1:1000 für gültig, und Braginsky und Panov haben es bis auf 1:$10^{12}$ bestätigt.

nen keine äußeren Kräfte zerren, von der Raumzeitgeometrie auf ihrer festen Spur gehalten werden. Aber Einstein war es zuwider, daß die Raumzeit auf die Materie wirken konnte, ohne daß umgekehrt die Materie auf die Raumzeit zurückwirkte. In seiner Gravitationstheorie löst er diese Schwierigkeit in genialer Weise. Die Raumzeit wird hier als *gekrümmte* Riemannsche Mannigfaltigkeit aufgefaßt, deren Metrik durch die flache Minkowski-Metrik linear approximiert wird. (Damit wird dem großen lokalen Erfolg der Speziellen Relativitätstheorie Rechnung getragen). Ein System von Differentialgleichungen — die Einsteinschen Feldgleichungen — koppelt die Komponenten eines Tensorfeldes (Energie-Spannungstensor), der die Verteilung der Materie und nicht-gravischen Energie darstellt, mit den Komponenten eines anderen Tensorfeldes (Einstein-Tensor), das aus der Metrik und ihren ersten und zweiten Ableitungen gebildet ist. Das metrische Feld kann daher durch Integration dieser Gleichungen berechnet werden. Natürliche Uhren messen die Eigenzeit ihren Weltlinien entlang. Ein freifallendes, nicht drehendes, elektrisch neutrales Punktteilchen zeichnet eine zeitartige Geodäte in dieser Metrik aus. (Daher ist es unmöglich, durch lokale Experimente den freien Fall von einer Trägheitsbewegung im Minkowski-Raum zu unterscheiden). Das metrische Feld spielt also die Rolle eines Gravitations-Potentials. Wenn es schwach ist und nur niedrige Geschwindigkeiten vorliegen, nähert es sich dem Newtonschen Potential, das durch die Poisson-Gleichung regiert wird. (Diese Beziehung erklärt den enormen Erfolg des Newtonschen Gravitationsgesetzes.)

Insofern das Netz der Raumzeit-Geodäten von der Materie-Verteilung abhängt, realisiert die Allgemeine Relativitätstheorie in gewissem Sinne Machs Ziel, die Trägheit als Wirkung der kosmischen Massen zu verstehen. In der Frühzeit der Theorie wollte Einstein jedoch noch mehr erreichen. „In einer konsequenten Relativitätstheorie" — so schrieb er 1917 — „kann es keine Trägheit *gegenüber dem „Raume"* geben, sondern nur eine Trägheit der Massen *gegeneinander*. Wenn ich daher eine Masse von allen anderen Massen der Welt räumlich genügend entferne, so muß die Trägheit zu Null herabsinken".[10] Mathematisch würde dies die Entartung des metrischen Feldes im räumlich Unendlichen bedeuten; Einstein konnte dieses Ergebnis aber nicht von den Feldgleichungen ableiten. Sein nachfolgender Vorschlag, mit diesem Problem fertig zu werden, gab Anlaß für die Entstehung der modernen Kosmologie. Er bemerkte, daß die Relativität der Trägheit gesichert wäre, wenn das gesamte Universum in einem endlichen Volumen enthalten und also die Materie überall wirksam wäre. Der alte philosophische Einwand gegen eine endliche Welt — daß sie in dem Moment überschritten würde, sobald jemand einen Gegenstand durch ihren Rand durchsteckte — trifft nicht zu, wenn der Raum eine gekrümmte Riemannsche Mannigfaltigkeit ist. Eine solche Mannigfaltigkeit kann — wie man es sich leicht an gekrümmten Flächen veranschaulichen kann — durchaus endlich sein und doch keine Grenzen haben. Einstein dachte, von den astronomischen Beobachtungen zur Annahme berechtigt zu sein, daß die Sterne ziemlich gleichmäßig im Universum verteilt sind und eine sehr geringe Relativbewegung besitzen. Daher stellt er sich die großräumige Verteilung der Materie als statisches, ho-

---

10. Vgl. Anm. 1, S. 145.

mogenes, isotropes, druckloses Gas vor. Da die Feldgleichungen in der ursprünglichen Form keine Lösung mit diesen Randbedingungen zulassen, veränderte er den Einstein-Tensor um einen Term, der proportional der Metrik ist. Der Proportionalitäts-Faktor $\lambda$, die sog. kosmologische Konstante, sollte allerdings nur wenig von Null differieren, damit die modifizierten Feldgleichungen nicht mit den bekannten Gravitationsphänomenen in Konflikt kommen (Beobachtungen an fernen Galaxien setzten eine obere Grenze für $|\lambda|$ von ca. $10^{-56}$ cm$^{-2}$).[11]

Wenn jedoch $\lambda \neq 0$ ist, erlauben die Gravitationsgleichungen die gewünschte Lösung: es ist eine Raumzeit, die die Form eines 4-dimensionalen „Zylinders" besitzt, wobei die Weltlinien der Materie in der Längsrichtung liegen und die raumartigen Geodäten orthogonal zu den Materie-Weltlinien von jedem Punkt eine endliche randlose 3er-Mannigfaltigkeit mit konstanter positiver Krümmung (3-dimensionale Kugel) aufspannen. Die unwandelbare Struktur, die in allen diesen 3er-Mannigfaltigkeiten verkörpert ist, wäre dann das, was wir mit „physikalischem Raum" meinen.

## 6. Die Friedmann-Welten

Fast zur selben Zeit, da Einstein seine veränderten Feldgleichungen formulierte, löste Willem de Sitter sie für eine leere Welt, d.h. unter der Annahme, daß der Materie-Tensor überall veschwindet. Das Universum von de Sitter ist statisch insofern, als es keine Materie enthält; wenn wir jedoch eine isotrope Wolke von frei fallenden Probeteilchen (das sind solche, die das metrische Feld nicht stören) in sie einführen, werden sich diese mit einer Geschwindigkeit zerstreuen, die mit wachsender Entfernung zunimmt. De Sitter, der besser als Einstein mit den jüngsten astronomischen Ergebnissen vertraut war, bemerkte, daß die Daten Sliphers über die Radialgeschwindigkeit der Galaxien seine Lösung unterstützten.

1922 zeigte Alexander Friedmann, daß die kosmologischen Modelle von Einstein und de Sitter Grenzfälle einer unendlichen Familie von Lösungen der erweiterten Feldgleichungen sind. Friedmann ließ für $\lambda$ jeden beliebigen Wert zu, positiv, negativ oder Null. Die Materie idealisierte er als ein druckfreies Gas, dessen frei fallende Teilchen zeitartigen Geodäten folgen, welche isotrop umeinander verteilt sind. Diese einfache Bedingung zieht es nach sich, daß die Raumzeit in aequidistante 3-Mannigfaltigkeiten von konstanter Krümmung aufgeschnitten werden kann, die von den Weltlinien der Materie überall orthogonal durchsetzt werden.[12]

Normiert man die Vakuumlichtgeschwindigkeit auf 1 und deutet man die Zeitkoordinate $t$ als Eigenzeit entlang den Weltlininen der Materie, dann ist das Linienelement der Friedmann-Lösung gegeben durch $ds^2 = R^2(t)d\sigma^2 - dt^2$, wobei $d\sigma$ das Linienelement ei-

---

11. A. Sandage, *Observational Cosmology*, Observatory **88** (1968), S. 91-106.
12. Dieses Theorem wurde später von H.P. Robertson und unabhängig von A.G. Walker bewiesen. Friedmanns Arbeit von 1922 führte die Forderung als eigenes Postulat ein.

ner der 3-dimensionalen Schnitte konstanter Krümmung, und $R^2(t)$ ein zeitabhängiger Skalenfaktor ist. In jedem Zeitpunkt $t$ bestimmt das positiv definite Riemannsche Linienelement $\sqrt{R^2(t)d\sigma^2}$ die Geometrie des physikalischen Raumes. Sie ändert sich zweifelsohne mit $R^2(t)$, aber die Krümmung — die ja konstant für jedes $t$ ist — bleibt positiv, negativ oder Null, wenn sie es einmal war. Man kann die Friedmann-Lösungen durch einen Index $k$ kennzeichnen, der 1, —1 oder 0 sein kann entsprechend dem Wertebereich der Raumkrümmung. Die funktionale Abhängigkeit zwischen $R^2(t)$ und $t$ hängt von $k$ und $\lambda$ ab.

In dem folgenden Diagramm ist $t$ gegen $R(t)$, die positive Wurzel des Skalenfaktors, für alle 3 Werte von $k$ aufgetragen, wobei der naheliegende Fall $\lambda = 0$ angenommen wurde und daß zu einem Zeitpunkt von $t$ (z.B. jetzt) $R(t)$ eine wachsende Funktion ist.

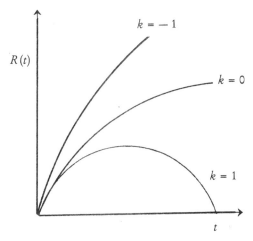

Die Galaxienzählungen und die Messungen des Mikrowellenhintergrundes zeigen an, daß im großen betrachtet Materie und Strahlung fast völlig isotrop um uns herum verteilt sind. Aus dem Kopernikanischen Prinzip folgt dann, daß die Isotropie auch um jeden anderen Punkt besteht. Nicht-gravische Wechselwirkungen klingen über astronomische Entfernungen ab. Wenn deshalb die Gravitation durch Einsteins Feldgleichungen regiert wird, darf die großräumige Struktur des Universums ungefähr durch eine Friedmann-Lösung beschrieben werden.[13] Die kosmologische Rotverschiebung zeigt dann an, daß der physikalische Raum expandiert. Die Hubble-Konstante $H_0$ ergibt sich als der gegenwärtige Wert des Verhältnisses $\dfrac{\dot{R}(t)}{R(t)}$, wo $\dot{R}(t)$ die zeitliche Ableitung von $R(t)$ bezeichnet. Da es keine em-

13. Der Druck, den Friedmann Null setzte, scheint nichts zur großräumigen Gestaltung des heutigen Universums beizutragen, wohl aber war er in den Frühstadien des Universums wichtig. G. Lemaître, der unabhängig 1927 die Friedmann-Lösungen wiederentdeckte, erlaubte einen positiven oder negativen isotropen Druck. Das liefert zwar eine größere Vielfalt, aber keine umwälzende Änderung in der Familie der homogenen und isotropen Raumzeiten.

pirische Stütze für $\lambda \neq 0$ gibt, soll ein Friedmann-Modell für unsere Welt unter denen in der obigen Figur dargestellten ausgesucht werden. Zwei von ihnen sind von der dritten sehr verschieden: wenn $k < 0$ oder $k = 0$, läuft die Expansion ewig weiter, wenn hingegen $k > 0$, wird das Universum eines Tages wieder schrumpfen. Geometrisch folgt aus $k = 1$, daß der Raum ein endliches Volumen besitzt, während bei $k \leq 0$, wenn die heutige mittlere Dichte der Materie und der nicht-gravischen Energie $\rho_0$ nicht einen bestimmten kritischen Wert $\rho_c \approx 1{,}9 \cdot 10^{-30} H_0^2$ kg · m$^{-3}$ überschreitet ($H_0$ ist der numerische Wert der Hubble-Konstante, wobei diese in km sec.$^{-1}$ Mpc$^{-1}$ gemessen[14] und heute auf 50-100 geschätzt wird), der Raum offen ist. Der gemessene Wert $\rho_0$ liegt weit unter $\rho_c$, ist aber noch großen Unsicherheiten unterworfen. (So würde $\rho_0$ bedeutsam steigen, wenn die Neutrinos gemäß der neuerlich beliebten Meinung eine kleine Ruhemasse besäßen.)

In einem Friedmann-Universum definieren die Weltlinien der Materie einen natürlichen Standard der Bewegung und Ruhe. Die 3er-Mannigfaltigkeiten, die orthogonal auf diesen Weltlinien stehen, teilen das Universum in Klassen von gleichzeitigen Ereignissen, wodurch eine natürliche kosmische Zeit eingeführt wird. Im nicht ganz homogenen und isotropen realen Universum weichen die tatsächlichen Weltlinien der Materie vom idealen Friedmann-Muster ab. Das Muster kann jedoch durch Mittelung oder direkt aus dem Mikrowellenhintergrund bestimmt werden. Aus der beobachteten Anisotropie derselben kann man die Bewegung der Erde relativ zum Universum bestimmen. Ebenso kann man eine sinnvolle Chronologie des Universums aufstellen, auch wenn die lokalen Uhren nicht exakt die kosmische Zeit anzeigen. In Einsteins Allgemeiner Relativitätstheorie bleibt somit nicht viel übrig von der berühmten Relativität von Zeit und Bewegung (dies gilt zumindest für das ideale Modell, das der realen Welt am besten gleichkommt). An dem Bild auf S. 195 sehen wir, daß unabhängig vom Wert $k$, R (t) gegen 0 geht, wenn $t$ einen endlichen Wert erreicht, den wir mit $t_A$ bezeichnen wollen. Da die mittlere Dichte über alle Grenzen wächst, wenn $R(t)$ gegen 0 geht, ist das metrische Feld bei $t = t_A$ nicht definiert, d.h. $t_A$ liegt außerhalb des Bereichs der Zeitkoordinate. Um ein besseres Verständnis hiervon zu erzielen, betrachte man eine typische Weltlinie, eine zeitartige Geodäte $\gamma$. Wie früher erwähnt, sollte $\gamma$ als Abbild eines offenen Intervalls der reellen Zahlen $\mathbb{R}$ auf die Raumzeit angesehen werden. Sie kann so definiert werden, daß $t \cdot \gamma$ mit der Identität in $\mathbb{R}$ übereinstimmt, d.h. $\gamma$ schreibt jeder Zahl in ihrem Bereich einen Raumzeit-Punkt zu, dessen Zeitkoordinate gerade jene Zahl ist. Damit ist $\gamma$ durch die Eigenzeit parametrisiert. In diesem Fall ist $t_A$ die größte untere Schranke des Intervalls, in dem $\gamma$ definiert ist. Die Zahl $t_A$ ändert sich natürlich, wenn wir eine andere Zeitkoordinate verwenden und $\gamma$ entsprechend reparametrisieren. Wenn jedoch $t$ die Eigenzeit mißt, muß $t_A$ eine endliche Zahl sein. Damit kann das Definitions-Intervall von $\gamma$ nicht auf das gesamte reelle Zahlensystem von $\mathbb{R}$ ausgedehnt werden (Man bedenke, daß, wenn $k = 1$, das Intervall auch nach oben hin beschränkt ist). Aus diesem Grunde sagen wir, daß $\gamma$ eine *unvollständige* zeitartige Geodäte ist und bezeichnen die Friedmann-Welten, die unvermeidbar solche Geodäten enthalten (es sind dies alle Modelle für $\lambda \leq 0$, und auch fast alle mit $\lambda > 0$), als zeitartig geodätisch un-

---

14. 1 Megaparsec (Mpc) = 3 260 000 Lichtjahre.

vollständige relativistische Raumzeiten. Nun ist eine geodätisch unvollständige Riemannsche Mannigfaltigkeit erst einmal nichts Absonderliches, sie enthält einfach Geodäten, die nicht auf ganz IR definiert sind und auch nicht zu anderen Geodäten ausgedehnt werden können, die so definiert sind. Dies mag wohl ästhetisch unbefriedigend sein, aber widersinnig ist es nicht. Man bedenke auch, daß es in einer solchen Mannigfaltigkeit nirgendwo einen Rand gibt, an dem man anstößt, z.b. einen Anfangspunkt von $\gamma$, bei dem man vergebens hätte fragen müssen, was unmittelbar davor lag. Jedes angebbare Ereignis von $\gamma$ hat Vorgänger. Die Zeitspanne zwischen früheren Ereignissen wird immer kürzer, wenn wir in die Vergangenheit zurückgehen, aber kein Ereignis ist das erste von allen.

Friedmann nannte die bis hierher entlang einer Weltlinie der Materie verflossene Eigenzeit „die Zeit seit der Erschaffung der Welt"[15]. Viele Physiker waren wenig erfreut von dieser Ausdrucksweise. Sie betonten, daß die geodätische Unvollständigkeit der Friedmann-Welten sehr wahrscheinlich auf ihre hohe Symmetrie zurückgeht, und daß die Unregelmäßigkeiten des realen Universums die perfekte Fokussierung der Materie-Weltlinien schon verhindern würden. A.K. Raychaudhuri zeigte jedoch 1955, daß auch in einem veränderten Friedmann-Universum mit Dichte-Störungen und anisotroper Expansion die Materie-Weltlinien unausweichlich in endlicher Vergangenheit konvergieren. In den 60er Jahren bewiesen dann R. Penrose, S.W. Hawking und R. Geroch in einer bemerkenswerten Reihe von Aufsätzen, daß jede relativistische Raumzeit, die einige sehr allgemeine, allem Anschein nach unausweichliche Bedingungen erfüllt, zeitartig bzw. lichtartig geodätisch unvollständig ist. Diejenigen, die den Gedanken, der die Materie vor 10-20 Milliarden Jahren sozusagen *ex nihilo* entstehen läßt, schwer vertragen, mögen immer noch durch folgende Betrachtungen beruhigt werden.

Wir haben keinen Beweis, daß die Einsteinschen Feldgleichungen auch unter den extremen Bedingungen noch gelten, die herrschen, wenn in einer Friedmann-Welt $t$ gegen $t_A$ geht; man kann erwarten, daß bei einer solchen drastischen Veränderung der experimentellen Bedingungen weitreichende quantitative und begriffliche Korrekturen notwendig werden. Speziell werden bei ganz hohen Dichten im Universum Quanteneffekte kosmologisch bedeutsam; jedoch ist Einsteins Gravitationstheorie mit der Quantenphysik unverträglich. Überdies hat die Quantentheorie der Elementarteilchen, die so erfolgreich den Ursprung der Mikrowellenhintergrundstrahlung und die Entstehung und Häufigkeit des Heliums und der Wasserstoff-Isotope im frühen Feuerball erklärt, keine Bedeutung mehr, wenn die Materie so komprimiert wird, daß die uns geläufigen Teilchen nicht bestehen könnten. Sogar der Begriff der Eigenzeit und eines endlichen Intervalls derselben wird kaum in einem Raumzeit-Bereich anwendbar sein, in dem keine der Physik bekannten Prozesse stattfinden, welche die Zeit konstituieren könnten.

---

15. A. Friedmann, *Über die Krümmung des Raumes*, Zeitschrift für Physik *10* (1922) S. 377-386, Zitat S. 384.

# 7. Philosophische Schlußbemerkungen

Die vorstehende Skizze einiger Hauptideen der gegenwärtigen Kosmologie beruht auf zwei Annahmen:
i) daß die Gravitations-Wechselwirkungen, die die großräumige Struktur des Universums formen, durch die Einsteinschen Feldgleichungen beschrieben werden und
ii) daß die Materie homogen und isotrop im Raum verteilt ist.

Die Annahme ii) ist streng genommen falsch und kann nur als rohe Näherung in einem sehr großen Bereich angesehen werden. (Die isotrope Mikrowellenhintergrundstrahlung deutet allerdings darauf hin, daß die Approximation wesentlich besser ist als man hätte erwarten können.)

Die Annahme i) ist auch nicht völlig wahr, insofern sie unvereinbar ist mit der Quantenmechanik, der erfolgreichsten aller physikalischen Theorien. Die Konstruktion einer geeigneten Quantengravitationstheorie ist eines der großen Projekte der Physik. Bis dahin müssen wir mit dem leben, was wir haben — und es ist allgemein zugestanden, daß die Allgemeine Relativitätstheorie die erfolgreichste Gravitationstheorie ist, die uns zur Verfügung steht. Jedoch, so können wir fragen, wie sollen wir kosmologische Erkenntnisansprüche werten, die auf zugestandenermaßen ungenauen Grundsätzen beruhen, wobei die zugehörige Wissenschaft vielleicht bald eine möglicherweise radikale Revision erfahren wird? Es darf uns nicht beruhigen, daß dies die Lage jeder Grundwissenschaft ist. Eher müssen wir versuchen zu verstehen, warum wir erwartet haben, daß die Dinge anders liegen würden und wie unser Alltagsblickpunkt Anlaß zu solchen Erwartungen gab.

Auf die Frage „Wie viele Eier sind in diesem Kühlschrank", gibt es eine klare Antwort, die durch einfaches Nachschauen gewonnen werden kann. Aber wissenschaftliche Fragen, v.a. wenn sie von fundamentaler Natur sind und z.B. den innersten Aufbau der Materie oder die Globalstruktur des Universums betreffen, erlauben keine solchen definitiven Antworten. In diesem Fall kann schon die Fragestellung selbst fraglich werden. In der Alltagssprache verwenden wir unbesehen eine Gruppe von Begriffen und Perspektiven und arbeiten damit unsere Umgebung auf. Dieses Alltagsweltbild reicht für die täglichen Bedürfnisse, aber die Begründer der modernen Naturwissenschaft fanden, daß es ungeeignet sei, um den Bauplan der Natur zu verstehen, und verließen es folgerichtig. Vor allem in der mathematischen Physik wurde schon lange ein Verständnis der Dinge versucht, das dem Alltagsverstand sehr fremd ist. Zu Zeiten sah es so aus, als ob die Prinzipien des wahren Vernunftsystems der Welt von Euklid und Newton entdeckt worden wären. Heute glauben wir das nicht mehr und, was noch wichtiger ist, wir erwarten auch nicht, daß wir derartige Prinzipien je finden werden. Die geläufige Meinung, daß ein solches System „draußen" vorliegt, daß wir in einer fertiggestellten Welt leben, kann nur zum allgemeinen Skeptizismus beitragen, da wir offensichtlich keine Chance haben, den „wahren" Aufbau jener angeblichen Welt je feststellen zu können. Anstatt jedoch an der menschlichen Erkenntnis, der einzigen, die wir kennen, zu verzweifeln, sollten wir versuchen, ihren Sinn und Zweck sachgemäßer aufzufassen.

Der Wissenschaftler nimmt bei seiner täglichen Experimentalarbeit ein mehr oder weniger festes System von Begriffen und Hypothesen an, ohne die seine Beobachtungen sinnlos werden. Er muß jedoch darauf achten, daß dieses Begriffssystem nicht endgültig ist. Es zu überholen, seine Genauigkeit, Konsistenz und Tragweite zu verbessern, ist ein unabwendbares, wenn auch zuweilen vernachlässigtes Ziel der Wissenschaft. Obwohl die numerischen Ergebnisse in großem Ausmaß unabhängig vom Wandel ihrer theoretischen Einbettung sind, kann sich ihre Bedeutung im Verlauf der Entwicklung des theoretischen Systems drastisch ändern. So werden heute die Messungen der Atomgewichte im 19. Jh. im Rahmen ihrer Meßgenauigkeit immer noch akzeptiert, aber man bezieht sie nicht mehr auf die tatsächlichen Atome eines jeden chemischen Elementes, sondern auf die durchschnittlichen Atome bestimmter gewogener Mischungen von Isotopen. In der Kosmologie sind solche radikalen Bedeutungsumschwünge noch viel wahrscheinlicher. Die heutigen Werte von $z$ für die bekannten astronomischen Objekte werden ihre Gültigkeit behalten, aber niemand kann sagen, ob man in 100 Jahren $z$ noch als kosmologische Rotverschiebung deuten wird. Man kann selbstverständlich zum asylum ignorantiae seine Zuflucht nehmen, indem man nämlich beteuert, daß echte Wissenschaft einfach im Ansammeln und Verbessern numerischer Werte besteht und daß das Denksystem, worin solche Werte anscheinend ihren Sinn erhalten, nur ein praktisches Instrument zum Planen von Experimenten und Berechnen der Ergebnisse darstellt. Diese Wahl, obwohl vielen Studierenden der modernen Wissenschaftstheorie recht geläufig, ist im Falle der Kosmologie aber völlig undurchführbar. Hier haben die Meßwerte keine technischen Anwendungen, und daher auch keine Bedeutung, wenn man von der Theorie absieht. Durch die Art seines Forschungsbereiches ist also der Kosmologe vielleicht mehr noch als jeder andere Physiker gehalten, seine Wissenschaft als ein Tun und nicht als einen fertigen Besitz zu genießen.

# Hinweise für vertiefende Literatur

E.R. Harrison, Cosmology: *The Science of the Universe* (Cambridge, The University Press, 1981) ist ein außerordentlich klares und anregendes elementares Lehrbuch, das schon von Abiturienten gelesen werden kann.

B. Kanitscheider: *Kosmologie. Geschichte und Systematik in philosophischer Perspektive* (Stuttgart: Reclam 1984) ist ein durchsichtiger und verständiger Überblick über die kosmologischen Theorien des 20. Jh., erfaßt aber auch ihren historischen Hintergrund zurück bis zur Antike und die damit verbundenen erkenntnistheoretischen Probleme.

W. Rindler: *Essential Relativity — Special, General und Cosmological* (2. Aufl. Berlin: Springer, 1977) ist eine sehr gut lesbare und verläßliche Einführung in Einsteins Gravitationstheorie und ihre kosmologischen Folgerungen.

D.J. Raine: *The Isotropic Universe. An Introduction to Cosmology* (Bristol: Adam Hilger, 1981) und A.K. Raychaudhuri: *Theoretical Cosmology* (Oxford: Clarendon Press, 1979) sind sich ergänzende, auf dem heutigen Stand befindliche Darstellungen mittleren Schwierigkeitsgrades. Raychaudhuri's Buch enthält zahlreiche Hinweise auf die neueste Literatur.

Ein ernstes Studium der heutigen Kosmologie setzt Kenntnis der modernen Differentialgeometrie voraus. B. Schutz: *Geometrical Methods of Mathematical Physics* (Cambridge: The University Press, 1980) ist eine reizvolle Einführung in dieses Feld; wohingegen C. von Westenholz: *Differential Forms in Mathematical Physics* (überarbeitete Auflage, Amsterdam: North-Holland, 1981) so ziemlich alles enthält, was ein Nichtmathematiker davon wissen möchte.

R.U. Sexl/H.K. Urbantke: *Gravitation und Kosmologie. Eine Einführung in die Allgemeine Relativitätstheorie* (Mannheim: Bibliographisches Institut, 1975) ist eine gehaltreiche Übersicht über die physikalische Kosmologie, aber es ist für das Selbststudium wohl etwas zu kompakt geschrieben. Ich glaube, daß S. Weinberg: *Gravitation and Cosmology. Principles and Applications of the General Theory of Relativity* (New York: Wiley, 1972) immer noch der beste Führer für ein solides Verständnis der Kosmologie als Zweig der Physik darstellt.

M.P. Ryan und L.C. Shepley: *Homogeneous Relativistic Cosmologies* (Princeton University Press, 1975) erklärt anschaulich die Geometrie der homogenen Raumzeiten, sowohl der isotropen wie auch der anisotropen.

S.W. Hawking und G.F.R. Ellis: *The Large Scale Structure of Space-Time* (Cambridge: The University Press 1973) ist ein Buch für mathematisch Fortgeschrittene, das neben vielen interessanten Problemen auch die vollständigen Beweise für die Geroch-Hawking-Penrose-Theoreme über geodätische Unvollständigkeit bringt.

C.W. Will: *Theory and Experiment in Gravitaional Physics.* (Cambridge: The University Press, 1981) ist ein ausgezeichneter Überblick mit detaillierten theoretischen Analysen der empirischen Prüfungen von Einsteins Gravitationstheorie und ihren Konkurrenten.

Die älteren Bücher von R.C. Tolman: *Relativity, Thermodynamics and Cosmology* (Oxford: Clarendon Press, 1934), O. Heckmann: *Theorien der Kosmologie* (Berlin: Springer, 1942) und E. Schrödinger: *Space-Time Structure* (Cambridge: The University Press, 1950) und *Expanding Universe* (Cambridge: The University Press, 1956) sind glänzende wissenschaftliche Werke, die heute immer noch den Gedanken viel Nahrung geben.

# V. Die Interpretation der Quantenmechanik

John Archibald Wheeler

# Die Experimente der verzögerten Entscheidung und der Dialog zwischen Bohr und Einstein

## Das Quantenprinzip und das Universum

Das Quantenprinzip, das umwälzendste und seltsamste aller Grundsätze der Wissenschaft, enthüllt nur langsam seine rätselhaften Züge. Es führt zu immer tieferen Fragen über das Verhältnis von Mensch und Universum. Nirgendwo ist das Erstaunliche an diesem Problem deutlicher zu sehen als in dem 30 Jahre währenden Gespräch zwischen Niels Bohr und Albert Einstein. Nirgendwo begegnet man tieferen Fragen als bei den Experimenten der verzögerten Entscheidung.

Das Laplace'sche Bild des Universums als einer riesigen Maschine, die ihrem deterministischen Lauf durch starre Gesetze und im Augenblick der Entstehung vorgegebene Anfangsbedingungen unaufhaltsam folgt, ist schwer erschüttert. Der Beobachter spielt über sein Meßgerät eine unausweichliche Rolle im tatsächlichen Geschehen. Die mechanistisch-deterministische Tradition der Physik liefert kein adäquates Verständnis dieser neuen Situation. Mehr als je zuvor bedarf die Physik der Philosophie im weitesten Sinne für Hilfe und Leitung. Jeder, der um die tiefen Einsichten der Denker der Vergangenheit zum Problem der Erkenntnis weiß, wird sich von diesen Fragen angesprochen fühlen.

## Rutherford als früher Beobachter individualistischer Quantenphänomene

Lord Rutherford war Präsident der ‚Royal Society' als im September 1934 diese Gesellschaft einen Abendempfang für die Teilnehmer der historischen Internationalen Physiker-Konferenz in London gab. Vom Standpunkt eines damals 23jährigen aus gesehen, war Rutherford eine unvergeßliche und beeindruckende Gestalt. Erst Jahre später begann der damalige Beobachter zu verstehen, daß der große Pionier des Atomkerns unwissentlich auch ein Pionier der Quantenphysik gewesen ist. Im gleichen Jahre, 1900 nämlich, in dem Max Planck[1], der in Berlin arbeitete, das Quantenprinzip entdeckte, jenes Geheimnis und jene Leitidee der Physik des 20. Jahrhunderts, erkannte Rutherford, daß das individuelle Ereignis einer radioaktiven Umwandlung eines Atoms vom Zufall beherrscht ist.[2]

---

1. M. Planck: „Zur Theorie des Gesetzes der Energieverteilung im Normalspektrum". Verhandlungen der Deutschen Physikalischen Gesellschaft 2, S. 237-245 (1900).
2. E. Rutherford: „Induced radioactivity", Philosophical Magazine 49, S. 161-192 (1900); E. Rutherford and D. Soddy: „The radioactivity of thorium compounds: I. Investigation of the radio-

Den meisten von uns ist es nicht beschieden, im Leben auch nur einen individuellen Quanteneffekt zu beobachten. Einige unserer Freunde suchen nach Uranerz, indem sie einen Geigerzähler über das Gelände bewegen und nach den bekannten Klicks lauschen. Astronomen, ausgestattet mit Photovervielfachern, die am richtigen Punkt in der Brennebene eines Teleskopes postiert sind, sammeln die seltenen zufälligen Photonen, ein Lichtquantum nach dem anderen, die eine ferne extrem schwache Galaxis ausgesandt hat.

Für jemanden, der es vorher noch nicht gesehen hat, ist es eine erstaunliche Sache zu beobachten, wie sich der Zufall in der Welt des Kleinen manifestiert. Wer vor Rutherford hat dies aufgezeigt? Was braucht man dazu? Zuerst ein Auge. Setzen wir uns eine halbe Stunde ins Dunkle und besorgen uns eine kleine radioaktive Quelle, am besten in der Form eines leuchtenden Uhrzeigers. Eine Glasplatte, die mit etwas Zinksulfid bestrichen ist, sendet einen Lichtblitz aus, wenn sie von einem Alpha-Teilchen der radioaktiven Quelle getroffen wurde. Beobachten wir die Blitze, so erhalten wir sofort einen Eindruck, daß die Alpha-Teilchen zufällig ausgesandt werden, sowohl in bezug auf die Emissionsrichtung als auch in bezug auf die Ankunftszeit.

Rutherford war es somit, der, wie sich Einstein später ausdrückte, ‚Gott beim Würfeln' ertappte.

Planck entdeckte das Wirkungsquantum, ohne zu sehen, daß es Zufall bedeutete. Rutherford entdeckte den Zufall, ohne zu sehen, daß damit das Wirkungsquantum involviert war.

Columbus machte eine Entdeckung. Es dauerte Jahrzehnte um zu verstehen, was er entdeckt hatte. Planck entdeckte, daß die Energie in unteilbaren Einheiten oder Quanten paketiert ist. Die Bedeutung der ‚Quanten' verstehen wir heute noch kaum. Keineswegs sollte man sich den Weg für ein tieferes Verständnis durch eine voreilige Definition der ‚Quanten' verstellen.

## *Bohr und Einstein als Führer zur Quantenwelt*

Es bedurfte eines großen Teils dieses Jahrhunderts um zu verstehen, wie eng die Verbindung zwischen der Quantenwelt und dem Zufall ist. Eine große Zahl von bedeutenden Männern war hierzu notwendig, unter ihnen Albert Einstein, Niels Bohr, Louis de Broglie, Werner Heisenberg, Erwin Schrödinger und Paul Dirac. Niemand hat mehr getan als Bohr und Einstein, um uns zum Kern der Quantenwelt zu führen.

Das Treffen des 34jährigen Niels Bohr mit dem 41jährigen Albert Einstein im Frühjahr 1920 war der Beginn einer lebenslangen Freundschaft. Nach dem Treffen schrieb Einstein an Bohr „Ich studiere Ihre großartigen Arbeiten und wenn ich dabei von etwas besonders gefesselt werde, habe ich nun das Vergnügen Ihr freundliches junges Gesicht vor mir zu sehen, das mir alles erklärt."[3] Bohr sprach ebenfalls mehrfach von seiner Hochachtung und

---

active emanation", Journal of the Chemical Society (London) *81*, S. 321-350 (1902); „II. The cause and nature of radioactivity", ibid. S. 837-860 (1902).

3. A. Einstein, Letter of May, 2. 1920, nach der Begegnung mit Bohr.

Freundschaft für Einstein. Im Sammelband für Einsteins 70. Geburtstag[4] begann Bohrs Beitrag[5] damit, daß er sich darauf bezieht „was unsere gesamte Generation der Führung seines (Einsteins) Genies verdankt". Anschließend gab er seine heute noch unübertroffene Darstellung seines großen Dialoges mit Einstein über die Bedeutung der Quantentheorie. Auf Dialoggrundlage geführt war die Debatte freundlich, jedoch tödlich ernst. Sie gehört zu den großen dramatischen Begegnungen in der Geschichte der Physik.[6]

Der Gegenstand der Auseinandersetzung war die Kausalität. Kein mögliches Stück Information erlaubt uns, die Emissionsrichtung oder Ankunftzeit des nächsten Teilchens von einem radioaktiven Uhrzeiger vorauszusagen. In diesem Sinn ist das Band zwischen Gegenwart und Zukunft zerschnitten. Ist dieses Verlassen der Kausalität bei der Beschreibung des atomaren Prozesses eine zwischenzeitliche Ersatzlösung — Einsteins Position — oder bedeutet es eine neue Sicht der Natur — Bohr's Meinung?

Das Ergebnis läßt sich durch ein Wort andeuten. Einsteins Zögern, die Kausalität zu verlassen, zwang Bohr dazu, den Term „Phänomen" ins Gespräch zu bringen.[7] Nur so konnte er die Lektion der Quantenmechanik verdeutlichen; in modernen Worten: „Kein elementares Phänomen ist ein Phänomen, ehe es nicht ein gemessenes (beobachtetes) Phänomen geworden ist".[8] Das ist auch heute noch das Kernstück. In einem Experiment der verzögerten Entscheidung entdeckt man, daß eine Wahl, die jetzt und hier getroffen wurde, unausweichliche Konsequenzen hat für das, was man rechtens über das sagen kann, was schon längst in den frühesten Tagen der Universums passiert ist, lange ehe die Erde existierte.

## *Das unerwartete Eindringen des Quantenprinzips in die Welt der Physik*

Die Inseln von Hawaii, ein Garten der Welt, sind aus fruchtbarer Vulkanasche und zersetzter Lava aufgebaut. Wenn wir jedoch die Berge der Insel auf der Karte betrachten und darin einzelne Stadien der Entstehung verfolgen, ahnen wir indirekt das Feuer, das dies in vielen

---

4. P.A. Schilpp, ed., Albert Einstein: Philosopher-Scientist (Library of Living Philosophers. Evanston, Ill., 1949).
5. N. Bohr: „Discussion with Einstein on epistemological problems in atomic physics". S. 201-241 in P.A. Schilpp, ed., op. cit.
6. Man vergleiche dazu die zwei einschlägigen Kapitel in M. Jammer, The Philosophy of Quantum Mechanics (Wiley, New York, 1974); und A. Pais, „Subtle is the Lord ...": The Science and the Life of Albert Einstein (Oxford University Press, New York 1982), Teil VI.
7. Eine vorläufige Darstellung der Entwicklungsstadien von Bohr's Gebrauch dieses Terms findet sich in A. Petersen, Quantum Mechanics and the Philosophical Tradition (M.I.T. Press, Cambridge, Mass., 1968).
8. Formulierung des Autors in „Beyond the black holes" in: H. Woolf, ed., Some strangeness in the proportion: A Centennial Symposium in Celebrate the Achievements of Albert Einstein (Addison-Wesley, Reading, Mass., 1980), S. 341-375.

Eruptionen hervorbrachte. Auch heute schwankt die Erdkruste noch oft, spuckt Feuer und Rauch aus und bedroht die Bewohner.

Ebenso hat die Quantentheorie als feurige schöpferische Kraft der modernen Physik einen revolutionären Umbruch nach dem anderen hervorgebracht und es kann leicht sein, daß die größte Umwälzung noch kommen wird.

Der Umbruch von 1900, eingeleitet von Max Planck[1], lehrte uns, daß die Energie nur in unteilbaren Quanten existiert. Deutsche Freunde erzählten uns von der Rationierung während des Krieges, von Butter- und Brot-Quanten, die man mit den Lebensmittelmarken mit Mühe bekommen konnte. Die Ausdruckskraft des deutschen Wortes ist im Englischen nicht so gut durch das elegante Wort „Quantum" als viel mehr durch den kernigen Begriff des „Brockens" eingefangen. Energie gibt es nur brockenweise. Genauer gesagt, elektromagnetische Energie, eingesperrt in eine Schachtel, existiert in Brocken. Das war Plancks Entdeckung.

1905 kam der zweite Umbruch. Einstein[9] erkannte, daß die Aufteilung der Lichtenergie in Stücke sowohl für Licht gilt, das aus einem Loch einer erhitzten Schachtel kommt wie aus irgendeiner anderen Quelle, ebenso aber auch für eingesperrte Strahlung gilt (Abb. 1).

Ort und Zeit der Ankunft eines einzelnen Quantums elektromagnetischer Energie — oder eines ‚Photons' wie der große amerikanische Chemiker Gilbert N. Lewis es später nannte — sind rein zufällig. Der Einstein, der in seinem späteren Leben so vehement dafür argumentierte, daß ‚Gott nicht würfelt', deutlicher noch als Rutherford und Soddy[2] es taten, lehrte die Welt, daß „Gott in der Tat würfelt".

1913 kam der dritte Umbruch. Bohr fand, daß das Atom durch „stationäre Zustände der Bewegung" charakterisiert ist und daß der Unterschied zwischen zwei solchen Zuständen gerade ein Lichtquant ausmacht.[10]

1916 hatte Einstein die Sprünge des Bohrschen Elektrons und Rutherfords teilchenaussendenden Kern mit statistischen Gesetzen erfaßt.[11] Noch einmal veränderte sich die Situation mit dem Auftauchen der Wellenmechanik. Louis de Broglie entdeckte 1923 die Wellennatur des Elektrons.[12] Werner Heisenberg fand 1925 die Mechanik dieser Wellen, die sich formal eng an die Newtonsche Mechanik anschließt[13] und Erwin Schrödinger gab 1926 die mathematische Beschreibung der Wellen.[14]

9. A. Einstein, „Über einen die Erzeugung und Verwandlung des Lichtes betreffenden heuristischen Gesichtspunkt". Annalen der Physik *17*, S. 132-148 (1905).
10. N. Bohr, „Constitution of atoms and molecules", Philosophical Magazine *26*, S. 1-15 (1913).
11. A. Einstein. „Strahlungs-emission und -absorption nach der Quantentheorie", Verhandlungen der Deutschen Physikalischen Gesellschaft *18*, S. 318-323 (1916); „Quantentheorie der Strahlung", Mitteilungen der Physikalischen Gesellschaft, Zürich *16*, S. 47-62 (1916).
12. L. de Broglie, „Les ondes et les quanta", Académie des Sciences Paris, Comptes Rend. *177*, S. 507-510 (1923); „Les quanta de lumière, la diffraction, et l'interférence", ibid., S. 548-550; „Les quanta, la théorie cinétique des gases, et le principe de Fermat", ibid., S. 630-632.
13. W. Heisenberg, „Über quantentheoretische Umdeutung kinematischer und mechanischer Beziehungen", Zeitschrift für Physik *33*, S. 879-892 (1925).
14. E. Schrödinger, „Quantisierung als Eigenwertproblem", Ann. der Physik *79*, S. 361-376 (1926).

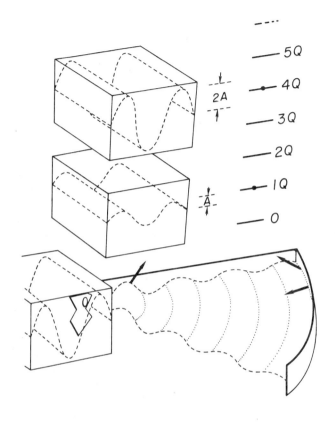

*Abb. 1:* Der Schritt von Planck (1900; gefangene Energie ist gequantelt) zu Einstein (1905; auch reisende Energie ist gequantelt), symbolisch dargestellt. Obere 2 Diagramme: Schematische Wiedergabe einer elektromagnetischen Welle, die durch die Wände einer aufgeheizten Schachtel erzeugt und *festgehalten* wird (schwarzer Hohlraum). Diese eine ‚stehende' Lichtwelle hat die doppelte Amplitude und die 4fache Energie der anderen. Planck zeigte, daß die zeitliche Änderung der Energie in dem Maße erfolgt, wie die Lichtwelle mit der Wand des schwarzen Hohlraumes Energie austauscht. Diese Energieänderungen erfolgen immer in ganzen Vielfachen der Grundeinheit des Energiequantums Q (je nach der Frequenz der in Frage stehenden Welle). Unteres Diagramm: Das Licht einer bestimmten Frequenz entkommt einem Loch der erhitzten Schachtel und breitet sich immer weiter aus. Obwohl die Welle an Intensität und Amplitude mit wachsender Entfernung abnimmt, gibt sie an ein Elektron in jeder Distanz die Standardmenge von Energie, nämlich Q ab. Wo das Lichtquantum ein Stück Materie trifft, ist reiner Zufall: „Gott würfelt eben".

## Uneinigkeit über die Rolle des Beobachters

So weit gingen Bohr und Einstein den gleichen Weg. Im folgenden entdeckten jedoch Bohr und Heisenberg, daß man zwar den Ort eines Elektrons oder dessen Impuls bestimmen kann, aber nicht beide Größen auf einmal. Welche dynamische Variable gewählt wird, muß durch die Wahl des Beobachtungsgerätes festgelegt werden.

Die Unbestimmtheit wurde von Heisenberg 1927[15] entdeckt und in Form der ‚Komplementarität' von Bohr in Como im gleichen Jahr[16] begrifflich fixiert. Die Erforschung eines Aspektes der Natur (z.B. des Ortes eines Elektrons) hindert einen daran, zur selben Zeit den komplementären Zug (in diesem Fall den Impuls des Elektrons) zu ermitteln, welcher aber in einem anderen Zusammenhang unverzichtbar für die Naturbeschreibung ist.[17] In dieser Zeit besuchte Schrödinger Kopenhagen und als er von den neuen Ideen zur ‚Unbestimmtheit' und ‚Komplementarität' hörte, äußerte er sich dazu: „Wenn ich gewußt hätte, daß meine Arbeiten Anlaß für diese Herumspringerei geben würden, hätte ich mich nie damit befaßt." Bohr antwortete darauf, daß seine Gruppe froh sei, daß Schrödinger seine Pionierleistung vollbracht habe und daß er hoffe, Schrödinger noch mit den neuen Ideen zu versöhnen. Einstein jedenfalls konnte sich nicht mit der neuen Situation abfinden. Das war der Beginn des großen Dialoges.

Am Anfang versuchte Einstein die logische Widersprüchlichkeit der Quantentheorie zu zeigen, aber Bohr wendete all seine Gedankenexperimente als Beispiele für die innere Konsistenz der Theorie. Nur so ist es verständlich, daß die Quantentheorie heute die Grundlage für das Verständnis aller Naturobjekte ist, vom Elementarteilchen bis zum Aufbau der Kerne, von der Struktur des Siliziums bis zur Supraleitung von kaltem Blei.

In der zweiten Phase des Dialoges, der in Europa begann, aber sich in Amerika fortsetzte und zwar von Einsteins Ankunft in Princeton (Oktober 1933) bis zu seinem Tod (April 1955), versuchte Einstein nachzuweisen, daß die Quantentheorie unvereinbar mit jeder nur denkbaren vernünftigen Vorstellung von Realität[18] sei, weil das, was tatsächlich geschieht davon abhänge, was dem Beobachter zu messen beliebt. Bohrs Reaktion kann leicht zusammengefaßt werden:[19] Euer Realitätsbegriff ist einfach zu eingeschränkt.

---

15. W. Heisenberg, „Über den anschaulichen Inhalt der quantentheoretischen Kinematik und Mechanik", Zeitschrift für Physik *43*, S. 172-198 (1927).
16. N. Bohr, „The quantum postulate and the recent development of atomic theory", Vortrag bei der Hundertjahrfeier für A. Volta in Como am 16. Sept. 1927, publiziert in Nature (London) *121*, S. 580-590 (1928); wiederabgedruckt in N. Bohr, Atomic Theory and the Description of Nature (Cambridge University Press, Cambridge, U.K., 1934), S. 52-91.
17. Diese Formulierung lehnt sich an Bohrs Ausdrucksweise in ‚Atomic Theory and the Description of Nature' an, ibid., S. 35.
18. A. Einstein, B. Podolsky und N. Rosen, „Can quantum-mechanical description of physical reality be considered complete?" Physical Review *47*, S. 777-780 (1935).
19. N. Bohr, „Can quantum-mechanical description of physical reality be considered complete?" Physical Review *48*, S. 696-702 (1935).

## Die Strahlaufspaltung

Das einfachste idealisierte Experiment, bei dem man den Diskussionspunkt der beiden Kontrahenten leicht einsehen kann, ist die Strahlaufspaltung (Abb. 2).

Setzt man den halbversilberten Spiegel in die Experimentalanordnung ein, registriert der Photodetektor (im Bild unten rechts) Klick nach Klick die einlaufenden Photonen, der andere Zähler registriert jedoch nichts. Dies stützt die Annahme der Interferenz der Strahlen 4a und 4b; in der Photonensprache, es stützt, daß jedes ankommende Lichtquant über beide Wege, A *und* B gelaufen ist. Einstein meinte, daß man an solchen Experimenten[20] sieht, wie unglaubwürdig es ist, daß ein einziges Photon gleichzeitig auf zwei Wegen gelaufen ist. Entfernt man den halbversilberten Spiegel (im Bild unten links), findet man, daß der eine *oder* andere Zähler anspricht. Danach hat das Photon sich nur über *einen* Weg bewegt. Es reist auf einem Weg, aber dennoch auf zwei Wegen; es reist auf beiden Wegen, aber es reist nur auf einem Weg. Welch ein Unsinn. Die Quantentheorie muß doch widersprüchlich sein!

Bohr betonte, daß hier kein Widerspruch vorliegt. Es handelt sich einfach um zwei verschiedene Experimente. Im Fall, da der Spiegel fehlt, können wir den Weg bestimmen. Ist der Spiegel eingesetzt, müssen wir annehmen, daß das Photon über beide Wege lief. Man kann nicht beide Experimente auf einmal machen. Man kann einen Zug der Natur studieren, aber auch sein komplementäres Gegenstück, jedoch nicht beide zugleich. Die Wahl der Meßanordnung hat einen unwiderruflichen Einfluß auf das Meßergebnis.

## *Das Experiment der verzögerten Entscheidung*

Heutzutage kann man den springenden Punkt durch die Experimente der verzögerten Entscheidung deutlicher herausstellen.[21] Hier wird die Entscheidung, ob der letzte halbversilberte Spiegel in die Experimentalanordnung eingesetzt wird oder nicht, bis zur letzten Picosekunde verschoben, auf einen Zeitpunkt, zu dem das Photon seinen Weg längst beendet hat. So gesehen, haben wir es mit einer seltsamen Umkehr der Zeitordnung zu tun. Durch Einsetzen oder Weglassen des Spiegels können wir in die Vergangenheit des Photons eingreifen.

## *Phänomen*

Die Abhängigkeit des Beobachtungsergebnisses von der Wahl der Experimentalanordnung störte Einstein, denn es steht mit der Auffassung von der objektiven bewußtseinsunabhän-

---

20. Beim Bohr-Einstein-Dialog wurde mehr der Zweispalt-Versuch verwendet als die Strahlaufspaltung der Abb. 2. Die letztere läßt jedoch den zentralen Streitpunkt besser heraustreten, ohne auf die Physik der Interferenzmuster eingehen zu müssen.

21. J.A. Wheeler, „The ‚past' and the ‚delayed-choice' double-slit experiment", in A.R. Marlow, ed., Mathematical Foundations of Quantum Theory (Academic Press, New York, 1978), S. 9-48.

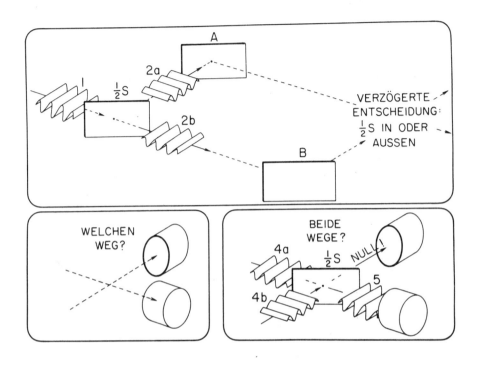

*Abb. 2:* Strahlaufspaltung (oben) und ihre Verwendung in einem Experiment der verzögerten Entscheidung. Eine elektromagnetische Welle läuft bei 1 ein und begegnet dem halbversilberten Spiegel, bezeichnet mit ‚1/2 S', der die Welle in 2 Strahlen, 2a und 2b, mit gleicher Intensität aufspaltet. Diese beiden Strahlen werden von zwei Spiegeln, A und B, wieder in den rechten Kreuzungspunkt reflektiert. 2 Zähler (unten links), die hinter dem Kreuzungspunkt stehen, zeigen an, welchen Weg das Photon genommen hat. Bei der anderen Anordnung (unten rechts) wird ein halbversilberter Spiegel am Kreuzungspunkt eingesetzt. Auf der einen Seite bringt er die Strahlen 4a und 4b in destruktive Interferenz, so daß der Zähler auf dieser Seite niemals etwas registriert. Auf der anderen Seite werden die Strahlen zur konstruktiven Interferenz gebracht und bilden so einen Strahl 5 der ursprünglichen Stärke 1. Jedes Photon, das in 1 vorhanden ist, wird im 2. Zähler registriert, wenn die Spiegel ideal sind und der Photodetektor einen Wirkungsgrad von 100 % zeigt. Mit der Anordnung unten links findet man heraus, *welchen* Weg das Photon genommen hat. In der anderen Anordnung unten rechts zeigt sich, daß das Photon über beide Wege kam. Bei der verzögerten Entscheidungsversion des Experimentes entscheidet man das Einsetzen oder Weglassen des halbversilberten Spiegels erst in letzter Minute. Dadurch bestimmt man, ob das Photon seinen Weg über eine oder über beide Routen genommen hat und zwar zu einem Zeitpunkt, wo seine Reise *längst abgeschlossen* ist. So versteht man, daß niemals die eine oder andere Ausdrucksweise („beide Wege" bzw. „welcher Weg") gestattet ist. Im Gegenteil, man muß von einem Elementarphänomen sprechen, das gar kein Phänomen ist, ehe es nicht durch einen nicht umkehrbaren Akt der Verstärkung zum Abschluß gebracht worden ist.

gigen Struktur der Welt im Widerspruch. Bohr hingegen begrüßte die Abhängigkeit von der Experimentalsituation als einen neuen Zug der Welt, der uns zu einem tieferen Verständnis der Natur führt. Um Einstein den Kern seiner Auffassung zu explizieren, verwendete Bohr den Ausdruck ‚Phänomen'[7]. Heute kann man Bohrs und der Quantentheorie zentralen Punkt in dem einfachen Satz fassen: „Kein elementares Phänomen ist ein Phänomen ehe es nicht ein registriertes (beobachtetes) Phänomen geworden ist"[8] Es ist falsch, vom ‚Weg' des Photons beim Strahlaufspaltungsexperiment zu sprechen. Das Photon ist keine greifbare Entität, die man auf ihrem Flug zu jedem Zeitpunkt verfolgen kann.

Ein Phänomen existiert erst, wenn es in einem irreversiblen Akt der Verstärkung, wie dem Schwärzen eines Korns Silberbromid oder dem Auslösen eines Photodetektors, manifestiert worden ist.[22] Einfacher gesagt, die Natur ist auf der Quantenebene keine Maschine, die unaufhaltsam ihren Weg geht. Die Antwort, die wir erhalten, hängt von der Frage ab, die wir stellen, dem Experiment und der Registrierung, die wir wählen. Wir sind unausweichlich in die Tatsachen mit verstrickt.[23]

## *Die Beobachter-Teilnahme heute*

Die meisten Anwendungen der Quantentheorie handeln von den stationären Zuständen der Elementarteilchen, Atomkerne, Atome, Moleküle und größeren Systeme und von den Stößen der Quantensysteme untereinander. Erst in jüngster Zeit ist man zu dem zentralen Punkt der Bohr-Einstein Kontroverse zurückgekehrt, dem elementaren Quantenphänomen, dem Meßprozeß und dem seltsamen Einfluß des Registriergerätes beim Entstehen der Tatsachen. Wie kann man über Indeterminismus, Komplementarität und Phänomene nachdenken, ohne sich an die Worte von Gertrud Stein über moderne Kunst zu erinnern? „Es schaut seltsam aus, seltsam und nochmals seltsam; und plötzlich sieht es gar nicht mehr seltsam aus und man versteht nicht, warum es am Anfang so seltsam war". Viele Forscher sind der Meinung, daß die größten Einsichten aus den seltsamsten Zügen der Natur zu gewinnen sind, versuchen in vielen Untersuchungen, dem Wesen der eigenartigen ‚Beobachter-Teilhabe' der Quantenmechanik auf die Spur zu kommen.[24]

---

22. Zum Begriff des ‚Abschlusses durch einen irreversiblen Verstärkervorgang" vgl. N. Bohr: Atomic Physics and Human Knowledge, (Wiley, New York, 1958).
23. Die Veranschaulichung dieser Idee ist durch das Party-Spiel der 20 Fragen in der „Überraschungsversion" gegeben; der Leser findet es in dem Aufsatz des Autors „Beyond the black hole", in: H. Woolf (ed.), Some Strangeness in the Proportions: An Einstein Centenary Celebration (Addison-Wesley, Reading, Mass., 1980).
24. Siehe z.B. J.A. Wheeler und W.H. Zurek, eds., *Quantum Theory and Measurement* (Princeton University Press, Princeton, New Jersey, 1983).

## Viele Quanten und ein Quantum

Wie unterscheidet sich die Aussage der Quantenmechanik von dem Prinzip Berkeleys „Esse est percipi?"[25] Existiert der Baum im Wald noch, wenn ihn keiner mehr sieht? Unterscheiden sich die Auffassungen Bohrs und Berkeleys bezüglich der Rolle des Beobachters? Ja, in einer wesentlichen Hinsicht. Bohr spricht von einem individuellen Quantenprozeß. Berkeley — wie jeder von uns im Alltag — redet über vielfältige Quantenvorgänge.

In Gedanken über den Unterschied zwischen dem individuellen Quantenphänomen und dem Baum, der unbeobachtet im Wald fällt, wandern wir durch eine Kunstgalerie, um unser Lieblingsbild zu sehen. Wir kommen an dem Gemälde „Impressionen" vorbei, das Claude Monet 1863 im Salon des Refusés ausgestellt hat. Von einem winzigen Farbpunkt der Leinwand erreichen 50.000 Photonen/sec. die Pupille unseres Auges, wobei Richtung und Ankunftzeit zufällig sind. Diese Quanten, die die Information übertragen, sind so zahlreich, daß sie den Eindruck einer ständigen Beleuchtung erwecken. Wer von uns beschäftigten Sterblichen hätte Zeit sie zu zählen? Wir verlassen uns stattdessen auf ein einfaches Maß der Intensität, das das Auge an das Gehirn weiterleitet. Bei diesem Maß ist es unangebracht, von einer mittleren quadratischen Abweichung von z.B. 224 relativ zu einer mittleren Zahl von 50.000 Photonen zu sprechen. Man braucht nichts über Quanten zu wissen, um einen Farbfleck zu orten.

Plötzlich geht das Licht aus. Ein Museumswärter mit einer Taschenlampe führt uns zum Ausgang. Unser Auge erhält keine Photonen mehr von den Punkten der Leinwand. Aber ein kurzes Hinfühlen gibt uns Aufschluß, daß sie immer noch da ist. Es würde alle Möglichkeiten des Zählens überschreiten, die $10^{16}$ atomaren Berührungspunkte zwischen Finger und Bilderrahmen oder die noch viel zahlreicheren Quantenprozesse, die zwischen dem Rahmen und den Fingerspitzen stattfinden, zu erfassen. Ohne eine lange Kette von theoretischen interpretativen Schritten kommen wir zu dem Schluß, daß der Farbfleck immer noch vorhanden ist. Oder war vielleicht der leuchtende Farbfleck eine Täuschung, hervorgerufen durch einen Beleuchtungstrick einer verborgenen Lampe? Auf den ersten Blick wäre es denkbar, aber angesichts des seriösen Museums und der Schwierigkeit eines solchen Unternehmens doch unwahrscheinlich. Im dunklen Ausgang wäre eine Täuschung noch denkbar, aber wenn man alle indirekte Stützung berücksichtigt, ist es anzunehmen, daß das Gemälde mit all seinen Farbflecken noch da hängt.

Wenn wir die Kunsthalle verlassen und wieder über den Baum nachdenken, erkennen wir, daß das Problem sich von dem Fall des Bildes nur in der Größenordnung, aber nicht dem Wesen nach unterscheidet. Den Fall des Baumes können wir immer besser prüfen, wenn wir mit viel Aufwand die Aufschlagstelle, Erdverschiebungen und Schallberichte prüfen. Makroereignisse der Vergangenheit führen zu reichen Folgeerscheinungen in der Gegenwart, egal ob es sich um einen fallenden Baum, ein Gemälde auf der Leinwand oder die Bewegung des Mondes handelt, in jedem Fall ist die Zahl der beteiligten Quanten so

---

25. G. Berkeley (1685—1783) in M.W. Calkins, ed., Berkeley: Essays, Principles, Dialogs with Selections from Other Writings (Scribner, New York, 1929, as reprinted in 1957), S. 125-126.

enorm, daß die unsichtbare Quantenindividualität des Beobachtungsaktes kaum das beobachtete Ereignis beeinflußt.

Im Gegensatz dazu hat die Art der Fragestellung einen entscheidenden Einfluß auf[26] das elementare Quantenphänomen. Man denke nur an die „Spur" des Photons in Abbildung 2 oder den „Weg" des Elektrons beim Zweispaltversuch oder die „Bewegung" eines Elektrons in einem Atom. Bei all diesen Beispielen hat mindestens eine stellbare Frage (welchen Weg das Photon oder das Elektron nahm, oder welchen Ort oder Impuls das Elektron im Atom besitzt) keine vorhersehbare Antwort. Wir können $10^6$ Photonen durch eine Aufspaltvorrichtung vom Typ der Abbildung 2 senden. Dann können wir sicher sein, daß $5 \cdot 10^5$ Photonen (statistische Variationen in der Größenordnung von $\pm\, 500$) von jedem Zähler aufgezeichnet werden. In bezug auf ein einzelnes Photon haben wir bei der gleichen Anordnung nicht die geringste Chance, vorher zu sagen, welcher Zähler getroffen wird.

## *Quantenergebnis: Ist es durch verborgene Parameter gesteuert?*

Gibt es vielleicht eine Substruktur unter der Quantenwelt, die eine Vorhersage der quantenmechanischen indeterminierten Ereignisse ermöglicht? Eine geheime Steuerung durch verborgene Variable? Alle empirischen und theoretischen Versuche, solch eine Hypothese zu verteidigen, müssen als gescheitert angesehen werden.[27] Bis jetzt ist kein Hinweis gefunden worden, der die Voraussagen der Quantenmechanik in Zweifel ziehen könnte, vor allem nicht die Voraussage, daß Voraussagen nicht möglich sind.

Wahrscheinlichkeit? Ja. Feste Voraussagen? Nein. Einstein würde unglücklich sein, daß „Gott würfelt"; aber Bohr konnte im Spaß sagen, „daß er aufhören solle, Gott zu erzählen, was er tun soll".[28]

## *Quantenergebnis: Allahs Wille?*

Wenn es keinen identifizierbaren Mechanismus gibt, der dem einzelnen Photon seinen exakten Weg weist, ließe es sich dann behaupten, daß hier Allahs Wille am Werk ist und er ebenso jeden einzelnen Quantenprozeß steuert?

26. Warum kann man den Passus „hat einen entscheidenden Einfluß auf ..." nicht durch den Passus „liefert alle Unterschiede beim elementaren Quantenphänomen" ersetzen? Der Ausdruck „Unterschied" wäre unstatthaft. Man kann das eine oder andere Experiment durchführen, aber nicht beide an einem Ort zu einer Zeit. Es handelt sich um ein Phänomen, einen Entstehungsakt. Die Individualität der Quantenphänomene erlaubt keinen Vergleich zwischen dem was ist und dem was hätte sein können.
27. Für eine Übersicht zu den einschlägigen Experimenten vgl. F.M. Pipkin, „Atomic physics tests of the basic concepts in quantum mechanics", S. 281-340, in: Advances in Atomic and Molecular Physics (Academic Press, New York, 1978).
28. N. Bohr zitiert bei J. Bronowski, „The Ascent of Man" (Little, Brown and Co. Boston/Toronto 1973), S. 122.

Ein solcher Vorschlag, wie schon öfter gezeigt wurde,[29] kann durch die Logik allein nicht zurückgewiesen werden, man muß zu pragmatischen Argumenten greifen. Im Überlebenskampf (ceteris paribus) wird jene Lebensart untergehen, die allem, was sich ereignet, mit blindem fatalistischem Geist begegnet. Um Gefahren auszuweichen und günstige Gelegenheiten zu nützen, müssen alle Fähigkeiten aktiviert werden um die Zukunft zu erkennen. Die Gesellschaft verlangt von der Wissenschaft Vorhersagen und die Wissenschaft macht Fortschritte hiermit. Beim einzelnen Quantenprozeß kommt jedoch die Vorhersage an ein Ende. Die Wissenschaft braucht sich darüber nicht zu grämen, sie soll es nur ehrlich sagen. Wie kann man von der Wissenschaft den Nachweis von Ursachen verlangen, wenn es keine Ursachen gibt?

## Quantenergebnis: Elementarer Entstehungsakt?

Wie entstand das Universum? Geschah dies durch einen völlig unbekannten, dem rationalen Verständnis unzugänglichen Vorgang oder spielte hier ein Mechanismus eine Rolle, den wir schon lange kennen?

Eine der zentralen Eigenschaften der Quantenphänomene, woran man sieht, daß es sich um einen nicht weiter reduzierbaren Entstehungsvorgang handelt, ist die Unberührbarkeit. Bei dem Strahlaufspaltungsexperiment in der Version der verzögerten Entscheidung können wir z.b. nicht sagen, was das Photon auf seinem langen Weg vom Eintrittspunkt bis zum Detektor eigentlich treibt. Vor dem Akt der Aufzeichnung ist das zukünftige Phänomen noch kein Phänomen. Wir hätten natürlich irgendwo auf seinem Weg ein anderes Meßgerät einschieben können, aber dann hätte dieser andere Registrierungsvorgang ein entsprechend neues Phänomen konstituiert. Damit zeigt sich das „Innen" eines Phänomens als gänzlich unberührbar. Der Entstehungsvorgang, der doch unentwegt passiert, scheint einen Hauch von Magie zu besitzen. Paßt er vielleicht auch auf die kosmologische Situation?

## Verzögerte Entscheidung im kosmologischen Bereich

Der erstaunlichste Zug des Entstehungsaktes der elementaren Quantenphänomene ist beim Experiment der verzögerten Entscheidung zu beobachten. Hier scheint eine Wirkung in die Vergangenheit zurückzulaufen im Gegensatz zur normalen Zeitordnung. Die zurückgelegte Entfernung bei einem Strahlaufspaltungsexperiment im Labor mag 30 m und die Zeit 1/10 Mikrosec. sein; aber die Entfernung könnte ebensogut einige $10^9$ Lichtjahre und die Zeit $10^9$ Jahre betragen. Das Meßgerät hier und jetzt, je nachdem wie es in der letzten Minute gestellt wird, hat eine unausweichliche Folge für das, was man rechtens über ein Photon sagen kann, das schon längst existierte ehe es Leben im Universum gab. Es gibt zwei astronomische Objekte, bekannt als 0957 + 561 A,B (Abb. 3), die man frü-

---

29. In bezug auf diesen Punkt bin ich Prof. Andrew Gleason verpflichtet.

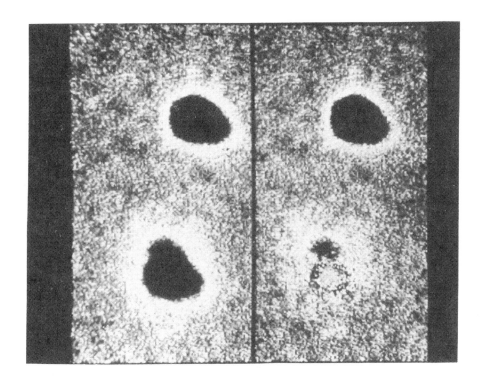

*Abb. 3:* Links das doppelte quasistellare Objekt (Quasar: Rotverschiebung z = 1,41), identifiziert durch die Rektaszension und Deklination als 0957 + 561A, B. Man nimmt an, daß es die 2 Bilder — hervorgebracht durch den Gravitationslinseneffekt — von ein und demselben Quasar sind. Diese Photographie, die mit dem Teleskop der Universität Hawaii von Alan Stockton gemacht und von Derek Will von der Universität Texas übermittelt wurde, ist die digitale Summe von 5 einminütigen Belichtungen im roten Licht (5700 bis 7000 Å). Die Sternbilder erscheinen gedehnt auf Grund eines Mitführungsproblems für das Teleskop.
Rechts dieselbe digitale Photographie, nachdem ein Sternprofil vom südlichen Bild (B) abgezogen wurde, der Rest ist vereinbar mit der Existenz einer Galaxis in der Nähe von B, welche den Linseneffekt auslöst. Young, Gunn, Kristian, Oke und Westphal von Caltech fanden empirische Stützung für die Existenz einer solchen Galaxis (0,02" westlich und 0,8" nördlich von B; z = 0,39) also viel näher an B als an A (A liegt 1,2" westlich und 6" nördlich von B). Diese Galaxis ist Mitglied einer Gruppe von 1000 bis 10000 Galaxien (deren Zentrum 2" westlich und 15" nördlich von B liegt).

her für zwei verschiedene quasistellare Objekte oder Quasare hielt, weil sie durch 6 Bogensek. getrennt sind. Heute hält man sie für 2 Bilder eines einzigen Quasars.[30] Man fand Indizien für das Vorhandensein einer Galaxis, die sich etwa 1/4 des Weges zwischen uns und dem Quasar befindet. Die Berechnungen zeigen[31], daß eine normale Galaxis in dieser Entfernung in der Lage ist, 2 Lichtstrahlen, die sich 100.000 Lichtjahre bei ihrem Weg vom Quasar voneinander getrennt haben, so zusammenzuführen, daß sie sich auf der Erde treffen. Diese und andere Fälle von Gravitationslinsenwirkungen[32] erlauben es, das Strahlaufspaltungs-Experiment in der Version der verzögerten Entscheidung auf den kosmologischen Bereich zu übertragen (Abb. 4).

Morgens stehen wir auf und überlegen uns tagsüber, ob wir eine Beobachtung der Art machen sollen, wo nach der Wegalternative gefragt wird oder eine Beobachtung von der Art, wo eine Interferenz zwischen beiden Wegen stattfindet. Wenn die Nacht kommt und das Teleskop verwendbar wird, setzen wir den halbversilberten Spiegel ein oder lassen ihn weg, wie eben unsere Entscheidung gefallen ist. Ein Filter, der nur monochromatisches Licht durch das Teleskop laufen läßt, setzt die Zählrate stark herab. Es kann eine Stunde dauern, bis das erste Photon kommt. Wenn es den Zähler auslöst, erfahren wir durch die eine Anordnung, auf welchem Weg es gekommen ist; durch die andere Anordnung erkennen wir die relative Phase der Welle, die mit dem Durchgang des Photons von Quelle zu Empfänger auf beiden Wegen verbunden ist — wobei die beiden Wege vielleicht 100.000 Lichtjahre auseinanderliegen, wenn sie die refokussierende Galaxis G-1 passieren. Nun hat das Photon die Galaxis bereits vor Milliarden von Lichtjahren passiert, lange also ehe unsere Entscheidung fiel. In diesem Sinne, einfach ausgedrückt, entscheiden wir, was das Photon

---

30. D. Walsh, R.F. Carswell und R.J. Weymann, „0957 + 561 A,B: twin quasistellar objects or gravitational lens?" Nature 279, S. 381-384 (1979); R.J. Weymann, F.H. Chaffee Jr., M. Davis, N.P. Carleton, D. Walsh und R.F. Carswell, „Multiple-mirror observations of the twin QSO 0957 + 561 A,B", Astrophysical Journal 233, L43-L46 (1979); P.J. Young, W.L.W. Sargent, J.A. Kristian und J.A. Westphal, „CCD photometry of the nuclei of three supergiant elliptical galaxies: evidence for a supermassive object in the center of the radiogalaxy NGC6251", Astrophysical Journal 234, S. 76-85 (1979); D.H. Roberts, P.E. Greenfield und B.F. Burke, „The double quasar 0957 + 561: a radio study at 6 centimeters wavelength", Science 205, S. 894-896 (1979); G.G. Pooley, I. Browne, E.J. Daintree, P.K. Moore, R.G. Noble und D. Walsh, „Radio studies of the double QSO 0957 + 561 A,B", Nature 280, S. 461-464 (1979); P.E. Greenfield, D.H. Roberts und B.F. Burke, „The double quasar 0957 + 561: examination of the gravitational lens hypothesis using the very large array", Science 208, S. 495-497 (1980); P.J. Young, et. al. „Q0957 + 561 A,B: detailed models of the gravitational lens effect", Astrophysical Journal, 244, 736-755 (1981); B. Wills und D. Wills, „Spectrophotometry of the double QSO 0957 + 561", Astrophysical Journal 238, S. 1-9 (1980); B.T. Soifer, G. Neugebauer, K. Matthews, E.F. Becklin, C.G. Wynn-Williams und R. Capps, „IR observations of the double quasar 0957 + 561 A,B and the intervening galaxy", Nature 285, S. 91-93 (1980).

31. C.C. Dyer und R.C. Roeder, „Possible multiple imaging by spherical galaxies", Astrophysical Journal 238, L67-L70 (1980). P. Young et. al., Zitat. 30.

32. R.J. Weymann, D. Latham, J.R.P. Angel, R.F. Green, J.W. Liebert, D.A. Turnshek, D.R. Turnshek und J.A. Tyson, „The triple QSO PG1115 + 08; another probable gravitational lens", Nature 205, S. 641-645 (1980).

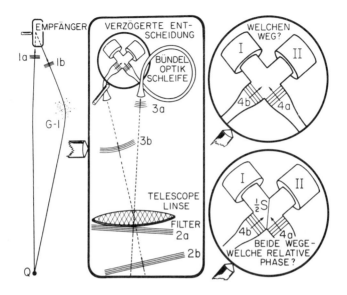

*Abb. 4:* Vorschlag eines Experimentes der verzögerten Entscheidung, das sich über einen kosmologischen Raumzeit-Bereich erstreckt.
*Links:* Quasar Q erscheint am Empfänger als 2 Quasare auf Grund der Gravitationslinsenwirkung, die von der dazwischenliegenden Galaxis G — 1 ausgeht.
*Mitte:* Schema eines Empfängers für ein Experiment der verzögerten Entscheidung
a) Filter, der nur Wellenlängen in einem engen Intervall durchläßt; sie entsprechen einem langen Wellenzug, der für Interferenz-Experimente geeignet ist.
b) Linse, um die beiden scheinbaren Quellen auf die Aufnahmeträger der 2 optischen Fasern zu fokussieren.
c) Verzögerungsschleife in einer dieser Fasern, die so lang ist und deren Länge sich so mit der Zeit verändert, daß die Wellen, die auf den 2 verschiedenen Wegen laufen, fast genau die gleiche Phase besitzen.
*Rechts:* Die Entscheidung. Oberes Diagramm: Am Kreuzungspunkt der beiden optischen Fasern wird den beiden Wellen nichts in den Weg gestellt. Welle 4a läuft zum Zähler I, 4b zum Zähler II. Derjenige von diesen Photodetektoren, der anspricht, signalisiert — unscharf ausgedrückt — auf welchem Weg a oder b das Photon vom Quasar zum Empfänger gereist ist.
Unteres Diagramm: Ein halbversilberter Spiegel, 1/2 S, wird am Kreuzungspunkt der beiden Fasern eingesetzt. Die Verzögerungsschleife wird so eingerichtet, daß beide Wellen die gleiche Phase haben. Dann wird Zähler I immer still bleiben, alle Photonen gelangen zu II. Dieses Ergebnis, auch vereinfacht ausgedrückt, besagt, daß die Photonen auf beiden Wegen gelaufen sind.
Zum Zeitpunkt, wo die Entscheidung fiel, den 1/2 S einzusetzen oder wegzulassen, war das Photon schon Milliarden Jahre auf dem Weg. Man kann ihm eben keinen Weg zuschreiben. Kein elementares Phänomen ist ein Phänomen, ehe es nicht ein registriertes Phänomen ist.

getan haben wird, nachdem es dies schon längst getan hat. In Wirklichkeit ist es falsch, von dem Weg des Photons zu sprechen. Genauer gesagt ist es sinnlos, von dem Phänomen zu reden, ehe es durch einen irreversiblen Akt der Verstärkung zum Abschluß gebracht wurde. „Kein elementares Phänomen ist ein Phänomen, ehe es nicht ein registriertes (beobachtetes) Phänomen geworden ist."

## Vergangenheit im Lichte eines Experimentes der verzögerten Entscheidung

Anders ausgedrückt haben wir es mit einem elementaren Entstehungsakt zu tun. Er reicht von Milliarden Jahre in der Vergangenheit bis in die Gegenwart. Es ist falsch, die Vergangenheit als das anzusehen, das in jeder Einzelheit schon existiert. Die Vergangenheit ist theoretische Konstruktion. Die Vergangenheit existiert nur im Sinne der Berichte in der Gegenwart. Mit unseren quantenmechanischen Meßgeräten bestimmen wir, welche Fragen wir stellen wollen. Dabei sind wir in der Lage, über das mit Sicherheit zu bestimmen, was wir rechtens über die Vergangenheit der Welt sagen können.

Realität (Abb. 5) besteht aus einigen eisernen Pfosten der Beobachtung, die durch theoretische Konstruktion zu einem verständlichen Ganzen ergänzt werden.[33]

In der Zeit vor der Quantenmechanik war die Raumzeit wie ein großes berichtendes Pergament. Die kontinuierlichen Träger aller zukünftigen, gegenwärtigen und vergangenen Ereignisse hatten eine feste Struktur mit Kurven, Wellen und Rippen. Jedes Ereignis, wie ein angeklebtes Sandkorn auf einem Blatt, hatte seinen festen Platz. Dieses eingefrorene Bild wurde durch die Quantenmechanik schwerwiegend verändert. Was wir rechtens über die vergangenen Ereignisse der Raumzeit sagen können, wird durch die Wahl der auszuführenden Messungen jetzt und hier entschieden.

Die Phänomene, die durch die Entscheidungen hervorgerufen werden, reichen bis in die frühesten Tage des Universums zurück. Die Meßgeräte, die heute zum Einsatz kommen, haben einen nicht zu vernachlässigenden Anteil daran, das hervorzubringen, was unserem Eindruck nach längst geschehen ist. Die Alltagsauffassung, daß die Welt eine von uns unabhängige Existenz besitzt, läßt sich nicht länger aufrechterhalten. In einem gewissen Sinne ist die Welt ein „Universum der Teilhabe".

## Von der Messung zur Bedeutung

Mit diesen Ausdrücken muß man vorsichtig umgehen. Außerdem ist eine Frage am Platz. Die Vorsicht betrifft das Bewußtsein. Damit hat der Quantenprozeß nichts zu tun, sondern mit einem Ereignis, das durch einen irreversiblen Verstärkungsakt, eine unauslöschli-

---

33. Vgl. hierzu E.H. Combrich, Art and Illusion: A Study in the Psychology of Pictorial Representation (Princeton University Press, Princeton, N.J., 1961, 2nd edition, revised), S. 273, 329 und 394.

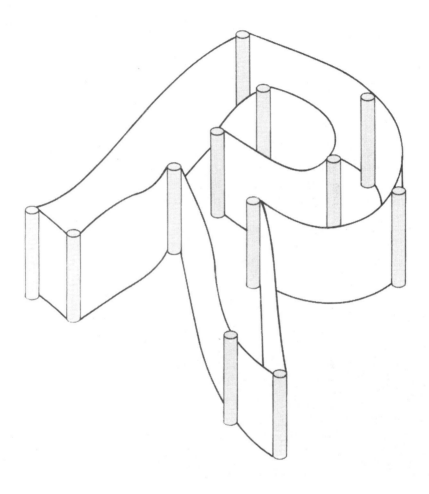

*Abb. 5:* Was wir „Realität" nennen, symbolisiert durch den Buchstaben „R" im Diagramm, besteht aus einer Papiermaché-Konstruktion von Vorstellung und Theorie, die in die Eisenpfosten der Beobachtung eingepaßt wird.

che Spur[34], einen registrierten Bericht erkennbar ist. Dringt diese Information danach in das Bewußtsein eines Menschen, Tieres oder Computers ein? Erhält dadurch die Messung erst eigentlich ihren Sinn? Der Sinn wird hier als die „gemeinsame Einsicht der kommunikativen Gemeinschaft" gefaßt.[35] Nur in dieser Verwendung ist die Sinnproblematik eine eigene Sache, die nicht mit dem Quantenphänomen zu verwechseln ist.

## *Ist das Universum aus Elementarphänomenen aufgebaut?*

Jetzt müssen wir uns der oben erwähnten Frage zuwenden: Ist der elementare Quantenprozeß ein Entstehungsakt, braucht man einen Akt irgendeiner anderen Art, um alles Seiende hervorzubringen? Zuerst erscheint die Frage ausgesprochen lächerlich. Das Größenverhältnis von Quantenphänomenen und dem Bereich des Universums scheint so eine Idee auszuschließen. Mißverhältnisse in den Proportionen jedoch sagen nicht alles. Wie hätten wir sonst entdecken können, daß die Wärme einer Wagenladung von geschmolzenem Roheisen für ihre Erklärung der Zufallsbewegung von Milliarden von Atomen und die Form des Elefanten der mikroskopischen Botschaft der DNS bedarf. Ist vielleicht der Ausdruck „Urknall" nur eine Abkürzung für die Folge von Milliarden und aber Milliarden von Elementarereignissen der Beobachter-Teilhabe, die in die Vergangenheit zurückreichen (Abb. 6)?

Eine alte Legende beschreibt ein Gespräch zwischen Abraham und Jehovah. Jehovah schilt Abraham: „Du existiertest nicht, wenn ich nicht wäre." „Ja, mein Gott, ich weiß, ich weiß", antwortete Abraham: „aber Du wärest völlig unbekannt, wenn ich nicht wäre."[36]

In unserer Zeit haben sich die Teilnehmer des Dialogs geändert. Sie sind Universum und Mensch. Personifiziert sagt das Universum: Ich bin eine riesige Maschine. Ich liefere Raum und Zeit für deine Existenz. Vor mir war nichts und nach mir wird nichts sein. Du bist ein völlig unwichtiges Stück Materie in einer ebenso unwichtigen Galaxis.

Was sollen wir darauf sagen? Sollen wir sagen: „Ja, gutes Universum, ohne dich wäre ich heute nicht da. Aber du großes System bist aus Phänomenen aufgebaut und jedes Phänomen beruht auf einem Beobachtungsakt. Du wärest nicht ohne meine — und andere elementare — Akte der Registrierung"?

Sind nun die elementaren Quantenphänomene, diese unberührbaren unteilbaren Entstehungsakte tatsächlich das Baumaterial alles Seienden? Ist das Grundelement jenseits der Teilchen, Kraftfelder, Geometrie, Raum und Zeit der ätherische Akt der Beobachter-Teilhabe? Für Dr. Samuel Johnson war der Stein real, wenn er ihn anstieß. Die Entdeckung, daß die Materie des Felsens aus positiver und negativer elektrischer Ladung und mehr als

---

34. F.J. Belinfante, Measurements and Time Reversal in Objective Quantum Theory (Oxford University Press, Oxford 1975).
35. D. Føllesdal, „Meaning and experience" in: S. Guttenplan, ed., Mind and Language (Clarendon Press, Oxford 1975), S. 254. Føllesdals Aufsatz und die anderen Beiträge in diesem Band zeigen den repräsentativen Charakter dieses Zitats an.
36. Genaue Literaturangabe in der Originalveröffentlichung Am. Phil. Soc. & Roy. Soc. 1981, S. 37.

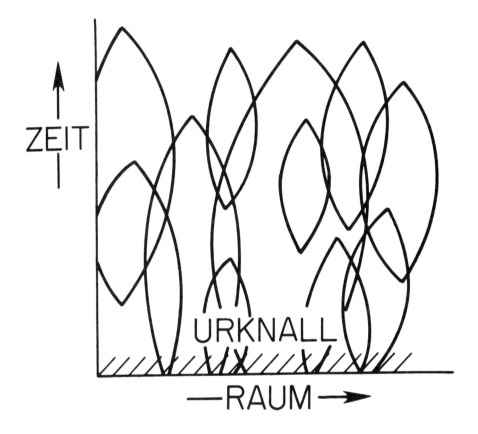

*Abb. 6:* Symbolische Darstellung wie das, was schon in der Vergangenheit geschehen ist, beeinflußt wird durch Wahlentscheidungen, die in der Gegenwart getroffen werden. Die obere Spitze eines Blattes symbolisiert einen elementaren Registriervorgang. Das untere Ende des Blattes steht für den Anfang des Elementar-Phänomens, das vom Meßgerät erforscht wird. Braucht man noch mehr, um Raum und Zeit und ihren gesunden physikalischen Inhalt aufzubauen als die Information, die vom elementaren Quantenereignis getragen wird?

99.99% leerem Raum besteht, verringert nicht den Schmerz an den Zehen. Selbst wenn man eines Tages den Stein als völlig leer entdecken würde, wird sich hieran nichts mehr ändern. Roland M. Frye erinnert uns an Shakespeare's Sehweise der Dinge[37] und an seine 400 Jahre alten Worte „So wie die Vorstellung die Form unbekannter Dinge verkörpert, so gibt ihnen die Feder des Dichters Gestalt und das luftige Nichts erhält Ort und Namen."

Sind nun die Myriaden von Beobachter-Teilhabe-Akten die Basis aller Dinge? Heute können wir diese ontologische Frage über den Grundstoff des Universums nicht endgültig beantworten. Mit zunehmendem Wissen ist auch das Nichtwissen gewachsen. Schon die eigenartige Fragestellung weist darauf hin, wie unsicher wir über die tieferen Grundlagen und die Konsequenzen der Quantenmechanik sind.

## *Quantenmechanik: Gebrauch und Gebräuche*

Man kann die Begegnung mit der Quantenmechanik vergleichen mit einem Forscher eines fremden Landes, der bei uns zum erstenmal einem Auto begegnet. Offensichtlich ist es zu irgendeinem Gebrauch bestimmt, aber wozu? Er öffnet die Wagentür, kurbelt die Scheiben rauf und runter, schaltet die Scheinwerfer ein, dreht an der Zündung und am Anlasser, ohne jedoch den zentralen Punkt des Gerätes zu begreifen. Das Quantum ist wie das Automobil. Das Quantum arbeitet im Transistor, um eine Maschine zu kontrollieren, im Molekül eines Anästhesiegerätes, im Supraleiter eines Magneten. Könnte es sein, daß wir den Kern der Sache, den Gebrauch des Quantenphänomens beim Aufbau der Welt selbst immer noch nicht begriffen haben?

Auch wenn wir den Anlasser des Autos betätigt haben, bewegt sich der Wagen noch nicht.

Elektrizität zur Zeit Benjamin Franklins war ein seltsames Gemisch von Funken und Blitzen, Leidener Flaschen und Drähten, Katzenfell und Wachs. Bei ihm fand sich eine bemerkenswerte Kombination von Abenteuergeist und solidem Alltagsverstand,[38] die ihn tief in die Materie eindringen ließ. Sonst wäre er nie so weit gekommen, so viele Kernpunkte der Elektrizität mit einem Minimum an Mathematik zu erklären, darunter die positiven und negativen Ladungen, und ein brauchbares Bild zu liefern, wie man sich die Ladungsverteilung an der Oberfläche eines Leiters vorzustellen hat. Wie weit hat Franklin doch die Wissenschaft von der Elektrizität vorwärts gebracht und wie weit ist sie bis heute gewachsen!

Wie weit ist der Quantenbegriff in den Händen von Bohr und Einstein gewachsen! Wie wird er weiterwachsen? In der weiteren Forschungsarbeit können wir vielleicht einen ermutigenden Hinweis in den Worten Einsteins gebrauchen: „Meiner Meinung nach gibt es den richtigen Weg ... und es steht in unserer Macht, ihn zu finden."[39]

---

37. R.M. Frye, „Ways of seeing or epistemology in the arts: unities and disunities in Shakespearean drama and Elizabethan painting", Am. Phil. Soc. & Roy. Soc. 1981, S. 43 ff.
38. Für weitere Details zum Einfluß Franklins vgl. E. Wright, „Benjamin Franklin, the British Statesman: a reappraisal", Am. Phil. Soc. & Roy. Soc. 1981, S. 77 ff.
39. A. Einstein, On the Method of Theoretical Physics (Oxford University Press, New York 1933), reprinted in Philosophy of Science *1*, S. 162-169 (1934); dtsch.: Methodik der theoretischen Physik, in A. Einstein: Mein Weltbild (Ullstein, Frankfurt 1977), S. 113-119.

Manfred Stöckler

# 9 Thesen zum Dualismus von Welle und Teilchen

Die ganzen 50 Jahre bewußter Grübelei haben mich der Antwort der Frage „Was sind Lichtquanten" nicht näher gebracht.[1]

A. Einstein im Jahre 1951

1. These: *Der Dualismus von Welle und Teilchen hat gegenwärtig seine Hauptbedeutung als anschauliche Einführung in die Quantenmechanik.*

Zu Anfang des Jahrhunderts war es allgemeine Überzeugung, daß das Licht eine elektromagnetische Welle darstellt, während die Materie (also Moleküle, Atome und Elektronen) aus Teilchen besteht. Die Teilchen dachte man sich idealisiert als diskontinuierliche Massenpunkte, während Wellenerscheinungen kontinuierlich im Raum verteilt waren. Den Zustand eines Teilchens kann man durch die Angabe von drei Ortskoordinaten und drei Impulskoordinaten vollständig festlegen. Um den Zustand einer Welle zu kennen, muß man wissen, welchen Wert die Feldgröße in jedem Punkt des Raumes hat. Man braucht dafür unendlich viele Koordinatenangaben. Welle und Teilchen unterscheiden sich also einmal durch den mathematischen Apparat, in dem sie jeweils beschrieben werden und zweitens anschaulich durch ihre räumliche Ausdehnung. Die Energie eines isolierten Teilchens kann sich nicht auf ein größeres Volumen ausbreiten, während sich die Energie einer Lichtquelle im Raum verteilt, so daß in großer Entfernung nur noch wenig Energie in einem Volumenelement nachweisbar ist. Wenn Wellen einer linearen Wellengleichung gehorchen, können sie sich ungestört überlagern, und diese Superposition führt zuweilen dazu, daß zwei zusammenstoßende Wellen sich auslöschen. Teilchen andererseits sind abzählbar und aufgrund ihrer Bahn identifizierbar und individuierbar.

Die Annahme der Teilchenstruktur der Materie lag in der Tradition des mechanistischen Denkens, und diese Annahme hatte sich sowohl im Großen (bei der Erklärung der Planetenbahnen) als auch im Kleinen (in der kinetischen Wärmetheorie) bestens bewährt. Auch bei der Untersuchung von Elektronen stellte man fest, daß ihre Masse und Ladung immer im Vielfachen einer Elementarmasse und einer Elementarladung auftraten und identifizierte so die Elektronen als Teilchen. Die Überzeugung von der Wellennatur des Lichts hatte sich durchgesetzt, nachdem es bei Interferenz- und Beugungsversuchen ein ähnliches Verhalten zeigte wie Wasserwellen. Der alte Streit zwischen Atomismus und Plenumsauffassung[2] mit den Neuauflagen Newton kontra Descartes und Huygens sowie

---

1. Aus einem Brief an M.A. Besso, hier zitiert nach Pais (1979) S. 884.
2. Siehe Hooker (1973), S. 209-243.

Dalton kontra Faraday und Maxwell war durch Aufteilung der Welt geschlichtet worden: Die Teilchentheorie war für die Materie zuständig und die Wellentheorie für die elektromagnetischen Strahlen.

Den Übergang von der klassischen Physik zur Quantenmechanik kann man anschaulich machen, wenn man zeigt, in welcher Weise die klassische Einteilung in Wellen und Teilchen dahingehend verändert wurde, daß sowohl die Materie wie auch das Licht Wellen- und Teilcheneigenschaften zeigen. Den einfachsten Zugang eröffnen nun Experimente, die a) den Teilchencharakter des Lichtes nahelegen und b) den Wellencharakter der Materie.

a) Die Teilchennatur des Lichtes demonstrieren insbesondere der Photoeffekt und der Comptoneffekt. Schon 1888 hatte H. Hertz beobachtet, daß Metalloberflächen Elektronen aussenden, wenn sie mit ultraviolettem Licht bestrahlt werden. Spätere Untersuchungen zeigten, daß die Energie der aus dem Metall austretenden Elektronen nur von der Farbe des einfallenden Lichtes abhängt, aber nicht von dessen Intensität. Dies ist aus einer klassischen Wellentheorie des Lichtes nicht verständlich zu machen. Man kann jedoch diesen Photoeffekt quantitativ erklären, wenn man annimmt, daß das Licht aus einem Teilchenstrom besteht, wobei jedes der Lichtteilchen (Photonen) die Energie $E = h\nu$ trägt ($h$ ist dabei das sog. Plancksche Wirkungsquantum und $\nu$ die Frequenz des Lichtes).

Ein weiterer Hinweis auf die Teilchenstruktur des Lichtes ergibt sich aus der Beobachtung, daß bei der Streuung von Röntgenstrahlen an Materie eine Vergrößerung der Wellenlänge im gestreuten Röntgenlicht auftritt. Die genaue Untersuchung der Abhängigkeit der Wellenlängenverschiebung vom Streuwinkel zeigt, daß man diesen „Comptoneffekt" verständlich machen kann, wenn man annimmt, daß das Licht aus Teilchen der Energie $E = h\nu$ und mit dem Impuls $p = h\nu/c$ besteht ($c$ ist dabei die Lichtgeschwindigkeit). Man kann dann auf die Photonen und auf das Elektron die aus der klassischen Physik vertrauten Stoßgesetze anwenden, und es zeigt sich, daß die Wellenlängenverschiebung des Photons gerade der Energie entspricht, die das Photon auf das Elektron übertragen hat. Allerdings reichen diese Experimente (die in diesem Zusammenhang üblicherweise angegeben werden) nicht aus, um die Annahme des Teilchencharakters zu erzwingen. Wenn man von der Wellennatur der Elektronen ausgeht und einige Zusatzannahmen macht, lassen sie sich auch in einem Wellenbild des Lichts erklären.[3] Einen klareren Nachweis der Teilcheneigenschaft von Licht kann man aus Experimenten mit Zählern erhalten.

b) Bald darauf wurden auch Experimente durchgeführt, die nur durch eine Wellennatur der Materie erklärt werden konnten. Verschiedene Beobachtungen bei der Reflexion von Elektronen an Metalloberflächen hatten auf Beugungserscheinungen hingewiesen. Im Jahre 1927 ergaben systematische Experimente von Davisson und Germer sowie von G. Thomson, daß Elektronenstrahlen genau die gleichen Beugungserscheinungen hervorbringen wie Röntgenstrahlen. Die Elektronen zeigen hier also Welleneigenschaften, wobei sich

---

3. Vgl. Döring (1973), Bd. I, S. 262 f. Döring weist auch darauf hin, daß die Wellennatur der Elektronen bei der Entdeckung des Photoeffektes und des Comptoneffektes noch nicht bekannt war und die Erklärung im Wellenbild deshalb zu dieser Zeit nicht möglich war.

für die Wellenlänge die gleiche Formel ergab, die Louis de Broglie kurz vorher aus theoretischen Gründen bestimmte hatte, nämlich $\lambda = h/p$. Das Verhalten sowohl von Licht als auch von Materie gleicht manchmal dem von Wellen, manchmal dem von Teilchen. Die Experimente legen also eine Doppelnatur sowohl des Lichtes als auch der Materie nahe. Dadurch sind sich Licht und Materie ähnlicher geworden. Andererseits ergibt sich aus dieser Doppelnatur ein schwieriges Problem: Nach dem klassischen Verständnis kann kein Objekt gleichzeitig Welle und Teilchen sein. Die QM kann man nun als Theorie darstellen, die diese Schwierigkeit auflöst.

So wird der Dualismus in Lehrbüchern der Quantenmechanik häufig dazu verwendet, in die Probleme der Quantenmechanik einzuführen.[4] Dabei kann man auf vertraute Vorstellungen zurückgreifen und sich unmittelbar auf Experimente stützen. So kann man Versuche vorführen, die sich jeweils (1) nur mit dem Wellencharakter des Lichts, (2) nur mit dem Teilchencharakter des Lichts, (3) nur mit dem Teilchencharakter der Materie oder (4) nur mit dem Wellencharakter der Materie erklären lassen. Dabei sind die Fälle (1) und (3) aus der klassischen Physik vertraut, während (2) und (4) die experimentelle Grundlage für die quantenmechanische Abänderung der klassischen Physik darstellen. In den folgenden Kapiteln der Lehrbücher sind in der Regel keine Überlegungen zum Dualismus mehr zu finden: Mathematische Formeln sind an ihre Stelle getreten.[5]

Auf den Dualismus von Welle und Teilchen wird man heutzutage meist in dieser didaktisch aufbereiteten Form treffen, wobei ein solcher Zugang nur zum Teil der historischen Entwicklung entspricht.

2. These: *Der Dualismus wurde nicht bei der Interpretation der QM entdeckt, sondern bei der Untersuchung der Eigenschaften elektromagnetischer Strahlung*

Die Geschichte des Dualismus von Welle und Teilchen beginnt weder bei Bohr noch bei Heisenberg oder Schrödinger, sondern bei Einstein.[6] Er zeigt 1905, daß sich monochromatische (einfarbige) Strahlung von geringer Intensität in thermodynamischer Hinsicht so verhält, wie wenn sie aus unabhängigen Energiequanten $h\nu$ bestünde. Versuchsweise wendet Einstein diese Vorstellung auch auf die Wechselwirkung von Licht und Materie an. Dabei gelingt ihm unter anderem eine Deutung des Photoeffekts. Seine quantitativen Vorhersagen[7] werden in den folgenden Jahren glänzend bestätigt (insbesondere durch Präzisionsmessungen von R.A. Millikan im Jahre 1916).

Es ist ebenfalls Einstein, der im Jahre 1909 zum ersten Mal den Dualismus von Welle und Teilchen explizit formuliert. Mit Hilfe des Planckschen Strahlungsgesetzes untersucht

---

4. Etwa in Heber/Weber (1971), vgl. auch Hund (1979).
5. So findet sich im Sachverzeichnis von Hittmair (1972) unter Dualismus die Angabe „S. 1 ff.".
6. Für Details der Geschichte vgl. Jammer (1966) und Pais (1979).
7. Einstein leitete eine einfache Formel ab, nach der die Maximalgeschwindigkeit $v$ des herausgeschlagenen Elektrons nur von der Frequenz $\nu$ des Lichtes abhängt: $mv^2/2 = h\nu - P$. Dabei ist $m$ die Elektronenmasse und $P$ eine Materialkonstante der Photokathode.

er die Energieschwankungen in einem strahlungsgefüllten Hohlraum im Gleichgewicht. Für das mittlere Schwankungsquadrat $(\Delta E)^2$ erhält er die folgende Gleichung $(\Delta E)^2 = u^2 V^2 + h \nu u V$ (Dabei ist $u$ die Strahlungsdichte und $V$ das Volumen). In dieser Gleichung — und das ist das Entscheidende — wird der 1. Term aus der Wellentheorie verständlich und der 2. Term aus einer Korpuskelvorstellung. Aber noch hat sich die Vorstellung von Lichtteilchen nicht durchgesetzt. Einen Impuls $p$ der Lichtquanten diskutiert Einstein erst 1917 ($p = h\nu/c$, dabei ist $c$ die Lichtgeschwindigkeit. Dieses Beziehung verwendet zum ersten Mal J. Stark 1909). Der Name ‚Photon' wird zum ersten Mal 1926 von dem Physikochemiker G.N. Lewis gebraucht, der 5. Solvay-Kongreß 1927 hat das Thema ‚Elektronen und Photonen'.

Wie wenig die Vorstellung von Lichtquanten zunächst akzeptiert war, zeigt ein u.a. auch von Max Planck unterzeichnetes Empfehlungsschreiben aus dem Jahre 1913, in dem Einstein zur Ernennung als ordentliches Mitglied der Preußischen Akademie der Wissenschaft vorgeschlagen wurde. In diesem Schreiben an das Preußische Unterrichtsministerium heißt es über Einstein:

„Zusammenfassend kann man sagen, daß es unter den großen Problemen, an denen die moderne Physik so reich ist, kaum eines gibt, zu dem nicht Einstein in bemerkenswerter Weise Stellung genommen hätte. Daß er in seinen Spekulationen auch einmal über das Ziel hinausgeschossen haben mag, wie z.B. in seiner Hypothese der Lichtquanten, wird man ihm nicht allzu sehr anrechnen dürfen. Denn ohne einmal ein Risiko zu wagen, läßt sich auch in der exaktesten Naturwissenschaft keine wirkliche Neuerung einführen."[8]

Im Jahre 1925 stellt Einstein ähnliche Überlegungen auch für ein Materiegas an. Ein Gas aus Bose-Teilchen zeigt Energieschwankungen, die auf einen Beitrag von Teilchen und auf einen Beitrag von Wellen hindeuten. Einstein hebt dabei die Analogie von ‚Quantengas' (Strahlung) und ‚Molekülgas' (Materie) besonders hervor. Hier wird also auch ein Dualismus für die *Materie* nahegelegt. In dieser Arbeit weist A. Einstein auch auf die Idee von Louis de Broglie hin.

Louis de Broglie war von den früheren Ergebnissen Einsteins ausgegangen und suchte nach einer physikalischen Veranschaulichung des Zusammenhangs von Welle und Teilchen (sowohl für das Licht als auch für die Materie). Einem ruhenden Teilchen wird dabei eine Schwingung mit einer Frequenz $\nu_0 = mc^2/h$ zugeordnet ($m$ ist die Masse des Teilchens). Aufgrund eines relativistischen Effekts erhält die Schwingung für einen relativ zum Teilchen bewegten Beobachter eine Wellenstruktur, da im bewegten Bezugssystem die im Raum ausgebreitete Schwingung nicht mehr überall phasengleich ist. Mit Hilfe der Relativitätstheorie kommt de Broglie zu einer quantitativen Beziehung zwischen der Wellenlänge $\lambda$ dieser Phasenwelle und der Relativgeschwindigkeit $v$: Es gilt nämlich $1/\lambda = mv/h \sqrt{1 - v^2/c^2}$. Umgekehrt kann ein ruhender Beobachter einem Teilchen mit dem Impuls $p$ die Wellenlänge $\lambda = h/p$ zuordnen. L. de Broglie konnte damit auf anschauliche Weise die stabilen Quantenbahnen des Bohrschen Atoms erklären: Die um den Atomkern im Abstand $r$ umlaufenden Phasenwellen müssen ganzzahlige Vielfache der Wellen-

---

8. Hier zitiert nach Born (1966) S. 225.

länge $\lambda$ umfassen ($2\pi r = n\lambda$). Das genaue Verhältnis von Welle und Teilchen war aber weiter ungelöst.

3. These: *Die Frage, ob die Schwierigkeit mit den anschaulichen Vorstellungen von Welle und Teilchen durch die übergeordnete einheitliche Theorie der Quantenmechanik gelöst ist, kann nur dann beantwortet werden, wenn klar ist, wie Wellen- und Teilcheneigenschaften im Formalismus der Theorie repräsentiert werden.*

Kein Objekt kann gleichzeitig Welle und Teilchen sein (schon die Definitionen zeigen, daß die jeweils geforderten Eigenschaften nicht gleichzeitig realisiert sein können). Die Experimente zum Dualismus führen in eine Schwierigkeit, die mit den Mitteln der klassischen Physik nicht lösbar ist. Die Quantenmechanik kann diese Schwierigkeit überwinden. Was aber wird nun aus dem Dualismus von Welle und Teilchen, wenn man ihn vom Standpunkt der einheitlichen Theorie der Quantenmechanik betrachtet? In der voll entwickelten Quantenmechanik, wie sie etwa ab 1927 vorliegt, wird eine „mathematische Synthese von Teilchen- und Welleneigenschaften der Materie" gesehen.[9] Die Gleichberechtigung von Teilchenbild und Wellenbild wird nun daran festgemacht, daß die entwickelte Quantenmechanik sowohl als unanschauliche Abänderung der klassischen Partikelmechanik (indem die Variablen durch Operatoren ersetzt werden) als auch durch die unanschauliche Abänderung einer klassischen Wellentheorie der Materie heuristisch konstruiert werden kann.[10]

Wenn man die mathematische Struktur der Quantenmechanik betrachtet, dann kann man in ihr charakteristische Züge einer Feldtheorie und charakteristische Züge einer Teilchentheorie entdecken (mit einem Übergewicht der Feldtheorie).[11] Wenn man die Anwendung der Theorie betrachtet, dann vereinigt die Quantenmechanik das Wellen- und Teilchenbild in dem Sinne, daß der Ausgang aller Experimente, die bisher „halbklassisch" durch die sich ausschließenden Teilchen- oder Wellenbilder verständlich gemacht werden konnten, nun durch eine einheitliche Theorie vorhergesagt werden kann (unter Umständen auch erst auf der Stufe einer Quantenfeldtheorie). Die Synthese der Quantenmechanik ist in bezug auf die Heuristik, auf die mathematische Struktur und auf die Vorhersagekraft (empirische Angemessenheit) einsichtig.

Aber welchen Charakter haben die Quantenobjekte? Ist der Atomismus zuständig oder die Plenumsthese? Sind Quantenobjekte diskontinuierlich lokalisiert oder kontinuierlich verteilt? Sind sie durch Bahnen identifizierbar oder wie Wellen einer linearen Theorie superponierbar? Wie soll eine Synthese dieser sich ausschließenden Eigenschaften aussehen? Um diese Fragen beantworten zu können, muß man nachschauen, wie im Formalismus Welleneigenschaften und Teilcheneigenschaften repräsentiert werden, wie man die Eigen-

---

9. Heber/Weber (1971) S. 55.
10. Vgl. Hund (1979).
11. Vgl. Hooker (1973) S. 209, S. 243-259.

schaften der Objekte aus der Quantenmechanik abliest. Dazu gibt es mehrere Vorschläge (zu deren Verständnis allerdings etwas fortgeschrittenere Physikkenntnisse nötig sind):

a) Identifizierung der *Matrizenmechanik* mit dem Partikelbild und der *Wellenmechanik* mit dem Wellenbild. Dafür scheint zu sprechen, daß die Matrizenmechanik in gewisser Analogie zur klassischen Teilchenmechanik entwickelt wurde und ihre Vertreter Tendenzen zu einer Teilchendeutung zeigen. Für die Wellenmechanik war Schrödingers Wunsch nach einer durchgehenden Wellendeutung prägend. Allerdings gibt es für eine solche Identifizierung Schwierigkeiten: Auf der einen Seite hatte auch die Matrizenmechanik die Vorstellung von klassischen Teilchenbahnen aufgegeben und auf der anderen Seite ist es sehr problematisch, die Teilchen als Wellenpakete darzustellen. Von einem modernen Standpunkt aus scheint diese Identifizierung nicht sehr einsichtig. Entweder handelt es sich bei der Quantenmechanik um eine einheitliche Theorie, wobei die Wellenmechanik und die Matrizenmechanik verschiedene Darstellungen des Hilbert-Raumes sind[12]: Dann kann aber sowohl das Teilchen als auch die Welle in beiden Varianten der Theorie dargestellt werden. Oder es handelt sich um zwei verschiedene Theorien, die gewisse formale Ähnlichkeiten haben, sich aber in ihrer Interpretation gänzlich unterscheiden: Dann muß man sich zwischen diesen Theorien entscheiden und die Synthese ist nicht geglückt. Dieser Vorschlag scheint nicht weiterzuführen.

b) Identifizierung der *Ortsdarstellung* mit dem Teilchenbild und der *Impulsdarstellung* mit dem Wellenbild. Für diese Zuordnung spricht, daß in der Ortsdarstellung leicht ausgerechnet werden kann, wie groß die Wahrscheinlichkeit ist, ein Teilchen an einem bestimmten Punkt aufzufinden. Gleichzeitig kann aus der Impulsdarstellung auf einfache Weise die Wahrscheinlichkeit erhalten werden, daß das Teilchen einen bestimmten Impuls hat. Da nach de Broglie der Impuls die Wellenlänge festlegt, kann man hier leicht die Welleneigenschaften auffinden.[13] Es gibt allerdings noch beliebig viele weitere Darstellungen, und jede Eigenschaft des Systems kann im Prinzip in jeder Darstellung ausgerechnet werden. So ist auch diese Identifikation nicht überzeugend, da sie sich nur auf die Einfachheit der Berechnung stützt.

c) Identifizierung der *Ortseigenfunktionen* mit Teilcheneigenschaften und der *Impulseigenfunktionen* mit Welleneigenschaften. Wenn man ernst nimmt, daß Teilchen und Welleneigenschaften nur in bestimmten Situationen realisiert sind, dann könnte man versuchen, nur die Eigenfunktionen des Ortsoperators als Beschreibung eines lokalisierten Teilchens anzusehen. Die Eigenfunktionen des Impulsoperators (in der Ortsdarstellung eine ebene Welle) würden dann eine Welle beschreiben. Solche Eigenzustände liegen jedoch nur in

---

12. Der zur Matrizenmechanik geörende Hilbertraum $l^2$ der Folgen von quadratsummablen komplexen Zahlen und der zur Wellenmechanik gehörende Hilbertraum $L^2(R^3)$ der komplexwertigen quadratsummablen Funktionen sind als Hilberträume gleicher Dimension isomorph. Zwischen dem diskreten Zustandsraum $l^2$ und dem kontinuierlichen Zustandsraum $L^2$ gibt es eine Zuordnung von Folgen und Funktionen, von hermiteschen Matrizen und hermiteschen Differentialoperatoren, so daß die Lösung des wellenmechanischen Eigenwertproblems mit der Diagonalisierung der zugehörigen Matrix identisch ist.

13. Vgl. Born/Biem (1968).

Ausnahmefällen vor, so daß in der Regel einem quantenmechanischen Zustand weder Teilchen- noch Welleneigenschaften zugeordnet werden können. Allerdings liegt nach einer Ortsmessung immer ein lokalisiertes Teilchen vor, und das Ergebnis einer Impulsmessung ist immer eine ebene Welle (zumindest innerhalb einer bestimmten Interpretation der Quantenmechanik). An diese Identifizierung wollen wir uns im folgenden versuchsweise halten.

Wenn man von einer physikalischen Theorie nur erwartet, daß sie die quantitativen Ergebnisse von Experimenten korrekt reproduziert, dann ist das hier erörterte Problem hinfällig. Wenn man aber von der Quantenmechanik Auskunft über die Eigenschaften der Quantenobjekte erwartet, dann muß man diese Information mühsam aus dem Formalismus der Theorie herausdestillieren. Dies ist eine typische Schwierigkeit für eine moderne Form der Naturphilosophie, die ihre Überlegungen in der Auseinandersetzung mit den gegenwärtigen Theorien der Naturwissenschaften vorantreibt.

4. These: *Die Quantenfeldtheorie gibt die Experimente, die zur Aufstellung des Dualismus geführt haben, empirisch richtig und innerhalb eines einheitlichen Formalismus wieder. Da eine raumzeitliche Intepretation des Formalismus nur teilweise möglich ist, kann die Frage nach der Lokalisation und der räumlichen Ausdehnung der Quantenobjekte jedoch nicht beurteilt werden.*

In der Diskussion um die Interpretation der Quantenmechanik wird oft vergessen, daß es auch die Quantenfeldtheorie gibt.[14] Für den Dualismus ist sie besonders wichtig, und zuweilen schreibt man ihr sogar die Lösung des Dualismus zu.[15] Deswegen möchte ich kurz auf diese Theorie eingehen, die ihren Ausgangspunkt von der Quantisierung klassischer Wellenfelder nahm.

Die Untersuchung der Wechselwirkung von Licht und Materie machte es notwendig, auch das elektromagnetische Feld zu quantisieren. Nach verschiedenen Vorarbeiten, die von einer Analogie des Lichtfeldes zu gequantelten harmonischen Oszillatoren ausging, ersetzte Dirac 1927 die Feldgrößen durch Operatoren. Nach weiteren Arbeiten von Jordan/Klein für Boseteilchen und von Jordan/Wigner für Fermiteilchen in den Jahren 1927 und 1928 konnte gezeigt werden, daß die Quantisierung eines klassischen Wellenfeldes zu den gleichen Lösungen führt, wie sie aus einer $n$-Teilchen Schrödinger-Wellenfunktion folgen. Damit war die Symmetrie von Wellenbild und Teilchenbild in dem Sinne gezeigt, daß die Quantisierung der Materieteilchen etwa im Sinne Schrödingers auf dieselbe Quantenmechanik führt wie die Quantisierung klassischer Wellenfelder.

Wie ist nun aber die häufig geäußerte Behauptung zu verstehen, daß durch die Quantisierung die Wellenfelder zu Teilcheneigenschaften kommen? Hierzu muß auf den Formalismus der Quantenfeldtheorie etwas näher eingegangen werden (wenn auch mit entspre-

---

14. Eine Ausnahme ist z.B. Audi (1973) Kap. 7.
15. Vgl. dazu Jammer (1966) S. 365.

chenden Vereinfachungen). Der entscheidende Punkt bei der Quantisierung der Wellenfelder („Zweite Quantisierung") ist nun, daß die Feldgröße $\Psi(r, t)$ durch einen Operator repräsentiert wird. Die Quantisierung besteht darin, daß zwischen der Feldgröße und einem zugeordneten Feldimpuls ähnliche Vertauschungsbeziehungen gefordert werden, wie das bei der Orts- und Impulskoordinate im Falle der Quantenmechanik eines einzelnen Teilchens geschieht. Man kann nun den Feldoperator nach Eigenfunktionen $u_k(r)$ entwickeln.

$$\Psi(r,t) = \sum_k a_k(t) u_k(r)$$

$$\Psi^*(r,t) = \sum_k a_k^+(t) u_k(r)$$

Die Operatoren $a_k^+$ („Erzeugungsoperatoren") und $a_k$ („Vernichtungsoperatoren") übernehmen also die Rolle von Entwicklungskoeffizienten. Aus den Vertauschungsbeziehungen für die Feldoperatoren ergeben sich entsprechende Vertauschungsbeziehungen für die Operatoren $a_k^+$ und $a_k$. Die Vertauschungsbeziehungen sind aus der Behandlung des harmonischen Oszillators bekannt. Für die Teilcheninterpretation ist nun wichtig, daß der Operator $N_k = a_k^+ a_k$ nur ganzzahlige Eigenwerte hat. Das macht ihn als Teilchenzahloperator geeignet. $N_k$ wird also als Operator der Anzahl der Teilchen interpretiert, die den Zustand $u_k(r)$ besetzen. Weiter folgt aus der Theorie, daß der Gesamtimpuls $P$ und die gesamte Energie $E$ sich mit Hilfe des Teilchenzahloperators aus dem Impulseigenwert $p_k$ und dem Energieeigenwert $h v_k$ der einzelnen Zustände $u_k$ ergeben:

$$P = \sum_k N_k p_k$$

$$E = \sum_k h v_k N_k$$

Durch diesen formalen Zusammenhang wird man nun zu der Vorstellung geführt, daß das elektromagnetische Feld aus Photonen besteht, wobei jedes Photon die Energie $h v_k$ und den Impuls $p_k$ besitzt. Es ist aber wichtig festzuhalten, daß die Quantenfeldtheorie für diese anschauliche Deutung über die angedeuteten Zusammenhänge hinaus keine weiteren Hinweise gibt.

Innerhalb dieses Rahmens kann nun z.B. der Comptoneffekt störungstheoretisch behandelt werden. Dabei ergibt sich, daß Übergangswahrscheinlichkeiten von einem Ausgangszustand zu einem bestimmten Endzustand nur dann von Null verschieden sind, wenn beim Streuprozeß der Impuls und die Energie erhalten bleiben. Diese Aussage kommt aus dem Formalismus heraus, ohne daß man in irgendeiner Weise auf klassische Bilder oder raumzeitliche Vorgänge zurückgreifen muß. Formale Beziehungen ergeben also, daß der Impulserhaltungssatz und der Energieerhaltungssatz wie bei klassischen Vorgängen anwendbar sind. Daraus ergibt sich jedoch keine Antwort auf die Frage, ob und wie die Quantenobjekte räumlich ausgedehnt sind und ob sie Teilchen oder mehr klassischen Wellen ähnlich sind.

Wenn man den quantenfeldtheoretischen Formalismus berücksichtigt, so zeigt sich, daß Erzeugung eines Teilchens immer heißt: Erzeugung eines Teilchens in einem bestimmten Zustand. Häufig benutzt man dazu Eigenzustände des Impulsoperators, d.h. ebene Wellen.

Die Sprechweise von der Erzeugung eines Teilchens bedeutet dann nicht mehr, als daß man für das Quantenobjekt eine ebene Welle annimmt. Hieraus ist zu ersehen, daß die Teilchenzahldarstellung in der Quantenfeldtheorie nichts über die raumzeitliche Ausdehnung und Lokalisation der Quantenobjekte aussagt. Andererseits wird der Beschreibungsrahmen von Raum und Zeit nicht aufgegeben (zumindest gehen die Raum- und Zeitkoordinaten in den Formalismus der Quantenfeldtheorie ein). Da weder eine Alternative zur Beschreibung der Quantenobjekte in Raum und Zeit entwickelt wird noch die Frage nach der Lokalisation der Quantenobjekte in Raum und Zeit beantwortet wird, erweckt die Quantenfeldtheorie in dieser Hinsicht den Eindruck einer vorläufigen Theorie. Es sei noch ausdrücklich betont, daß quantisierte Feldtheorien wie etwa die Quantenelektrodynamik empirisch außerordentlich erfolgreiche Theorien sind. Für die Lösung des Problems des Dualismus sind sie jedoch nur hilfreich, wenn man schon in der empirisch korrekten Wiedergabe von Versuchsergebnissen eine Lösung sieht.

5. These: *Die Bohrsche Komplementaritätsphilosophie stellt einen Versuch dar, das Dualismusproblem durch eine erkenntnistheoretische Überlegung zu lösen.*

Nach der üblichen Auffassung stellt der Dualismus von Welle und Teilchen heute kein Problem mehr dar. Die Vertreter dieser Auffassung verweisen dafür meist auf die philosophischen Überlegungen von Niels Bohr, die wesentlich in die „Kopenhagener Interpretation" der Quantenmechanik eingegangen sind, d.h. in die Interpretation, die auch heute noch für die meisten Physiker als maßgeblich angesehen wird. Es kann hier keine ausführliche Analyse dieser philosophischen Überlegungen durchgeführt werden. Dies ist schon deshalb schwierig, weil Bohrs Formulierungen oft dunkel und nicht immer eindeutig interpretierbar sind. Mit der folgenden Zusammenstellung ist nicht mehr als ein vereinfachter Grundriß der Position von Niels Bohr beabsichtigt. Weitere Details und Belegstellen kann man in einschlägigen Untersuchungen finden.[16]

Ausgangspunkt sind für Bohr solche Experimente, die die Grenzen der klassischen Physik aufweisen. Genauer sind es solche Experimente, die zeigen, daß etwa das Licht sowohl die klassische Teilchenvorstellung als auch die klassische Wellenvorstellung zu seinem Verständnis benötigt. Niels Bohr versucht dieses Problem zu lösen, indem er die Anwendbarkeit der klassischen Bilder in ihrem gegenseitigen Verhältnis einschränkt. Dabei geht es nicht um die Verwendung anschaulicher Bilder, sondern um die Einschränkung von Begriffen und klassischen Beschreibungsweisen. Man kann die Bohrsche Position in drei Sätzen zusammenfassen:

1) Alle Experimente und ihre Ergebnisse müssen letztlich in der Sprache der klassischen Physik beschrieben werden.

2) Die Anwendbarkeit der klassischen Begriffe ist abhängig von den natürlichen Bedingungen der Untersuchungssituation. Speziell erfordert die eindeutige Beschreibung der

---

16. Meyer-Abich (1965); Hooker (1972) ab S. 132; Scheibe (1973) Kap. 1; Jammer (1974) Kap. 4; Honner (1982).

Atomphänomene, daß die Experimentalanordnung in die Beschreibung aufgenommen wird. Wenn zwei zu verschiedenen Beschreibungsweisen gehörende Experimente nicht zusammen ausführbar sind (wie es z.B. bei der Orts- und Impulsmessung der Fall ist), dann schließen diese Beschreibungsweisen einander aus.

3) Es gibt eine unaufhebbare Verknüpfung von Mikrosystem und Meßgerät. Dies wird symbolisiert durch das Auftreten der Planckschen Konstante $h$ und bringt ein Element der Diskontinuität ins Spiel. Innerhalb der klassischen Physik ist die Wechselwirkung zwischen Meßgerät und beobachtetem System vernachlässigbar. In der Quantenmechanik ist diese Wechselwirkung weder vernachlässigbar noch bestimmbar. Vielmehr ist diese Wechselwirkung prinzipiell unkontrollierbar, so daß man den Einfluß des Meßgerätes weder berechnen noch überhaupt das Verhalten des Mikrosystems von den Wechselwirkungen mit dem Meßgerät abtrennen kann. Es ist dann nicht mehr ohne weiteres möglich, dem Mikroobjekt allein eine physikalische Eigenschaft zuzusprechen. Das Mikrosystem und das Meßgerät sind nur zusammen als sogenanntes Quantenphänomen erfahrbar.

Es gibt also eine innere Grenze der gleichzeitigen Anwendbarkeit von klassischen Beschreibungsweisen. Welche Begriffe im Einzelfall anwendbar sind, hängt von der physischen Situation ab (die z.B. das Meßgerät einschließt). Beschreibungsweisen, die einander ausschließen, aber dennoch für ein vollständiges Bild der Situation beide notwendig sind, nennt Bohr komplementär.

Diese Strategie kann leicht auf den Dualismus von Welle und Teilchen übertragen werden. Ob die Begriffe einer Wellentheorie oder die Begriffe einer Teilchentheorie anwendbar sind, das hängt von der konkreten Situation und von dem angestellten Experiment ab. So gibt die klassische Elektrodynamik eine zufriedenstellende Beschreibung der Lichtausbreitung in Raum und Zeit, während die Erhaltung von Energie und Impuls bei der Wechselwirkung des Lichts mit der Materie die Vorstellung von Lichtquanten erfordert. Durch diese Strategie lassen sich Widersprüche infolge einer gleichzeitigen Anwendung von Wellenbegriffen und Teilchenbegriffen vermeiden. In diesem Sinne ist die Bohrsche Komplementaritätsphilosophie eine Lösung des Dualismus. Es wird uns später noch beschäftigen, ob diese Lösung zufriedenstellend ist.

Niels Bohr hat den Komplementaritätsgedanken auch auf andere Gebiete ausgedehnt, z.B. auf die Biologie, auf die Psychologie, auf die Linguistik und auf die Ethik.[17] In diesem allgemeinen Sinne ist dann gemeint, daß ein vollständiges Verständnis eines Objektes nur unter der Berücksichtigung von verschiedenen Sehweisen erhalten werden kann, die sich jedoch z.T. untereinander ausschließen, so daß keine einheitliche Beschreibung gefunden werden kann. Im Komplementaritätsgedanken ist somit ein Versuch zur Grundsteinlegung einer neuen Erkenntnistheorie zu sehen.[18] Die Bedeutung, die ihm von Bohr eingeräumt wurde, wird recht gut dadurch illustriert, daß Niels Bohr, als er 1947 den dänischen Elefantenorden verliehen bekam, den Wappenspruch „contraria sunt complementa" wählte.[19] In dieser erkenntnistheoretischen Wendung des Dualismusproblems ist

---

17. Vgl. Jammer (1974) S. 88 f. und Holton (1981) S. 187 f.
18. Holton (1981) S. 188.
19. Holton (1981) S. 152.

die Komplementarität in der Physik nur der Sonderfall eines durchgängigen Prinzips; der Dualismus von Welle und Teilchen ist danach als Faktum hinzunehmen, und es ist nicht zu erwarten, da er in Zukunft durch eine unitäre (d.h. einheitliche) Theorie aufgelöst wird.

Der Komplementaritätsgedanke wurde nicht durch eine rein begriffliche Analyse gefunden, sondern in Auseinandersetzung mit der Quantenmechanik entwickelt. Es handelt sich hierbei also um eine erkenntnistheoretische Konsequenz einer physikalischen Theorie (wenn auch nicht in dem Sinne, daß die Quantenmechanik das Komplementaritätsprinzip impliziert). Die Frage, ob diese epistemologische Konsequenz der Physik zu Recht gezogen wird, kann nun weder von einem Physiker noch von einem reinen Erkenntnistheoretiker allein beurteilt werden. Sie erfordert ein Zusammenwirken von empirischen und philosophischen Überlegungen und stellt insofern ein typisches Problem einer modern verstandenen Naturphilosophie dar.

6. These: *Der Dualismus kann auch als anschauliche Formulierung des Interpretationsproblems der Quantenmechanik aufgefaßt werden. Dieses Interpretationsproblem läßt sich unabhängig von anschaulichen Vorstellungen formulieren.*

Man kann die Auffassung vertreten, daß sich die Quantenmechanik auf Quantenobjekte bezieht, die weder Teilchen noch Welle sind und für die man deshalb einen neutralen Namen („Wavicle", „Quanton") finden müßte. Es ist dann noch immer möglich, in bestimmten Situationen mit klassischen Ausdrücken wie Welle und Teilchen zu arbeiten, wobei diese Vorstellungen nur noch als Analogie dienen.[20] Für diese Position sind also der Verzicht auf klassische Begriffe und die Ersetzung des „sowohl — als auch (je nach Umständen)" der Komplementaritätsphilosophie durch ein klares „weder-noch" kennzeichnend. Es scheint jedoch, daß die Rätsel des Dualismus selbst dann nicht verschwinden, wenn auf diese Weise zunächst die Frage nach der Lokalisierbarkeit und der räumlichen Ausdehnung der Quantenobjekte zurückgestellt wird. Um dies zu zeigen, möchte ich den Dualismus etwas allgemeiner formulieren und nachweisen, daß er auch in dieser Fassung noch immer ein offenes Problem darstellt.

Zu diesem Zweck müssen wir den Meßprozeß in der Quantenmechanik etwas näher betrachten, insbesondere die Meßprozesse, bei denen sogenannte inkommensurable Größen im Spiel sind. Inkommensurable Größen sind z.B. der Ort und der Impuls. Sie sind allgemein dadurch gekennzeichnet, daß die zugehörigen Operatoren nicht vertauschen (daß es also z.B. bei der Multiplikation von Ortsoperator und Impulsoperator auf die Reihenfolge ankommt. Dies bedeutet, daß bei hintereinander ausgeführten Messungen von Ort und Impuls das Ergebnis von der Reihenfolge abhängt). Für solche Operatoren hat W. Heisenberg seine bekannte Unschärferelation formuliert.

---

20. Eine solche Auffassung vertritt etwa Bunge (1967) S. 235 und S. 289.

Das Interpretationsproblem der Quantenmechanik beginnt nun damit, daß nicht jeder quantenmechanische Zustand Ergebnis der Messung einer bestimmten Größe sein kann: Wenn man die Zustände eines physikalischen Systems in der Quantenmechanik durch Vektoren des Hilbertraumes darstellt, dann zeigt sich, daß nicht jedem Zustand z.b. ein bestimmter Meßwert des Impulses zugeordnet werden kann. Ergebnis einer Impulsmessung können nur Basiszustände (Eigenzustände) des Impulsoperators sein, Ergebnis einer Ortsmessung nur Basiszustände des Ortsoperators (in der Geometrie der Ebene wären Basiszustände z.b. Vektoren (Pfeile) auf der $x$-Achse und Vektoren auf der $y$-Achse eines Koordinatensystems).

Nun kann man ein physikalisches System nicht nur in solchen Eigenzuständen $\psi_1$ und $\psi_2$ etwa des Ortsoperators präparieren, sondern auch in superponierten Zuständen $\psi = a\psi_1 + b\psi_2$ (solchen Zuständen entsprechen in der ebenen Geometrie Vektoren in beliebigen Richtungen zwischen der $x$- und der $y$-Achse). Nach der Messung liegt jedoch immer einer der Basiszustände vor (in der ebenen Geometrie immer ein Vektor in Richtung der $x$- oder in Richtung der $y$-Achse), und zwar mit der Wahrscheinlichkeit $a^2$ der Zustand $\psi_1$ und mit der Wahrscheinlichkeit $b^2$ der Zustand $\psi_2$.

Anders als in der klassischen Physik hat eine bestimmte Größe (also eine physikalische Eigenschaft wie Ort und Impuls) nicht in allen Zuständen, sondern nur in Basiszuständen einen definierten Wert.

Da in der Quantenmechanik der Orts- und der Impulsoperator nicht vertauschen, ist es — anders als in der klassischen Physik — nicht möglich, daß der gleiche Zustand zugleich Ergebnis einer Ortsmessung und Ergebnis einer Impulsmessung sein kann. Wenn zwei Größen nicht vertauschen, dann ist es allgemein nicht möglich, daß sie zugleich einen scharfen Wert haben, d.h. daß der Meßausgang für beide Größen vorhersagbar ist. Dies hat eine wichtige Folge. Wenn ein Impuls-Eigenzustand vorliegt (eine ebene Welle), dann kann man diesem Zustand die Eigenschaft „lokalisiert im Punkt $x$" nicht zusprechen, dennoch kann eine durchgeführte Ortsmessung als Ergebnis genau die Lokalisation im Punkt $x$ ergeben (ein Zähler spricht an, ein Zähler der unmittelbaren Nachbarschaft jedoch nicht). Dieses Phänomen nennt man Zustandsreduktion oder Zusammenbruch des Wellenpakets. Eine Impulseigenfunktion kann man als Superposition von Ortseigenfunktionen auffassen. Nach einer Messung liegt jedoch wieder ein einziger Eigenzustand des Ortsoperators vor (bildlich gesprochen ist die ebene Welle in eine $\delta$-Funktion übergegangen, die Wellenfunktion ist nur noch „an einem Punkt" von Null verschieden). Das Problem ist nun, in welcher Weise die Eigenschaft „lokalisiert in $x$" in der Superposition der ebenen Welle enthalten ist: als „latente" Eigenschaft, als Element eines Ensembles, als Propensität (d.h. als wahrscheinlichkeitstheoretisch zu beschreibende Entwicklungstendenz)? In dieser Frage spalten sich nun die verschiedenen Positionen im Interpretationsstreit der Quantenmechanik (wobei schon in dieser vorgetragenen Rekonstruktion des Meßprozesses Voraussetzungen gemacht wurden, die nicht von allen Interpreten geteilt werden). Zur Verdeutlichung sei angemerkt, daß die Zustandsreduktion nicht durch die Schrödinger-Gleichung beschrieben werden kann (sich also von der normalen stetigen (und deterministischen) Zeitentwicklung der Zustände unterscheidet). Der Übergang von der ebenen Welle der Impulseigenfunktion zu einem punktförmig lokalisierten Basiszustand des Ortsoperators kann nicht durch die Wechselwirkung mit dem Meßgerät erklärt werden.[21]

Wenn man nun das Vorliegen einer ebenen Welle als Wellenbild und das Vorliegen einer $\delta$-Funktion als Teilchenbild interpretiert, dann sieht man, daß der Übergang vom Wellenbild zum Teilchenbild als Veranschaulichung der Zustandsreduktion angesehen werden kann. In dieser allgemeinen Formulierung steht hinter dem Dualismus die Frage nach dem Eigenschaftsbegriff in Superpositionen und damit zusammenhängend nach dem Meßprozeß bei inkommensurablen Größen. D.h. hinter dem Dualismus verbirgt sich der Kern des Interpretationsproblems der Quantenmechanik. In dieser Auffassung ist der Dualismus eine Veranschaulichung eines Problems, das ohne Bezug auf die Anschauung formuliert werden kann (z.b. in einem abstrakten Hilbertraum). Die Komplementaritätsauffassung kann übrigens solche Fragestellungen vermeiden, da sie sich nicht näher mit dem Meßprozeß auseinandersetzt. Dennoch ist die Komplementaritätsthese in Bohrs weniger an mathematischen Details orientierter Denkweise als Lösung des angedeuteten zentralen Grundlagenproblems der Quantenmechanik gedacht, wovon der Welle-Teilchen-Dualismus eine brauchbare Veranschaulichung darstellt.[22]

7. These: *Der Dualismus von Welle und Teilchen kann erst dann als gelöst betrachtet werden, wenn eine allgemein akzeptierte Interpretation der Quantenmechanik gefunden worden ist.*

„Zu meiner Jugendzeit hieß es, daß es auf der Welt nur zwölf Leute gebe, die die Relativitätstheorie verstanden haben. Heutzutage ist Einsteins Theorie ganz harmlos geworden, aber — und das werde ich gleich begründen — noch niemand hat die Quantentheorie verstanden."[23] H. Stein, der mit diesen Worten einen Aufsatz beginnt, hat natürlich nicht übersehen, daß man mit Hilfe der Quantentheorie eine ungeheure Faktenmenge erfassen und erklären kann, daß man z.B. das Wasserstoffspektrum ausrechnen, Streuversuche interpretieren oder die Supraleitung erklären kann. Eine Theorie „verstehen" heißt hier mehr als virtuoses Handhaben des Formalismus und Anwendung von Theoriebruchstücken zur Erklärung von Experimenten und zur Vorhersage von Effekten. Unverstanden ist die Interpretation der Quantenmechanik, und dabei geht es um Fragen wie: Worüber spricht die Quantentheorie (über Beobachtbares, über unabhängige Quantensysteme)? Gibt es eine deterministische (u.U. verborgene) Substruktur? Ist die quantenmechanische Beschreibung vollständig? Der physikalische Alltag am Schreibtisch, am Computer und im Labor ist von solchen Fragen nicht betroffen, sie entstehen erst, wenn man darüber nachdenkt, welches Bild von der Welt die Quantenmechanik entwirft.

21. Vgl. Jammer (1974) S. 519.
22. Eine ähnliche Verknüpfung zwischen Zustandsreduktion, Komplementarität und Dualismus scheint von Pauli (1949) und von Hooker (1972) S. 140 vermutet zu werden.
23. Stein (1972) S. 367/368 (aus dem Englischen übersetzt).

Die in der 5. These skizzierte Kopenhagener Deutung ist die Interpretation, auf die sich Physiker meist berufen. Dabei ist zu bedenken, daß der Hinweis etwa auf N. Bohr in der Regel nicht auf einer philologisch akribischen Exegese seiner Schriften beruht und die Bohrschen Gedanken oft aus zweiter Hand und unkritisch übernommen werden. Ein weiterer Punkt ist, daß es *die* Kopenhagener Interpretation nicht gibt und schon zwischen ihren Hauptvertretern Bohr und Heisenberg Unterschiede zu finden sind. Vor allem gab es neben dieser Hauptlinie schon immer alternative Interpretationsansätze und viele dieser abweichenden Interpretationen haben unmittelbar mit dem Welle-Teilchen-Dualismus zu tun.[24] E. Schrödinger gab eine Interpretation, die ganz auf einer reinen Wellenvorstellung aufbaut. Teilchen werden dabei durch Überlagerungen von Wellen simuliert. Gleichzeitig schlug M. Born eine Interpretation vor, die von der Teilchenstruktur der Quantenobjekte ausging, wobei die Wellenfunktion angibt, wie groß die Wahrscheinlichkeit ist, das Teilchen an einer bestimmten Stelle zu finden. A. Landé hat immer wieder für eine Teilcheninterpretation gekämpft, eine neuere Arbeit in dieser Tradition hat M. Audi 1973 vorgelegt.[25] Alle diese Versuche haben ihre Schwierigkeiten. Teilcheninterpretationen müssen begreiflich machen, wie es zu Interferenzeffekten (etwa zur Auslöschung sich überlagernder Wellen) kommt. Eine *Synthese* von Wellen und Teilchen stellt die Theorie von D. Bohm aus dem Jahre 1952 dar, in der es Teilchen mit bestimmtem Ort und Impuls *und* das Feld $\psi$ gibt, das die Schrödinger-Gleichung erfüllt und das die Bahn des Teilchens beeinflußt. Neben solchen Vorschlägen, das Interpretationsproblem mit „verborgenen Parametern" zu lösen, gibt es auch Lösungsvorschläge, die auf eine Abänderung der Logik abzielen. In diesen „Quantenlogiken" bestehen zwischen quantenmechanischen Aussagen andere logische Beziehungen als zwischen Aussagen der klassischen Physik.

Die Vielfalt der alternativen Interpretationsversuche zeigt, daß die Kopenhagener Deutung von vielen nicht als befriedigende Lösung angesehen wird. Ihre Probleme können hier nur angedeutet werden, wobei dieser Interpretation nicht der (wohl ungerechtfertigte) Vorwurf einer subjektivistischen Erkenntnistheorie gemacht werden soll.[26] Einer der schwierigen Punkte ist die von Bohr behauptete Schlüsselstellung der klassischen Beschreibungen. Heute, in einer Zeit, in der das Schlagwort von den wissenschaftlichen Revolutionen in aller Munde ist, ist noch weniger als früher einzusehen, warum es nicht neue Beschreibungsweisen geben sollte, die den Quantenobjekten angepaßt sind und ohne klassische Wurzeln auskommen.[27] Außerdem ist es wohl voreilig, die Verfolgung der genauen Wechselwirkungen von Objekt und Meßgerät aufzugeben. Inwiefern führt das Plancksche Wirkungsquantum zu einem „Element der Diskontinuität", wo doch die Schrödinger-Gleichung eine „klassische" kontinuierliche Bewegungsgleichung ist, nach der Zustandsänderungen deter-

---

24. Vgl. Jammer (1974), für einen zusammenfassenden Überblick Kanitscheider (1979) S. 238-336 und Kanitscheider (1981) S. 138-213.
25. Audi (1973). Dieser Versuch, in dem auch z.B. das Doppelspaltexperiment erklärt wird, wurde kritisiert von Redhead (1977).
26. Zu dieser Frage vgl. Audi (1973), S. 18-27, und Kanitscheider (1981) S. 174-194.
27. Vgl. vor allem Hooker (1972) S. 193 ff.

ministisch vor sich gehen? Dann ist da die Frage nach dem Meßprozeß, der sich spätere Deutungen im einzelnen angenommen haben, die Bohr aber durch eine „Aufweichung" des erkenntnistheoretischen Anspruchs überflüssig macht. Warum tritt das statistische Element auf? Was geht beim Meßprozeß im einzelnen vor?

Damit ist auch Bohrs Vorstellung, daß Quantenobjekte nicht mehr im üblichen Sinn Träger autonomer Eigenschaften sein können, in Frage gestellt. Die Komplementarität, die keine Erklärung des Dualismus bietet, sondern seine Festschreibung legitimiert[28], ist somit ein respektabler Lösungsvorschlag, der dennoch letztlich nicht befriedigen kann. Damit ist auch das Dualismusproblem in seiner allgemeineren Formulierung (Eigenschaftsbegriff bei Superpositionen und Meßprozeß bei inkommensurablen Größen) ungelöst. Man scheint die Wahl zu haben, entweder die erkenntnistheoretischen Anforderungen an eine Theorie zurückzuschrauben und damit das Interpretationsproblem zu umgehen (indem man z.B. nur über Beobachtbares spricht) oder unter „härteren" erkenntnistheoretischen Bedingungen (die etwa eine Zustandsdefinition unabhängig von der Umgebung des Systems und insbesondere unabhängig von Meßapparaturen fordern) das Interpretationsproblem ungelöst zurückzuhalten.

8. These: *Die vom Welle-Teilchen-Dualismus aufgeworfenen Probleme sind noch immer ungelöst.*

Im Dualismus sind zwei Probleme enthalten, einmal die Auseinandersetzung um die Interpretation der Quantenmechanik und zum anderen die Frage nach der Lokalisierbarkeit der Quantenobjekte. In der vorhergehenden These wurde gezeigt, daß das Interpretationsproblem noch offen ist. Es soll jetzt noch näher untersucht werden, was daraus für die zweite Frage folgt.

Zunächst sei betont, daß an die Quantenmechanik natürlich nicht die Forderung gestellt werden soll, den klassischen Teilchenbegriff oder den klassischen Feldbegriff zu übernehmen. Allerdings muß aus der Theorie ersichtlich sein, welches räumliche Volumen die Quantenobjekte einnehmen, ob sie wie klassische Teilchen auf Bahnen individuell verfolgbar oder wie Wellen interferenzfähig sind, oder welche anderen Möglichkeiten realisiert sind. Es muß auf alle Fälle klar werden, ob und wie die von der Quantenmechanik beschriebenen Objekte raumzeitlich eingebettet sind. Dabei ist es vermutlich schwierig, sich zu dem atomistischen Teilchenbegriff und zu dem an einer Plenumsvorstellung orientierten Feldbegriff eine Alternative vorzustellen.[29]

Wenn aus der Theorie heraus keine klare Antwort auf die Art der raumzeitlichen Einbettung zu erhalten ist, dann ist dies eine Schwäche der Theorie und ein Hinweis darauf, daß sie noch nicht einen befriedigenden Zustand erreicht hat. Diese Konsequenz ist nur vermeidbar, wenn die Theorie eine raumzeitliche Einbettung explizit ausschließt. Damit

---

28. Vgl. Kanitscheider (1979) S. 207.
29. Vgl. Hooker (1973) S. 210.

wird aber unvermeidlich die übliche raumzeitliche Beschreibung von physikalischen Vorgängen aufgegeben (oder nur noch im makroskopischen Grenzfall angenommen). Gegen eine solch radikale Konsequenz spricht, daß der Hintergrundsraum in den Formalismus der Quantenmechanik in durchaus üblicher Weise eingeht (z.b. durch Parameter $x, y, z, t$) und daß die raumzeitliche Beschreibung physikalischer Vorgänge sich sowohl in der speziellen als auch in der allgemeinen Relativitätstheorie bewährt hat.

Die vorangehenden Überlegungen haben wohl deutlich werden lassen, daß die Schwierigkeit *nicht* darin liegt, daß die Quantentheorie *unanschaulich* ist. Es geht nicht um das psychologische Problem der Anschaulichkeit, es geht nicht darum, ob klassische „Bilder" aufgegeben werden müssen. Anschaulichkeit ist keine notwendige Eigenschaft einer physikalischen Theorie, schon die klassische Physik ist nicht in jeder Beziehung anschaulich, und die Relativitätstheorien haben sehr viele unanschauliche Elemente.[30] Die zentralen Schwierigkeiten des Dualismus sind ohne Bezug auf das Vorstellungsvermögen des Menschen formulierbar.

Die Quantenmechanik muß also in jedem Fall entweder die raumzeitliche Einbettung ihrer Objekte spezifizieren oder einen raumzeitlichen Beschreibungsrahmen explizit verwerfen. Wenn dies nicht gelingt, wenn das Interpretationsproblem über lange Zeiten hin weiter offen bleibt, dann könnte dies u.U. als ein Hinweis angesehen werden, daß die Quantenmechanik korrekturbedürftig ist und daß nach einer Modifizierung der Theorie zu suchen ist. Bei dieser Behauptung muß aber einem möglichen Mißverständnis vorgebeugt werden. Sie könnte nämlich den Eindruck erwecken, als würde vom Lehnstuhl des Philosophen aus eine empirisch außerordentlich erfolgreiche Theorie diskreditiert werden. Wenn man die Interpretationsschwierigkeiten der Quantenmechanik als Hinweis auf eine notwendige Abänderung oder Ablösung ansieht, dann heißt dies nicht, daß man von jetzt an keine Quantenmechanik mehr lehren und sie nicht mehr auf neue Probleme anwenden soll (selbst die durch die Quantenmechanik und die Relativitätstheorie als „falsch" erwiesene Newtonsche Mechanik wird weiter erfolgreich angewandt). Wie die Geschichte zeigt, sind bei der Kritik alter Theorien und bei der Konstruktion neuer Theorien oft grundlegende „philosophische" Überlegungen wichtig. Ein Beispiel dafür ist etwa Einsteins Weg sowohl zur speziellen als auch zur allgemeinen Relativitätstheorie. Zumindest sollen angesichts der Probleme der Quantentheorie ernsthafte Alternativen eine faire Chance erhalten.[31] Diese Alternativen müssen natürlich all das auch erklären können, was als Stützung der Quantenmechanik gilt.

Zum Abschluß sei eine Stimme zitiert, von der sicher niemand annimmt, daß eine solche Forderung von einem mangelnden Verständnis der Physik herrührt. P.A.M. Dirac schrieb im Jahre 1963: „Wir können uns glücklich schätzen, wenn es uns gelingt, die Unschärferelationen und den Indeterminismus der gegenwärtigen Quantenmechanik in einer

---

30. Vgl. Vollmer (1982).
31. In Frage kommen z.B. nichtlineare Theorien (vgl. zu diesem Punkt die Argumente von Hooker (1973) S. 208-210, S. 270 ff.) Aufgrund der ungeheuren Komplexität haben solche Alternativen noch weitgehend den Charakter utopischer Programme.

Weise zu beschreiben, die für unsere philosophischen Überlegungen befriedigend ist. Wenn uns dies aber nicht gelingt, dann sollten wir deswegen nicht allzu beunruhigt sein. Wir dürfen einfach nicht vergessen, daß wir uns in einem Übergangsstadium (der Physik) befinden, und daß es vielleicht ganz unmöglich ist, in diesem Stadium ein befriedigendes Bild zu erhalten."[32]

Im Jahre 1906 erhielt Joseph John Thomson den Nobelpreis für die Untersuchung der korpuskularen Eigenschaften des Elektrons. 1937 erhielt sein Sohn George Paget Thomson den Nobelpreis für Experimente zur Elektroneninterferenz, also für die Entdeckung der Wellennatur des Elektrons[33]. Vielleicht kann die Familie Thomson ihre rühmliche Tradition mit einem Nobelpreis für diejenige neue Theorie fortsetzen, die beides verständlich macht.

9. These: *Die Diskussion um den Dualismus von Welle und Teilchen ist ein Musterbeispiel für eine modern verstandene Naturphilosophie.*

Die Frage nach dem Aufbau der Materie, speziell die Auseinandersetzung zwischen Atomismus und Plenumsauffassung ist ein klassisches Thema der Naturphilosophie. Solche naturphilosophischen Ideen sind (zumindest als heuristische Leitfäden) in die Newtonsche Partikelmechanik und in die klassischen Feldtheorien des 19. Jahrhunderts eingegangen. Dabei finden sich die qualitativen, anschaulichen Vorstellungen der Naturphilosophie innerhalb der Theorie als spezifische Struktur des mathematischen Formalismus wieder, z.B. werden Felder durch partielle Differentialgleichungen beschrieben. Im Welle-Teilchen-Dualismus stellt sich das umgekehrte Problem, hier geht es um die „Rückübersetzung" der formalen Struktur der Theorie in qualitative Fragestellungen. Die Auseinandersetzung um den Dualismus wurde veranlaßt durch die Unmöglichkeit, neue Experimente durch die klassischen Vorstellungen von Wellen und Teilchen zu verstehen. Der erste Anstoß kam also von der empirischen Seite. Andererseits sind für den Dualismus auch begriffliche Schwierigkeiten wichtig, da die zur Erklärung dieser Experimente entwickelte Quantentheorie viele grundlegende Fragen offenließ, z.B. die Frage nach der Lokalisierung der Quantenobjekte.

Die gegenseitige Übersetzung von inhaltlichen Fragestellungen und formaler Struktur einer Theorie ist eine Aufgabe, der sich eine moderne Naturphilosophie nicht entziehen kann. Dies ist deswegen so, weil sie die von den gegenwärtigen naturwissenschaftlichen Theorien bereitgestellten Informationen aufnehmen will und so auch Details der mathematischen Struktur ernst nimmt, sich aber andererseits nicht darauf beschränkt, Theorien nur als Vorhersageinstrumente anzusehen. Die inhaltlichen, meist qualitativen Fragestellungen der Naturphilosophie dürfen deshalb nicht als populärer Abklatsch naturwissenschaftlicher Theorien angesehen werden. Die Naturphilosophie bearbeitet philosophische Probleme, die qualitative Folgen einer formalisierten Theorie sind. So ist etwa — zumindest in der

---

32. Dirac (1963) S. 49 (übersetzt).
33. Vgl. Jammer (1966) S. 254.

Auffassung Bohrs — die Komplementarität eine erkenntnistheoretische (und damit qualitative, nicht mathematisch darstellbare) Folgerung aus der Quantentheorie. Naturphilosophie ist also deshalb qualitativ, weil ihre Probleme über naturwissenschaftliche Fragestellungen hinausgehen. Allerdings wird die populärwissenschaftliche Darstellung naturwissenschaftlicher Ergebnisse häufig Bestandteil naturphilosophischer Abhandlungen sein, weil viele Leser etwa mit den Details der Quantenmechanik nicht vertraut sind, aber dennoch ihre philosophischen Konsequenzen kennenlernen wollen. Der populärwissenschaftliche Anteil der Naturphilosophie ist also im Prinzip verzichtbar, wenn auch die Verbreitung naturwissenschaftlicher Kenntnisse einen sinnvollen Nebeneffekt darstellt.

Naturphilosophie beginnt erst da, wo Theorien nicht nur instrumentalistisch zur Ordnung von Experimentalergebnissen herangezogen werden, sondern wo in ihnen Aussagen über die Natur gesehen werden. Nur dann haben physikalische Theorien philosophische Folgen. Max Jammer hat viele Beispiele der Wechselwirkungen von Philosophie und Physik zusammengestellt.[34] Auch von den unmittelbar am Forschungsprozeß beteiligten Physikern wurde die über die Physik hinausgreifende Bedeutung ihrer Untersuchungen empfunden. So sagte Max Born 1936 in einem Vortrag: „Das alte Streben nach Beschreibung der ganzen Welt in einer einheitlichen philosophischen Sprache ist unerfüllbar. Viele haben dies gefühlt, aber es ist das Verdienst der modernen Physik, die exakte logische Beziehung zwischen zwei scheinbar miteinander unverträglichen Beschreibungsweisen aufgezeigt und sie auf einer höheren Ebene in Einklang gebracht zu haben."[35]

Zur Beurteilung solcher Konsequenzen der Naturwissenschaften reichen allerdings rein physikalische Methoden nicht aus. Deswegen hat die Naturphilosophie notwendigerweise einen interdisziplinären Charakter. Dies wird am Beispiel der Komplementarität besonders deutlich, wenn diskutiert wird, ob diese Idee auch auf Biologie, Psychologie, Ethik oder Theologie angewandt werden kann.

Die Wechselwirkung von Naturwissenschaft und Philosophie ist keine Einbahnstraße. Die grundlegenden Vorstellungen über den Aufbau der Materie und andere naturphilosophische Vorstellungen haben Einfluß auf die Theorienkonstruktion in der Physik. Auch bei der Prüfung und Bewertung von Theorien spielen nicht nur empirische Kriterien eine Rolle. Am Beispiel der Quantenmechanik haben wir gesehen, daß hier begriffliche Forderungen die Änderung einer physikalischen Theorie nahezulegen scheinen.

Die Analyse des Dualismus von Welle und Teilchen hat insbesondere drei Aspekte naturphilosophischer Untersuchungen herausgearbeitet, die schlagwortartig durch die folgenden Gegenüberstellungen gekennzeichnet werden können. Die Naturphilosophie beschäftigt sich
— mit dem Wechselspiel von Erfahrung und begrifflicher Durchdringung,
— mit der wechselseitigen Übersetzung von inhaltlichen Vorstellungen und mathematischem Formalismus.
— mit der gegenseitigen Befruchtung von naturwissenschaftlichem und philosophischem Wissen.

34. Jammer (1981).
35. Born (1966) S. 56.

Der Rückblick gerade auf die seit mehr als einem halben Jahrhundert geführte Diskussion um die Quantenmechanik zeigt die Chance der Naturphilosophie, die Unbefangenheit und die Materialkenntnis philosophierender Physiker mit der Präzision moderner philosophischer Positionen zu verbinden, eine Chance, die die Naturphilosophie mit neuem Selbstbewußtsein erfüllen sollte.

## Literatur

Audi, M. (1973): The Interpretation of Quantum Mechanics, Chicago 1973.

Born, M. (1966): Physik im Wandel meiner Zeit, Braunschweig 1966.

Born, M./Biem, W. (1968): Dualism in Quantum Theory, Physics Today 21, 8 (August 1968) 51-56.

Bunge, M. (1967): Foundations of Physics, New York 1967.

Dirac, P.A.M. (1963): The Evolution of the Physicist's Picture of Nature. Scientific American 208,5 (May 1963) 45-53.

Döring, W. (1973): Atomphysik und Quantenmechanik, Berlin 1973.

Heber, G./Weber, G. (1971): Grundlagen der Quantenphysik, 2 Bde., Stuttgart 1971.

Heisenberg, W. (1930): Physikalische Prinzipien der Quantentheorie, Mannheim 1958 (Nachdruck).

Hittmair, O. (1972): Lehrbuch der Quantentheorie, München 1972.

Holton, G. (1981): Zur Genesis des Komplementaritätsgedankens, S. 144-202, in: G. Holton, Thematische Analyse der Wissenschaft, Frankfurt 1981.

Honner, J. (1982): The Transcendental Philosophy of Niels Bohr, Studies in History and Philosophy of Science 13 (1982) 1-29.

Hooker, C.A. (1972): The Nature of Quantum Mechanical Reality: Einstein Versus Bohr, S. 67-302 in: R.G. Colodny (Hrsg.), Paradigms & Paradoxes, Pittsburgh 1972.

Hooker, C.A. (1973): Metaphysics and Modern Physics, S. 174-304 in: C.A. Hooker (Hrsg.), Contemporary Research in the Foundations and Philosophy of Quantum Mechanics, Dordrecht 1973.

Hund, F. (1979): Die Rolle des Dualismus Welle-Teilchen beim Werden der Quantentheorie, Opladen 1979.

Jammer, M. (1966): The Conceptual Development of Quantum Mechanics, New York 1966.

Jammer, M. (1974): The Philosophy of Quantum Mechanics, New York 1974.

Jammer, M. (1981): Zu den philosophischen Konsequenzen der neuen Physik, S. 129-154 in: G. Radnitzky und G. Andersson (Hrsg.), Voraussetzungen und Grenzen der Wissenschaft, Tübingen 1981.

Kanitscheider, B. (1979): Philosophie und moderne Physik, Darmstadt 1979.

Kanitscheider, B. (1981): Wissenschaftstheorie der Naturwissenschaft, Berlin 1981.

Meyer-Abich, K.M.: Korrespondenz, Individualität und Komplementarität, Wiesbaden 1965.

Pauli, W. (1949): Die philosophische Bedeutung der Idee der Komplementarität, wiederabgedruckt auf S. 10-17 in: W. Pauli, Aufsätze und Vorträge über Physik und Erkenntnistheorie, Braunschweig 1961.

Pais, A. (1979): Einstein and the Quantum Theory, Reviews of Modern Physics *51* (1979) 863-914.

Redhead, M.L.G. (1977): Wave-Particle Duality (Review Article), The British Journal for the Philosophy of Science *28* (1977) 65-74.

Scheibe, E. (1973): The Logical Analysis of Quantum Mechanics, Oxford 1973.

Stein, H. (1972): On the Conceptual Structure of Quantum Mechanics, S. 367-439 in: R.G. Colodny (Hrsg.), Paradigms & Paradoxes, Pittsburgh 1972.

Vollmer, G. (1982): Probleme der Anschaulichkeit, Philosophia Naturalis *19* (1982) 277-314.

Hans Primas

# Verschränkte Systeme und Komplementarität

## 1. *Zum Systembegriff der sogenannten allgemeinen Systemtheorie*

Seit Alters her beschäftigen sich die Wissenschaften mit Systemen. In den exakten Naturwissenschaften entwickelte sich aus der Newtonschen Mechanik und ihrer theoretischen Vollendung durch Lagrange, Jacobi und Hamilton der Begriff des *dynamischen Systems*. Zusammen mit der Automatentheorie lieferte die Theorie der dynamischen Input-Output-Systeme das methodologische Vorbild für die moderne *mathematische Systemtheorie* [1, 2]. In den Ingenieurwissenschaften hat man schon sehr früh begonnen, die speziellen Modellvorstellungen des Maschinenbaus, der Regelungstechnik, der Elektrotechnik, der Nachrichtentechnik und der chemischen Verfahrenstechnik systematisch zu untersuchen. Dies führte zur Entwicklung der Netzwerktheorie, der Theorie linearer Input-Output-Systeme, der linearen Regelungstheorie und der Automatentheorie. Die in den physikalischen und ingenieurwissenschaftlichen Disziplinen erarbeiteten Erkenntnisse lassen sich zwanglos in die erwähnte mathematische Systemtheorie einordnen, welche daher auch als „Theorie mathematischer Modelle von technischen Maschinen und Prozessen" charakterisiert werden kann [2]. Im Ingenieurbereich wurde nie versucht, die empirischen Sachverhalte in ein systemtheoretisches Schema hineinzupressen, sondern der Formalismus der mathematischen Systemtheorie entstand durch Abstraktion aus hunderten von mathematisch diskutierten und im Detail verstandenen praxisbezogenen Problemen. Der Relevanzbereich der mathematischen Systemtheorie wurde bisher wohl noch nie präzis charakterisiert, der Praktiker orientiert sich jedoch problemlos an konkreten Beispielen und vermeidet so unzulässige Verallgemeinerungen.

Von der mathematischen Systemtheorie scharf zu unterscheiden ist die sogenannte „allgemeine Systemtheorie", wie sie etwa von Bertalanffy eingeführt wurde [3, 4]. Nicht nur sind die von den verschiedenen Autoren vorgeschlagenen „allgemeinen Systemtheorien" voneinander wesentlich verschieden [5, 6], sondern sie besitzen ausnahmslos nicht die behauptete Allgemeingültigkeit. Von Bertalanffys Behauptung „general system theory is applicable to all science concerned with systems", ist falsch. Unreflektiert wird von der offenbar für selbstverständlich gehaltenen Annahme ausgegangen, daß die Systemwissenschaften als eine Theorie formuliert werden können, welche sich einem Cartesisch-Newtonschen Weltbild einordnet und deren Objektattribute die Regeln der klassischen Booleschen Aussagenlogik befolgen. Beispielsweise schlagen Hall und Fagen [7] folgende scheinbar unverfängliche Definition vor: „Ein System ist eine Menge von Objekten zusammen mit den Beziehungen zwischen den Objekten und ihren Eigenschaften." Doch zeigt bereits ihr erstes Beispiel eines physikalischen Systems mit Atomen als Objekten, daß sie — wie die meisten Systemtheoretiker — die grundlegende Revision des klassischen System- und Objektbegriffs durch die Quantenmechanik nicht zur Kenntnis genommen haben.

Naiv wird angenommen, daß man Systeme in scharf erfaßbare Untersysteme oder Elemente derart zerlegen kann, daß durch geeignete Wechselwirkung dieser Untersysteme das Verhalten des Gesamtsystems erfaßt wird. Die Dialektik von Ganzem und Teil ist in der Quantenmechanik viel komplizierter als in den klassischen physikalischen Theorien. Vor allen Dingen kann die Existenz maximal isolierter Objekte nicht vorausgesetzt werden. In einer für die Naturerkenntnis fundamentalen Arbeit haben im Jahr 1935 Einstein, Podolsky und Rosen [8] auf die überraschende Tatsache hingewiesen, daß wechselwirkungsfreie Quantensysteme nichttrivial korreliert sein können und haben damit erstmals die ganzheitliche Natur von Quantensystemen ans Licht gebracht. Mit Schrödinger [9-11] nennen wir wechselwirkungsfreie Systeme in Korrelationszuständen *verschränkte Systeme*, die nicht durch direkte Wechselwirkungen verursachten Korrelationen in verschränkten Systemen nennen wir *Einstein-Podolsky-Rosen-Korrelationen*, oder kurz EPR-Korrelationen.

Keine der bis heute diskutierten „allgemeinen Systemtheorien" schließt den quantentheoretischen System- und Objektbegriff ein, sodaß die Behauptung, die allgemeine Systemtheorie stelle ein neues Paradigma der wissenschaftlichen Forschung dar [12], als gedankenlose Propaganda gewertet werden muß. Trotz der ständig wiederholten Forderung der Generalisten, Systeme in Begriffen der Ganzheit und Gerichtetheit des Geschehens zu beschreiben, ist die allgemeine Systemtheorie viel mehr als die exakten Naturwissenschaften an der heute überwundenen klassisch-physikalischen Denkweise orientiert, in welcher für den quantenmechanischen Begriff der Ganzheit weder Platz noch Verwendung ist. Allerdings kann keine Beschreibung der Natur, welche die Existenz verschränkter Systeme außer acht läßt, der Kritik moderner naturwissenschaftlicher Forschung standhalten.

Während die an den Ingenieurwissenschaften orientierte mathematische Systemtheorie ein ideales Hilfsmittel für die Beschreibung von Experimenten *an* quantenmechanischen Systemen ist, kann keine der bis heute vorgeschlagenen Systemtheorien die Besonderheiten verschränkter Systeme selbst beschreiben. Daher haben wir allen Grund skeptisch zu sein, wenn wir hören, daß versucht wird, so inhaltsarme Theorien wie die allgemeinen Systemtheorien auf die gegenüber physikalischen Systemen so viel komplizierteren biologischen, sozialen oder politischen Systeme anzuwenden.

## 2. Zustandsdarstellungen physikalischer Systeme

Wir beschränken uns im folgenden auf die Diskussion von Systemen der klassischen Physik und der Quantenphysik. Die intuitiv überraschenden Eigenschaften verschränkter Quantensysteme können bereits aus der Struktur der Theorie allgemeiner physikalischer Systeme verstanden werden. Sie sind nicht spezifisch verknüpft mit der Struktur der mikrophysikalischen Realität, sondern treten in jeder nichtklassischen Theorie auf.

Die Struktur der verschiedenen physikalischen Theorien kann bequem anhand ihrer Zustandsräume diskutiert werden. Allerdings ist zu beachten, daß der Begriff „Zustand" in mehreren begrifflich grundsätzlich verschiedenen Varianten benutzt wird, was Anlaß zu vielen Mißverständnissen und unfruchtbaren Kontroversen gab. Wir unterscheiden daher zwischen *ontischen Zuständen* (welche sich auf die Eigenschaften individueller Systeme beziehen), *epistemischen Zuständen* (welche sich auf Resultate von Messungen an Systemen beziehen) und *systemtheoretischen Zuständen* (welche die Vergangenheit von Systemen beschreiben). Da in der Quantenmechanik epistemische Zustände durch lineare Erwartungswertfunktionale ausgedrückt werden, hat es sich in der mathematischen Physik leider eingebürgert, das Wort „Zustand" auch als Synonym für den rein mathematischen Begriff „normiertes positives lineares Funktional" zu benützen.

Alle diese in der Physik gebräuchlichen Zustandsbegriffe sind Verallgemeinerungen von Begriffen, welche sich aus der Newtonschen Planetenmechanik entwickelt haben. In der Hamiltonschen Formulierung der klassischen Punktmechanik ist der ontische Zustand eines Systems von $n$-Punktmassen charakterisiert durch deren momentane Orts- und Impulsvektoren, d.h. durch einen Punkt in einem $6n$-dimensionalen Phasenraum $\Omega = \mathbb{R}^{6n}$. Experimentell sind diese klassischen ontischen Zustände prinzipiell nicht zugänglich. Auch das beste Experiment kann nur zur Aussage führen, daß sich der Phasenpunkt in einem kleinen, aber endlichen Bereich des Phasenraums $\Omega$ befindet. Etwas allgemeiner charakterisiert man die experimentell zugänglichen Zustände durch Wahrscheinlichkeitsdichten über dem Phasenraum $\Omega$, sodaß in der klassischen Mechanik die epistemischen Zustände durch die normierten positiven Funktionen aus $L_1(\Omega)$ gegeben sind.

Die ontischen Zustände der klassischen Mechanik erfüllen folgendes „Prinzip des wissenschaftlichen Determinismus" von Hadamard [13]: „Ein physikalisches System erfüllt das Prinzip des wissenschaftlichen Determinismus, falls seine dynamischen Gleichungen die Bestimmung des Systemzustands zur Zeit $t$ erlauben, sofern der Systemzustand zu irgendeinem früheren Zeitpunkt $t_0 < t$ bekannt ist". Die mathematische Systemtheorie betrachtet diese Eigenschaft des Zustandsbegriffs der klassischen Mechanik als charakterisierend und verallgemeinert sie für beliebige Input-Output-Systeme in folgender Weise. Es sei $t \to u(t)$ die Eingangsfunktion und $t \to y(t)$ die Ausgangsfunktion eines Input-Output-Systems. Falls das dynamische Verhalten dieses Systems durch die Gleichungen

$$y(t) = f(x, u, t),$$
$$\dot{x}(t) = g(x, u, t),$$

erfaßt werden kann, so spricht man von einer *systemtheoretischen Realisierung* dieses Systems. Die in dieser Realisierung eingeführte Hilfsgröße $x(t)$ heißt der *systemtheoretische Zustand* zur Zeit $t$. Der wesentliche Punkt ist dabei, daß bei Kenntnis des Zustands $x(t_0)$ zur Zeit $t_0$ das Ausgangssignal $t \to y(t)$ in *eindeutiger Weise* aus dem Eingangssignal $t \to u(t)$ für alle Zeiten $t \geq t_0$ bestimmt ist. Das heißt, der *systemtheoretische Zustand charakterisiert vollständig die Vergangenheit des Systems*. Dieser scheinbar elementare Sachverhalt führt zur Interpretation des systemtheoretischen Zustands als Gedächtnis, und damit sofort zu dem präzisen systemtheoretischen Zustandsbegriff von Nerode [14]: „Der systemtheoretische Zustand eines Systems zur Zeit $t$ ist definiert als Äquivalenzklasse aller Eingangsfunktionen $t' \to u(t')$, $-\infty \leq t' \leq t$, welche zu derselben Ausgangsfunktion $t'' \to y(t'')$, $t'' \geq t$ führen." Ausgehend von dieser Definition wird in der mathematischen Systemtheorie bewiesen, daß jedes Input-Output-System eine minimale Realisierung hat (wobei „minimal" noch geeignet zu spezifizieren ist). Allerdings wird dieses fundamentale Resultat nur unter einem wichtigen Verzicht erreicht: Der Nerodesche systemtheoretische Zustand sagt im allgemeinen gar nichts darüber aus, wie das System in Wirklichkeit gemacht ist. Das heißt, *daß ein systemtheoretischer Zustand im allgemeinen nicht ontisch interpretiert werden kann.*

## *3. Ontische Zustände physikalischer Systeme*

In einer ontischen Interpretation einer physikalischen Theorie beziehen sich die zeitlichen Aussagen auf die Eigenschaften der Systeme wie sie „an sich" sind, d.h. ohne Berücksichtigung der Kenntnisnahme durch einen Beobachter. In einer epistemischen Interpretation beziehen sich die zeitlichen Aussagen der Theorie auf die Resultate von Messungen oder auf unser Wissen. Da eine ontische Interpretation der Quantenmechanik auf tiefliegende erkenntnistheoretische und mathematische Probleme führt, und da für viele Anwendungen eine epistemische Interpretation hinreichend ist, sind die traditionellen Interpretationen der Quantenmechanik epistemisch. Als epistemischen Zustandsbegriff verwenden die Experimentatoren fast ausnahmslos den *statistischen Zustand,* charakterisiert als Zusammenfassung der statistischen Eigenschaften einer großen Zahl nach einem bestimmten Verfahren hergestellter physikalischer Systeme. Die Frage, ob es in der Quantenmechanik möglich ist, ontische Zustände einzuführen, wurde seit einem halben Jahrhundert oft und engagiert diskutiert, leider meist ohne die notwendige Sorgfalt. Der eigentliche Durchbruch kam durch die Entwicklung der Quantenlogik[1] und durch die Einsicht, daß die Logik der Objekteigenschaften keineswegs die Regeln der klassischen Booleschen Logik befolgen muß.

Eigenschaften heißen *kontingent,* wenn sie den Objekten nur zeitweilig zukommen[2]. Bei der Diskussion von Quantensystemen hat man sorgfältig zu unterscheiden zwischen den *potentiell möglichen* kontingenten Eigenschaften und den zu einem bestimmten Zeitpunkt *aktualisierten* kontingenten Eigenschaften. Die potentiell möglichen kontingenten Eigenschaften aller von der *klassischen* Physik beschriebenen Systeme sind alle jederzeit aktualisiert. *Nichtklassische* Systeme wie Quantensysteme sind dagegen dadurch charakterisiert, daß die Menge aller potentiell möglichen kontingenten Eigenschaften des Systems größer ist als die Menge der in einem bestimmten Zeitpunkt aktualisierten kontingenten Eigenschaften. Kontingente Eigenschaften, welche nicht gleichzeitig aktualisiert werden können, heißen *inkompatibel.* Berühmte Beispiele für inkompatible Eigenschaften sind etwa Ort und Impuls eines Elektrons, oder (mathematisch äquivalent) Frequenz und Zeitdauer eines elektrischen Signals.

Die Zusammenfassung aller in einem bestimmten Zeitpunkt $t$ aktualisierten Eigenschaf-

---

1. Für Literaturhinweise und einen Überblick über die Entwicklung der Quantenlogik vergleiche man etwa Kap. 4.4 in [15].
2. Eine genaue Analyse der ontischen und epistemischen kontingenten Aussagen in der Physik verdanken wir Scheibe [16].

ten eines individuellen Objekts heißt sein *ontischer Zustand*[3]. Wie man empirisch feststellt, welche Eigenschaften aktualisiert sind und welche nicht, soll uns im Moment nicht kümmern. Positivisten fordern allerdings gerne eine operationelle Zustandsdefinition. Wir betrachten diese Forderung als unvernünftig und unerfüllbar. Die Forderung ist unvernünftig, da die Einführung des Zustandsbegriffs ganz am Anfang der Entwicklung einer physikalischen Theorie stehen muß, die theoretische Diskussion eines realistischen Experiments aber eine voll entwickelte und interpretierte Theorie voraussetzt. Die Forderung ist im allgemeinen unerfüllbar, da bereits in der gut verstandenen klassischen Punktmechanik die ontischen Zustände prinzipiell nicht operationell charakterisiert werden können.

## 4. Epistemische Zustände physikalischer Systeme

In der klassischen Mechanik und in der Elektrodynamik sind die Resultate experimenteller Untersuchungen immer Wahrscheinlichkeitsaussagen, denn jedes Experiment läßt sich verfeinern. In der klassischen Physik gibt es keine feinsten Experimente. Beispielsweise führt eine experimentelle Bestimmung des Orts $q$ einer Punktmasse auf der reellen Achse bestenfalls zur Aussage: der Punkt befindet sich in dem Intervall $a \leq q \leq b$, wobei $b - a$ beliebig klein, aber niemals Null sein kann. Unter anderem ist es etwa nicht möglich, experimentell zu bestimmen, ob $q$ eine rationale oder irrationale Zahl ist. Jede Ortsmessung führt lediglich zu einer *Wahrscheinlichkeitsaussage* über den Ort eines Massenpunktes. Die klassische Hamiltonsche Mechanik ist deterministisch in dem Sinn, daß für jeden Anfangszustand $\omega \in \Omega$ des Phasenraums $\Omega$ der ontische Zustand $\omega_t$ für alle Zeiten $t$ durch die Hamiltonschen Bewegungsgleichungen eindeutig gegeben ist. Jedoch ist dieser ontische Zustand $\omega_t$ experimentell nicht zugänglich. Experimentelle Resultate werden durch Wahrscheinlichkeitsdichten $\omega \to f(\omega)$ beschrieben,

$$f \in L_1(\Omega, d\omega), \quad f(\omega) \geq 0, \quad \int_\Omega f(\omega)\, d\omega = 1,$$

wobei $d\omega$ das Lebesguemaß ist. Die Menge aller Wahrscheinlichkeitsdichten $f \in L_1(\Omega, d\omega)$ heißt der *Zustandsraum* $S$ des klassischen Systems mit dem Phasenraum $\Omega$. Die Elemente von $S$ heißen die *epistemischen Zustände* des Systems. Daß die klassische Punktmechanik das Hadamardsche Prinzip des wissenschaftlichen Determinismus erfüllt, impliziert den systemtheoretischen Charakter der epistemischen Zustände der Punktmechanik unter einer Hamiltonschen Zeitevolution. Da jedoch die Zeitevolution der ontischen Zustände extrem empfindlich für kleine Variationen der Anfangsbedingungen sein kann, ist die statistische systemtheoretische Beschreibung durch epistemische Zustände im allgemeinen nicht mehr reversibel. Obwohl die ontische Beschreibung strikt deterministisch und reversibel ist, erscheint im allgemeinen ein mechanisches klassisches System jedem Beobachter chaotisch und irreversibel[4].

---

3. Für eine mathematische Fassung dieses Begriffs im Rahmen der Theorie der $W^*$-Systeme vergleiche man Kap. 5.3. in [15].
4. Für eine mathematisch etwas detailliertere Diskussion mit Literaturreferenzen vergleiche man Kap. 2 in [17].

Alle in den exakten Naturwissenschaften verwendeten Meßgeräte können durch die *klassische* Physik beschrieben werden. Jedes Experiment bestimmt die Antwort eines Systems auf einen Stimulus. In modernen Experimenten sind sowohl die Eingangs- als auch die Ausgangssignale meist durch quasistatische elektromagnetische Signale realisiert, welche mit den Mitteln der klassischen Physik beschrieben werden können. Daher kann *jedes* Experiment an klassischen oder quantenmechanischen Systemen durch die mathematische Systemtheorie modelliert werden. Im allgemeinen Fall sind die Ausgangssignale stochastische Prozesse, sodaß Experimente durch stochastische Input-Output-Systeme zu beschreiben sind. Die mathematische Systemtheorie erlaubt es, zu jedem vollständig spezifizierten Experiment einen systemtheoretischen epistemischen Zustand zu konstruieren. Das heißt, für eine *fest gewählte experimentelle Anordnung* ist der epistemische Zustand durch eine klassische Wahrscheinlichkeitsdichte $f \in L_1(\Omega)$ erfaßbar, und zwar auch dann, wenn ein Quantensystem untersucht wird. Der relevante Stichprobenraum $\Omega$ hängt allerdings von der gesamten experimentellen Anordnung ab und ist nicht durch das zu untersuchende System allein bestimmt.

Verschiedene experimentelle Anordnungen zur Untersuchung ein- und desselben Systems führen im allgemeinen zu verschiedenen Stichprobenräumen der epistemischen Beschreibungen. Für jedes *klassische* System existiert aber immer ein feinster Stichprobenraum (nämlich der Phasenraum des Systems), der die Stichprobenräume aller denkbaren Experimente an diesem System enthält. Der Verband aller Teilmengen (modulo den Lebesgueschen Nullmengen) dieses feinsten Stichprobenraums ist wie in der klassischen Logik ein Boolescher Verband.

Im Gegensatz zu den klassischen Systemen besitzen Quantensysteme *keinen* universellen Stichprobenraum im Sinne der Kolmogorovschen Wahrscheinlichkeitstheorie. Zwar kann jedes Experiment an einem Quantensystem durch die mathematische Systemtheorie klassisch beschrieben werden, wobei der zu einem Experiment gehörige epistemische Zustand durch ein Wahrscheinlichkeitsmaß auf einem durch das Experiment definierten Booleschen Verband gegeben ist. Die Booleschen Verbände verschiedener Experimente sind zwar eng miteinander zu einem Verband verflochten, der aber nicht mehr Boolesch, sondern nur noch orthomodular ist.

Der orthomodulare Eigenschaftenverband der traditionellen Quantenmechanik hat die Struktur einer irreduziblen komplexen projektiven Geometrie und ist damit isomorph dem Verband der Unterräume eines komplexen Hilbertraumes. Damit sind gemäß einem berühmten Satz von Gleason die epistemischen Zustände der traditionellen Quantenmechanik bereits vollständig festgelegt und können wie folgt beschrieben werden. Im Hilbertraumformalismus wird eine Objekteigenschaft $A$ durch einen Projektor $P_A$ auf einen Unterraum $H_A \subset H$ des Systemhilbertraums $H$ beschrieben. Die Wahrscheinlichkeit $w_t(A)$, daß zum Zeitpunkt $t$ bei einer Messung der Eigenschaft $A$ diese gefunden wird, ist gegeben durch $w_t(A) = Sp(D_t P_A)$, wobei $D_t$ der sogenannte Dichteoperator (d.h. ein positiver Spurklassenoperator der Spur 1) des Systems zur Zeit $t$ ist. Somit können im Hilbertraumformalismus der traditionellen Quantenmechanik die epistemischen Zustände durch Dichteoperatoren dargestellt werden. Der Zustandsraum $S$ ist dann durch die Menge aller Dichteoperatoren über dem Hilbertraum $H$ gegeben.

## 5. Über die Beziehung zwischen ontischen und epistemischen Zuständen

Die Menge aller epistemischen Zustände eines Systems nennen wir den *Zustandsraum S* dieses Systems. Der Zustandsraum eines beliebigen physikalischen Systems ist *konvex*, d.h. für jedes Paar von epistemischen Zuständen $\rho_1 \in S$, $\rho_2 \in S$, und für jede Zahl $p$ mit $0 < p < 1$, ist auch $\rho = p\rho_1 + (1-p)\rho_2$ ein epistemischer Zustand, $\rho \in S$. Einen epistemischen Zustand, der nur trivial als konvexe Summe von epistemischen Zuständen dargestellt werden kann, nennt man einen *reinen Zustand*. Falls für ein System reine epistemische Zustände existieren, dann repräsentieren sie eine maximal mögliche Information. Falls keine reinen epistemischen Zustände existieren, so gibt es zu jedem epistemischen Zustand einen informationsreicheren epistemischen Zustand.

Alle heute populären mathematischen Formulierungen allgemeiner physikalischer Theorien kennen den Begriff des epistemischen Zustands (meist einfach „Zustand" genannt). In den algebraischen Theorien betrachtet man den Begriff der Observablen als primär und definiert die epistemischen Zustände als Erwartungswertfunktionale über den Observablen, d.h. als normale normierte positive lineare Funktionale über der Observablenalgebra. Die Quantenlogik geht primär von Objekteigenschaften aus, die epistemischen Zustände sind dann Wahrscheinlichkeitsmaße über dem Verband der zu den Objekteigenschaften assoziierten Propositionen. Die sogenannte operationelle Formulierung allgemeiner physikalischer Systeme führt direkt die konvexe Menge aller epistemischen Zustände als Grundbegriff ein[5].

In der ontischen Formulierung der Quantenlogik ist der Begriff des ontischen Zustandes grundlegend. Heuristisch ist zu erwarten, daß zwischen den Begriffen ontischer und epistemischer Zustand ein enger Zusammenhang bestehen muß. Da die maximal mögliche empirische Information uns Auskunft geben sollte wie „die Dinge wirklich sind", erwartet man, daß jeder reine epistemische Zustand einem ontischen Zustand entspricht. Die Untersuchung des interpretatorisch fundamental wichtigen Zusammenhangs zwischen ontischen und epistemischen Zuständen führt zu überraschend schwierigen und tiefliegenden mathematischen Problemen, welche leider bis heute erst zum Teil bearbeitet wurden. Für die $W^*$-theoretische Formulierung der klassischen Punktmechanik und der traditionellen Quantenmechanik sind jedoch wichtige Teilresultate bekannt [18].

In der $W^*$-algebraischen Formulierung allgemeiner physikalischer Theorien werden die Objekteigenschaften durch die Projektoren einer $W^*$-Algebra $A$ (auch Observablenalgebra genannt) dargestellt. Die epistemischen Zustände sind dann normale normierte positive lineare Funktionale (d.h. Elemente aus dem Prädual $A_*$).

Im Falle der *klassischen Punktmechanik* ist $A$ eine atomfreie kommutative $W^*$-Algebra. Wie Raggio [18] gezeigt hat, besteht eine ein-eindeutige Korrespondenz zwischen den ontischen Zuständen eines klassischen Systems und den extremalen singulären normierten po-

---

5. Für eine Übersicht über die verschiedenen Zugänge zu einer Theorie allgemeiner physikalischer Systeme und für Literaturhinweise vergleiche man Kap. 4 in [15].

sitiven linearen Funktionalen über der kommutativen Algebra $A$. Weiter hat jeder epistemische Zustand $\rho \in A_*$ eine *eindeutige* Zerlegung in ontische Zustände,

$$\rho = \int \rho_\lambda \, \mu(d\lambda),$$

wobei $\rho_\lambda$ ein einen ontischen Zustand repräsentierendes extremales singuläres normiertes positives lineares Funktional über $A$ und $\mu$ ein Wahrscheinlichkeitsmaß ist. Da für atomfreie Algebren extremale positive lineare Funktionale nie normal sind, *können klassische epistemische Zustände nie ontisch sein.* Die Eindeutigkeit der Zerlegung in ontische Zustände erlaubt aber folgende einfache, in sich konsistente informationstheoretische Interpretation: *die Wahrscheinlichkeiten, welche in der Zerlegung eines klassischen epistemischen Zustands in ontische Zustände auftreten, sind durch das unvollkommene Wissen des Experimentators verursacht.*

Im Falle der traditionellen Quantenmechanik liegt die Situation in jeder Beziehung völlig anders. Die für die Quantenmechanik relevante Observablenalgebra $A$ ist isomorph zu der Algebra der beschränkten Operatoren über einem Hilbertraum. Da diese $W^*$-Algebra atomar ist, existieren *reine* epistemische Zustände. Weiter besteht eine ein-eindeutige Korrespondenz zwischen den normalen[6] ontischen Zuständen und den *reinen* epistemischen Zuständen [18]. *Im Gegensatz zu der klassischen Punktmechanik sind somit in der Quantenmechanik ontische Zustände prinzipiell experimentell zugänglich.*

Während in klassischen Theorien nichtreine epistemische Zustände eine natürliche und konsistente probabilistische Interpretation haben, ist eine analoge Interpretation der nichtreinen epistemischen Zustände in der Quantenmechanik nicht möglich. Daher ist die eingebürgerte Bezeichnung *gemischte Zustände* für nichtreine epistemische Zustände äußerst irreführend.

Ein nichtreiner Zustand $\rho$ kann dann und nur dann in *eindeutig* reine Zustände $\rho_1$, $\rho_2, \ldots$ zerlegt werden,

$$\rho = p_1 \rho_1 + p_2 \rho_2 + \ldots \text{ mit } 0 \leq p_i \leq 1, \; p_1 + p_2 + \ldots = 1,$$

wenn die Menge aller Zustände ein *Simplex* ist. In diesem Falle können die Gewichte $p_1$, $p_2, \ldots$ konsistent als Wahrscheinlichkeiten interpretiert werden: der Zustand $\rho$ repräsentiert ein statistisches Gemisch und $p_i$ ist die Wahrscheinlichkeit, daß sich das System tatsächlich im Zustand $\rho_i$ befindet. Nun gilt der Satz, daß die Menge aller Zustände einer Observablenalgebra genau dann ein Simplex ist, wenn die Algebra kommutativ ist. Das heißt: *nur in klassischen Theorien können nichtreine epistemische Zustände eindeutig in ontische Zustände zerlegt werden und als statistische Gemenge interpretiert werden.* In Quantensystemen können nichtreine epistemische Zustände immer auf unendlich viele Arten in ontische Zustände zerlegt werden. *Im Gegensatz zur klassischen Mechanik können daher in der Quantenmechanik nichtreine epistemische Zustände nicht konsistent als Gemische von ontischen Zuständen interpretiert werden.*

---

6 Im Falle eines unendlich-dimensionalen Hilbertraums gibt es allerdings neben den normalen auch noch *singuläre* ontische Zustände, welche aber in der traditionellen Quantenmechanik keine Rolle spielen.

Dagegen können sowohl im klassischen als auch im quantenmechanischen Fall alle epistemischen Zustände die Rolle von systemtheoretischen Zuständen übernehmen, vorausgesetzt, daß es sich um geschlossene Systeme oder um offene Systeme mit einer dynamischen Halbgruppe handelt.

## 6. Zerlegung und Zusammensetzung von Systemen

Bei der Konstruktion von Systemen kann man versuchen, neue Systeme durch Komposition zu erhalten, indem man zuerst Teilsysteme konstruiert, welche dann durch gegenseitige Wechselwirkungen zu einem Gesamtsystem verkoppelt werden. Umgekehrt kann man auch versuchen, ein vorgegebenes System in Teile zu zerlegen und so neue Systeme zu isolieren. Solche Kompositions- und Dekompositionsmethoden werden in der Systemtheorie im Detail untersucht — allerdings stillschweigend immer nur für klassische Systeme. Es scheint den meisten Systemtheoretikern entgangen zu sein, daß die fundamentalen Systeme der modernen naturwissenschaftlichen Forschung ein viel komplizierteres Kompositions- und Dekompositionsverhalten haben als die von ihnen allein betrachteten klassischen Systeme.

Betrachten wir zwei abgeschlossene Systeme $A$ und $B$, welche wir zunächst rein gedanklich zu einem neuen System $A \& B$ zusammenfassen. In der $W^*$-algebraischen Formulierung allgemeiner physikalischer Systeme gibt es eine universelle Regel, um die Komposition zweier $W^*$-Systeme zu beschreiben: die Observablenalgebra $A_{A \& B}$ des Gesamtsystems ist durch das $W^*$-Tensorprodukt der Observablenalgebra $A_A$ und $A_B$ der Teilsysteme gegeben,

$$A_{A \& B} = A_A \overline{\otimes} A_B.$$

Im Fall zweier klassischer Systeme $A$ und $B$ sind $A_A$ und $A_B$, und damit auch $A_{A \& B}$ kommutative Algebren, welche bequemerweise durch die Algebren $L_\infty(\Omega_A)$, $L_\infty(\Omega_B)$, $L_\infty(\Omega_{A \& B})$ der beschränkten meßbaren Funktionen über den Phasenräumen $\Omega_A, \Omega_B, \Omega_{A \& B}$ dargestellt werden können. Klassisch ist bekanntlich der Phasenraum $\Omega_{A \& B}$ einfach das direkte Produkt der Phasenräume $\Omega_A$ und $\Omega_B$,

$$\Omega_{A \& B} = \Omega_A \times \Omega_B,$$

und das Kompositionsgesetz klassischer $W^*$-Systeme reduziert sich damit auf die wohlbekannte Beziehung

$$L_\infty(\Omega_A \times \Omega_B) = L_\infty(\Omega_A) \overline{\otimes} L_\infty(\Omega_B).$$

Es gilt der wichtige Satz, daß jeder ontische Zustand eines klassischen Systems $A \& B$ ein Produktzustand von ontischen Zuständen der Teilsysteme $A$ und $B$ ist [18]. Damit folgt, *daß jedes Teilsystem eines klassischen Systems immer einen ontischen Zustand hat.*

Wegen der Unmöglichkeit, gemischte Quantenzustände eindeutig in ontische zu zerlegen, führt der allgemeine Formalismus der Komposition von Systemen in der Quantenmechanik zu völlig anderen und zunächst überraschenden Resultaten. Im Hilbertraumformalismus der traditionellen Quantenmechanik werden die Observablenalgebren $A_A$, $A_B$ durch die Algebren $B(H_A)$, $B(H_B)$ der beschränkten Operatoren über den Hilberträumen $H_A$ resp. $H_B$ realisiert. Das $W^*$-Tensorprodukt $A_A \otimes A_B$ ist dann gleich der Algebra der beschränkten Operatoren über dem Hilbertraum $H_A \otimes H_B$,

$$B(H_A \otimes H_B) = B(H_A) \otimes B(H_B).$$

Der wichtige Punkt ist, daß das direkte Produkt $H_A \times H_B$ zwar im Tensorprodukt $H_A \otimes H_B$ enthalten ist (und dieses sogar erzeugt), daß aber $H_A \otimes H_B$ viel größer ist als $H_A \times H_B$. Im Gegensatz zum klassischen Fall sind in der Quantenmechanik die meisten ontischen Zustände des Systems $A$ & $B$ nicht einfach Produkte von ontischen Zuständen der Teilsysteme $A$ und $B$. Dieser mathematisch so einfache Sachverhalt hat bedeutsame erkenntnistheoretische Konsequenzen.

*Beispiel:*

Im Hilbertraumformalismus der traditionellen Quantenmechanik können reine Zustände $\rho$ durch einen Zustandsvektor $\Psi \in H$ dargestellt werden,

$$\rho(A) = \langle \Psi \mid A \Psi \rangle,$$

wobei $\langle \cdot \mid \cdot \rangle$ das innere Produkt des Hilbertraumes $H$ und $A$ eine Observable ist. Es seien $\varphi_1, \varphi_2$ resp. $\chi_1, \chi_2$ zwei orthogonale Zustandsvektoren des Teilsystems $A$ resp. $B$. Dann repräsentiert der Zustandsvektor

$$\Psi = c_1 \varphi_1 \otimes \chi_1 + c_2 \varphi_2 \otimes \chi_2, \qquad |c_1|^2 + |c_2|^2 = 1,$$

einen reinen (und damit ontischen) Zustand des Gesamtsystems $A$ & $B$, welcher für $c_1 \neq 0$ und $c_2 \neq 0$ nicht von Produktform ist. Das heißt, die Teilsysteme $A$ und $B$ haben beide keinen Zustandsvektor, d.h. sie haben keinen ontischen Zustand.

## 7. Verschränkte Quantensysteme

Die Teilsysteme $A$ und $B$ eines Quantensystems $A$ & $B$ sind dann und nur dann in reinen Zuständen, wenn das Gesamtsystem $A$ & $B$ in einem reinen Produktzustand ist. Da reine Zustände die maximal mögliche Information repräsentieren, es aber reine Zustände gibt, welche nicht in Produktform sind, so folgt, *daß in der Quantenmechanik Teilsysteme im allgemeinen keinen ontischen Zustand haben*. Zusammengesetzte Systeme $A$ & $B$, in welchen die Teilsysteme $A$ und $B$ keine ontische Beschreibung zulassen, nennen wir *verschränkt*. Da ontische Zustände beschreiben „wie die Dinge wirklich sind", können wir in verschränkten Systemen den Teilsystemen keine unabhängige Existenz zuschreiben. Die in verschränkten Systemen existierende Korrelation zwischen den (fiktiven!) Teilsystemen nennen wir nach Einstein, Podolsky und Rosen *EPR-Korrelationen*. Die einzigen *reinen* Zustände, welche frei von EPR-Korrelationen sind, sind die reinen Produktzustände. Etwas allgemeiner nennen wir einen beliebigen epistemischen Zustand $\rho$ *EPR-korrelationsfrei*, wenn er sich als ein Gemisch von epistemischen Produktzuständen $\alpha_n \otimes \beta_n$ darstellen läßt, d.h. falls

$$\rho = \sum_n p_n \alpha_n \otimes \beta_n \quad \text{mit} \quad 0 \leq p_n \leq 1, \ \sum_n p_n = 1,$$

In klassischen Theorien sind alle epistemischen Zustände von dieser Form, in der Quantenmechanik jedoch nicht. *Daher gibt es in klassischen Theorien keine verschränkten Systeme und keine EPR-Korrelationen.*

Nichtreine EPR-korrelationsfreie epistemische Zustände sind korreliert, jedoch sind die Korrelationen vom klassischen Typus und speziell durch feinere Messungen reduzierbar. Wesentlich für das Verständnis von Quantensystemen ist die Tatsache, daß Quantenzustände im allgemeinen EPR-korreliert sind. EPR-korrelationsfreie Quantenzustände sind eine extreme Ausnahme. Falls ein Quantensystem in einem EPR-korrelationsfreien Anfangszustand präpariert wird, genügt die kleinste Wechselwirkung zwischen den Teilsystemen, um im Laufe der Zeit EPR-Korrelationen zu erzeugen.

Wir nennen ein Teilsystem $A$ eines Gesamtsystems $A$ & $B$ *aktualisiert*, wenn es einen ontischen Zustand hat. Da es in klassischen Systemen keine EPR-Korrelationen gibt, so sind beliebige Teilsysteme von klassischen Systemen immer aktualisiert. Kombiniert man dagegen zwei Quantensysteme $A$ und $B$ zu einem Quantensystem $A$ & $B$, so hat im allgemeinen weder $A$ noch $B$ einen ontischen Zustand. In diesem Fall nennen wir $A$ und $B$ *potentiell mögliche Teilsysteme.* Solange das Gesamtsystem $A$ & $B$ verschränkt ist, d.h. solange die EPR-Korrelationen zwischen $A$ und $B$ nicht zerstört sind, so lange sind die potentiell möglichen Teilsysteme $A$ und $B$ nicht aktualisiert.

Die EPR-Korrelationen beschreiben ganzheitliche Effekte. Da alle in der Naturforschung diskutierten Systeme in einer gewissen Wechselwirkung miteinander stehen, ist zu erwarten, daß ausnahmslos alle Systeme miteinander EPR-korreliert sind. Wenn diese Sicht ernstgenommen wird, ist das ganze Universum ein verschränktes System und damit ein unteilbares Ganzes. Andererseits setzt die schiere Möglichkeit empirischer Untersuchungen bereits voraus, daß es in der Welt Untersysteme gibt, welche mit dem Rest der Welt nicht EPR-korreliert sind. Die Quantenphysik macht zwar einen Universalitätsanspruch: jedes materielle System kann quantenmechanisch beschrieben werden. *Aber* es ist nicht zu vermeiden, daß wenigstens ein Teil des materiellen Universums der quantentheoretischen Analyse entzogen wird. Man drückt diese Situation vielleicht am besten in der Form eines Paradoxons aus: die Welt ist ein total verschränktes System, doch muß in jeder Beschreibung der Welt die Existenz nichtverschränkter Systeme postuliert werden. Daher kann die Quantenmechanik ihre Aussagen nicht aussprechen ohne die Art der Kenntnisnahme zugleich auszudrücken. Die Objekte der Welt sind enger miteinander verknüpft als die klassische Physik und die allgemeine Systemtheorie sich vorgestellt haben. Diese Einsicht markiert das Ende der Descartes-Newtonschen Epoche der Naturforschung.

## 8. Die Komplementarität von Individualität und Ganzheit

In klassischen physikalischen Systemen kann man die Ganzheit durch ihre Teile beschreiben. Nichtklassische Systeme sind im allgemeinen verschränkt, sodaß die übliche Beschreibung durch Kompartimentalisierung nicht mehr möglich ist.

In der Quantenmechanik sind „individuelles Objekt" und „Teilsystem eines Quantensystems" sich gegenseitig ausschließende Begriffe. Ein individuelles Quantenobjekt verliert als Teilsystem eines Quantensystems in weitem Maße seine Individualität. Das wird besonders deutlich im Falle von gleichartigen elementaren Quantenobjekten wie etwa Elektronen. Während man bei einem Mehrteilchensystem der klassischen Mechanik gleichartigen Teilchen eine im Laufe der Zeit verfolgbare Individualität zuschreiben kann, sind gleichartige Elementarobjekte in der Quantenmechanik prinzipiell nicht unterscheidbar. Im Hilbertraumformalismus der Quantenmechanik wird dieser Verlust der Individualität dadurch beschrieben, daß als Schrödingersche Wellenfunktionen nur symmetrische oder antisymmetrische Funktionen zugelassen werden. Somit ist ein quantenmechanisches System von mehreren gleichartigen Elementarsystemen unabhängig von jeder Wechselwirkung immer verschränkt.

Das entscheidend Neue an der Quantenmechanik sind weder ihre Bewegungsgesetze noch das Plancksche Wirkungsquantum, sondern daß sie die auch heute noch tief verwurzelte Cartesische Trennung in Subjekt und Objekt aufgibt. Als ganzheitliche Theorie ist die Quantenmechanik gezwungen, ein neues Element der Relativität einzuführen: *die Relativität bezüglich der Beobachtungsmittel* [19]. Läßt man die Relativität der Aussagen der Quantenmechanik bezüglich der Beobachtungsmittel außer acht, so verstrickt man sich sofort in Widersprüche. Die Formulierung der Bedingungen, die gestatten, Widersprüche in der Analyse ganzheitlicher Phänomene zu vermeiden, stammt von Niels Bohr und wurde von ihm *Komplementarität* genannt [20]. Die Komplementarität bezieht sich auf die Interpretation von Tatsachen, welche unter einander ausschließenden experimentellen Anordnungen gefunden wurden.

Eine sorgfältige Umschreibung des Bohrschen Komplementaritätsbegriffes stammt von Klaus Michael Meyer-Abich: „Komplementarität heißt die Zusammengehörigkeit verschiedener Möglichkeiten, dasselbe Objekt als verschiedenes zu erfahren. Komplementäre Erkenntnisse gehören zusammen, insofern sie Erkenntnis desselben Objekts sind; sie schließen einander jedoch insofern aus, als sie nicht zugleich und für denselben Zeitpunkt erfolgen können." [21] In der Quantenlogik kann eine präzise mathematische Definition *komplementärer Eigenschaften* gegeben werden, welche im Rahmen der Strukturtheorie vom $W^*$-System zu einer mathematischen Definition *komplementärer Theorien* erweitert werden kann[7].

Sind verschiedene Quantensysteme zu einem Gesamtsystem verschränkt, so haben die Teilsysteme keine ontischen Zustände mehr und sind somit nicht mehr als Objekte aktualisiert. Will man ein Teilsystem eines Quantensystems individualisieren, so muß man die Einheit des verschränkten Systems zerstören. Eine Isolation eines Teilsystems aus der Gesamtwelt durch Zerstörung von EPR-Korrelationen ist als physikalischer Prozeß, als Eingriff in die Natur zu verstehen. Die Naturwissenschaften beobachten daher die Natur nicht, wie sie an sich ist, sondern sie stellen — um mit Francis Bacon zu sprechen — ein

---

7 Vergleiche dazu Kap. 5.3 und 5.5 in [15]. Für Beispiele komplementärer Theorien aus dem Bereich der Chemie vgl. man auch [22].

„peinliches Verhör" an. *Jede Beobachtung* tut dem Beobachteten in irgendeiner Weise Gewalt an.

Die Ganzheit der Natur vereitelt jeden Versuch einer umfassenden klassischen Beschreibung in der Sprache der Booleschen Logik. Die Naturwissenschaft nimmt sich jedoch das Recht, die nicht-Boolesche Realität in den einen oder anderen Booleschen Kontext hineinzuprojizieren. Der Grund dafür ist die Forderung der Mitteilbarkeit naturwissenschaftlicher Resultate. Experimentelle Ergebnisse sollten wir anderen eindeutig mitteilen können, dies geschieht schlußendlich immer umgangssprachlich unter Verwendung von Regeln aus der klassischen Booleschen Logik. In jeder ganzheitlichen Theorie kann man über ein Phänomen in Klarheit und Deutlichkeit nur sprechen, wenn man zugleich den *Kontext* angibt, von dem aus es bestimmt ist. Isolierte „Fakten" beweisen wenig, sie erlangen ihren Beweiswert erst durch die Angabe des Kontexts, in dem sie beobachtet wurden. Jeder Kontext hat seine implizierten Vorgaben, die wir als Bezugspunkte zur Beschreibung der Natur auswählen. Entscheidet man sich für andere Vorgaben, so wählt man einen anderen Kontext mit anderer Perspektive, sodaß die Natur anders gesehen wird.

Wir können ein Quantensystem nur beschreiben, wenn wir die Bedingungen spezifizieren, unter denen wir beobachten. *Die Experimentalbedingungen definieren einen Kontext.* Jedes Experiment wählt einen besonderen Booleschen Unterverband von Eigenschaften aus und läßt daher eine klassische Beschreibung zu. Verschiedenartige Experimente an ein und demselben Quantensystem zeichnen eine Familie von Booleschen Unterverbänden aus, welche im allgemeinen nicht in einen einzigen Booleschen Verband eingebettet werden können. Das heißt, jedes einzelne Experiment an einem Quantensystem läßt eine klassische Beschreibung zu, jedoch ist die Gesamtheit aller möglichen Experimente klassisch nicht erfaßbar. Die verschiedenen komplementären Aspekte eines Quantensystems können wir entdecken, wenn wir gegenseitig sich ausschließende Beobachtungsbedingungen erfinden.

## 9. *Epistemische Symmetriebrechung*

Nach heutiger Ansicht ist die Quantenmechanik für die Beschreibung *aller* materiellen Systeme zuständig, sodaß die universelle Existenz von EPR-Korrelationen als eine genuine Eigenschaft der materiellen Welt zu betrachten ist. Das einzige, im Sinne der Quantenmechanik absolut existierende Objekt ist die ganze Welt, eine einzige und unteilbare Ganzheit.

Die Idee einer unteilbaren Welt steht im Gegensatz zu der polarisierenden Wirklichkeit unseres Bewußtseins, das immer eine Subjekt-Objekt-Trennung fordert. Erst diese erzwungene Zweiteilung schafft sowohl die empirisch isolierbaren Phänomene als auch die Bilder in unserem inneren Vorstellungsraum. Die Quantenmechanik und die Tiefenpsychologie kommen hier in bemerkenswerter Übereinstimmung zu derselben Auffassung: die polarisierte Wirklichkeit ist nicht absolut, sondern eine spezifisch dem Ich-Bewußtsein zugeordnete Wirklichkeit [23]. Diese Polarisierung wird durch unser Bewußtsein mit seinen assoziierten Zeichenerkennungsmechanismen erzeugt. Um eine damit übereinstimmende quantenmechanische Beschreibung zu erhalten, müssen die *tatsächlich existierenden* EPR-Korrelationen zwischen Objekt und Subjekt als unwesentlich erklärt und unterdrückt werden. Erst nach dieser Zweiteilung der Welt und Brechung der holistischen Symmetrie der Quantenmechanik durch Unterdrückung gewisser EPR-Korrelationen existieren überhaupt beobachtbare Phänomene. Oder in den Worten von Wolfgang Pauli: „Zweiteilung und Symmetrieverminderung, das ist des Pudels Kern" [24].

Ohne Vor-Urteile läßt die Quantenmechanik eine außerordentlich große Transformationsgruppe zu, nämlich die Gruppe aller unitären Operatoren auf dem Hilbertraum der Zustandsvektoren. Diese Transformationen sind die logischen Symmetrien, d.h. Abbildungen, welche die logische Struktur der Theorie invariant lassen. Diese maximale logische Symmetrie impliziert die uneingeschränkte Gültigkeit des quantenmechanischen Superpositionsprinzips und die logische Äquivalenz aller elementaren Eigenschaften. Damit gibt es in einer solchen vor-urteilslosen Theorie auch keine beobachtbaren Phänomene.

Eine ganzheitliche Theorie wie die Quantenmechanik hat die paradoxe Eigenschaft, sowohl inhaltsleer als auch allumfassend zu sein. In ihr gibt es nichts, was eine konkrete Gestalt aufweisen würde, dennoch ist die gesamte Existenz in einer potentiellen Keimform gegenwärtig. Potentielle Objekte können aktualisiert werden, wenn die holistische Symmetrie durch Vernachlässigung der EPR-Korrelationen zwischen dem Objekt und seiner Umgebung mit Vorbedacht gebrochen wird. In diesem Fall sprechen wir von einer *epistemischen Symmetriebrechung*. In ausgesprochen seltenen Fällen besteht die Möglichkeit einer naturgesetzlichen Symmetriebrechung durch sogenannte Superauswahlregeln[8], in diesem Fall sprechen wir von *ontischen Symmetriebrechungen*.

Die durch eine epistemische Symmetriebrechung konstruierte Realität ist insofern objektiv, als sie immer dann eindeutig bestimmt ist, wenn wir uns für eine bestimmte Optik entschieden haben. Aber die Wahl der Optik ist uns von der Quantenmechanik nicht vorgeschrieben. Ein konstruktiver Geist kann diese Freiheit nützen und eine neue Realität erschaffen, und so im Sinne von Leonardo zum *fabricator mundi* werden.

Allerdings ist bei einer solchen *Konstruktion der Realität durch Abstraktion* zu beachten, daß es nicht genügt, die Verschränkung eines Objekts mit seiner Umgebung nur zu einem bestimmten Zeitpunkt aufzuheben. Wir definieren daher ein *Objekt* als ein Teilsystem, welches in keinem Zeitpunkt mit seiner Umgebung verschränkt ist und somit zu jedem Zeitpunkt einen ontischen Zustand hat. Im Rahmen der allgemeinen Theorie physikalischer $W^*$-Systeme sind sowohl Objekte als auch ihre Umgebungen durch $W^*$-Systeme charakterisiert, und man kann beweisen [18], daß es nur die folgenden drei Arten von Objekten geben kann[9]:

---

8 Eine *Superauswahlregel* impliziert die Existenz von wahrheitsdefiniten Propositionen, welche mit allen übrigen Propositionen der Theorie kompatibel sind. Eigenschaften, welche zu solchen universell kompatiblen Propositionen gehören, werden durch die sogenannten *klassischen Observablen* beschrieben. Für die Elementarteilchen sind die elektrische Ladung, die Baryonenladung, die Ruhemasse und der Spin die einzigen klassischen Observablen. Im molekularen Bereich ist möglicherweise die Chiralität einer Molekel eine naturgesetzlich ausgezeichnete klassische Observable.
9 Für mehr Details vergleiche man Kap. 5.6 in [15] und Kap. 5.2 in [16].

a) Quantenobjekte in klassischen Umgebungen,
b) klassische Objekte in Quantenumgebungen,
c) klassische Objekte in klassischen Umgebungen.

Der Fall c) enspricht der Situation in der klassischen Physik, die Fälle a) und b) entsprechen neuartigen gemischt klassisch-quantenmechanischen Beschreibungen, welche etwa durch asymptotische Entwicklungen aus der traditionellen Quantenmechanik gewonnen werden können.

Man beachte, daß es ein logischer Widersinn wäre, von einem Quantenobjekt in Wechselwirkung mit einer Quantenumgebung zu sprechen. Beispielsweise existieren die in dem Gedankenexperiment von Einstein, Podolsky und Rosen [8] supponierten Einzelobjekte überhaupt nicht, bevor sie nicht durch eine tatsächlich ausgeführte Messung erzeugt werden. Heute ist das von Einstein [25] als absurd betrachtete Resultat dieses Gedankenexperiments durch eine Reihe schöner Experimente verifiziert [26, 27, 28].

Vernachlässigt man in der vollen quantenmechanischen Beschreibung eines Systems in konsistenter Weise (etwa durch eine asymptotische Entwicklung) gewisse, aber nicht alle EPR-Korrelationen, so kommt man zu einer *komplementären Beschreibung* desselben Systems durch eine hierarchisch höhere, partiell quantenmechanische und partiell klassische Theorie. In einer solchen hierarchisch höheren Beschreibung gibt es immer qualitativ neue Eigenschaften, welche in der fundamentalen Ausgangstheorie nicht aktualisiert sind. Natürlich kann man dieses Verfahren iterieren, wobei jede epistemische Symmetriebrechung einen Sprung in der Hierarchie der theoretischen Beschreibung induziert. Hierarchisch höhere Beschreibungen haben durchwegs einen engeren Gültigkeitsbereich, dafür aber eine reichere Vielfalt an aktualisierten Eigenschaften als die Ausgangstheorie. Durch den Übergang zu einer hierarchischen Beschreibung werden potentielle Teilsysteme aktualisiert, wobei allerdings zu beachten ist, daß hierarchisch höhere aktualisierte Teilsysteme nicht unabhängig von hierarchisch tieferen aktualisierten Teilsystem existieren können. Es ist ja auch nicht sinnvoll, eine Regierung unabhängig von dem zu regierenden Volk zu betrachten.

Ein gut untersuchtes *Beispiel* für eine hierarchische Beschreibung eines Quantensystems ist die in der theoretischen Chemie allgemein übliche adiabatische Beschreibung von Molekeln, welche aus der vollen quantenmechanischen Beschreibung durch eine erstmals von Born und Oppenheimer skizzierte asymptotische Entwicklung gewonnen werden kann. Während in der vollen quantenmechanischen Beschreibung eines molekularen Systems Elektronen und Atomkerne verschränkt sind und daher als individuelle Objekte nicht aktual existieren, wird in der adiabatischen Beschreibung von den tatsächlich existierenden EPR-Korrelationen zwischen Elektronen und Kernen abstrahiert, was dank dem großen Massenunterschied zwischen Elektronen und Kernen eine brauchbare Beschreibung ergibt. Das Teilsystem der Elektronen hat nun trotz seiner starken elektrostatischen Wechselwirkung mit dem klassischen Kerngerüst einen ontischen Zustand und bildet ein aktualisiertes Quantenteilsystem. Als qualitativ neue Eigenschaft tritt in dieser hierarchischen Beschreibung das *Kerngerüst* auf, ein Begriff, ohne den eine chemisch relevante Diskussion von Molekeln nicht möglich wäre. Eine volle quantenmechanische Beschreibung von Molekeln ist durchaus möglich, aber für den Chemiker nutzlos, da dabei die chemisch relevanten Eigenschaften nicht aktualisiert sind.

## 10. Schlußbetrachtung

Eine standpunktsunabhängige Beschreibung der Realität hat sich in der Physik als undurchführbar erwiesen. Damit ist der alte Traum von einer monistischen Naturwissenschaft endgültig ausgeträumt. Viele Verfechter der allgemeinen Systemtheorie haben noch nicht gesehen, daß sie immer noch auf die Ontologie der klassischen Physik fixiert sind.

Die Theorie verschränkter Systeme führt uns zu einem neuen ganzheitlichen Sehen, welches der klassischen Physik und der Systemtheorie fremd ist. Die Welt wird nicht mehr als eine Ansammlung einzelner, miteinander wechselwirkender, aber für sich selbst existierender Dinge gesehen, sondern als eine Einheit, in welcher Objekte nur im Zusammenhang mit ihrer Beziehung zu dem Beobachter und seinen Abstraktionen existieren. Es gibt keine Möglichkeit, Phänomene vorurteilslos und objektiv zu beschreiben — nicht weil der Beobachtungsakt diese an sich existierenden Objekte in irgendeiner geheimnisvollen Weise stört, sondern weil Objekte überhaupt erst dank Vor-Urteilen existieren. In der theoretischen Beschreibung werden diese Vor-Urteile durch Abstraktion von den tatsächlich existierenden EPR-Korrelationen zwischen den Objekten und ihren Umgebungen realisiert. Somit können die geistigen Abstraktionen des Beobachters nicht mehr ausgeklammert werden.

Für die klassischen Naturwissenschaften gibt es nur eine Wahrheit, die objektive Erkenntnis wird als die geistige Erfassung einer Wirklichkeit betrachtet, welche unabhängig von jedem Erkenntnisakt existiert. Für die moderne Naturwissenschaft hat die Wahrheit verschiedene Gesichter.

Verschränkte Systeme repräsentieren eine Ganzheit. Ganz ist, wovon keine andere als eine komplementäre Beschreibung gegeben werden kann. Somit brauchen wir notwendigerweise sich gegenseitig ausschließende Betrachtungsweisen, welche durch gegenseitig komplementäre Tochtertheorien einer ganzheitlichen Muttertheorie formalisiert werden können. Eine Betrachtungsweise ist niemals *wahr*, sie kann *richtig* sein, wenn sie passend oder zweckmäßig und mit einer spezifizierten Klasse von Experimenten in Übereinstimmung ist. Die Realität ist eine *Beziehung* zwischen Beobachtendem und Beobachtetem. Alle unsere Aussagen über die Materie sind immer Aussagen unserer Beziehungen zur äußeren Welt, *die Gesetze der Naturwissenschaften sind nicht Gesetze der Natur, sondern Handlungsanweisungen an die Naturwissenschaftler.*

Trotz der Kontextabhängigkeit aller Quantenphänomene öffnet die Quantenmechanik keineswegs einem wilden Subjektivismus Tür und Tor. Es ist genau die Forderung nach Objektivität, welche die Quantentheorie zwingt, Phänomene als kontextabhängig zu erklären. Die Eigenschaften eines individuellen Beobachters gehen keineswegs in die Theorie ein, denn nachdem einmal ein Kontext (etwa durch eine experimentelle Anordnung) gewählt worden ist, sind die Aussagen der Theorie der Beeinflussung durch den Beobachter entzogen.

Die vielen möglichen komplementären Beschreibungen verschränkter Systeme sind prinzipiell vollkommen gleichberechtigt. Jede ist richtig, keine ist wahr. Keine genügt für sich allein, alle sind notwendig. Nur die Gesamtheit aller komplementären Beschreibungen repräsentiert die ungeteilte Realität.

# Literaturverzeichnis

[1] R.E. Kalman, P.L. Falb, M.A.Arbib, "Topics in Mathematical System Theory". McGraw-Hill, New York, 1969.
[2] T.G. Windeknecht, "General Dynamical Processes". Academic Press, New York, 1971.
[3] L. von Bertalanffy, "An outline of general system theory". Brit. J. Phil. Sci. *1*, 139-164 (1950).
[4] L. von Bertalanffy, "General System Theory". Braziller, New York, 1968.
[5] M.D. Mesarovic (editor), "Views on General System Theory". Wiley, New York, 1964.
[6] G.J. Klir (editor), "Trends in General System Theory", Wiley-Interscience, New York, 1972.
[7] A.D. Hall, R.E. Fagen, "Definition of system", in "General systems", vol. 1, ed. by L. von Bertalanffy and A. Rapoport, University of Michigan Press, 1956; pp. 18-28. Reprinted in: W. Buckley, „Modern System Research for the Behavioral Scientist", Aldine Publ. Comp., Chicago, 1968; pp. 81-92.
[8] A. Einstein, B. Podolsky, N. Rosen, "Can quantum-mechanical description of physical reality be considered complete?". Phys. Rev. *47*, 777-780 (1935).
[9] E. Schrödinger, „Die gegenwärtige Situation in der Quantenmechanik". Naturwiss. *23*, 807-812, 823-828, 844-849 (1935).
[10] E. Schrödinger, "Discussion of probability relations between separated systems". Proc. Cambr. Phil. Soc. *31*, 555-563 (1935).
[11] E. Schrödinger, "Probability relations between separated systems". Proc. Cambr. Phil. Soc. *32*, 446-452 (1936).
[12] L. von Bertalanffy, in [6], S. 36.
[13] J. Hadamard, „Lectures on Cauchy's problem in linear partial differential equations". Yale University Press, New Haven, 1923; reprinted by Dover, New York, 1952.
[14] A. Nerode, "Linear automaton transformations". Proc. Amer. Math. Soc. *9*, 541-544 (1958).
[15] H. Primas, "Chemistry, quantum mechanics and reductionism". Lecture Notes in Chemistry, vol. 24, Springer, Berlin, 1981. Second edition, Springer, Berlin 1983.
[16] E. Scheibe, „Die kontingenten Aussagen in der Physik". Athenäum-Verlag, Frankfurt, 1964.
[17] H. Primas, "Foundations of theoretical chemistry". In: "Quantum Dynamics of Molecules: The New Experimental Challenge of Theorists". NATO Advanced Study Institutes Series, vol. 57, ed. by R.G. Woolley; Plenum, New York, 1980; pp. 39-113.
[18] G.A. Raggio, "States and composite systems in $W^*$-algebraic quantum mechanics". Dissertation ETH Zürich, No. 6824, ADAG Administration & Druck AG, Zürich, 1981.
[19] V. Fock, „Über die Deutung der Quantenmechanik", in „Max-Planck-Festschrift 1958", hg. von B. Kockel, W. Macke, A. Papapetrou; Deutscher Verlag der Wissenschaften, Berlin, 1959; S. 177-195.
[20] N. Bohr, "The quantum postulate and the recent development of atomic theory". Nature (London), *121*, 580-590 (1928).
[21] K.M. Meyer-Abich, „Komplementarität". In: „Historisches Wörterbuch der Philosophie", hg. von J. Ritter und K. Gründer, Bd. 4, Schwabe, Basel, 1976; S. 933.
[22] H. Primas, "Chemistry and Complementarity". Chimia *36*, 293-300 (1982).
[23] E. Neumann, „Der schöpferische Mensch". Rhein-Verlag, Zürich 1959; S. 60.
[24] W. Pauli, zitiert in: W. Heisenberg, „Wolfgang Paulis philosophische Auffassungen", Naturwiss. *46*, 661-663 (1959).
[25] A. Einstein, „Quanten-Mechanik und Wirklichkeit". Dialectica *2*, 320-324 (1948).
[26] J.F. Clauser, A. Shimony, „Bell's theorem: experimental tests and implications". Rep. Prog. Phys. *41*, 1881-1927 (1978).

[27] A. Aspect, «Expériences basées sur les inégalités de Bell». J. Physique 42, C2-63 ... C2-80 (1981).
[28] A. Aspect, P. Grangier, G. Roger, "Experimental realization of Einstein-Podolsky-Rosen-Bohm Gedankenexperiment: A new violation of Bell's inequalities". Phys. Rev. Lett. 49, 91-94 (1982).

Peter Mittelstaedt

# Über die Bedeutung und Rechtfertigung der Quantenlogik

## I. Einleitung

Die Wissenschaft der Logik gilt in ihren verschiedenen Ausprägungen als Syllogistik, Aussagenlogik, Quantorenlogik, Modallogik usw. seit ihren Anfängen bei Aristoteles als eine nicht empirische Disziplin. Bei Aristoteles wird zwar noch eine sehr enge Korrespondenz zwischen den Gesetzen der Logik und den allgemeinsten Zügen der Wirklichkeit gesehen, die aber später besonders unter dem Einfluß der modernen Sprachphilosophie in den Hintergrund getreten ist. Heute wird man im allgemeinen unter Logik eine Struktur innerhalb derjenigen Sprache verstehen, mit der die Wirklichkeit überhaupt erst sprachlich erfaßt werden kann. Wenn im Rahmen einer solchen Sprache eine Syntax gegeben ist und ein Wahrheitsbegriff mit Hilfe einer Semantik bestimmt ist, dann gibt es im allgemeinen komplexe sprachliche Bildungen, die unabhängig von der inhaltlichen Bedeutung ihrer Konstituenten wahr sind, und die man als Tautologien bezeichnet. Die Gesamtheit der Tautologien und die zwischen ihnen bestehenden Relationen bilden dann eine Struktur, die als die Logik der betreffenden Sprache bezeichnet wird.

Eine auf solche Weise bestimmte Logik wird ganz unabhängig davon, wie sie im einzelnen beschaffen ist, zwei besonders bemerkenswerte Eigenschaften besitzen: (1) Da Logik eine spezielle Struktur derjenigen Sprache darstellt, mit der Erfahrungen über die Wirklichkeit überhaupt erst ausgedrückt werden können, so ist die Logik ebenso wie die Sprache selbst eine Vorbedingung von sprachlich artikulierter Erfahrung. Die Logik ist daher eine Struktur, die nicht selbst auf Erfahrung beruht, sondern vor deren sprachlicher Formulierung, und d.h. *a priori* gegeben ist. (2) Da Logik entsprechend zu ihrer Konzeption diejenigen Aussagen und syntaktischen Beziehungen enthält, die unabhängig vom Inhalt der betreffenden sprachlichen Terme wahr im Sinne der zugrunde gelegten Semantik sind, so gelten die logischen Gesetze für *alle* sprachlich erfaßten Situationen, d.h. *universell.* — Die in diesem Sinne durch ihre *Apriorität* und *Universalität* gekennzeichnete Logik der Umgangssprache — und der meisten Wissenschaftssprachen — ist die im wesentlichen seit Aristoteles bekannte klassische oder Boolesche Logik.

Unter „Quantenlogik" verstehen wir hier — im Einklang mit einem großen Teil der Literatur[1] — die Gesamtheit der universell wahren Aussagen und Aussagen-Beziehungen derjenigen Sprache, die zur Erfassung der quanten-physikalischen Wirklichkeit geeignet ist.[2]

---

1. Wir lassen hier denjenigen Teil der Literatur beiseite, in dem mathematische Strukturen, die in der Quantentheorie enthalten sind, z.B. Verbände, Gruppen, Halbgruppen usw. bereits als „Quantenlogik" bezeichnet werden.

2. Einen umfassenden Überblick über die gegenwärtige Diskussion zur Quantenlogik findet man in dem Tagungsband „Current Issues in Quantum Logic" [1]. Die in diesem Aufsatz vertretene Auf-

Zu dieser Sprache und ihrer Syntax ist eine Semantik gegeben, die den besonderen Anforderungen des betrachteten Realitätsbereichs gerecht wird und einen angemessenen Begriff von Wahrheit bestimmt. Man wird jedoch zunächst aus den folgenden Gründen zögern, die so eingeführte quantenlogische Struktur als eine „Logik" im oben genannten Sinne zu bezeichnen. (1) Syntax und Semantik dieser Sprache scheinen bereits an der Erfahrung orientiert zu sein, so daß auch die logische Struktur der Sprache *nicht a priori*, d.h. vor der sprachlichen Erfassung der Erfahrung gegeben ist. (2) Die Sprache scheint konzipiert zu sein speziell für quanten-physikalische Aussagen und deren Beziehungen, so daß die dieser Sprache eigene logische Struktur *nicht universell* in dem Sinne ist, daß sie unabhängig vom Inhalt der Aussagen Gültigkeit besitzt.

Falls man daher den Nachweis führen will, daß die Quantenlogik trotz der angeführten Argumente eine Logik im eigentlichen Sinne des Wortes ist, muß zweierlei gezeigt werden. Zunächst muß klar gemacht werden, daß die offenkundige Apriorität und Universalität der klassischen Logik insofern gar nicht vorliegt, als bei der Begründung dieser Logik stillschweigend Voraussetzungen gemacht werden, die nur empirisch gerechtfertigt werden können. Dadurch würde nicht nur die Apriorität der klassischen Logik in Frage gestellt, sondern auch deren Universalität auf den Geltungsbereich der empirischen Voraussetzungen eingeschränkt. — Sodann muß gezeigt werden, daß diese „ontologischen" Prämissen bei der Begründung und Konstituierung der Quantenlogik nicht gemacht werden müssen. Die Quantenlogik würde dann im Vergleich zur klassischen Logik nicht nur einen höheren Grad von Apriorität besitzen, sondern ihre Universalität würde auch nicht durch offenkundige empirische Grenzen beschränkt.

Das erste dieser beiden Probleme wird in Abschnitt II behandelt. Durch eine genaue Untersuchung der Begründung und Rechtfertigung, die für die klassische, Boolesche Logik gegeben werden kann, läßt sich tatsächlich zeigen, daß in diese Begründung Voraussetzungen einfließen, die ihrerseits auf außersprachlichen Prämissen über den von der Sprache erfaßten Realitätsbereich beruhen. Das Vorliegen derartiger „ontologischer Prämissen" hat aber zur Folge, daß die vermeintliche Apriorität der klassischen Logik gar nicht vorhanden ist, und daß die Gültigkeit der Logik auf denjenigen Bereich der Realität eingeschränkt werden muß, für den die erwähnten „ontologischen Prämissen" tatsächlich erfüllt sind. Die klassische Logik besitzt daher nicht die für eine „Logik" essentiellen Eigenschaften der *Apriorität* und *Universalität*. Diese bemerkenswerte Tatsache und ihre Rechtfertigung kann illustriert werden durch die in mancher Hinsicht ähnliche Kritik des Intuitionismus an der klassischen Logik.

Das zweite der oben erwähnten Probleme wird in Abschnitt III behandelt. Dabei zeigt sich, daß man eine zur Erfassung der physikalischen Realität geeignete Sprache auch dann noch aufbauen kann, wenn man die problematischen, nur begrenzt gültigen ontologischen Prämissen nicht voraussetzt. Die Sprache besitzt dann eine schwächere syntaktische und logische Struktur, nimmt dadurch aber weniger an Erfahrungsstruktur vorweg und ist des-

---

fassung von Quantenlogik ist in zahlreichen Arbeiten dargestellt, von denen hier insbesondere [15], [18] und [23] genannt seien.

halb zur sprachlichen Erfassung eines viel weiteren Realitätsbereiches geeignet als die klassische Sprache. Die Logik dieser in ihren außersprachlichen Voraussetzungen abgeschwächten Sprache ist die Quantenlogik, die auf Grund ihrer Rechtfertigung einen höheren Grad an Apriorität und Universalität besitzt als die klassische Logik. Da somit Quantenlogik frei ist von allen bekannt und wichtig gewordenen ontologischen Prämissen, ist sie als eine „Logik" im ursprünglichen Sinne anzusehen, während die klassische Logik auf Grund der neu gewonnenen Einsichten diese Funktion nicht mehr erfüllt.

Im einzelnen soll der Übergang von der klassischen Logik zur Quantenlogik noch stärker differenziert werden. Neben den von der Quanten-Physik beanstandeten ontologischen Prämissen werden wir auch die außersprachlichen Voraussetzungen betrachten, die von Seiten des Intuitionismus in Frage gestellt worden sind. Daher werden neben der Sprache $\mathscr{S}_c$ der klassischen Physik und Mathematik noch drei weitere Sprachen betrachtet werden, die intuitionistische Sprache $\mathscr{S}_i$, die Sprache der Quanten-Physik $\mathscr{S}_q$ und die intuitionistische, quantenphysikalische Sprache $\mathscr{S}_{qi}$. Die unterschiedlichen Anwendungsbereiche dieser Sprachen sowie die Beziehungen zwischen den entsprechenden Logik-Systemen $L_c$, $L_i$, $L_q$ und $L_{qi}$ werden in Abschnitt III eingehend besprochen.

Bei der Darstellung und Rechtfertigung der drei von der Sprache der klassischen Physik verschiedenen Sprachen und ihrer Logik-Systeme werden sowohl die *Intentionen* als auch die *Möglichkeiten* des Sprechers der betreffenden Sprache eine wichtige Rolle spielen. Der Sprecher einer dieser Sprachen erfüllt insofern eine Doppelfunktion, als er nicht nur sprachliche Aktivitäten entwickelt, sondern auch den Wahrheitsgehalt von Aussagen durch Beobachtungen überprüft. Wir wollen daher im folgenden die Bezeichnung *„Sprecher-Beobachter"* verwenden.[3] Während die *Intentionen* des Sprecher-Beobachters sich bei den hier untersuchten vier Sprachen nur insofern unterscheiden, als in den Quanten-Sprachen diese Intentionen sehr viel genauer präzisiert werden müssen als in den Sprachen $\mathscr{S}_c$ und $\mathscr{S}_i$, hängen die *Möglichkeiten* des Sprecher-Beobachters für die Überprüfung von Aussagen durch Beobachtung entscheidend von den jeweils zulässigen ontologischen Prämissen ab, und sind daher in den vier Sprachen deutlich verschieden.

Die Bedeutung der Quantenlogik ergibt sich aus diesen unterschiedlichen außersprachlichen Voraussetzungen und aus den wechselseitigen Beziehungen der vier hier betrachteten Logik-Systeme. Bei der in Abschnitt IV durchgeführten vergleichenden Diskussion wird sich auch die Gelegenheit ergeben, auf mögliche Mißverständnisse in der Beurteilung der Quantenlogik einzugehen, die zu Einwänden gegen die Quantenlogik führen könnten, und zum Teil auch geführt haben. Es wird sich jedoch zeigen, daß keiner dieser Einwände stichhaltig ist, und daß die Quantenlogik nicht nur als eine Logik im ursprünglichen Sinn dieses Wortes angesehen werden kann, sondern daß sie diese Bezeichnung auch in stärkerem Maße verdient als die anderen hier diskutierten Logik-Systeme.

---

3. Die Bezeichnung „Sprecher-Beobachter" ist hier in Analogie zum Begriff des „Sprecher-Hörers" in der Linguistik der Umgangssprache [4] gewählt. Die beiden Begriffe unterscheiden sich jedoch dadurch, daß der Sprecher-Hörer mit einem anderen Sprecher-Hörer kommuniziert, während der Sprecher-Beobachter Beobachtungen an einem lediglich passiven materiellen Objekt ausführt.

## II. Das Problem der Begründung der Logik

Entsprechend zu den bisher vorgetragenen Gesichtspunkten und zur Vorbereitung der Konstruktion der allgemeinsten Sprache soll in diesem Abschnitt kurz auf das Problem der Begründung der klassischen und der intuitionistischen Logik eingegangen werden. Dabei soll es weniger darauf ankommen, die aus der Literatur bekannten Begründungen und Herleitungen vorzuführen, als vielmehr diejenigen außersprachlichen Vorentscheidungen und Annahmen explizit zu machen, die die bekannten Begründungsverfahren überhaupt erst rechtfertigen. Es geht also nicht darum, die Einsichtigkeit der klassischen oder der intuitionistischen Logik zu demonstrieren, sondern vielmehr darum, deren vermeintliche Apriorität und Universalität durch die ausdrückliche Formulierung meist stillschweigend gemachter Voraussetzungen in Zweifel zu ziehen. Darüber hinaus sollen die allen hier diskutierten Logik-Systemen in gleicher Weise zugrundeliegenden intentionalen Entscheidungen an den beiden einfachen Systemen der traditionellen Logik demonstriert werden.

Der Aufbau einer Objekt-Sprache $\mathscr{S}_c$ zur sprachlichen Erfassung der klassisch-physikalischen, makroskopischen Wirklichkeit beginnt mit der Formulierung von elementaren Aussagen $a(S, t)$, die einem Objekt $S$ zur Zeit $t$ eine Eigenschaft $E_a$ zusprechen. Die Aussagen sollen sich somit auf das Objekt und seine Eigenschaften, nicht aber auf die Kenntnisse des Sprecher-Beobachters von dieser Situation beziehen. Von dem Objekt $S$ wollen wir annehmen, daß bezüglich *aller* Elementareigenschaften *objektiv entschieden* ist, ob die betreffende Eigenschaft $E_a$ selbst vorliegt oder ihr Gegenteil $E_{\bar{a}}$. Die Objekte sind dann, wie wir sagen wollen, *„durchgängig bestimmt"*.

Wir wollen weiterhin annehmen, daß es zu jeder Eigenschaft einen geeigneten Beobachtungs- oder Meßprozeß gibt, der es gestattet, in *endlicher Zeit* zu überprüfen, ob die betreffende Eigenschaft $E_a$ oder ihr Gegenteil $E_{\bar{a}}$ vorliegt. Unter diesen Voraussetzungen ist es sinnvoll, die Aussage $a(S, t)$ genau dann als *wahr* zu bezeichnen, wenn in einem entsprechenden Überprüfungsverfahren die Eigenschaft $E_a$ *nachgewiesen wurde*.[4] Zusammen mit der *objektiven Entschiedenheit* folgt dann aus der *finiten Überprüfbarkeit*, daß eine Aussage $a(S, t)$ entweder selbst wahr ist oder ihre Gegenaussage $\bar{a}(S, t)$, die das Vorliegen der zu $E_a$ gegenteiligen Eigenschaft $E_{\bar{a}}$ behauptet. Wenn die Eigenschaft $E_a$ nicht vorliegt, dann bezeichnen wir die Aussage $a(S, t)$ als falsch. Damit ergibt sich, daß $a(S, t)$ genau dann falsch ist, wenn $\bar{a}(S, t)$ wahr ist, und daß $\bar{a}(S, t)$ genau dan falsch ist, wenn $a(S, t)$ wahr ist. Elementare Aussagen, die in diesem Sinne entweder wahr oder falsch sind, bezeichnen wir als *wertdefinit*.

Verschiedene elementare Eigenschaften $E_a$, $E_b$, ... sollen unabhängig voneinander sein und auch unabhängig voneinander überprüft werden können. Das bedeutet, daß Elementareigenschaften insofern *„beständig"* sind, als das Vorliegen einer solchen Eigenschaft nicht

---

4. Es ist hier im Grunde nicht wesentlich, ob man die Aussage $a(S, t)$ auf die Situation vor oder nach der Überprüfung bezieht, da eine solche (finite) Überprüfung nur feststellt, was objektiv vorliegt. In Hinblick auf spätere Überlegungen wollen wir aber auch hier festsetzen, daß sich die Aussage $a(S, t)$ auf das Ergebnis einer Überprüfung der Eigenschaft $E_a$ bezieht.

davon abhängt, ob nach der Überprüfung noch andere Eigenschaften überprüft werden. Für die entsprechenden Elementaraussagen $a(S, t), b(S, t), \ldots$ bedeutet das, daß die Wahrheitswerte dieser Aussagen nicht voneinander abhängen. Aus der unabhängigen Überprüfbarkeit verschiedener Elementareigenschaften folgt darüber hinaus, daß das Ergebnis einer Überprüfung der Aussage $a(S, t)$ auch nicht davon abhängt, ob eine andere Aussage $b(S, t)$ vorher überprüft worden ist oder nicht. In einer längeren Serie von Beweisen ist eine einmal als wahr erwiesene Aussage daher „*unbeschränkt verfügbar.*"

Die sehr allgemeinen Eigenschaften der (1) *objektiven Entschiedenheit* und (2) der *unabhängigen Überprüfbarkeit* der Elementareigenschaften eines klassisch-physikalischen Objekts werden hier aus zwei Gründen ausdrücklich formuliert. Einerseits werden gerade diese *ontologischen* Eigenschaften des klassisch-physikalischen Realitätsbereichs später in Frage gestellt werden, andererseits sind aber gerade diese sehr allgemeinen Eigenschaften für die Bildung zusammengesetzter Aussagen von großer Bedeutung.

Zusammengesetzte Aussagen definieren wir durch die Möglichkeiten, eine solche Aussage zu verteidigen bzw. anzugreifen, d.h. durch Möglichkeiten des Beweisens und Widerlegens. Als Beispiel betrachten wir die sequentielle Konjunktion $a \sqcap b$ („*a* und dann *b*") mit dem Angriffs- und Verteidigungsschema: ($a, b$ sind beliebige Aussagen)

| Verknüpfung | Benennung | Angriff | Verteidigung |
|---|---|---|---|
| $a \sqcap b$ | *a* und dann *b* | 1. $a$? <br> 2. $b$? | 1. $a$! <br> 2. $b$! |

Hier bedeutet $a$? die Aufforderung $a$ zu beweisen und $a$! die erfolgreiche Durchführung des Beweises. Man kann dieses Angriffs- und Verteidigungsschema durch einen zeitlich geordneten Beweisbaum illustrieren, an dessen ersten Verzweigungspunkt $a$ überprüft wird und an dessen zweiten, zeitlich späteren Verzweigungspunkt $b$ überprüft wird. Zur Verdeutlichung zeichnen wir die Zeitachse für eine willkürliche Zeitskala $t$ ein. Für $a \sqcap b$ gibt es offenbar einen erfolgreichen Ast und zwei erfolglose Äste in diesem Beweisbaum.

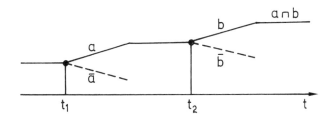

Die zeitliche Reihenfolge der Überprüfungen ist eindeutig vorgeschrieben, die Zeitdifferenz $\delta t = t_2 - t_1$ kann dagegen beliebige Werte annehmen.

Während die sequentielle Konjunktion $a \sqcap b$, und ebenso andere sequentielle Verknüpfungen — auf zwei aufeinander folgende Zeitwerte $t_1$ und $t_2$ bezogen sind, beziehen sich die logischen Verknüpfungen auf einen gemeinsamen Zeitwert. Als das zu $a \sqcap b$ analoge Beispiel betrachten wir die *logische Konjunktion* $a \cap b$, bei der beide Teilaussagen $a$ und $b$ auf dieselbe Zeit $t$ bezogen sind. Zur Definition von $a \cap b$ verwenden wir wieder ein Angriffs- und Verteidigungsschema, das hier folgende Form hat:

| Verknüpfung | Benennung | Angriff | Verteidigung |
|---|---|---|---|
| $a \cap b$ | $a$ und $b$ | $a$? $b$? | $a$! $b$! |

Im Gegensatz zu dem Schema für $a \sqcap b$ sind hier nicht nur zwei, sondern beliebig viele Angriffs- und Verteidigungsschritte möglich, deren Reihenfolge darüber hinaus nicht vorgeschrieben ist. Damit ist sicher gestellt, daß die Wahrheit einer Aussage $a \cap b$ nicht von der Reihenfolge der Beweise abhängt und sich die Teilaussagen $a$ und $b$ auf einen gemeinsamen Zeitwert $t$ beziehen.

Die oben formulierte Voraussetzung der *unabhängigen Überprüfbarkeit* von Eigenschaften und die daraus folgende *unbeschränkte Verfügbarkeit* von Aussagen ermöglicht es aber auch im Falle der logischen Konjunktion, die Anzahl der Verteidigungsschritte auf zwei zu beschränken, wenn deren zeitlichen Abstand $\delta t = t_2 - t_1$ hinreichend klein gemacht wird. Da nämlich eine einmal bewiesene Aussage $a$ auch nach dem erfolgreichen Beweis einer anderen Aussage $b$ unbeschränkt zur Verfügung steht, so erübrigt sich eine Wiederholung des Beweises, der dann durch ein Zitat ersetzt werden kann. Man muß bei kontingenten, zeitabhängigen Aussagen nur darauf achten, daß innerhalb der gesetzten Genauigkeitsschranken $\delta t$ als verschwindend klein angenommen werden kann. Es ist offensichtlich, daß unter den genannten Voraussetzungen und im Grenzfall $\delta t \to 0$ die auf einen Zeitwert bezogene logische Konjunktion $a \cap b$ mit der sequentiellen Konjunktion $a \sqcap b$ übereinstimmt.

Wegen dieser bemerkenswerten Übereinstimmung, die sich auch auf die übrigen logischen und sequentiellen Verknüpfungen bezieht, verzichtet man in der Regel auf die explizite Einführung der sequentiellen Verknüpfungen in der Sprache $\mathscr{S}_c$ und baut diese statt dessen mit Hilfe der logischen Verknüpfungen $a \cap b$ ($a$ und $b$), $a \cup b$ ($a$ oder $b$), $a \supset b$ (wenn $a$ dann $b$) und $\sim a$ (nicht $a$) auf, die insofern zeitfrei definiert sind, als sich alle Teilaussagen auf einen gemeinsamen Zeitwert beziehen. Man kann zeigen, daß sich die unbeschränkte Verfügbarkeit der Elementaraussagen auf alle mit den logischen Junktoren endlich zusammengesetzten Aussagen vererbt, so daß sich der durch logische Junktoren mögliche Prozeß der Zusammensetzung iterieren läßt. Auf diese Weise kann $\mathscr{S}_c$ als eine Sprache aufgebaut werden, deren sämtliche Aussagen sich auf einen gemeinsamen Zeitpunkt beziehen lassen. Beliebige, elementare oder zusammengesetzte Aussagen aus $\mathscr{S}_c$ bezeichnen wir im folgenden mit $A, B, \ldots$. Die Beweise zusammengesetzter Aussagen erfolgen dann gemäß den Angriffs- und Verteidigungs-Möglichkeiten der einzelnen Junktoren und lassen sich durch Beweisbäume oder durch Dialoge, die nach genau festgelegten Regeln ablaufen, darstellen [12]. Auf Einzelheiten soll hier nicht eingegangen werden.

Wenn auf diese Weise einmal die Sprache der klassisch-physikalischen Aussagen aufgebaut ist, dann kann man den Begriff der *materiellen Wahrheit* einer Aussage einführen. Eine aus Elementaraussagen $a_1, a_2, \ldots a_n$ mit Hilfe der Junktoren zusammengesetzte Aussage

$A(a_1, a_2, \ldots a_n)$ heißt *materiell wahr*, wenn es für diese Aussage einen Beweis gibt, der den Dialogregeln entsprechend geführt wird, und der für die hier vorliegenden Elementaraussagen und ihre Wahrheitswerte erfolgreich ist. Die vorliegende *kontingente Situation*, die durch die jeweiligen Wahrheitswerte der $n$-Elementaraussagen bestimmt ist, bezeichnen wir mit $C^{(\omega)} = a_1^{(\omega)} \wedge \ldots \wedge a_n^{(\omega)}$ wobei $a_i^{(\omega)} \in \{a_i, \check{a}_i\}$ ist. Im allgemeinen wird die Wahrheit von $A$ davon abhängen, welche der $N = 2^n$ kontingenten Situationen vorliegt. Falls $A$ in der Situation $C^{(\mu)}$ wahr ist, schreiben wir $C^{(\mu)} \vdash A$.

Zwischen beliebig zusammengesetzten Aussagen $A \in \mathscr{S}_c$ kann man zwei Äquivalenzrelationen einführen, die kurz erklärt werden sollen. Wir bezeichnen zwei Aussagen $A$ und $B$ als *beweisäquivalent*[5] und schreiben $A \equiv B$, wenn in jedem Beweisbaum, in dem eine der beiden Aussagen auftritt, diese durch die andere ersetzt werden kann, ohne daß sich dadurch das Endergebnis des Beweisbaums ändert. Andererseits bezeichnen wir zwei Aussagen $A$ und $B$ als *wertäquivalent* und schreiben $A = B$, wenn in jedem Beweisbaum, der eine dieser Aussagen überprüft, diese Aussage durch die andere ersetzt werden kann, ohne daß dadurch das Endergebnis des Beweisbaumes, d.h. der Wahrheitswert von $A$ oder $B$ verändert wird. Es ist offensichtlich, daß der Definition nach die Relation „$=$" schwächer ist als die Relation „$\equiv$" obwohl speziell in der Sprache $\mathscr{S}_c$ diese beiden Relationen übereinstimmen. In anderen Sprachen ist das aber nicht notwendig der Fall.

Es ist zweckmäßig, an dieser Stelle noch eine weitere Unterscheidung vorzunehmen. Eine Aussage $A$, die mit Hilfe der logischen Junktoren zusammengesetzt ist, wird zwar durch ein aus mehreren Schritten bestehendes Verfahren bewiesen, das dem Beweisbaum von $A$ entspricht, die Teilaussagen von $A$ werden jedoch alle auf den gleichen Zeitpunkt bezogen. Es ist daher eine mit den übrigen Voraussetzungen verträgliche Hypothese, daß es zu jeder logisch zusammengesetzten Aussage $A$ eine elementare Aussage $A^e$ gibt, derart daß $A = A^e$ gilt. Man kann dann den Wahrheitswert von $A$ auch durch Beobachtung oder Messung der Elementaraussage $A^e$ erhalten[6]. Unter dieser *Hypothese der wertäquivalenten Ersetzbarkeit von Aussagen durch Elementaraussagen* kann man dann ausgehend von Elementaraussagen, induktiv die neuen Verknüpfungen $\wedge$, $\vee$, $\rightarrow$, $\neg$ durch $A \wedge B = (A \cap B)^e$, $A \vee B = (A \cup B)^e$, $A \rightarrow B = (A \supset B)^e$, $\neg A = (\sim A)^e$ einführen. Diese logischen Verknüpfungen wollen wir im folgenden dem Aufbau der Sprache $\mathscr{S}_c$ zugrunde legen. Man macht sich allerdings leicht klar, daß die Unterscheidung von zwei Arten logischer Verknüpfungen für die Struktur der speziellen Sprache $\mathscr{S}_c$ keine Rolle spielt. Sie ist jedoch für andere Sprachen von großer Bedeutung.

Falls die Wahrheit einer logisch aus den Elementaraussagen $(b_1, \ldots b_m)$ zusammengesetzten Aussage $B$ nicht von den Aussagen $b_i$ und ihren Wahrheitswerten abhängt und für alle

---

5. Bei Verwendung dialogischer Beweisverfahren ist dafür auch die Bezeichnung „dialogäquivalent" üblich.

6. Betrachtet man als ein Modell für die Sprache $\mathscr{S}_c$ die Sprache der klassischen Mechanik, so ist die genannte Hypothese offensichtlich erfüllt. Die Elementaraussagen entsprechen hier meßbaren Mengen im Phasenraum, und die logischen Verknüpfungen den mengentheoretischen Operationen. Dann ist klar, daß jede zusammengesetzte Aussage auch einer Elementaraussage entspricht, die zu ihr wertäquivalent ist.

$2^m$-Kombinationen dieser Wahrheitswerte nachgewiesen werden kann, dann heißt die Aussage B *formal wahr*. Im Rahmen des erwähnten Dialog-Verfahrens lassen sich speziell die *formalen Dialoge* kennzeichnen, die für den Nachweis der formalen Wahrheit einer Aussage geeignet sind [12, 13]. Die Gesamtheit der formal wahren Aussagen bildet die formale klassische Logik. Da es unendlich viele formal wahre Aussagen gibt, so ist es zweckmäßig, die formale Logik durch einen Kalkül darzustellen, der es gestattet, genau alle formal wahren Figuren abzuleiten. Dieser Kalkül $L_c$ der klassischen Logik findet sich in der Literatur in verschiedenen Formen, von denen für die hier behandelten Fragen besonders die eines Brouwer-Kalküls von Interesse ist[7] [13, 10]. Wir geben den Kalkül $L_c$, dessen Einzelheiten hier ohne Interesse sind, nicht an und verweisen auf die Literatur [10]. Statt dessen seien hier zwei in $L_c$ ableitbare, formal wahre Aussagen angegeben, die für die weiteren Untersuchungen von großer Bedeutung sind, nämlich (1) $A \vee \neg A$ und (2) $A \to (B \to A)$.

Diese Aussagen sind deswegen von besonderem Interesse, weil sie der logische Ausdruck der oben formulierten ontologischen Prämissen für den von der Sprache $\mathscr{S}$ erfaßten Realitätsbereich sind. Die formale Wahrheit der Aussage $A \vee \neg A$ bringt sprachlich die *Wertdefinitheit* aller Aussagen zum Ausdruck und entspricht ontologisch der *unabhängigen Überprüfbarkeit* und *Beständigkeit* aller Eigenschaften des betrachteten Objekts. Diese Feststellungen lassen sich nur dadurch belegen, daß man auf eine der ontologischen Prämissen verzichtet und eine diesen abgeschwächten Voraussetzungen entsprechende schwächere Sprache entwickelt, und zeigt, daß deren formale Logik die der weggelassenen ontologischen Hypothese entsprechende Aussage nicht mehr abzuleiten gestattet.

Dieses Programm ist wohl bekannt aus der Rechtfertigung der intuitionistischen Logik. Für induktiv aufgebaute unendlichstellige mathematische Elementaraussagen [8], aber auch für physikalische Aussagen, die sich etwa auf eine zukünftige Situation beziehen, bestehen begründete Zweifel an deren effektiver Überprüfbarkeit durch einen Sprecher-Beobachter, dem für seine Überprüfungen nur eine endliche Zeit zur Verfügung steht. Verzichtet man daher auf die nicht nachweisbare Voraussetzung der objektiven Entschiedenheit aller elementaren Sachverhalte, so hat das den Verlust der Wertdefinitheit der Elementaraussagen und damit auch der zusammengesetzten Aussagen zur Folge. Das „tertium non datur" $A \vee \neg A$ ist dann kein für beliebige Aussagen gültiger, formal wahrer Satz mehr, was zu einer wesentlichen Reduktion der formalen Logik führt. Der entsprechend reduzierte Kalkül, der genau die auch ohne die Voraussetzung der Wertdefinitheit formal wahren Aussagen abzuleiten gestattet, ist der Kalkül $L_i$ der intuitionistischen Logik[9]. Wegen aller Einzel-

---

7. Für eine formale Untersuchung der Logik $L_c$ ist es oft von Interesse, statt einer einzelnen Aussage die Klasse $[A^e]$ der zur Elementaraussage $A^e$ beweisäquivalenten Aussagen zu betrachten. Im Falle der Logik $L_c$ bilden diese Äquivalenzklassen einen *Booleschen Verband* [2, 5].

8. Zweifel an der Wertdefinitheit von Elementaraussagen sind zuerst im Rahmen der Mathematik von Brouwer geäußert worden. Wir gehen hier auf die für die Grundlagen der Mathematik bedeutsame Entdeckung unentscheidbarer Aussagen nicht näher ein. Vgl. hierzu [13, 10].

9. Untersucht man auch hier die dem Kalkül $L_i$ entsprechende Struktur der Äquivalenzklassen, so zeigt sich, daß diese einen relativ-pseudo-komplementären Verband mit Null-Element bilden. Vgl. hierzu [2, 5].

heiten dieses gut bekannten Kalküls verweisen wir auf die Literatur [11]. An der intuitionistischen Logik läßt sich der enge Zusammenhang zwischen der formalen Logik, den ontologischen Prämissen über den von der Sprache erfaßten Realitätsbereich und den effektiven Möglichkeiten des Sprecher-Beobachters deutlich demonstrieren: Weil der Sprecher-Beobachter nur in endlichen Zeitintervallen aktiv werden kann, deshalb gibt es mathematische und physikalische Aussagen, die von ihm nicht entschieden werden können. Da man über den betrachteten Gegenstandsbereich an sich nichts weiß, so kann man auch nicht die objektive Entschiedenheit aller Sachverhalte behaupten, weshalb sich die Wertdefinitheit der entsprechenden Aussagen nicht rechtfertigen läßt. Andererseits hat die Verwendung der dann nur noch begründbaren intuitionistischen Logik $L_i$ keinen Verlust wirklicher Erkenntnisse zur Folge. Immer dann, wenn für eine bestimmte Klasse von Elementaraussagen die Wertdefinitheit legitimiert werden kann, dann vererbt sich im Rahmen der intuitionistischen Logik die Wertdefinitheit auf alle aus diesen Elementaraussagen endlich zusammengesetzten Aussagen. Damit aber erhält man etwa für den Bereich der klassisch-physikalischen Aussagen auf Grund der dort begründbaren Prämissen die volle klassische Logik $L_c$ zurück.

## III. Quanten-Sprache und Quanten-Logik

Analog zu der hier nur kurz skizzierten Rechtfertigung der intuitionistischen Logik läßt sich auch der Aufbau und die Begründung der zur Erfassung der quantenphysikalischen Realität maßgeblichen Sprache und deren Logik durchführen. Aus Gründen der Übersichtlichkeit wollen wir den Aufbau der Quanten-Sprache und der entsprechenden Quanten-Logik in zwei Schritten vornehmen und zunächst diejenige Sprache $\mathscr{S}_q$ und deren Logik $L_q$ besprechen, die man erhält, wenn man die Wertdefinitheit der Aussagen nicht in Frage stellt. Erst im Anschluß daran soll auch die Voraussetzung der Wertdefinitheit der materiellen Aussagen aufgegeben werden, was auf die Sprache $\mathscr{S}_{qi}$ und die ihr entsprechende intuitionistische Quantenlogik $L_{qi}$ führt.

Ganz analog zur Sprache $\mathscr{S}_c$ der klassischen Physik beginnen wir auch den Aufbau der Sprache $\mathscr{S}_q$ mit Elementaraussagen $a(S, t)$, die einem Objekt $S$ eine Eigenschaft $E_a$ zur Zeit $t$ zusprechen. Unter Objekten verstehen wir hier quanten-physikalische Systeme, d.h. Elementarteilchen wie Elektronen, Protonen usw., aber auch stabile zusammengesetzte Systeme wie Atomkerne, Atome und Moleküle. Um Identifizierungsprobleme[10] auszuklammern, wollen wir annehmen, daß jeweils nur ein System zur Verfügung steht, auf dessen Eigenschaften und Veränderungen sich die Sprache $\mathscr{S}_q$ bezieht. Von den Eigenschaften selbst wollen wir wieder annehmen, daß sie unabhängig sind und daß für jede einzelne Eigenschaft $E_a$ in endlicher Zeit durch geeignete Beobachtungen entschieden werden kann, ob $E_a$ selbst am Objekt vorliegt, oder das Gegenteil. Für die Aussagen $a(S, t)$ bedeutet diese

---

10. Vgl. hierzu die ausführliche Darstellung des Identitätsproblems in der Sprache der Quanten-Physik in [20].

Annahme, daß der Sprecher-Beobachter mit finiten Mitteln zwischen der Wahrheit von $a\,(S,\,t)$ und der Gegenaussage $\bar{a}\,(S,\,t)$ entscheiden kann, die Elementaraussagen also wertdefinit sind.

Im Gegensatz zu klassisch-physikalischen Eigenschaften sind quantenphysikalische Elementareigenschaften in der Regel nicht *simultan entscheidbar*. Der Grund dafür ist, daß dem Sprecher-Beobachter, der selbst den quanten-physikalischen Gesetzmäßigkeiten unterliegt, für zwei beliebige Elementareigenschaften $E_a$ und $E_b$ im allgemeinen kein Überprüfungsverfahren zur Verfügung steht, mit dessen Hilfe beide Eigenschaften simultan überprüft werden können. Während für die Einführung der intuitionistischen Sprache nur die pauschale Eigenschaft der Endlichkeit des Sprecher-Beobachters maßgebend war, sind für die Quanten-Sprache $\mathscr{S}_q$ diejenigen Einschränkungen der Möglichkeiten des Sprecher-Beobachters von Bedeutung, die auf die Gesetzmäßigkeiten der Quanten-Physik zurückzuführen sind.

Da elementare Eigenschaften quanten-physikalischer Objekte somit nicht *simultan* und *unabhängig* überprüfbar sind, so kann man von diesen Objekten auch nicht behaupten, daß bezüglich aller Elementareigenschaften *objektiv entschieden* sei, ob die betreffende Eigenschaft selbst oder ihr Gegenteil vorliegt. Die quantenphysikalischen Objekte sind *nicht durchgängig bestimmt*. Während in der intuitionistischen Sprache der Mathematik durchaus die Möglichkeit besteht, anzunehmen, daß die nicht finit entscheidbaren mathematischen Sachverhalte an sich objektiv entschieden sind, ohne daß man dadurch in Konflikte mit irgendwelchen mathematischen Gesetzmäßigkeiten geriete, ist die Situation in der Sprache $\mathscr{S}_q$ schwieriger. Die apodiktische Formulierung, quantenphysikalische Objekte seien nicht durchgängig bestimmt, besteht hier insofern zu Recht, als die hypothetische Annahme, die Objekte seien an sich durchgängig bestimmt — ohne daß diese Tatsache experimentell nachweisbar wäre — mit den Gesetzen der Quanten-Physik in Widerspruch steht.

Es besteht auf Grund der hier gemachten Voraussetzungen allerdings die Möglichkeit, zwei Eigenschaften $E_a$ und $E_b$ nacheinander zu überprüfen. Obwohl man in jedem einzelnen Überprüfungsprozeß ein wohlbestimmtes Ergebnis erhält, ist dadurch keine simultane Entscheidung über das Vorliegen von $E_a$ und $E_b$ herbeigeführt worden. Es kann vielmehr vorkommen, daß durch die Überprüfung der Eigenschaft $E_b$ das vorher erzielte Ergebnis einer $E_a$-Überprüfung wieder zerstört wird. Da die Elementareigenschaften somit nicht „beständig" in dem oben eingeführten Sinne sind, so besitzen elementare Aussagen $a\,(S,\,t)$, $b\,(S,\,t)$ nicht mehr die in der Sprache $\mathscr{S}_c$ unproblematische Eigenschaft der *unbeschränkten Verfügbarkeit*. Die Sprache $\mathscr{S}_q$ der quanten-physikalischen Wirklichkeit soll daher ohne die Voraussetzung aufgebaut werden, daß Elementaraussagen unbeschränkt verfügbar sind.

Die unbeschränkte Verfügbarkeit spielte in der Sprache $\mathscr{S}_c$ bei der Bildung zusammengesetzter Aussagen eine wichtige Rolle. Definieren wir die Zusammensetzungen wieder durch ein Angriffs- und Verteidigungsschema, so kann die sequentielle Konjunktion $a \sqcap b$ („$a$ und dann $b$") offensichtlich auch hier durch das Schema

| Verknüpfung | Benennung | Angriffe | Verteidigung |
|---|---|---|---|
| $a \sqcap b$ | $a$ und dann $b$ | 1. $a$?<br>2. $b$? | 1. $a$!<br>2. $b$! |

eingeführt werden. Da für $a \sqcap b$ genau zwei Angriffe auf zwei Verteidigungen möglich sind, so ist das Überprüfungs-Verfahren sicher finit. Die sequentielle Konjunktion ist wahr, wenn zuerst $a$ und dann $b$ erfolgreich verteidigt worden ist. Da hier die Voraussetzung der unbeschränkten Verfügbarkeit nicht gemacht wird, so ist auch bei verschwindender Zeitdifferenz $t_2 - t_1 = \delta t$ der beiden Überprüfungen nicht garantiert, daß nach dem Beweis von $b$ auch über die Aussage $a$ noch verfügt werden kann. Für die sequentielle Konjunktion ist diese Frage aber ohne besondere Bedeutung, da eine Wiederholung des $a$-Beweises hier nicht vorgesehen ist.

Das Fehlen der unbeschränkten Verfügbarkeit wird jedoch wichtig für die logische Konjunktion $a \cap b$. Würde man auch hier das in der Sprache $\mathscr{S}_c$ verwendete Angriffs- und Verteidigungsschema beibehalten, so würden die Beweisbäume im allgemeinen unendlich lang. Der Grund ist zunächst, daß ebenso wie in der Sprache $\mathscr{S}_c$ die Anzahl und Reihenfolge der Angriffs- und Verteidigungsschritte nicht vorgeschrieben ist. Anders als in der Sprache $\mathscr{S}_c$ kommt hier aber hinzu, daß wegen der fehlenden unbeschränkten Verfügbarkeit ein einmal gelungener Beweis, etwa für $a$, nach einer darauf folgenden Überprüfung einer anderen Aussage $b$, nicht einfach zitiert werden kann. Damit aber entfällt die in der Sprache $\mathscr{S}_c$ vorhandene Möglichkeit, die Anzahl der Verteidigungsschritte auf zwei zu beschränken, wenn der zeitliche Abstand $\delta t = t_2 - t_1$ nur hinreichend klein gemacht würde.

Lediglich dann, wenn das Ergebnis einer Überprüfung von $a$ durch eine darauf folgende Überprüfung von $b$ nicht geändert wird und umgekehrt, könnte man auch hier den Beweis von $a \cap b$ auf *eine* erfolgreiche Verteidigung von $a$ und *eine* erfolgreiche Verteidigung von $b$ beschränken. Eine Wiederholung des $a$-Beweises würde sich erübrigen, da man das Ergebnis der ersten $a$-Überprüfung zitieren könnte, — immer vorausgesetzt, daß die Zeitdifferenz $\delta t$ zwischen dem $a$-Test und dem $b$-Test hinreichend klein ist. Der so abgekürzte finite Beweis würde dann $a \cap b$ in dem Sinne beweisen, daß für das betrachtete System $S$ zur gleichen Zeit $t$ die Aussagen $a(S, t)$ und $b(S, t)$ beide wahr sind.

Um jedenfalls von dieser Möglichkeit Gebrauch machen zu können, führen wir zwei Testaussagen $k(a, b)$ (Kommensurabilität) und $\bar{k}(a, b)$ (Inkommensurabilität) ein, die die simultane Entscheidbarkeit der Aussagen $a$ und $b$ überprüfen. Wir bezeichnen $k(a, b)$ als wahr, genau dann, wenn das Ergebnis einer $a$-Überprüfung durch eine darauf folgende $b$-Überprüfung nicht geändert wird, und umgekehrt. Wir sagen dann auch, die Aussagen $a$ und $b$ seien „kommensurabel". $\bar{k}(a, b)$ ist die Gegenaussage zu $k(a, b)$ und ist genau dann wahr, wenn $k(a, b)$ falsch ist. In diesem Fall sagen wir, $a$ und $b$ seien „inkommensurabel". Die Testaussagen $k(a, b)$ und $\bar{k}(a, b)$ sind kontingente Aussagen, über deren Wahrheit im Einzelfall durch eine geeignete Serie von Meßvorgängen entschieden werden muß.[11] Da

---

11. Es ist, wie einfache Beispiele zeigen, in vielen Fällen möglich, über die Wahrheit von $k(a, b)$ auch durch eine einzige Messung einer dafür geeigneten Elementaraussage zu entscheiden [26].

$k(a, b)$ und $\bar{k}(a, b)$ über die Verfügbarkeit der Aussagen $a$ und $b$ entscheiden, bezeichnen wir sie auch als *Verfügbarkeitsaussagen*. Elementaraussagen und Verfügbarkeitsaussagen nennen wir *materielle Aussagen*, da sich ihre Wahrheit durch Untersuchung der außersprachlichen materiellen Realität erweist.

Mit Hilfe der Verfügbarkeitsaussagen ist es möglich, für die logische Konjunktion $a \cap b$ das folgende Angriffs- und Verteidigungsschema zu formulieren:

| Verknüpfung | Benennung | Angriffe | Verteidigung |
|---|---|---|---|
| $a \cap b$ | $a$ und $b$ | $a?, b?$ <br> $k(a, b)?$ | $a!, b!$ <br> $k(a, b)!$ |

Im Unterschied zur Sprache $\mathscr{S}_c$ sind hier $k(a, b)?$ und $k(a, b)!$ als neue Angriffs- bzw. Verteidigungsmöglichkeiten hinzugekommen. Dadurch ist es möglich, auch unter den abgeschwächten ontologischen Voraussetzungen der Sprache $\mathscr{S}_q$ eine logische Konjunktion $a \cap b$ zu definieren, deren zwei Teilaussagen $a$ und $b$ auf den gleichen Zeitpunkt bezogen sind, und die finit entscheidbar ist.

Im Gegensatz zur sequentiellen Konjunktion $a \sqcap b$ sind hier — ebenso wie in der Sprache $\mathscr{S}_c$ — beliebig viele Angriffs- und Verteidigungsschritte möglich, deren Reihenfolge nicht vorgeschrieben ist. Damit ist zunächst sicher gestellt, daß die Wahrheit der Aussage $a \cap b$ nicht von der Reihenfolge der Einzelbeweise abhängt und sich die Teilaussagen $a$ und $b$ auf einen gemeinsamen Zeitwert beziehen lassen. Da hier aber die unbeschränkte Verfügbarkeit aller Aussagen nicht mehr vorausgesetzt werden kann, ist es jetzt nicht immer möglich, sich auf jeweils eine Verteidigung der Teilaussagen $a$ und $b$ zu beschränken. Das kann vielmehr nur dann geschehen, wenn aus kontingenten Gründen die Teilaussagen $a$ und $b$ kommensurabel sind. Dann kann man nach erfolgreichen Beweisen von $a$ und $b$ auch hier auf Wiederholungen der Beweise verzichten, da diese durch Zitate ersetzt werden können. Um festzustellen, ob diese Situation vorliegt, wird die Verfügbarkeitsaussage $k(a, b)$ überprüft.

Unter den schwachen Voraussetzungen der Sprache $\mathscr{S}_q$ läßt sich der Beweisbaum für die logische Konjunktion $a \cap b$ somit auf *drei* Verteidigungsschritte beschränken: Wenn $a$ und $b$ erfolgreich verteidigt worden sind, dann muß zur Legitimation des Verzichts auf weitere Überprüfungen auch $k(a, b)$ nachgewiesen werden. Der Beweisbaum besteht daher aus drei Verzweigungspunkten, an denen zu den aufeinander folgenden Zeitpunkten $t_1$, $t_2$ und $t_3$ die Aussagen $a$, $b$ und $k(a, b)$ überprüft werden. Offensichtlich gibt es in diesem Beweisbaum einen erfolgreichen und drei erfolglose Äste. Damit dem Sinn der logischen Konjunktion entsprechend die Teilaussagen $a$ und $b$ auf den gleichen Zeitpunkt bezogen werden können, muß die Zeitdauer $\delta t = t_3 - t_1$ des ganzen Beweisvorganges hinreichend klein gemacht werden.

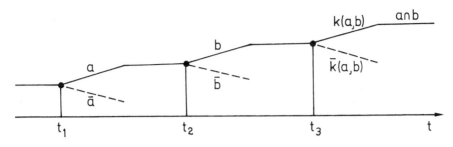

Es ist offensichtlich, daß die *logische* Konjunktion $a \cap b$ in der Sprache $\mathscr{S}_q$ sich deutlich von der *sequentiellen* Konjunktion unterscheidet. Im Gegensatz zur klassischen Sprache $\mathscr{S}_c$ fallen diese beiden Verknüpfungen auch bei verschwindend kleiner Zeitdifferenz der Einzelbeweise von $a \sqcap b$ nicht zusammen. Während für $a \sqcap b$ auch dann die Reihenfolge der Überprüfungen von $a$ und $b$ bedeutsam ist, ist $a \cap b$ als eine zeitfreie Verknüpfung zu verstehen, die unabhängig ist von der Reihenfolge der Überprüfungen der Teilaussagen. Auch die übrigen *logischen* Verknüpfungen $a \cup b$ ($a$ oder $b$), $a \supset b$ (wenn $a$ dann $b$) und $\sim a$ (nicht $a$) sind als simultane und damit zeitfreie Verknüpfungen in dem Sinne zu verstehen, daß alle Teilaussagen sich auf den gleichen Zeitpunkt beziehen [14, 15]. Daher enthalten die entsprechenden Angriffs- und Verteidigungsschemata (mit Ausnahme von $\sim a$) auch die Verfügbarkeitsaussagen $k(a, b)$ und $\bar{k}(a, b)$. Der Vollständigkeit halber seien diese Angriffs- und Verteidigungsschemata hier angegeben, ohne daß auf Einzelheiten eingegangen werden soll.

| Verknüpfung | Benennung | Angriff | Verteidigung |
|---|---|---|---|
| $a \cup b$ | $a$ oder $b$ | ? $k(a, b)?$ | $a!, b!$ $k(a, b)!$ |
| $a \supset b$ | wenn $a$ dann $b$ | $a$ $\bar{k}(a, b)?$ | $b!$ $\bar{k}(a, b)!$ |
| $\sim a$ | nicht $a$ | $a$ | |

Ebenso wie in der Sprache $\mathscr{S}_c$ bezeichnen wir auch in der mit den oben definierten logischen Junktoren aufgebauten Sprache $\mathscr{S}_q$ eine Aussage $A \in \mathscr{S}_q$ als *materiell wahr*, wenn ein den Dialogregeln entsprechend geführter Beweis in der vorliegenden Situation erfolgreich ist. Die vorliegende kontingente Situation $W$ kann hier aber nicht mehr durch die Wahrheitswerte aller in $A$ enthaltenen Elementaraussagen gekennzeichnet werden, da diese auch inkommensurabel seien können. Statt dessen ist $W$ hier einfach eine nach den Regeln zusammengesetzte Aussage, die das System $S$ vor dem $A$-Beweis kennzeichnet.[12] Wenn $A$ wahr ist in bezug auf $W$, so schreiben wir wieder $W \vdash A$.

12. In Hinblick auf die experimentelle Herstellbarkeit der durch $W$ bestimmten Eigenschaft bezeichnet man $W$ auch als „Präparation".

Wenn man auch hier zwischen Aussagen $A \in \mathscr{S}_q$ die zweistelligen Relationen „≡" der *Beweisäquivalenz* und „=" der *Wertäquivalenz* einführt, dann zeigt sich, daß anders als in der klassischen Sprache $\mathscr{S}_c$ die Relation „≡" echt unter „=" liegt. So ist etwa $A \cap B \equiv B \cap A$ beweisäquivalent, da die Überprüfung von $A \cap B$ nicht anders verläuft als die von $B \cap A$, und daher in keinem Beweisbaum (oder Dialog) ein Unterschied zwischen beiden Aussagen feststellbar ist. Dagegen ist $A = A \cap (B \cup \sim B)$ wertäquivalent, aber nicht beweisäquivalent. Während nämlich für die linke Seite nur eine $A$-Überprüfung erforderlich ist, enthält die Überprüfung der rechten Seite Überprüfungen von $A$ und auch von $B$. Bei der $B$-Überprüfung können aber Aussagen, die mit $B$ inkommensurabel sind, verändert werden, wodurch sich die Aussagen $A$ und $A \cap (B \cup \sim B)$ in manchen Beweisbäumen unterscheiden lassen.

Eine mit *logischen* Junktoren zusammengesetzte Aussage $A$ wird durch ein aus mehreren Schritten bestehendes Verfahren bewiesen, dessen einzelne Resultate aber alle auf den gleichen Zeitpunkt bezogen werden. Man kann daher auch in der Sprache $\mathscr{S}_q$ die Hypothese machen,[13] daß es zu jeder zusammengesetzten Aussage $A$ eine zu ihr wertäquivalente materielle Aussage $A^m$ gibt. Da materielle Aussagen durch Meßvorgänge überprüft werden, so kann man die Wahrheit einer Aussage $A$ dann auch durch einen Meßprozeß der wertäquivalenten materiellen Aussage $A^m$ bestimmen. Diese Messung entspricht einer „Momentaufnahme" der komplexen, zeitlich aufeinanderfolgenden Struktur des Beweisbaumes von $A$.

Unter der Hypothese der wertäquivalenten Ersetzbarkeit von Aussagen durch materielle Aussagen kann man dann, ausgehend von den materiellen Aussagen, induktiv neue Verknüpfungen $\wedge$, $\vee$, $\rightarrow$, $\neg$ durch $A \wedge B = (A \cap B)^m$, $A \vee B = (A \cup B)^m$, $A \rightarrow B = (A \supset B)^m$ und $\neg A = (\sim A)^m$ einführen. Diese neue Verknüpfungen, die wir im folgenden der Formulierung der Sprache $\mathscr{S}_q$ zugrunde legen wollen, führen aber — anders als in der Sprache $\mathscr{S}_q$ — zu einer neuen und anderen Sprachstruktur. Auf Einzelheiten soll hier nicht eingegangen werden.[14]

Wenn die Wahrheit einer zusammengesetzten Aussage $A$ nicht davon abhängt, ob die materiellen Aussagen, die zu ihrem Beweis überprüft werden müssen, wahr oder falsch sind, dann bezeichnen wir die Aussage $A$ als *formal wahr*. Die Gesamtheit der formal wahren Aussagen bildet die formale *Quantenlogik*. Da es auch in $\mathscr{S}_q$ unendlich viele formal wahre Aussagen gibt, gibt man auch die Quantenlogik in Form eines Kalküls $L_q$ an, der es gestattet, genau alle formal wahren Aussagen abzuleiten [15, 21, 22]. Der Vergleich mit $L_c$ und $L_i$ zeigt, daß auch in $\mathscr{S}_q$ die „*tertium non datur*"-Aussage $A \vee \neg A$ formal wahr ist,

---

13. Auch im Bereich der Quantenphysik ist diese Hypothese gut bestätigt, wie man an der Hilbertraum-Formulierung der Quantentheorie leicht erkennt. Entsprechen nämlich Aussagen den Teilräumen und die Junktoren den Operationen in einem linearen Vektorraum, so entsprechen auch die zusammengesetzten Aussagen Teilräumen.

14. Betrachtet man wieder Klassen von beweisäquivalenten Aussagen, so bilden die materiellen Aussagen mod ≡ einen orthomodularen Verband [23] während die logisch zusammengesetzten Aussagen mod ≡ eine quasi-Boolesche Algebra bilden [25, 26]. Wie oben erwähnt fallen die entsprechenden Strukturen in der Sprache $\mathscr{S}_c$ zusammen.

während die in $\mathscr{S}_c$ und $\mathscr{S}_i$ formal wahre Aussage $A \to (B \to A)$ hier nicht mehr formal wahr ist.

Man kann auch beim Aufbau der Sprache quanten-physikalischer Aussagen ähnlich wie in der Sprache $\mathscr{S}_i$ auf die Annahme der Wertdefinitheit der materiellen Aussagen verzichten. Dafür sprechen durchaus gewichtige Gründe: Abgesehen davon, daß alle prognostischen Aussagen sicher nicht in einem direkten Sinne wertdefinit sind, gibt es auch quantenphysikalische Aussagen, über deren Wahrheit nur in asymptotischen Raum-Zeit-Bereichen entschieden werden kann, die für einen endlichen Beobachter-Sprecher grundsätzlich nicht erreichbar sind.[15] Verzichtet man daher beim Aufbau der Sprache auf die nicht immer vorhandene finite Entscheidbarkeit materieller Aussagen, so ist auch hier die „tertium non datur"-Aussage $A \vee \neg A$ kein formal wahrer Satz mehr. In der intuitionistischen Sprache $\mathscr{S}_{qi}$ ist damit weder die Aussage $A \to (B \to A)$ noch die Aussage $A \vee \neg A$ formal wahr. Der entsprechend reduzierte Kalkül, der genau alle auch ohne die Voraussetzungen der unbeschränkten Verfügbarkeit und der Wertdefinitheit formal wahren Aussagen abzuleiten gestattet, ist der Kalkül $L_{qi}$ der effektiven Quantenlogik.

Der Kalkül $L_{qi}$ soll nicht explizit angegeben werden, da technische Einzelheiten hier nicht wichtig sind. (Vgl. hierzu [15]). Aus dem wegen seiner schwachen Voraussetzungen sehr schwachen Kalkül $L_{qi}$ lassen sich die anderen hier genannten stärkeren Logik-Kalküle $L_q, L_i$ und $L_c$ durch Spezialisierung, d.h. durch Hinzunahme von weiteren Aussagen gewinnen, die nur unter stärkeren Voraussetzungen formal wahr sind. Ergänzt man nämlich $L_{qi}$ durch:

1) $A \vee \neg A$                 so erhält man $L_q$,
2) $A \to (B \to A)$        so erhält man $L_i$,
3) $A \vee \neg A$ und $A \to (B \to A)$ so erhält man $L_c$.

Die wechselseitigen Beziehungen zwischen den vier hier betrachteten Kalkülen kann man daher durch das folgende Diagramm darstellen:

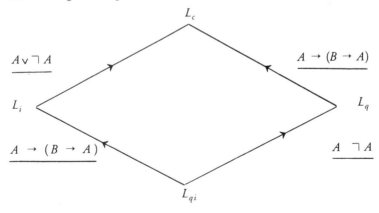

15. Beispiele für Aussagen solcher Art finden sich bei Stachow [26].

Durch die Hinzunahme der unterstrichenen Aussagen als weitere formal wahre Aussagen erhält man dann die jeweils darüber gelegene stärkere Logik.

## IV. Diskussion der Quantenlogik und ihrer Bedeutung

Um die Bedeutung der quanten-physikalischen Sprachen $\mathscr{S}_q$ und $\mathscr{S}_{qi}$ und der entsprechenden quantenlogischen Systeme $L_q$ und $L_{qi}$ beurteilen zu können, vergleichen wir diese unter mehreren Gesichtspunkten mit den traditionellen Sprachen $\mathscr{S}_c$ und $\mathscr{S}_i$ und den entsprechenden Logik-Systemen $L_c$ und $L_i$. Die direkte Vergleichbarkeit der genannten Sprachen ist insofern gewährleistet, als es sich in allen vier Fällen um Objektsprachen handelt, deren Aussagen ausgehend von materiellen Aussagen mit Hilfe von sequentiellen und logischen Verknüpfungen zusammengesetzt sind. Bei diesem Vergleich wird sich auch die Möglichkeit ergeben, auf einige Einwände gegen die Quantenlogik einzugehen, die unter verschiedenen Gesichtspunkten erhoben werden können und zum Teil auch vorgebracht worden sind.[16]

Für eine genaue Kennzeichnung der quanten-physikalischen Sprachen ist es angebracht, sich rückblickend noch einmal die durch die Intention des Sprecher-Beobachters bewirkten Einzelentscheidungen beim Aufbau dieser Sprachen in Erinnerung zu rufen. Es handelt sich dabei um vier nacheinander getroffene Entscheidungen, die in den quantenphysikalischen Sprachen zwischen echten Alternativen auswählen, die aber für die traditionellen Sprachen irrelevant sind. Im einzelnen wird in den Sprachen $\mathscr{S}_q$ und $\mathscr{S}_{qi}$ festgesetzt: (1) Eine Aussage $A(S, t)$ stellt fest, daß das Objekt $S$ zur Zeit $t$ die Eigenschaft $E_A$ hat, sie bezieht sich dagegen nicht auf die Kenntnis des Sprecher-Beobachters von dieser Situation. (2) Die Bildung zusammengesetzter Aussagen soll nicht mit zeitabhängigen, sequentiellen, sondern mit zeitfreien logischen Verknüpfungen erfolgen. (3) Die Aussagen $A(S, t)$ beziehen sich stets auf die Situation nach der Überprüfung der behaupteten Eigenschaft. (4) Es werden diejenigen logischen Verknüpfungen ($\wedge$, $\vee$, $\rightarrow$, $\neg$) verwendet, die sich unter der Hypothese der wertäquivalenten Ersetzbarkeit durch materielle Aussagen einführen lassen.[17]

Alle vier Entscheidungen können in den traditionellen Sprachen ebenso getroffen werden, ohne jedoch strukturelle Konsequenzen nach sich zu ziehen. Die Entscheidungen bedeuten für $\mathscr{S}_c$ und $\mathscr{S}_i$ die Wahl einer bestimmten Interpretation, für die Struktur der Spra-

---

16. Es ist hier nicht beabsichtigt, auf die in der Literatur vorgetragenen Argumente [6, 7, 8, 9, 27] im einzelnen einzugehen, sondern es sollen nur einige sachlich schwierige Punkte besprochen werden, die leicht zu Mißverständnissen Anlaß geben können. Die erwähnten Einwände erledigen sich damit von selbst.

17. Die Bedeutung dieser Entscheidungen wird illustriert durch die Alternativen $\overline{(1)} - \overline{(4)}$: $\overline{(1)}$ würde wohl zu einer klassischen Sprache und Logik im Sinne von Bohr [3] führen; $\overline{(2)}$ führt auf eine sequentielle Sprache und Logik [23, 24]. $\overline{(3)}$ würde vermutlich auf eine Sprache mit dreiwertiger Logik [29] führen; $\overline{(4)}$ würde vermutlich auf eine Logik führen, deren Lindenbaum-Tarski Algebra eine quasi Boolesche Algebra [28] ist. Mit Ausnahme von $\overline{(2)}$ sind diese Alternativen allerdings nicht voll ausgearbeitet, wodurch sich die Vorsicht der hier gewählten Formulierungen erklärt.

che sind sie jedoch ohne Belang. Man kann daher davon ausgehen, daß von der durch die Interpretationen des Sprecher-Beobachters bestimmten Sprachkonzeption her keine Unterschiede zwischen den traditionellen und den quanten-physikalischen Sprachen bestehen. Die Unterschiede der Sprachen werden dagegen deutlich, wenn wir die außersprachlichen Voraussetzungen betrachten, die über den von der Sprache erfaßten Realitätsbereich gemacht werden, und die sich zunächst auf die Möglichkeiten des Beweisens und Widerlegens von materiellen Aussagen auswirken. Inwiefern sich diese Auswirkungen der ontologischen Prämissen auch auf die zusammengesetzten Aussagen übertragen, muß dann im Einzelnen geprüft werden.

Die klassisch-physikalische Sprache $\mathscr{S}_c$ ist geprägt durch die starken ontologischen Prämissen der Wertdefinitheit und der unbeschränkten Verfügbarkeit aller materiellen Aussagen. Diese Voraussetzungen legitimieren den Sprecher-Beobachter zu Beweismethoden, auf Grund deren die Aussagen $A \vee \neg A$ und $A \rightarrow (B \rightarrow A)$ formal wahr sind und die gesamte Logik durch den Kalkül $L_c$ gegeben ist. Wenn Zweifel an der Wertdefinitheit der elementaren Aussagen bestehen, sind Einschränkungen der Beweisverfahren erforderlich, auf Grund deren $A \vee \neg A$ nicht länger zu den formal wahren Sätzen zählt und die Logik auf den schwächeren Kalkül $L_i$ reduziert wird. Wenn Zweifel an der unbeschränkten Verfügbarkeit bestehen, dann müssen andere Restriktionen der Beweismöglichkeiten berücksichtigt werden, die dazu führen, daß die Aussage $A \rightarrow (B \rightarrow A)$ nicht mehr formal wahr ist, und die Logik sich auf die Quantenlogik $L_q$ reduziert. Bestehen schließlich Zweifel sowohl an der Wertdefinitheit als auch an der unbeschränkten Verfügbarkeit, so sind die Beweismöglichkeiten in zweifacher Hinsicht eingeschränkt, so daß weder $A \vee \neg A$ noch $A \rightarrow (B \rightarrow A)$ formal wahr ist und die Logik sich auf die intuitionistische Quantenlogik $L_{qi}$ reduziert.

Zweifel an bestimmten ontologischen Voraussetzungen bedeuten zunächst nur, daß keine Möglichkeit besteht, die betreffenden Voraussetzungen zu verifizieren. Da die Sprache nicht mehr wissen kann als die Disziplinen, die sich mit der sprachlich erfaßten Realität befassen, ist es notwendig, die Einschränkungen unseres Wissens über die Realität an die Sprache weiterzugeben. Treten daher in irgendeinem Bereich der materiellen Realität begründete Zweifel an der Wertdefinitheit und an der unbeschränkten Verfügbarkeit auf, dann sollte als universelle Sprache nur $\mathscr{S}_{qi}$ verwendet werden. Die Verwendung dieser schwächsten Sprache und der schwächsten Logik $L_{qi}$ bedeutet aber keinerlei Erkenntnisverlust. In $\mathscr{S}_{qi}$ sind nämlich nur diejenigen Sätzen nicht beweisbar, über deren Wahrheit der Sprecher-Beobachter auf Grund der realen Gegebenheiten nichts wissen kann. Immer dann, wenn materielle Aussagen wertdefinit sind, dann vererbt sich deren Wertdefinitheit auf alle mit Junktoren endlich zusammengesetzten Aussagen, — und immer dann, wenn einige Aussagen kommensurabel untereinander sind, dann vererbt sich auch deren wechselseitige Kommensurabilität auf alle mit Junktoren endlich zusammengesetzten Aussagen. Die Gesetze der stärkeren Logik-Systeme $L_q$, $L_i$ und $L_c$ gelten daher genau für die Aussagen, für deren Teilaussagen die entsprechenden Beweisverfahren legitimiert werden können.

Damit aber folgt die Universalität der Sprache $\mathscr{S}_{qi}$ und die universelle Gültigkeit der intuitionistischen Quantenlogik $L_{qi}$. Diejenige Sprache, die die schwächsten außersprachlichen Prämissen als Vorentscheidungen beim Aufbau der Sprache einfließen läßt, wird den weitesten Realitätsbereich sprachlich erfassen können. Die Sprache $\mathscr{S}_{qi}$ bewahrt sich dabei ein Optimum an sprachlicher Ausdruckskraft, indem sie durch Verwendung von kontingenten Testverfahren die nicht mehr generell gegebenen ontologischen Prämissen im Einzelfall auf ihre Gültigkeit hin überprüft. Die Logik $L_{qi}$ hat, da sie die geringsten kontingenten Voraussetzungen aller Logikkalküle macht, den größten Geltungsbereich, und das bedeutet den höchsten Grad an Apriorität. — Man kann daher gegen die Quantenlogik sicher nicht einwenden, daß die klassische Logik wegen ihrer universellen Gültigkeit nicht für eine spezielle Aussagenklasse — die quantenphysikalischen Aussagen — ihre Gültigkeit verlieren könne. Es ist vielmehr so, daß die Quantenlogik die größere Universalität besitzt als die klassische Logik und daher natürlich auch auf klassisch-physikalische Aussagen anwendbar ist, daß diese speziellen Aussagen aber zusätzliche kontingente Gesetze befolgen, die dann zu einer scheinbaren Verstärkung und Bereicherung der Logik führen.

Beim Aufbau der klassischen und der quanten-physikalischen Sprachen wurde die Bedeutung der pragmatischen Zeit des Sprecher-Beobachters für die betreffenden Sprachen besonders hervorgehoben. Dabei zeigte sich, daß die von der Pragmatik herrührende Temporalität zunächst in der Irreversibilität der sequentiellen Verknüpfungen zum Ausdruck kommt, die allerdings in den traditionellen Sprachen wegen der dort angenommenen starken Voraussetzungen bedeutungslos wird. Daneben lassen sich aber in allen hier betrachteten Sprachen zeitfreie logische Verknüpfungen einführen, in denen die in den Quanten-Sprachen vorhandene Zeitlichkeit und Irreversibilität nicht mehr sichtbar ist. Aus diesem Grunde ist etwa die Aussage $A \to (B \to A)$ in den Quanten-Sprachen in genau dem gleichen Sinne als eine zeitfreie, simultane Verknüpfung der Aussagen $A$ und $B$ aufzufassen wie in den traditionellen Sprachen $\mathscr{S}$ und $\mathscr{S}_i$[14, 15, 17, 19, 30]. Man kann daher auch nicht gegen die Quantenlogik einwenden, daß $A \to (B \to A)$ deshalb nicht mehr formal wahr sei, weil die quantenlogische Aussage als eine zeitliche Verknüpfung zu betrachten sei, während die entsprechende klassische Formel zeitfrei zu verstehen sei [7, 8, 9]. Die Aussage $A \to (B \to A)$ ist vielmehr sowohl in den traditionellen wie in den Quantenlogiken als eine logische und damit zeitfrei zusammengesetzte Aussage zu betrachten [14, 15].

Schließlich sei noch auf die folgende mögliche Verständnisschwierigkeit hingewiesen. Die Darstellung und Rechtfertigung der Quantenlogik erfolgte hier in einer traditionellen Sprache und mit Hilfe der klassischen Logik. Es liegt daher der Einwand nahe, daß dieses Vorgehen der Universalität der Quantenlogik widerspreche und statt dessen die methodische Priorität der traditionellen Sprache und Logik demonstriere. Dagegen wäre jedoch zunächst einzuwenden, daß die hier behandelten Sprachen $\mathscr{S}$, $\mathscr{S}_i$, $\mathscr{S}_q$ und $\mathscr{S}_{qi}$ *Objektsprachen* sind, daß aber die Darstellung und Begründung dieser Sprachen in einer *Metasprache* unter Verwendung der entsprechenden *Meta-Logik* erfolgt. Der Aufbau einer Metasprache wird sich grundsätzlich nicht von dem einer Objektsprache unterscheiden. Die elementaren Meta-Aussagen sind hier aber Aussagen über die Beweisbarkeit oder Widerlegbarkeit objektsprachlicher Aussagen, und diese Meta-Aussagen besitzen die Eigenschaft der unbeschränkten Verfügbarkeit. Daher besitzt die Metasprache mindestens eine zu $\mathscr{S}_i$ analoge Struktur. Die Verwendung der durch $\mathscr{S}_i$ gegebenen Sprachstruktur und der entsprechenden Logik $L_i$ in der Metasprache läßt sich daher im Rahmen der Quanten-Sprache und Quantenlogik legitimieren und ist nicht Ausdruck einer methodischen Inkonsistenz [15, 16].

Die Überlegungen dieses Abschnitts IV zeigen somit, daß drei naheliegende Einwände gegen die behauptete Apriorität und Universalität der intuitionistischen Quanten-Logik nicht erhoben werden können, da sie auf offensichtlichen Mißverständnissen beruhen. (1) Die Logik $L_{qi}$ enthält im Vergleich mit der klassischen Logik $L_c$ keine zusätzlichen empirischen Komponenten und ist daher keine der zahlreichen „philosophischen Logiken", die für besondere Fragestellungen und spezielle Aussagenklassen gültig sind. (2) Die Tatsache, daß einige der klassisch-logischen Tautologien wie $A \to (B \to A)$ in der Quantenlogik nicht mehr formal wahr sind, hat nichts mit deren angeblicher Zeitabhängigkeit in der Quantenlogik zu tun. Junktorenlogische Verknüpfungen sind vielmehr in allen betrachteten Sprachen zeitfrei. (3) Die Verwendung einer klassischen Meta-Sprache und Meta-Logik bei der Begründung der Quantenlogik widerspricht nicht der Feststellung, daß nur die Logik $L_{qi}$ die für eine Logik erforderliche Apriorität und Universalität besitzt. Für eine Metasprache sind stets zusätzliche Voraussetzungen erfüllt.

## V. Abschließende Bemerkungen

Angesichts der hier besprochenen Möglichkeiten der Rechtfertigung der vier Logik-Systeme $L_c$, $L_i$, $L_q$ und $L_{qi}$ bietet sich der folgende einheitliche Gesichtspunkt zur Beurteilung von Logik-Kalkülen an: In der zu einer Sprache gehörenden Logik werden diejenigen Aussagen-Verbindungen zusammengefaßt, die unabhängig vom Inhalt der in ihnen enthaltenen materiellen Aussagen wahr sind. In einer Sprache, die zur Erfassung der klassisch-physikalischen Realität geeignet ist und die auf sehr starken ontologischen Prämissen basiert, erfüllt die klassische Logik diese Funktion. Die zuerst in der Mathematik deutlich gewordene Möglichkeit unentscheidbarer Sätze führte zu einer Reduktion der ontologischen Prämissen, die zu einer Revision der Logik im Sinne des Intuitionismus führte. Dem damaligen Kenntnisstand entsprechend erfüllte diese neue abgeschwächte Struktur wiederum die Funktion einer Logik im Sinne einer apriorischen Theorie allgemeingültiger Tautologien. Die durch die moderne Physik erzielte Erweiterung des Gesichtskreises führte schließlich dazu, die Möglichkeit nicht simultan entscheidbarer Sätze mit in Betracht zu ziehen. Die dadurch bewirkte weitere Reduktion der ontologischen Prämissen und die entsprechende Revision der Sprache führte schießlich auf die intuitionistische Quantenlogik, die damit die dem heutigen Kenntnisstand angemessene formale Logik im Sinne einer Theorie universell gültiger tautologischer Sätze ist [18].

Die Konzeption der formalen Logik als einer Theorie und Zusammenfassung aller universell gültigen tautologischen Sätze hat sich daher seit ihren Anfängen bei Aristoteles nicht wesentlich geändert. Was sich im Laufe der Geschichte der Logik geändert hat, und was ganz offensichtlich revidierbar war und ist, das sind die dem jeweiligen Kenntnisstand angemessenen ontologischen Voraussetzungen. Die Erweiterung unserer Kenntnisse und Einsichten kann Möglichkeiten in den Blick bringen, die in dem jeweils vorliegenden Ontologie-Begriff noch nicht berücksichtigt sind. In diesem Sinne ist die intuitionistische Quantenlogik als die unserem heutigen Kenntnisstand in der Mathematik und in der physikalischen Realität angemessene formale Logik anzusehen.

# Literatur

[1] Beltrametti, E. and Bas C. van Fraassen: Current Issues in Quantum Logic, Plenum Press, New York, 1981.
[2] Birkhoff, G.: Lattice Theory, 3. ed., American Mathematical Society, Providence, Rhode Island, 1973.
[3] Bohr, N.: "On the notion of causality and complementarity", Dialectica 2 (1948), 312-319.
[4] Chomsky, N.: "Aspects of the Theory of Syntax", The MIT-Press, Cambridge, Mass. 1965, p. 4.
[5] Curry, H.B.: Foundations of Mathematical Logic, Dover Publications, New York, 1977.
[6] Feyerabend, P.K.: „Bemerkungen zur Verwendung nicht-klassischer Logiken in der Quantentheorie", in: P. Weingartner (Hrsg.), Veröffentlichungen des Internationalen Forschungszentrums für Grundfragen der Wissenschaften, Wien 1965, S. 351-359.
[7] Hermes, Hans: „Die Rolle der Logik beim Aufbau naturwissenschaftlicher Theorien", Arbeitsgemeinschaft für Forschung des Landes Nordrhein-Westfalen, Heft 168, Westdeutscher Verlag, Köln und Opladen (1967).
[8] Hübner, Kurt: „Über den Begriff der Quantenlogik", in: Sprache im technischen Zeitalter, Heft 12, 925-934 (1964).
[9] Lenk, Hans: „Philosopische Kritik an Begründungen von Quantenlogiken", Philosophia Naturalis, *11*, 413-425 (1969).
[10] Lorenzen, P.: Formale Logik, 4. Aufl., Walter de Gruyter & Co., Berlin 1970.
[11] Lorenzen, P. und O. Schwemmer, Konstruktive Logik, Ethik und Wissenschaftstheorie, 2. Aufl., Bibliograhisches Institut, Mannheim 1975.
[12] Lorenzen, P. und K. Lorenz: Dialogische Logik, Wissenschaftliche Buchgesellschaft Darmstadt, 1978.
[13] Lorenzen, P.: Metamathematik, 2. Aufl., Bibliographisches Institut, Mannheim 1980.
[14] Mittelstaedt, P.: "Time dependent propositions and quantum logic", Jour. of Philosophical Logic 6, 463-472 (1977).
[15] Mittelstaedt, P.: "Quantum Logic", D. Reidel Publ. Co., Dordrecht, Holland (1978).
[16] Mittelstaedt, P.: „Die Metalogik der Quantenlogik", in: Grundlagen der Quantentheorie, Hrsg. P. Mittelstaedt und J. Pfarr, Bibliographisches Institut, Mannheim (1978), S. 59-71.
[17] Mittelstaedt, P.: Comment on von Weizsäcker, in: Transcendental Arguments and Science, Eds: Peter Bieri, Rolf-Peter Horstmann and Lorenz Krüger, D. Reidel Publ. Co., Dordrecht, Holland (1979), p. 171-176.
[18] Mittelstaedt, P.: „Wahrheit, Wirklichkeit und Logik in der Sprache der Physik", Z. für allgemeine Wissenschaftstheorie, XIV/1 (1983) 24-45.
[19] Mittelstaedt, P.: „Quantum Logic and Relativistic Space-Time", in: "Quantum Theory and the Structure of Space and Time", Vol. 5, Hanser-Verlag, München, (1983), 54-81.
[20] Mittelstaedt, P.: „Benennung und Identität in der Sprache der Physik", Z. für allgemeine Wissenschaftstheorie, im Erscheinen.
[21] Stachow, E.W.: "Completeness of Quantum Logic", Journal of Philosophical Logic 5 (1976), 237-280.
[22] Stachow, E.W.: "Quantum logical calculi and lattice structures", Journal of Philosophical Logic 7 (1978), 347-386.

[23] Stachow, E.W.: "Logical Foundations of Quantum Mechanics", Intern. Jour. of Theoretical Physics *19*, 251-304 (1980).
[24] Stachow, E.W.: "Sequential Quantum Logic", in: Beltrametti, E. and Bas C. van Fraassen, Current Issues in Quantum Logic, Plenum Press, New York 1981, 173-191.
[25] Stachow, E.W.: "Comment on R. Wallace", Erkenntnis *16* (1981), 263-273.
[26] Stachow, E.W.: Logische Grundlagen der Quantenphysik, Bibliographisches Institut, Mannheim, in Vorbereitung.
[27] Stegmüller, W.: Probleme und Resultate der Wissenschaftstheorie und analytischen Philosophie, Band 2, Theorie und Erfahrung, Springer-Verlag, Berlin 1972, S. 438-462.
[28] Rasiowa, H.: An Algebraic Approach to non-classical Logics, North-Holland Publ. Co., 1974, pp. 44 ff.
[29] Reichenbach, H.: Philosophische Grundlagen der Quantenmechanik, Verlag Birkhäuser, Basel 1949.
[30] Weizsäcker, C.F., v.: „In welchem Sinne ist Quantenlogik eine zeitliche Logik", In: Grundlagenprobleme der modernen Physik, (Hrsg.) J. Nitsch, J. Pfarr und E.-W. Stachow, Bibliographisches Institut, Mannheim (1981), S. 311-317.

# VI. Philosophische Probleme des Lebendigen

Gerhard Vollmer

# Die Unvollständigkeit der Evolutionstheorie

## *Gliederung*

|   |   | Seite |
|---|---|---|
| 1 | Der Status der Evolutionstheorie | 285 |
| 2 | Evolutionsfaktoren | 288 |
| 3 | Ein Standardeinwand: Makroevolution | 290 |
| 4 | Zauberformeln der Evolutionstheorie | 294 |
|   | a) „Artenwandel" | 294 |
|   | b) „Frühformen" | 294 |
|   | c) „Lückenlose Ahnenreihen" | 295 |
|   | d) „Missing links" | 296 |
|   | e) „Präadaptation" | 299 |
|   | f) „Funktionswechsel" | 301 |
| 5 | „Wenn ich an das menschliche Auge denke, bekomme ich Fieber." (Darwin) | 302 |
| 6 | Die Lücke der Evolutionstheorie: Nachweis von Doppelfunktionen | 305 |
| 7 | Warum hat es die Physik besser? | 309 |
| 8 | Zusammenfassung | 314 |
|   | Anmerkungen | 316 |

## *1 Der Status der Evolutionstheorie*

Für die Biologie ist die Evolutionstheorie eine wahrhaft *integrative* Disziplin: Es gibt keinen Bereich biologischer Forschung, für den nicht auch Evolutionsprobleme bedeutsam sind und der nicht seinerseits die Evolutionsforschung bereichert. Wir können uns hier den Nachweis dafür ersparen, wie eng Taxonomie und Systematik, vergleichende Anatomie und Embryologie, Paläontologie und Biogeographie, klassische und molekulare Genetik, Mutationsforschung und Zuchtexperimente, Molekularbiologie und Biogenetik mit der Evolutionstheorie zusammenhängen. *Alle Biologie ist Evolutionsbiologie.*

Neben dieser integrativen Funktion hat die Evolutionstheorie ein weiteres unschätzbares Verdienst. Sie hat die Biologie herausgeführt aus einer statischen Betrachtungsweise (in der nur gesammelt und geordnet wird, „was es alles gibt") oder allenfalls aus einem kinematischen Stadium (in dem Wandel als solcher — also Evolution im *deskriptiven* Sinne — zwar gesehen und anerkannt, aber nicht erklärt wird) in ein *dynamisches* Stadium (in dem solche Wandlungsprozesse durch Kräfte oder Faktoren *erklärt* werden). Lamarcks und Darwins Leistung war also weniger, die Evolution der Organismen behauptet und belegt, als Ansätze zu ihrer Erklärung geliefert zu haben.

Trotz dieser ihrer überragenden Rolle ist die Evolutionstheorie noch immer umstritten. Bekanntlich war schon die Darwinsche Auffassung vom „Ursprung der Arten", seine Lehre über das Bestehen, den Ablauf und die Faktoren der biologischen Evolution, heftigen Angriffen ausgesetzt. Auch ihre modernen Nachfolger, die vor allem Genetik und Molekularbiologie einbeziehen, werden kritisiert
— als *tautologisch* ("survival of the survivor"),
— als *widersprüchlich* („Evolution" könne nicht zu Neuem führen),
— als faktisch *falsch* (Kreationisten, Neo-Vitalisten, Neo-Lamarckisten, Großmutationen) oder wenigstens
— als *unvollständig* („kritische" Evolutionstheorie, nicht-Darwinsche Evolution, random drift).

Aber nicht nur Wahrheits- und Vollständigkeitsansprüche der Evolutionstheorie werden bestritten; viel grundsätzlicher noch wird ihr *Wissenschaftscharakter* überhaupt in Zweifel gezogen. Für Karl Popper zum Beispiel ist die Evolutionstheorie nichts weiter als ein metaphysisches Forschungsprogramm, fruchtbar zwar, aber einer empirischen Überprüfung nicht zugänglich. Sie könne zwar vieles *erklären*, auch zur Theorienbildung anregen, sei aber nicht in der Lage, prüfbare *Prognosen* zu machen, an denen sie wirklich scheitern könnte. Da nach Popper die prinzipielle Falsifizierbarkeit einer Theorie erst ihren Charakter als Erfahrungswissenschaft ausmacht, sei die Evolutionstheorie — entgegen ihrem Anspruch — *keine empirisch-wissenschaftliche Theorie.*

Die meisten dieser Vorwürfe können leicht entkräftet werden. Manche beruhen auf schlichter Unkenntnis. Dies verleitete einen Evolutionstheoretiker zu der boshaften Bemerkung, die Heftigkeit der Angriffe gegen die Evolutionstheorie sei direkt proportional zur Unkenntnis ihrer Kritiker. — Daß die Evolutionstheorie tautologisch oder inkonsistent sei oder daß sie den Tatsachen schlicht widerspreche, ist jedenfalls heute kein ernsthaftes Argument mehr. — Die Tauglichkeit (fitness) eines Organismus kann über seine Stabilität, seine Reproduktionstreue und seine Vermehrungsrate nicht nur unabhängig von seiner tatsächlichen Nachkommenzahl definiert, sondern in elementaren Fällen (RNA-Strukturen, Viren, Bakterien) sogar ohne Kenntnis dieser Größe empirisch ermittelt werden. — Daß Entwicklung nur zur Entfaltung bereits bestehender (und möglicherweise verborgener) Anlagen, niemals aber zur Entstehung *neuer* Eigenschaften führen könne, wird zwar durch die Etymologie der Wörter „Evolution", „Entwicklung", „Emergenz" nahegelegt, ist aber Unsinn, wie insbesondere die Systemtheorie zeigt. — Und daß die Evolutionstheorie empirisch widerlegt sei, kann *trotz* der zahlreichen neu hinzugekommenen Fakten nicht (mehr) ernsthaft behauptet werden, nachdem sich Erdalter, Evolutionsgeschwindigkeit, Fossilfunde, Genetik und Molekularbiologie als mit ihr bestens verträglich erwiesen haben. —

Auch daß die Evolutionstheorie nicht prüfbar (nämlich nicht falsifizierbar) sei, ist anhand zahlreicher Beispiele widerlegt worden.[1] Freilich bedarf es einer eingehenden und sachkundigen Analyse, wenn man die Begriffe, Objekte, Gesetze, Behauptungen und Argumente der Evolutionstheorie klar herausarbeiten will. Zusammenfassend läßt sich wohl die Behauptung vertreten, daß die Evolutionstheorie in wesentlichen Teilen zwar durchaus programmatischen (d.h. heuristischen, zu Fragen und Hypothesen anregenden) Charakter hat, daß sie aber nicht unprüfbar oder gar pseudowissenschaftlich ist. Sie stellt somit keineswegs ein metaphysisches, sondern ein durchaus empirisch-wissenschaftliches Forschungsprogramm dar. Wenn sie dabei im Vergleich zu den Theorien der Physik von besonderer Natur ist (hoher Erklärungs-, geringer Prognosewert), so macht sie das nicht verdächtig, sondern methodologisch gerade besonders interessant. Aber gewiß sind längst noch nicht alle ihre diesbezüglichen Probleme ausdiskutiert.

Am hartnäckigsten halten sich jedoch Behauptungen, die Evolutionstheorie sei unvollständig und deshalb ergänzungsbedürftig. Auf eine solche Kritik laufen fast alle Einwände hinaus, welche die Form haben: Über Mutation und Selektion mag man ja vieles erklären können, aber gewiß *nicht* die Entstehung

— des ersten Lebewesens,
— der arterhaltenden Zweckmäßigkeit,
— neuer systematischer Einheiten (Familien, Ordnungen, Klassen, Stämme ...),
— des Menschen,
— des menschlichen Auges,
— des menschlichen Gehirns,
— von Logik und Sprache,
— von Normen und Werten.

Trotz ihrer Ähnlichkeit in der Argumentations*form* unterscheiden sich solche Kritiken dann doch wesentlich darin, ob sie die Evolutionstheorie nicht nur für erweiterungs*bedürftig*, sondern auch für erweiterungs*fähig* halten und *welche* Evolutionsfaktoren sie zur Ergänzung vorschlagen.

Dabei wurden oder werden u.a. diskutiert:

— individuelle Selbstanpassung    (Lamarck),
— Vererbung erworbener Eigenschaften    (Lamarck, Darwin),
— élan vital    (Bergson),
— Entelechie    (Driesch in Anlehnung an Aristoteles),
— Bewußtseinsdrang    (Teilhard de Chardin),
— interne Selektion    („kritische" Evolutionstheorie),
— random drift und neutrale Evolution    (Kimura).

Definiert man „Darwinismus" durch die ausschließliche Anerkennung von Mutation und Selektion, so war kurioserweise nicht einmal Darwin ein konsequenter Darwinist. Wer nun aber weitere Evolutionsfaktoren fordert oder aufstellt, der wird erstens die *Bedeutung* seiner Begriffe klar explizieren, zweitens die *Notwendigkeit* des zusätzlichen Faktors an Beispielen nachweisen und drittens zu zeigen versuchen, daß der vorgeschlagene Faktor die behauptete oder festgestellte Lücke tatsächlich *ausfüllt*. Da es nicht einfach ist, alle diese

Bedingungen gleichzeitig zu erfüllen, ist die Einführung zusätzlicher Evolutionsfaktoren nach wie vor umstritten.

Es ist jedoch notwendig, zwischen Evolutionskritikern und Evolutionsgegnern (oder Anti-Evolutionisten) zu unterscheiden. Wie jede wissenschaftliche Theorie bedarf auch die Evolutionstheorie der kritischen Prüfung. Sollte sie falsch oder unvollständig sein, so wird nur besonnene und ernsthafte Kritik das herausfinden. Diese Kritik kann sich auf die Überprüfung in der Erfahrung und auf die Konfrontation mit konkurrierenden Theorien beziehen. Natürlich darf dabei auch nach den empirischen Belegen oder den theoretischen Argumenten für die *Tatsache* der Evolution gefragt werden. Wer aber heute *in Kenntnis* dieser Belege und Argumente noch ernsthaft das Faktum der Evolution bezweifelt, dem ist nicht zu helfen; er kann nicht mehr als vernünftiger Evolutionskritiker, sondern nur als unbelehrbarer Evolutionsgegner gelten.

Man kann natürlich auch heute noch behaupten, die Erde ruhe, sie sei eine Scheibe oder eine Hohlkugel (und wir lebten auf der Innenseite), es gebe einen horror vacui, einen Feuerstoff (Phlogiston) oder eine Wärmeflüssigkeit (Caloricum). Bei aller Vorläufigkeit und Revidierbarkeit unseres Wissens wird sich doch niemand mehr auf eine ernsthafte wissenschaftliche Diskussion über solche Behauptungen einlassen.

## 2 *Evolutionsfaktoren*

Nun muß man deutlich sehen (und sagen), daß schon die Evolutionstheorie in ihrer heute anerkannten Form (als „Synthetische Theorie") sich nicht auf Mutation und Selektion als Evolutionsfaktoren beschränkt. Nicht nur waren die Begriffe „Mutation" und „Selektion" wesentlich zu *präzisieren,* nämlich zu „Ketten ungerichteter Mikromutationen" und „differentielle Reproduktion infolge unterschiedlicher Tauglichkeit". Vielmehr mußten längst *weitere Mechanismen* als Evolutionsfaktoren anerkannt werden: Einnischung (Annidation), Isolation, Gendrift, Genrekombination. Es ist also schon seit dem Bestehen der „Synthetischen Theorie" (Julian Huxley 1942) nicht mehr zulässig, die Evolutionstheorie ausschließlich über Mutation und Selektion zu definieren oder die Evolution der irdischen Organismen auf diese beiden Faktoren (und sonst nichts) zurückführen zu wollen.

Zwar würden im Prinzip auch schon Mutation und Selektion allein ausreichen, um ein Evolutionsgeschehen zu bewirken; für die Beschreibung der *tatsächlichen* Evolutionsvorgänge auf der Erde genügen sie jedoch nicht. Sie erklären beispielsweise nicht, wie es zur Arten*aufspaltung* und damit zu der überwältigenden Arten*vielfalt* kommt; sie erzwingen noch keine *Höher*entwicklung, wie wir sie tatsächlich vorfinden (wenn wir das Prädikat „höher" nur in irgendeinem vernünftigen Sinne definieren); und sie geben auch noch keinen Hinweis auf die vergleichsweise hohe Evolutions*geschwindigkeit*, der die höheren Tiere ihre (und wir unsere) Existenz verdanken. Kurzum, mit dem alleinigen Wirken von Mutation und Selektion wäre es durchaus noch verträglich, wenn die Evolution bei einer einzigen Sorte optimal angepaßter, aber primitiver, Einzeller stehengeblieben wäre.

In Tabelle 1 sind die maßgebenden Evolutionsfaktoren aufgezählt (Spalte 1), und es ist auch angegeben, für welche Charakteristika der irdischen Evolution sie jeweils „verantwortlich" sind (Spalte 2) und was geschähe, wenn der betreffende Faktor außer Kraft gesetzt würde (Spalte 3).

| Evolutionsfaktor | maßgebend für | bei Fehlen folgt |
|---|---|---|
| **Mutation** | Evolutionspotential, Anpassungsfähigkeit | *kurzfristig* (wegen bereits vorhandener genetischer Variabilität): noch Evolution<br>*langfristig:* Uniformität, Stagnation, (und bei Umweltänderung: Aussterben) |
| **Selektion** (differentielle Reproduktion) | Informationserhalt, Anpassung, infraspezifische Evolution, Höherentwicklung | zunächst Bevölkerungsexplosion, dann aber Informationsverlust, Degeneration |
| **Annidation** (Einnischung) | Artenvielfalt<br>Koexistenz | eliminative Konkurrenz und schließlich Dominanz einer einzigen Art |
| **Isolation** | Artenbildung<br>Artenaufspaltung | Uniformität<br>kaum Evolution |
| **Gendrift** (Sewall-Wright-Effekt) | Evolutionsgeschwindigkeit | Evolution langsam |
| **Rekombination** der Gene | Evolutionsgeschwindigkeit | Evolution sehr langsam |

Tabelle 1: Evolutionsfaktoren und ihre Rolle in der Evolution

Natürlich lassen sich die maßgebenden Evolutionsfaktoren nicht wirklich außer Kraft setzen, so wenig wie man beispielsweise die Gravitationskraft vorübergehend abschalten kann. *Mutationen* treten immer auf, weil eine hundertprozentig genaue Replikation — jedenfalls gegenüber jeglicher Konkurrenz — zu aufwendig und zu langsam wäre. *Selektion* ist wegen der Endlichkeit der Nahrungs- und Energiequellen unvermeidlich; sie kann durch Schaffung günstiger Umweltbedingungen („paradiesischer" Zustände) nur vorübergehend aufgehoben werden. Die Existenz (und Neuentstehung) *ökologischer Nischen* erlaubt überhaupt erst die Koexistenz verschiedenartiger Organismen und darüber hinaus ihre Kooperation bis hin zur Symbiose. Ohne ökologische Nischen würde *eine* überlegene Variante alle anderen verdrängen und je nach Wachstumsverhalten entweder (exponentielles Wachstum) ihrerseits wieder von neuen konkurrierenden Mutanten verdrängt werden oder (hyperbolisches Wachstum) für alle Zeiten die Oberhand behalten.

Ohne *Isolationsmechanismen* — die in ihrer *relativen* Bedeutung, vor allem von sympatrischer und allopatrischer Isolation, noch nicht ganz geklärt sind — käme es überhaupt nicht zur Aufspaltung in verschiedene Arten. Es müßte *totale Panmixie* herrschen: Jedes

Lebewesen wäre im Prinzip mit *jedem* anderen fruchtbar kreuzbar; alle Kombinationen wären möglich; es gäbe also zu jedem Zeitpunkt nur eine einzige Art. Da eine Höherentwicklung nur erfolgen könnte, wenn sie alle Angehörigen der Art betrifft, könnte die Evolution, wenn überhaupt, nur ganz träge verlaufen. Es ist aber klar, daß dieser Zustand gar nicht beibehalten würde, da jeder auch nur mäßig wirksame Isolationsmechanismus die isolierte Teilpopulation begünstigen und die Evolution beschleunigen würde.

Der Genvorrat einer Art ist keine unveränderliche Größe. Vielmehr gibt es allmähliche Verschiebungen des Genbestandes. Die Geschwindigkeit dieser *Gendrift* hängt vor allem von der Größe einer Population ab. Die Populationsgröße ist natürlichen *Schwankungen* unterworfen und mit ihr auch die Häufigkeitsverteilung der Gene. Nun ändert sich, wie man sich leicht klarmacht, in kleineren Populationen der Genbestand schneller als in großen („bottleneck-Effekt"). Ein einziges befruchtetes Weibchen, das einen neuen potentiellen Lebensraum erreicht (z.B. durch einen Sturm auf eine Insel verschlagen wird), stellt einen Extremfall dieser Situation dar („Gründer-Prinzip"). So beeinflussen die Schwankungen der Populationsgröße vor allem die *Evolutionsgeschwindigkeit*.

In noch stärkerem Maße gilt das für die *Rekombination* der Gene (infolge Chromosomen-Neuverteilung bei der Meiose, durch crossing over und bei der Paarung). Diese Genrekombination ist eine relativ späte „Erfindung" des Lebens, die es erlaubt, viele Varianten *gleichzeitig* auszuprobieren, und die für die Höherentwicklung der Lebewesen auf der Erde ihrerseits die Rolle des „Experimentators" gespielt hat. Freilich sind Leben und Evolution auf diesen Trick nicht unabdingbar angewiesen; aber ohne ihn wären die höchstentwickelten irdischen Organismen wohl auch heute noch bakterienartige Einzeller.

> Mutationen sind ungerichtet. Sie werden zwar ausgelöst, also verursacht (und sind in diesem Sinne nicht absolut zufällig); ihre Ursachen sind jedoch mit ihren phänotypischen Auswirkungen nicht gesetzmäßig verknüpft. Die Mutationen bringen daher ein *Zufallselement* in den Verlauf der Evolution. Auch Gendrift und Genrekombination sind Zufallsfaktoren. Selektion, Annidation und Isolation sind dagegen im wesentlichen deterministischer Natur. So kommt es zu dem charakteristischen konstruktiven Zusammenspiel von „Zufall und Notwendigkeit" in der Evolution, wie Monod, Eigen und andere Autoren es beschreiben.

Diese in ihrer Kürze notwendig skizzenhaften Betrachtungen dürften deutlich machen, daß für eine angemessene Erfassung des irdischen Evolutionsgeschehens tatsächlich alle genannten Evolutionsfaktoren gebraucht werden. Sie sollten aber auch zeigen, daß die moderne Evolutionstheorie sich längst nicht mehr mit Mutation und Selektion als den Baumeistern der Evolution begnügt, sondern tatsächlich weitere erklärende Mechanismen in Anspruch nimmt.

## *3 Ein Standardeinwand: Makroevolution*

Konnten wir bisher zeigen, daß die genannten Evolutionsfaktoren zur Beschreibung und Erklärung des faktischen Evolutionsgeschehens *notwendig* sind, so bleibt doch zunächst offen, ob sie dafür auch *hinreichend* sind, ob sie uns also tatsächlich alle Evolutionserscheinungen verstehen lassen. Als zweifelhaft gilt dies vor allem bei den Erscheinungen der *Makroevolution*. Während die Mikroevolution „nur" die Veränderungen innerhalb einer Art, also die innerartliche oder *infraspezifische Evolution* betrifft, bezieht sich der Ausdruck „Makroevolution" auf Veränderungen über die Art hinaus, auf die Entstehung neuer Organe, Typen, Baupläne, Lebensweisen, neuer Arten, Gattungen, Ordnungen und höherer systematischer Einheiten (Taxa), auf die *transspezifische Evolution* oder Typogenese. Die Makroevolution hat nicht nur vom Ein- zum Vielzeller, sondern auch von den Fischen über Amphibien und Reptilien zu Vögeln und Säugern geführt. Dabei wurden offenbar ganz neue Lebensräume erschlossen, neue ökologische Nischen geschaffen und erobert, neue Lebensweisen ausprobiert, neue Nahrungsquellen gefunden. Kann man auch diese gewaltigen Veränderungen evolutionsgenetisch verstehen?

Für die Erklärung der Mikroevolution genügen, soweit wir wissen, tatsächlich *Mikromutationen*, kleine, zufällige, ungerichtete Erbänderungen, die durch elementare Kopier- und Übersetzungsfehler zustandekommen. In 2 haben wir gesehen, daß die Mikroevolution sogar dann noch einige Zeit weiterginge, wenn eines Tages gar keine Mutationen mehr aufträten: Infolge der statistischen Streuung besitzt der Genpool einer Art ein natürliches Evolutionspotential, das durch Rekombination von Genen zur Bildung und Erprobung zahlreicher neuer Varianten ausgenützt werden kann. Die unvermeidlich stattfindenden neuen (Mikro)Mutationen verschaffen der Art freilich eine zusätzliche reaktive Bandbreite und sichern vor allem auch langfristig ihre Anpassungs- und Evolutionsfähigkeit. Braucht man nun zur Erklärung der Makroevolution entsprechende *Makromutationen?*

Zunächst einmal ist klar, daß solche Makromutationen — falls sie existieren — unser Problem, die Erklärung der Makroevolution, tatsächlich lösen könnten. Wenn aus Kiemenatmern Lungenatmer, aus Wassertieren Landbewohner, aus eierlegenden Tieren lebendgebärende wurden, so müssen diese Prozesse natürlich auch von ungeheuren *genetischen* Veränderungen begleitet gewesen sein. Gibt es sprunghafte Erbänderungen solchen Ausmaßes, daß Gene und Chromosomen nicht nur im Detail verändert, sondern ganz neu geschaffen und kombiniert werden?

Solche Großmutationen sind bisher nie beobachtet worden. Sie könnten zwar unser Problem lösen, scheinen aber einfach nicht aufzutreten. Auch theoretisch dürfen solche Ereignisse als zu unwahrscheinlich ausgeschlossen werden. Makromutationen gibt es nach allem, was wir wissen, nicht.

Man könnte versucht sein, *qualitativ* folgendermaßen zu argumentieren: Makromutationen sind gewiß äußerst unwahrscheinlich und extrem selten. Aber für das Verständnis der Evolution brauchen wir ja auch nur einige wenige solcher Großmutationen, etwa für die Entstehung neuer Klassen (bei den Wirbeltieren Rundmäuler, Knorpelfische, Knochenfische, Amphibien, Reptilien, Vögel, Säugetiere) oder neuer Ordnungen (bei den Plazentatieren Insektenfresser, Fledermäuse, Hasenartige, Nagetiere, Raubtiere, Elefanten, Unpaarhufer, Paarhufer, Wale, Primaten): Solche Übergänge brauchen also in Millionen von Jahren nur einmal oder eben nur ganz selten vorzukommen. Es ist deshalb kein Wunder, daß wir derartige Makromutationen in den wenigen Jahrtausenden, Jahrhunderten oder Jahrzehnten, in denen wir Naturbeobachtung, Biologie oder Genetik betreiben, noch nie beobachtet haben.

Aber dieses Argument läßt sich *quantitativ* widerlegen. Mutationen im Sinne der Neuentstehung eines Gens oder eines ganzen Chromosoms sind nämlich, wenn wir das Wissen der heutigen Molekularbiologie zugrundelegen, so unwahrscheinlich, daß sie auch in Milliarden von Jahren überhaupt nie vorkommen dürften; sie sind *praktisch unmöglich*.

Außerdem müßten ja, wenn solche Makromutationen tatsächlich genügend häufig aufträten, um die Evolution zu beeinflussen, Mutationen etwas kleineren Ausmaßes (z.B. Neubildungen von Fast-Genen) wesentlich häufiger vorkommen, noch bescheidenere Erbänderungen (halbe Gene) natürlich schon gewaltig oft. Auch so etwas wird jedoch *nicht beobachtet*, und dieses Faktum (dieses Ausbleiben) ist seinerseits statistisch völlig verständlich. Erst recht sind damit die postulierten Großmutationen unmöglich.

Angesichts dieser Situation, in der die geforderten Makromutationen *empirisch und theoretisch* ausgeschlossen werden können, müssen wir uns fragen, ob und wie wir uns mit den bescheidenen Mikromutationen behelfen können. Hier gibt es nun mehrere Möglichkeiten, die wir in Tabelle 2 zusammenstellen (wobei wir der Vollständigkeit halber auch die Großmutationen noch einmal aufgenommen haben).

| Makroevolution erfordert gewaltige genetische Veränderungen. Wie kommen diese Veränderungen zustande? | Beurteilung |
|---|---|
| a) Durch seltene „glückliche" *Großmutationen,* bei denen ganze Gene oder Chromosomen *neu* gebildet werden. | Solche Großmutationen sind viel zu unwahrscheinlich und auch faktisch nie beobachtet worden. Die Theorie der evolutiven Sprünge (*Saltationstheorie*) wird deshalb zu Recht verworfen. Wir müssen also bei der Erklärung der Evolution mit Mikromutationen auskommen. |
| b) Durch *zahleiche passende gleichzeitige Mikro-Mutationen* an vorhandenem Genmaterial. | Solche *System*mutationen sind ebenso unwahrscheinlich wie die vorher genannten Großmutationen. Genetisch unterscheiden sie sich von ihnen nur dadurch, daß das Erbmaterial bereits vorhanden ist. An den einschlägigen Wahrscheinlichkeits-Abschätzungen bzw. *Un*wahrscheinlichkeits-Betrachtungen ändert sich dadurch jedoch gar nichts. |
| c) Durch *einzelne Mikromutationen* mit *extremen positiven* (d.h. artbildenden und arterhaltenden) Auswirkungen. | Tatsächlich gibt es Mikromutationen mit vergleichswese *extremen* phänotypischen Folgen. Aber diese Folgen sind entweder *Schädigungen* (z.B. Phenylketonurie, eine folgenschwere Stoffwechselkrankheit, durch einen einzigen Nukleotidaustausch) oder *Atavismen* (Rückfälle in ältere stammesgeschichtliche Stufen, z.B. Vierflügligkeit bei Drosophila). *Neue Typen* (Goldschmidt: "hopeful monsters") entstehen dabei nicht. |
| d) Durch zahlreiche *gleichgerichtete Mikro*mutationen *nacheinander.* | Mutationen werden zwar ausgelöst, sind jedoch in ihren Auswirkungen nicht gerichtet; zwischen Auslöser der Mutation und Wirkung der Mutation besteht kein zwingender Zusammenhang. Gleichgerichtete Folgemutationen bis zur Entstehung eines fertigen Organs (z.B. eines Auges) wären dagegen nur *teleologisch* zu erklären. Für das Auftreten teleologischer Faktoren in der Natur gibt es aber nicht den geringsten empirischen Beleg. Teleologische Erklärungen wurden vielmehr mit dem Fortschreiten der Naturwissenschaft mehr und mehr entbehrlich. Wir können uns deshalb nur auf *un*gerichtete Mikromutationen berufen. |
| e) Durch zahlreiche *ungerichtete Mikro*mutationen *nacheinander,* von denen jede einzeln durch die Selektion positiv bewertet wird. | Diese Möglichkeit erfordert eine *Präzisierung* der Evolutionstheorie. Mit der allgemeinen Antwort „Mutation und Selektion" ist es dabei offenbar nicht getan. Es muß gezeigt werden, daß alle Zwischenstufen existieren oder wenigstens möglich sind und daß auch Mutationen „unterwegs" zum fertigen Organ schon einen Selektionsvorteil bieten. Wozu aber sollte (z.B.) ein halbes Auge gut sein? |

Tabelle 2: Wie kommen makroevolutive Schritte zustande?

Aus der Tabelle können wir in mehrfacher Hinsicht lernen. Schon in 2 haben wir betont, daß „Mutation" und „Selektion" *nicht ausreichen,* um dem tatsächlichen evolutiven Geschehen auf der Erde gerecht zu werden. Aber auch unter Berücksichtigung weiterer Evolutionsfaktoren bedürfen „die beiden großen Konstrukteure des Artenwandels" (Konrad Lorenz) einer *genaueren Charakterisierung.* Die Frage „Wie sind die Reptilien entstanden" ist durch die Auskunft „über Mutation und Selektion" nicht angemessen beantwortet. Zunächst einmal müssen Makromutationen (a) ausgeschlossen werden. Es gibt sie nicht. Aber auch Mikromutationen bieten keine Lösung, wenn sie als gehäuft (b), als extrem nützlich (c) oder als gerichtet (d) vorausgesetzt werden müssen. Der Evolutionsbiologe sollte also zeigen können, daß das evolutive Geschehen sich über zahlreiche, kleine, ungerichtete Mutationsschritte verstehen läßt, die nacheinander auftreten und von denen jeder oder nahezu jeder positiv bewertet und deshalb beibehalten wird (e).

Wird die Evolutionsbiologie dieser Forderung gerecht?

## 4 Zauberformeln der Evolutionstheorie

*a) „Artenwandel"*

Auf der Suche nach den Fakten und den Faktoren der Evolution wird der Biologe zunächst einmal die *Veränderlichkeit* der Arten nachzuweisen versuchen. Arten, die nicht veränderlich wären, könnten auch nicht auseinander hervorgehen, nicht miteinander verwandt sein.

Ein solcher Nachweis wird wenigstens teilweise erbracht, indem man die Wandelbarkeit rezenter Formen aufzeigt. War Darwin noch auf die Ergebnisse künstlicher Selektion bei Nutzpflanzen und Haustieren angewiesen, so gibt es heute schon weit mehr Belegmaterial. Evolutionsexperimente lassen sich sogar unter kontrollierten Bedingungen im Labor durchführen. Je kleiner der Organismus ist, desto kürzer ist seine Generationsdauer, und desto länger sind die evolutiven Ketten, die man beobachtend und analysierend verfolgen kann. So kennt man „Stammbäume" über Hunderte von Generationen bei Drosophila, über Tausende bei Bakterien und über Zehntausende von Generationen bei Viren.

Gleichwohl gehören diese lehrreichen Untersuchungen immer noch in den Bereich der Mikroevolution. Die Makroevolution umfaßt nicht Jahre und Jahrhunderte, sondern Jahrmillionen und Jahrmilliarden. Wir werden also nach längeren Evolutionsketten Ausschau halten müssen.

*b) „Frühformen"*

Wenn Arten sich verändern, dann müssen sich auch die heute lebenden aus anderen früheren Formen entwickelt haben. Solche Urahnen sollten sich dann wenigstens fossil nachweisen lassen. Und wirklich hat die paläontologische Forschung hier eindrucksvolle Belege vorzuweisen.

So fand man zum heutigen Pferd die Urform Eohippus (oder Hyracotherium), zum Nashorn die Frühform Hyrachyus, zum Elefanten das Moeritherium und sogar zum Wal einen Urahnen, den Protocetus.

Die Existenz von Frühformen beweist allerdings nur, daß eine Entwicklung stattgefunden hat; über Wandlungsgeschwindigkeit und Evolutionsverlauf, über Kontinuität und Ursachen kann sie noch nichts aussagen.

*c) „Lückenlose Ahnenreihen"*

Nach der Theorie verläuft das Evolutionsgeschehen in zahlreichen, kleinen Schritten. Die Stammesgeschichte muß also kontinuierlich sein — oder wenigstens *quasi-kontinuierlich*, wenn wir die diskrete Struktur der genetischen Information und den daraus folgenden unstetigen Charakter von Mutationen berücksichtigen wollen. In einer evolutiven Kette muß es deshalb auch alle Zwischenstufen geben bzw. gegeben haben.

Tatsächlich ließ sich die vermutete Kontinuität für viele Arten und Gattungen an Fossilien dokumentieren. Man kennt lückenlose Ahnenreihen für Trilobiten, Ammoniten, Austern, Schnecken[3], Elefanten, Kamele, Pferde. Dabei gilt der Stammbaum der Pferde mit Recht als das „Paradepferd" der Evolution (Ernst Haeckel), weil hier die Fundsituation besonders günstig ist.

Freilich belegen auch diese eindrucksvollen Formenketten nur die *Kontinuität der infraspezifischen Evolution*. Sie zeigen, daß hier keine Entwicklungssprünge auftreten oder angenommen werden müssen. Dies ist eine wichtige *Bestätigung* der Evolutionstheorie. Aber unsere selbstgestellte Aufgabe ist damit noch nicht gelöst. Zunächst einmal wollen wir ja nicht nur den *Verlauf* der Stammesgeschichte möglichst lückenlos rekonstruieren, sondern auch die *Faktoren* der Evolution studieren und erkennen, ob und inwieweit sie das Evolutionsgeschehen tatsächlich erklären können. *Warum* haben sich die Pferde so entwickelt? Warum zum Beispiel sind sie allmählich und im Durchschnitt immer größer geworden, von 30 cm Schulterhöhe bei Eohippus bis 150 cm bei Equus?

Solche über längere Zeiträume andauernde gleichgerichtete Entwicklungen oder „evolutive Trends" gibt es in großer Zahl. Zu ihrer Erklärung führt man gerne Begriffe ein wie „Orthogenese" (Haacke 1893, Eimer 1897), „Orthoselektion" oder „Orthoevolution" (Plate 1913). Erklärt ist damit aber noch nichts. Der Begriff „Orthoevolution" charakterisiert zunächst nur ein Bekenntnis, nämlich die *Überzeugung*, daß beobachtete Trends, also langfristig gleichgerichtete Merkmalsänderungen, durch einen anhaltend wirksamen Selektionsdruck erklärt werden können. Der jeweilige Selektionsvorteil muß jedoch in jedem Einzelfall auch wirklich nachgewiesen werden. Andernfalls dürfte man nur von zufälligen Trends oder „random drift" sprechen. Auch bei der Evolution der Pferde, insbesondere bei ihrer Größenzunahme, wird man Orthoevolution vermuten, also davon ausgehen, daß über lange Zeiträume die jeweils größten Tiere begünstigt waren. Der erklärende Nachweis, daß auf Größenzunahme tatsächlich ein gleichmäßiger Selektionsdruck stand, muß aber hier wie in allen anderen Fällen erst einmal erbracht werden.

Bei den Pferden ist dies tatsächlich möglich. Die Vorläufer der Pferde waren Waldbewohner und somit Laubfresser. Wegen der zunehmenden Versteppung Nordamerikas waren sie „gezwungen", zum Leben in der freien Steppe überzugehen und Grasfresser zu werden. Dieser Wechsel der Umweltbedingungen begünstigte Zehenreduktion, Hufbildung, Zahnwandel, Gebißveränderungen und eben auch zunehmende Körpergröße, die ja mit einer Steigerung der Körperkraft, der Fluchtschnelligkeit, des Aktionsbereichs und einer Rationalisierung des Stoffwechsels einhergeht. In diesem Fall können wir also den *beschriebenen* Sachverhalt tatsächlich auch mit Hilfe Darwinscher Prinzipien *erklären*.

Gleichwohl handelt es sich bei den hier erwähnten Ahnenreihen trotz der langen Zeiträume und des zum Teil beachtlichen Formenwandels nur um Mikroevolution. Evolutionsbiologisch werden das heutige Pferd und seine ausgestorbenen Urahnen gar nicht verschiedenen Arten zugerechnet. Es ist zwar sicher, daß Eohippus und rezentes Pferd nicht kreuzbar wären. Wenn es das Urpferd noch gäbe (wobei es natürlich nicht „Urpferd" hieße), *dann* würde es gegenüber dem neuzeitlichen Pferd gewiß eine selbständige Art darstellen. Der Artbegriff ist jedoch ausschließlich über die Fortpflanzungsgemeinschaft, also im Zeit*quer*schnitt oder „synchronisch" definiert und nicht im Zeit*längs*schnitt oder „diachronisch". Nur bei *gleichzeitig* lebenden (oder gleichzeitig gelebt habenden) Organismen kann man sinnvoll fragen, ob sie fruchtbar kreuzbar sind und also zur selben Art gehören. Deshalb gehören die Ahnen einer Art, z.B. des Pferdes, definitionsgemäß alle derselben Spezies an, weshalb wir auch nur von infraspezifischer Evolution sprechen. Was uns jedoch bei der Diskussion um die Makroevolution besonders interessiert, sind die *Übergänge zwischen verschiedenen Ordnungen, Klassen und höheren Kategorien.*

Diese beiden Gesichtspunkte – nicht nur Beschreibung, sondern auch Erklärung, nicht nur Mikroevolution, sondern auch Makroevolution – sollen uns auch bei der Beurteilung der weiteren evolutionsbiologischen „Zauberformeln" leiten.

*d) „Missing links"*

Trotz der überzeugenden Kontinuität der infraspezifischen Evolution wäre es durchaus noch denkbar – und der Schöpfungsbericht legt diese Vorstellung ja auch nahe –, daß von Anfang an ganz verschiedene Arten existiert hätten, die zwar Ähnlichkeit, aber keinerlei genetischen Zusammenhang, keine genealogische Verwandtschaft, keinen verbindenden Stammbaum, keine gemeinsamen Ahnen aufwiesen, sondern, unabhängig entstanden, sich auch unabhängig und durchaus kontinuierlich weiterentwickelt hätten. Zwischen den verschiedenen systematischen Einheiten bräuchte es dann keine Verbindung und keine Übergänge zu geben.

Nun behauptet aber die Evolutionstheorie über die Wandelbarkeit der Arten (a, b) und über die Kontinuität des evolutiven Geschehens (c) hinaus auch eine *Urverwandtschaft* alles Lebendigen, die *monophyletische* Abstammung aller Organismen. Diese Behauptung wird durch zahlreiche Untersuchungen aus Physiologie, Biochemie, Molekularbiologie, Genetik und anderen Disziplinen auf schönste bestätigt. Erinnert sei hier nur an die Universalität des genetischen Code, an die Tatsache also, daß alle Organismen molekularbiologisch dieselbe „Sprache" benützen. Eine solche Urverwandschaft läßt aber auch phylogenetisch Kontinuität *zwischen* den höheren Kategorien der biologischen Systematik erwarten. Es sollte auch hier Zwischenglieder geben, die sich fossil nachweisen lassen müßten.

Tatsächlich hat die Paläontologie viele solche „missing links" oder „fossile Brückentiere" ans Licht gebracht. Als Beispiele geben wir hier die Übergangsformen zwischen den schon in 3 genannten Tierklassen an. Ein Kreuz am Namen verrät dabei, daß die betreffenden Taxa ausgestorben sind. Außerdem sind die jeweiligen Erdzeitalter und die Funddaten aufgeführt.

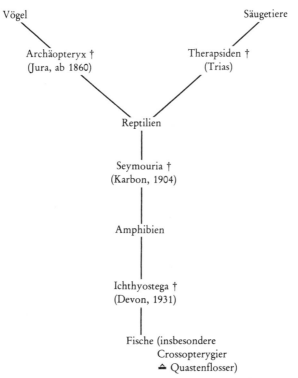

Natürlich gibt es auch zwischen den hier eingetragenen Formen noch weitere Vertreter, welche die behauptete Kontinuität weiter untermauern, z.B. zwischen Archäopteryx und rezenten Vögeln noch Ichthyornis † und Hesperornis †, zwischen Therapsiden und „wirklichen" Säugetieren die Gattung Diarthrognathus † (vgl. 4f).

Spricht man von „Übergangsformen", so meint man damit nicht, daß diese Lebewesen in allen Merkmalen *zwischen* Ausgangs- und Endform stünden. Auch die Amphibien stellen ja nicht in jeder Hinsicht die „Mitte" zwischen Fischen und Reptilien dar. Vielmehr vereinen solche Brückentypen in sich mosaikartig Merkmale beider Formen. Tabelle 3 verzeichnet beispielsweise, in welchen Zügen der Urvogel Archäopteryx — wohl das berühmteste dieser „missing links" oder vielmehr inzwischen „existing links" — *noch* mit seinen Vorfahren, den Reptilien, übereinstimmt und in welchen anderen *schon* mit seinen Abkömmlingen, den Vögeln.

| Reptil-Merkmale | Vogel-Merkmale |
|---|---|
| knöcherner Augenring<br>Kiefer mit Kegelzähnen<br>(wie bei Krokodilen) | |
| | Federkleid<br>Vogelschädel |
| Rippen ohne Versteifungsfortsätze | Armskelett vogelähnlich |
| Brustbein klein, flach<br>drei freie Finger mit Krallen | Vogelflügel |
| | Vogelbecken (nach hinten gedrehte Schambeine) |
| lange Schwanzwirbelsäule<br>(aus 20 unverschmolzenen Wirbeln)<br>Schienbein und Wadenbein nicht verwachsen | Beinskelett vogelähnlich<br>(verschmolzene Fußwurzel- und Mittelfußknochen)<br>Erste Zehe den anderen gegenübergestellt |

Tabelle 3: Der Urvogel Archäopteryx als „Mosaiktyp": Reptilien und Vogelmerkmale fügen sich mosaikartig zusammen.[5]

Ähnliches gilt für alle anderen Übergangsformen. Wegen des mosaikartigen Ineinandergreifens „altmodischer" und „zukunftsweisender" Merkmale spricht man dabei auch von *Mosaikevolution* oder von *additiver Typogenese*.

Man könnte fragen, warum die Übergangsformen immer ausgestorben sind. Die Antwort, sie seien *wegen* ihres „halbfertigen" Charakters nicht durchsetzungsfähig gewesen, liegt natürlich nahe. Sie ist aber in den meisten Fällen falsch. Auch die Amphibien sind ja nur „halbfertige" Landtiere und leben dennoch munter weiter. Da sie aber noch existieren, sind sie natürlich nicht zu „missing links" geworden. Nur *ausgestorbene* Formen konnten überhaupt vermißt werden.

Bedenkt man, daß im Laufe der Evolution wesentlich mehr (etwa 100mal so viele) Tierarten ausgestorben sind, als heute noch existieren, so wird einem klar, daß die „missing links" nur wenige von überwältigend vielen ausgestorbenen Formen sind. Nur wegen ihres Übergangscharakters richtet sich unser Augenmerk besonders auf sie; die Gründe für ihr Aussterben brauchen aber nichts mit ihrer Brückenrolle zu tun zu haben.

Wenn allerdings die gesuchten Bindeglieder in nur wenigen Exemplaren und in räumlich und zeitlich eng begrenzten Verbreitungsgebieten gefunden werden (Archäopteryx z.B. in nur sechs Exemplaren und ausschließlich in Solnhofener Plattenkalken des Oberen Jura), dann liegt auch die Vermutung nahe, daß diese Evolutionsphase tatsächlich nur kurze Zeit dauerte und auf ein kleines Verbreitungsgebiet beschränkt war. Nach dem, was wir in 2 über die Bedeutung der Populationsgröße gesagt haben, leuchtet es ein, daß die Evolutionsgeschwindigkeit in diesen Stadien relativ hoch und die vermutete Übergangsform auch nur in *vergleichsweise* wenigen Exemplaren vertreten war. Daß wir den Archäopteryx überhaupt fossil nachweisen können, darf insofern als ausgesprochener Glücksfall angesehen werden.

Es wäre deshalb nicht einmal verwunderlich, wenn wir gar keine Vertreter solcher Zwischenformen mehr fänden. Lägen die Solnhofener Plattenkalke unter einem Gebirge, unter Gletschereis oder auf dem Meeresgrund oder wären sie bereits wieder ausgewaschen, so wüßten wir über den Archäopteryx nichts. Durch die Fundsituation würde dann ein Typensprung von den Reptilien zu den Vögeln *vorgetäuscht*.[6]

Umgekehrt wird sich der Evolutionsbiologe hüten, tatsächliche Lücken im Fossilmaterial oder „missing links" gleich als *Typensprünge* zu interpretieren und die Kontinuitätsthese der Evolutionstheorie leichtfertig aufs Spiel zu setzen. Vielmehr wird er davon ausgehen können, daß wirklich Zwischenglieder existiert haben und daß die Evolutionssprünge nur Artefakte der Fundsituation sind.

Echte Typensprünge oder Großmutationen sind also weder theoretisch zu erwarten noch müssen sie aufgrund paläontologischer Befunde postuliert werden. Das ändert freilich nichts daran, daß die Evolutionsgeschwindigkeit veränderlich ist und daß Phasen der Stagnation, langsamer und schneller Evolution einander ablösen.

*e) „Präadaptation"*

Konnten wir auch die Wandelbarkeit der Arten (a), die Existenz von Frühformen (b), die Kontinuität der Entwicklung (c) und den monophyletischen Ursprung allen Lebens (d) *deskriptiv* plausibel machen, so fehlt uns doch noch immer die gewünschte Erklärung für das evolutive Geschehen. Wir sind durchaus überzeugt, *daß* aus Reptilien Vögel hervorgegangen sind. Aber *wie* und *warum* konnten sich Landbewohner zu gleit- und flugfähigen Tieren entwickeln?

Was helfen Federn, wenn keine Flugmuskulatur zur Verfügung steht? Was nützen andererseits Flugmuskeln, wenn man zum Fliegen zu schwer ist? Wozu aber wäre ein leichtes Skelett gut, wenn man keine Flügel hat? Wozu wiederum dienen Flügel, die noch keine Federn tragen? Und was kann man mit einem linken Flügel anfangen, wenn kein rechter da ist? Wie also konnte es zur Ausbildung so vieler Merkmale kommen, die erst *alle zusammen* das Fliegen ermöglichen? Welcher Selektionsdruck fördert die Ausbildung der Flugfähigkeit, solange man noch nicht fliegt?

Bei solchen skeptischen Fragen wird nun ein weiteres Zauberwort in die evolutionsbiologische Diskussion eingebracht, nämlich der Begriff der „Präadaptation". Dieser Begriff wurde von L. Cuénot eingeführt und dient der Beschreibung von zunächst *funktionslosen* Merkmalen, die erst in einem *späteren* Stadium der Evolution eine Funktion übernehmen, also *adaptiv* werden[7]. Der Organismus ist also in gewissem Sinne an spätere Umweltbedingungen und Anforderungen vor-angepaßt oder *präadaptiert*.

Solche Fälle kommen zweifellos vor. Zwar behaupten strenge Selektionisten, funktionslose Strukturen dürfe es nicht geben und eine solche Funktionslosigkeit könne immer nur eine scheinbare sein, die durch genauere Nachforschung ausgeschlossen werden könne. Jedoch ist es evolutionsbiologisch durchaus denkbar, daß ein Merkmal entsteht und beibehalten wird, das selektions*neutral* ist, das also zwar keine Funktion und daher keinen positiven Selektionswert besitzt, aber eben auch keinen Nachteil bringt. In Ausnahmefällen können sogar *nachteilige* Eigenschaften beibehalten werden, nämlich kurzzeitig bei Gendrift in kleinen, isolierten und deshalb konkurrenzlosen Populationen und sogar langfristig, wenn das nachteilige Merkmal genetisch an ein Merkmal gekoppelt ist, dessen positiver Selektionswert den angenommenen Nachteil überwiegt. Wenn aber sogar Nachteile in Kauf genommen werden können, dann sind natürlich neutrale Eigenschaften erst recht möglich. Präadaptation ist also durchaus denkbar.

Fische atmen durch Kiemen und besitzen nur geringfügig versteifte Flossen. Die Crossopterygier jedoch — als deren lebendes Fossil der rezente Quastenflosser gelten darf — verfügten über zusätzliche Nasenrachenräume, Lungensäcke und Stützknochen in den Flossen, obwohl sie immer „noch" Fische waren. Sie waren „präadaptiert", an Land zu gehen und zu Vorfahren der Landwirbeltiere zu werden. — Einige Reptilien entwickelten bereits gewichtsparende Hohlknochen, die auf das Fliegen des späteren Archäopteryx „vorbereiteten". — Manche gingen vom vierfüßigen zum zweifüßigen Laufen über, so daß die Vorderbeine frei wurden und zu Flugwerkzeugen umgewandelt werden konnten. Sie waren zum Fliegen „präadaptiert". — Wenn man so will, dann waren sogar die Bakterien, die gegen Penicillin resistent, oder die Insekten, die gegen DDT immun sind, für das Leben mit Medikamenten und Insektiziden „präadaptiert".

Gleichwohl ist der Ausdruck „Präadaptation" gänzlich verfehlt. Zunächst einmal handelt es sich ja gerade *nicht* um eine Anpassung, sondern um ein zufälliges, neutrales (oder sogar nachteiliges) Merkmal, das eben so mitgeschleppt wird. Von einer „Vor-Anpassung" zu sprechen, legt dagegen eine teleologische Deutung nahe, die weder zulässig noch eigentlich beabsichtigt ist. Die „präadaptierten" Lebewesen sind in keiner Weise an die Zukunft angepaßt und schon gar nicht vor-angepaßt. Vor allem aber führt eben die statistische Streuung der Merkmale einer Art oder Population und damit ihre genetische (und evolutive) Bandbreite zu Abweichungen vom Normal- oder Durchschnittstyp *in ganz verschiedene Richtungen*. Darunter kann *zufällig* auch eine Abweichung sein, die sich später als nützlich erweist. Man spricht deshalb heute lieber von „Prädisposition".

> Auch diese Bezeichnung ist nicht besonders glücklich. Erstens ist die Vorsilbe „Prä-" im Grunde überflüssig, weil ja schon das Wort „Disposition" auf mögliche oder zukünftige Bedingungen verweist. Sie ist zweitens irreführend, indem sie erneut ein *gerichtetes* oder gar zielgerichtetes (teleologisches) Element suggeriert, das ja gerade vermieden werden soll. Freilich hat sich der Ausdruck eingebürgert, und mit einiger Vorsicht wird man ihn auch ohne Nachteil verwenden können.

Trotzdem kann auch das Faktum der Prädisposition unser Problem *nicht* lösen. Funktionslose Strukturen, wie sie dabei postuliert und auch beobachtet werden, mag es zwar geben. Aber eine funktionslose Struktur wird desto unwahrscheinlicher, je weiter sie vom erprobten und optimal ausgelegten Normaltyp abweicht. Denn je größer die Abweichungen sind, desto mehr alternative Varianten wird es geben. Wie immer in der Evolutionslotterie gibt es auch hier unglaublich viele Nieten und nur verschwindend wenige Treffer. Ob man sich dabei auf die Anpassung an eine gegenwärtige oder an eine zukünftige Umwelt bezieht, spielt für eine solche Wahrscheinlichkeitsbetrachtung keine Rolle.

Der gesamte Genvorrat einer Reptilienpopulation mag zufällig einige Mutationen *in Richtung auf* Flugfähigkeit aufweisen. Gleichzeitig wird es aber auch Mutationen in *alle an-*

*deren* Richtungen geben. Warum aber sollten ausgerechnet alle Mutationen in Richtung Fliegen in einem Individuum zusammenkommen, wenn noch keine Selektion solche Merkmale oder Merkmalskombinationen begünstigt?

Eine funktionslose Struktur kann immmer nur *unbedeutend* sein; keine Fischart wird eine *funktionslose* halbe Lunge, keine Reptilienart einen *funktionslosen* linken Flügel entwickeln. Die zufällige Entstehung eines solchen funktionslosen, aber prädisponierten Merkmals ist beliebig unwahrscheinlich, ebenso unwahrscheinlich wie die fiktiven Makromutationen oder gerichteten Folgen von Mikromutationen, d.h. *praktisch unmöglich*. Prädispositionen im Sinne unbedeutender Merkmalsveränderungen, die sich *später* als zufällig nützlich erweisen, mag es geben; aber die makroevolutiven Vorgänge erklären sie gerade nicht.

*f) „Funktionswechsel"*

Bei genauerer Prüfung der Fälle, in denen Präadaptationen oder Prädispositionen für die Makroevolution verantwortlich gemacht werden, wird man feststellen, daß die betrachteten Strukturen auch gar nicht funktionslos sind, sondern ihre Funktionen lediglich *gewechselt* haben. Insbesondere dienen die Vordergliedmaßen der Wirbeltiere in einer beispielhaften Folge von *Funktionswechseln* zum Schwimmen, zum Laufen, zum Graben, zum Greifen, zum Klettern und eben auch zum Fliegen.

Daß Organe ihre Funktion wechseln können, gehört zu den Grundeinsichten der Evolutionsbiologie. Die Bedeutung dieser Tatsache ist schon von Darwin erkannt und betont worden.[8] Am Wechsel von Funktionen kann man die Gesetzmäßigkeiten der Evolution studieren, insbesondere ihre unerschöpfliche Phantasie, ihren Opportunismus, das Verhältnis von Form und Funktion und das Zusammenwirken von Zufall und Gesetzmäßigkeit. Von den unzähligen Beispielen seien hier nur noch wenige aufgezählt.

Ein Insektenbein kann nicht nur als Laufbein, sondern „nebenbei" auch als Grabschaufel, Kiefer, Saugrüssel, Ruder, Geräuscherzeuger, Paarungswerkzeug und als Legeröhre dienen. — Bei Hautflüglern wie Bienen und Wespen ist der ursprüngliche Legeapparat der Weibchen zu einem Wehrstachel „umfunktioniert" worden. Nur die Königin kann noch Eier legen, dafür aber nicht stechen. Die Arbeiterinnen dagegen können zwar stechen, aber keine Eier mehr legen. (Die männlichen Tiere schließlich können demgemäß weder stechen noch Eier legen.) — Die frühesten Fische hatten noch keinen Kiefer. Die Kieferknochen entstanden erst später aus Knochen, die ursprünglich der Unterstützung der vordersten Kiemenbögen gedient hatten. — Zähne entstanden aus Schuppen, Schwimmblasen aus primitiven Lungen (nach Darwin sollte es übrigens umgekehrt sein[8]), usw.

Die Gehörknöchelchen im Mittelohr der Säugetiere sind ihrerseits aus abgewanderten Knochenteilen des „primären" Kiefergelenks der Fische entstanden. Bei den frühen Landwirbeltieren rückte zunächst ein Kieferknochen ins Ohr und wurde bei den Säugern zum „Steigbügel", bei Amphibien, Reptilien und Vögeln zur „Columella". Später wanderten dort — allerdings nur bei den Säugetieren — zwei weitere Teile des Kiefergelenks ein, die zu „Hammer" und „Amboß" umgewidmet wurden; die Kiefer arbeiten nun mit einem „sekundären" Kiefergelenk, das andere Knochen beansprucht. Diese Umstellung ist so charakteristisch, daß man sie als entscheidendes Kriterium für die Grenzziehung zwischen Reptilien und Säugern benützt, eine Unterscheidung, die im übrigen wegen der „Verzahnung" der Merkmale (vergleiche Mosaik-Evolution in 4d) recht schwierig ist.

Ein eindrucksvoller fossiler Beleg für diesen Übergang ist die Gattung Diarthrognathus †, die sowohl („noch") das primäre als auch („schon") das sekundäre Kiefergelenk besitzt. Diarthrognathus steht also tatsächlich *auf* der definitorisch (und zum Teil willkürlich) festgelegten Grenze zwischen Reptil und Säugetier. Hier wird dieselbe Funktion von zwei Strukturen ausgeübt. So wird verständlich, wie und warum die Knochen des primären Kiefergelenks entbehrlich und für neue Aufgaben frei werden konnten.

Es kann jedenfalls kein Zweifel bestehen, daß Funktionswechsel für den Gang der Evolution charakteristisch und konstitutiv sind. Sie lassen uns auch verstehen, wie ein Organ zustandekommen mag, das seine Funktion überhaupt erst ausüben kann, wenn es fertig ist. Die ersten Schritte in Richtung auf dieses Organ werden eben gerade *nicht* um dieser Funktion willen unternommen, sondern aus anderen Gründen, im Hinblick auf eine andere Funktion, bei der auch schon jeder evolutive Zwischenschritt positiv bewertet wird.

Trotzdem sind wir noch nicht am Ziel. Unser Anliegen ist es ja, das Auftreten neuer Organe, neuer Funktionen, neuer Baupläne zu *erklären*. Wir haben nun erkannt, daß dabei Funktionswechsel eine wichtige Rolle spielen. Wir haben damit aber noch nicht geklärt, warum solche Funktionswechsel überhaupt stattfinden. Wenn größere evolutive Abläufe sich durch den Wechsel von Organfunktionen *beschreiben* lassen, *warum* kommt es zu solchen Ablösungen? Wie werden sie ausgelöst? Ist es vorstellbar, daß der Legeapparat einer Biene *plötzlich* zum Wehrstachel umgebaut wird? Waren die Knochen der Fischahnen zuerst Kiemenstützen und dann *mit einem Male* Kieferknochen? Und konnten die Kiefergelenkteile von Diarthrognathus etwa *über Nacht* zu den Gehörknöchelchen der Säugetiere werden? Sicher nicht. — Oder gibt es etwa ein Zwischenstadium, in dem weder die eine noch die andere Funktion ausgeübt wird? Gibt es Merkmalsausbildung ohne Funktion? Auch das haben wir in 4e (unter dem Stichwort „Präadaptation") bereits ausgeschlossen.

Wir sehen, daß der Begriff des Funktionswechsels, so angemessen er zur *Beschreibung* des Evolutionsgeschehens auch sein mag, zur *Erklärung* dieser Vorgänge doch noch nicht ausreicht. Was aber fehlt uns für eine solche Erklärung? Wollten, nein müssen wir nicht zeigen, daß die stammesgeschichtlichen Veränderungen durch zahlreiche, aufeinander folgende, aber ungerichtete Mikromutationen zustandekommen, von denen jede (oder fast jede) *einzeln durch die Selektion positiv bewertet* wird? Wie ist diese Aufgabe mit der Idee des Funktionswechsels zu vereinbaren?

# 5 *„Wenn ich an das menschliche Auge denke, bekomme ich Fieber." (Darwin)*

Offenbar leisten alle die genannten Zauberformeln der Evolutionsbiologie noch nicht das, was sie sollten bzw. was wir von ihnen erhoffen — nämlich das makroevolutive Geschehen in Übereinstimmung mit und unter ausschließlicher Verwendung von Prinzipien der Evolutionstheorie zu *erklären*. Diese Tatsache wird von Evolutions*gegnern* durchaus gesehen und geschickt genützt. Sie legen Beispiele makroevolutiver Veränderungen vor, denen nicht nur der Laie hilflos gegenübersteht, sondern bei denen auch das bisher entwickelte begriffliche Werkzeug des Evolutionstheoretikers versagt. Beliebte Beispiele sind dabei u.a. die Entstehung von Flügeln, die Entstehung des Ohres, die Entstehung des menschlichen Auges, die Entstehung des Lebens überhaupt. Auch Darwin hat — das zeigt unsere Kapitel-Überschrift — diese Schwierigkeit schon gesehen und offen eingestanden.

Nun sind offene Fragen noch keine Widerlegung. Sie werden aber in Argumente umgemünzt, indem man nicht nur feststellt, daß das Problem vorerst *ungelöst* ist, sondern auch behauptet, daß es mit evolutionstheoretischen Mitteln eben *unlösbar* sei. Dazu gibt es zwei Strategien. Der Evolutionsgegner appelliert entweder an die *Intuition* seines Gesprächspartners und versichert, daß etwas so Kompliziertes (und Schönes) wie das erste Lebewesen oder das menschliche Auge doch unmöglich „durch Zufall" entstanden sein könne, wie es die Evolutionstheorie behauptet. Oder er gibt dem Einwand eine *mathematische Scheinpräzision* und weist nach, daß für die Entstehung des fraglichen Merkmals mindestens so und so viele Teilschritte erforderlich seien und daß die Wahrscheinlichkeit, alle diese Schritte zufällig und gleichzeitig zu bekommen, extrem klein und damit das Auftreten des Merkmals (also z.B. des Auges) praktisch unmöglich sei.

Dieses Argument gewinnt sogar noch an Überzeugungskraft dadurch, daß jemand, der Strukturen und Funktionen lebendiger Systeme im Detail studiert, von der unvergleichlichen Komplexität dieser Systeme *erst recht* überzeugt wird. Tatsächlich ist es unglaublich, welch phantastische Vielfalt, Dynamik und Komplexität Organismen aufweisen. Fast jede neue Entdeckung der Biologie verstärkt diesen Eindruck und macht die Alternative „Komplexität oder Zufall?" sogar noch überzeugender.

Ist nun also das menschliche Auge „zusammengewürfelt" worden, durch *zufällige* Kombination zufälliger Einzelschritte entstanden, oder nicht? Hier nützt es zunächst einmal nichts, wenn man feststellt, daß sich Augen im Tierreich rund vierzigmal unabhängig voneinander entwickelt haben. Diese Tatsache legt zwar nahe, daß die „Erfindung" des Auges so schwierig doch nicht gewesen sein dürfte. Sie belegt auch die naheliegende Vermutung, daß auf der Fähigkeit, optische Signale zu verarbeiten, ein starker Selektionsdruck steht. Die vielen verschiedenen Augentypen lassen uns sogar hoffen, daß sich die Evolution des Wirbeltierauges (das ja nicht fossiliert) vielleicht durch Vergleich verschiedener rezenter Augenarten rekonstruieren lassen werde. Aber zur *Erklärung* der Evolution von Augen reicht das alles noch nicht. Immer noch fehlt der Nachweis, daß schon jeder Einzelschritt *in Richtung auf* ein fertiges Auge selektiv begünstigt war und nicht erst das vollendete Organ.

Nun sind wir in der glücklichen Lage, diesen Nachweis beim Auge tatsächlich führen zu können. Das Wirbeltierauge ist weder als fertiges Ganzes entstanden, noch in zahlreichen *gerichteten* Mutationsschritten zusammengebaut worden. Wir können — wenigstens im Prinzip — alle Vor- und Zwischenstufen rekonstruieren und zeigen, wie jeder Schritt selektiv bewertet wird.[9]

Im Grunde beginnt die Evolution des Auges schon bei unbelebten Systemen mit Prozessen, die durch Licht ausgelöst oder verhindert werden. (Ein Beispiel ist die lichtinduzierte Zersetzung von Silberjodid oder Silberbromid, die wir bei Filmen und Photoplatten ausnützen.) So ist es kein Wunder, daß schon Einzeller Lichtreaktionen aufweisen. Sie können immerhin „wissen", ob es Tag oder Nacht ist. Eine einfache Kombination von lichtempfindlichem Pigment und lichtabsorbierenden, also „schattenspendenden" Zellteilen erlaubt dann bereits eine rudimentäre Richtungsempfindlichkeit und damit z.b. phototaktisches (d.h. lichtorientiertes motorisches) Verhalten.

Bei Mehrzellern können nun schon spezielle Zellen arbeitsteilig für Aufgaben der Lichtverarbeitung „freigestellt" werden. Bei beweglichen Tieren werden sich solche lichtempfindlichen Zellen vor allem an der Vorderseite ansammeln, da es für das Tier im allgemeinen wichtiger ist zu wissen, wohin es geht, als zu sehen, wo es war. Derart benachbarte Zellen lassen sich dann auch leicht nervös zusammenschalten, also „verdrahten" und koordinieren.

Andererseits sind solche Zellen an der Vorderseite eines Tieres besonders gefährdet. Deshalb wird es ein Vorteil sein, die Lichtsinneszellen in einer schützenden Vertiefung unterzubringen. Diese *Schutzfunktion* kann in jedem Einzelschritt positiv bewertet werden. Von einer gewissen Grubentiefe an ergibt sich nun aber ganz von selbst ein weiterer Vorteil: Ein Grubenauge erlaubt einfaches Richtungs- und Bewegungssehen, da der Grubenrand das Blickfeld einschränkt und eine Lichtquelle dadurch *im* Blickfeld oder eben auch *außerhalb* liegen kann.

Richtungs- und Bewegungssehen sind natürlich um so schärfer, je enger die Öffnung für den Lichteinfall ist. So kann sich schrittweise und unter laufender selektiver Kontrolle ein Lochkamera-Auge ausbilden. Ein solches Auge taugt nun aber auch, ohne für diesen Zweck selegiert worden zu sein, zum Bildsehen. Damit ist wieder eine neue Funktion entstanden. Allerdings hat eine derartige Lochkamera den Nachteil, daß das entstehende Bild entweder (bei großer Blende) unscharf oder (bei kleiner Blende) lichtschwach ist. Auch ist sie anfällig gegen das Eindringen von Fremdkörpern. Wieder ist es nun zunächst die Schutzfunktion, welche die Entwicklung einer ausfüllenden durchsichtigen (gallert- oder glasartigen) Substanz oder die Abdeckung der Blende durch ein durchsichtiges Häutchen begünstigen wird. Wie nebenbei ergibt sich so aber auch die Möglichkeit zu einer schrittweisen Verbesserung der optischen Eigenschaften, insbesondere zur Bildung einer Sammellinse, die dann Bildschärfe und Lichtstärke glücklich vereinigt.

Diese Skizze zeigt, daß und wie das Wirbeltierauge durchaus in kleinen, einzeln bewerteten Schritten entstehen konnte. Das gleiche gilt natürlich auch für die zentralnervöse Verarbeitung der optischen Reize. Auch sie brauchte offenbar nicht mit einem Schlag, also durch eine Makromutation, aufgebaut zu werden, sondern konnte ebenfalls schrittweise erfolgen, wobei nacheinander Sehen überhaupt, dann Richtungssehen, Bewegungssehen und schließlich Bildsehen ermöglicht und vervollkommnet wurden.

Studiert man nun diese Evolution des Linsenauges, so fällt auf, daß die beteiligten Strukturen ihre Funktionen gar nicht wechseln, daß vielmehr die genannten Merkmale neben ihrer ursprünglichen und zunächst für die Evolution allein wesentlichen Funktion ganz nebenbei eine zweite Funktion ausbilden bzw. übernehmen, die allerdings erst von einem gewissen Reifegrad an zum Tragen kommt. Die zweite Aufgabe braucht dabei die erste nicht *abzulösen;* beide können durchaus gleichzeitig und nebeneinander bestehen. Die Einsenkung der lichtempfindlichen Zellen dient dem Schutz *und* dem einfachen Bewegungssehen, die Lochkamera dem besseren Bewegungssehen *und* der einfachen Abbildung, die durchsichtige Deckhaut dient dem Schutz vor Fremdkörpern *und* — als Sammellinse — dem lichtstarken Bildsehen.

Was wir finden, ist also jeweils eine *Doppelfunktion* der beteiligten Strukturen. Diese Doppelfunktion braucht nicht von Anfang an vorzuliegen. Vielmehr stellt sich die zweite Funktion häufig erst ein, nachdem die erste einer längeren evolutiven Bewertung unterworfen war; ja, die schrittweise Ausbildung der ersten Funktion führt überhaupt erst zur zweiten. Erst eine *ausreichende* Vertiefung des Augenbechers erlaubt Schattenbildung, erst eine *starke* Verengung der Blende ermöglicht eine Abbildung, und erst eine *vollständige* Schutzhaut kann bei variabler Dicke ansatzweise als Sammellinse dienen.

Welche Einsicht haben wir hiermit gewonnen? Erst der Begriff der *Doppelfunktion* hat es uns möglich gemacht, die Evolution des Wirbeltierauges und damit auch des menschlichen Auges wirklich zu verstehen. Und wir dürfen vermuten, daß solche Doppelfunktionen ein entscheidendes Element bei allen makroevolutiven Vorgängen sind. Zum Verständnis makroevolutiver Prozesse ist der Nachweis derartiger Doppel- oder auch Mehrfachfunktionen nicht nur willkommen, sondern unbedingt erforderlich. Wie sonst könnten über Mikromutationen Merkmale entstehen, die erst im fertigen Zustand „funktionieren", also erst mit und nach ihrer Vollendung einen Selektionsvorteil bieten? Wie sonst wäre eine lange Folge zahlreicher „geeigneter", „richtiger", „passender", „günstiger" Mutationsschritte *in Richtung auf* das funktionsfähige Merkmal, Gewebe, Organ, Prinzip denkbar, die nicht im Zufallschaos bzw. im Abgrund statistischer Unwahrscheinlichkeiten verschwände?

Wir behaupten also, daß die heute anerkannte Evolutionstheorie dann und nur dann zur erhofften Erklärung des Evolutionsgeschehens ausreicht, wenn sie die Rolle der Doppelfunktion berücksichtigt und wenn es ihr gelingt, solche Doppelfunktionen in hinreichend vielen Fällen nachzuweisen.

# *6 Die Lücke der Evolutionstheorie: Nachweis von Doppelfunktionen*

Von der Evolutionsbiologie ist die tragende und unverzichtbare Rolle von Doppelfunktionen bisher nicht genügend beachtet und betont worden. Das zeigt schon ein kurzer Blick in die besten Bücher zur Evolutionstheorie.[10] Wir müssen darauf verzichten, diese Bücher bzw. ihre „Lücken" zu zitieren. In der Regel begnügt man sich mit den genannten Zauberformeln „Mosaikevolution, Präadaptation, Funktionswechsel". Wird im Einzelfall tatsächlich einmal eine Doppelfunktion entdeckt, so wird sie wohl dankbar registriert; daß aber Doppelfunktionen das Evolutionsgeschehen überhaupt erst möglich und verständlich machen und für eine kausale Evolutionsforschung unabdingbar sind, das wird im allgemeinen übersehen. So bleibt die Evolutionsbiologie, ohne es zu wissen oder zu wollen, bei der Beschreibung des evolutiven Geschehens stehen. Es gelingt ihr nicht, zur *Erklärung* dieses

Geschehens vorzudringen, also auch die Frage „warum?" zu beantworten. Auf diese Unvollständigkeit ist im Titel dieser Arbeit Bezug genommen.

Die Frage, die sich der Evolutionsbiologe grundsätzlich stellen muß, wenn er kausalanalytisch interessiert ist, lautet also: „Welche Doppelfunktion (oder Mehrfachfunktion) ist es, bei der die langfristige positive Bewertung der *einen* Funktion die *andere* Funktion ganz nebenbei zur Funktionsreife bringen konnte?"

In vielen Fällen erfordert die Antwort auf diese Frage gar keine neuen empirischen Fakten, sondern nur die Änderung der Blickrichtung. Vielleicht wird man der vorliegenden Doppelfunktion nur deshalb nicht gewahr, weil man nicht danach sucht. So weisen zahlreiche der in 4f genannten Fälle von Funktionswechsel eine zeitliche *Überlappung* der früheren und der späteren Funktion auf; für einige Zeit lag also tatsächlich eine Doppelfunktion vor. Ein einfaches Beispiel ist die Evolution der Pferdezähne. Diese müssen in einer Übergangszeit sowohl zum Laub- als auch zum Grasfressen getaugt, also eine Doppelfunktion ausgeübt haben. Ebenso können Robben oder Seehunde ihre Flossen „noch" zum Gehen *und* längst auch zum Schwimmen benützen.

In anderen Fällen wird man allerdings auf *neue* empirische Erkenntnisse angewiesen sein. Dann kann die Suche nach der Doppelfunktion eine wertvolle heuristische Rolle übernehmen. Es wird sich jedenfalls lohnen, weitere Fälle von Doppelfunktionen zu studieren. Hier sollen noch einige Beispiele zur Sprache kommen, die — wie das Auge — besonders gern als anti-evolutionistische Argumente herangezogen werden und andererseits unsere These „keine Makroevolution ohne Doppelfunktion" auf das schönste bestätigen.

Die Lungensäcke des Quastenflossers bildeten sich aus Ausstülpungen der Speiseröhre. Durch Verschlucken der Luft (und anschließende Sauerstoff-Absorption) konnten die Tiere die Sauerstoffarmut der Devon-Sümpfe ausgleichen, worauf natürlich ein starker Selektionsdruck stand. Die Wandung der Speiseröhre übernahm damit offenbar eine *Doppelfunktion.*

Leichte, aber stabile Knochen zu besitzen, war auch für ein flugunfähiges Reptil nicht wertlos. Sie konnten für die Fortbewegung, für die Bodenschnelligkeit, beim Klettern, beim Fallen, bei Luftsprüngen vorteilhaft sein. Erst viel später mag sich dann herausgestellt haben, daß sie auch für den Gleitflug und für andere Arten des Fliegens taugen, also eine *Doppelfunktion* ausüben können.

Zweifüßiges Laufen kann, schon lange bevor es zur Flugfähigkeit kommt, beim Sichern, beim Klettern, beim Festhalten von Nistmaterial, beim Fangen von Beute, bei der Abwehr von Freßfeinden nützlich sein. Dabei können natürlich auch mehrere Funktionen ausgeübt werden. Das Fliegen ist dann nur eine *weitere* Funktion, die von der Zweifüßigkeit erfüllt wird.

Vogelflügel müssen, bevor sie wirklich zum Fliegen dienen konnten, ihrerseits andere Aufgaben erfüllt haben, denen sie auch in „halbfertigem" Zustand gerecht wurden. Solche Zwecke könnten ein langsameres Fallen, der Gleitflug, also ein verzögertes Fallen mit Ortswechsel, oder der Insektenfang gewesen sein. In allen Fällen sind auch erste Ansätze schon wertvoll und selektiv wirksam. Erst viel später mag dann die Flugfähigkeit als zweite (oder dritte) Funktion *hinzugekommen* sein. Auch Vogelfedern dürften in erster Linie dem Wärmeschutz (und auch als Fangnetz?) und erst später *zusätzlich* dem Fliegen gedient haben, und der fertige Flügel dient seinerseits nicht nur der Fortbewegung, sondern auch als Waffe, als Schmuck, als Ruder oder sogar (bei den Alken) als Flosse.

Eine besonders schöne Bestätigung unserer These bietet die Entstehung des Säugerohres. In 4f hatten wir berichtet, daß die Gehörknöchelchen Hammer und Amboß bei Reptilien noch im Kiefergelenk liegen und — unter anderen Namen — der Gelenkung dienen, bei Säugetieren dagegen im Mittelohr sitzen, wo sie die Schallübertragung leisten. Die Zwischenform Diarthrognathus macht darüber hinaus verständlich, wie und warum diese Knochen mit Ausbildung des sekundären Kiefergelenks allmählich „entbehrlich" wurden. Aber warum sind sie ins Ohr gewandert? Gab es denn einen Selektionsdruck, der bereits die ersten Ansätze einer solchen Umwidmung belohnen konnte? Wo ist die vermutete Doppelfunktion, die uns den Übergang verständlich machen würde? Sollten die Knöchelchen etwa einige Zeit *sowohl* der Gelenkung als *auch* der Schallübertragung gedient haben? Genau so ist es!

Reptilien nehmen Bodenvibrationen „schon immer" über schalleitende Knochen wahr, und zwar über Vorderbeine, Brustgürtel, Wirbelsäule und Schädelknochen einerseits, über (den auf dem Boden aufliegenden) Unterkiefer, *Kiefergelenk*, Schädel und Ohr andererseits. (Auch Vögel haben in den Beinen noch feine Sinnesorgane, die Bodenerschütterungen registrieren.) Die Knochen des Kiefergelenks leiten also schon bei Reptilien auch Schall zum Ohr; sie sind von ihrer Funktion her schon immer Teile des Gehörs, versehen also ursprünglich tatsächlich eine *Doppelfunktion*.[11] Eine bessere Bestätigung hätten wir uns gar nicht wünschen können.

Ist so die *Rolle* und die *Notwendigkeit* der Doppelfunktion durchaus gesichert, so ist ihr *Vorliegen* doch längst nicht in allen fraglichen Fällen auch wirklich nachgewiesen. Wir müssen es vielmehr als eine bislang unerfüllte Aufgabe der Evolutionsbiologie ansehen, solche Nachweise tatsächlich zu erbringen. Dabei wird es häufig genügen müssen, daß man zeigt, wie es gewesen sein könnte, welche Doppelfunktion also für die allmähliche Ausbildung eines Merkmals verantwortlich gewesen sein mag, ohne daß wir zeigen, ob die Evolution tatsächlich so verlaufen ist.

Trotz dieses relativ bescheidenen Programms — schon ein *Modellweg* würde uns genügen — bleibt die Aufgabe in ihrer Gesamtheit letztlich *unerfüllbar*. Man schätzt die Zahl der heute lebenden Arten auf zwei Millionen. Etwa hundertmal so viele, also rund 200 Millionen, sind bereits wieder ausgestorben. Alle Arten unterscheiden sich voneinander in mehreren Merkmalen. Es gibt also so unglaublich viele Merkmale bei Organismen, daß eine vollständige phylogenetische Erklärung über Doppelfunktionen nicht für alle diese Merkmale erhofft werden kann. In diesem Sinne wird die Evolutionsbiologie immer unvollständig und lückenhaft bleiben. Auch darauf bezieht sich der Titel dieser Arbeit.

Vor dieser Einsicht wird man nun — erneut etwas bescheidener geworden oder auch recht ungehalten — fragen, für wieviele Merkmale von Organismen und für welche denn die behauptete Doppelfunktion eigentlich nachgewiesen werden müsse, damit man die Evolutionstheorie als ausreichend gesichert und die genannten Evolutionsfaktoren als vollständig ansehen dürfe. Die Antwort ist einfach, wenn auch nicht von der zweifellos wünschenswerten Präzision.

Wissenschaft sucht nach Erklärungen für alles, was uns einer Erklärung zu bedürfen scheint. Doppelfunktionen — und damit erklärende Modellwege — sollten also für alle jene Erscheinungen angestrebt werden, die wir für erklärungsbedürftig halten. Jedenfalls sollte man Erklärungen der genannten Art wenigstens für jene Merkmale von Organismen geben können, die von Anti-Evolutionisten als angeblich überzeugende Argumente *gegen* die Richtigkeit oder mindestens gegen die Vollständigkeit der Evolutionstheorie vorgebracht werden.

Für das Auge — ein Lieblingsbeispiel der Evolutionsgegner — ist dies in befriedigender Weise gelungen (vgl. 5). Weitere phylogenetische Erklärungen existieren; viele Fragen sind auch noch offen. Und in einigen Fällen mag eine nachträgliche kausale Erklärung des Evolutionsverlaufs sogar ganz unmöglich sein.

Wegen der praktischen Unmöglichkeit, dieses Erklärungsprogramm völlig abzuschließen, wird freilich ein uneinsichtiger Evolutionsgegner immer neue, bisher unerklärte Merkmale und damit ungelöste Probleme vorlegen können. Dieses Argumentationsmuster — „die Evolutionstheorie mag ja vieles erklären, aber gewiß nicht das Merkmal X" — hatten wir schon in 1 als charakterstisch bezeichnet. Niemand kann gehindert werden, sich auch nach hundert oder tausend geglückten phylogenetischen Erklärungen noch immer nicht geschlagen zu geben und für die verbleibenden Phänomene eine Entelechie, eine vis vitalis, eine evolutive Schwerkraft oder Gott als Lückenbüßer einzusetzen.

Dieses Argumentationsmuster wird sich aber schließlich doch leerlaufen; es muß einfach langweilig werden. Deshalb sei auf die pragmatische Frage „Wann sollen wir diesen Dialog endlich abbrechen?" auch *pragmatisch* geantwortet: „Dann, wenn wir nicht mehr befürchten müssen, daß unseren Kindern in der Schule eine kreationistische oder deutlich anti-evolutionistische Lehre als mit der Evolutionstheorie gleichwertig, als wissenschaftlich vertretbar oder gar als überlegen angepriesen wird; dann also, wenn „Affenprozesse" wirklich keine Aussicht mehr auf Erfolg haben."

Vorerst aber stehen selbst Biologen den Argumenten und vor allem den Standardbeispielen der Evolutionsgegner häufig hilflos gegenüber. Sie haben den Evolutionsgedanken sozusagen mit der Muttermilch ihrer biologischen Ausbildung übernommen, nehmen die *Tatsachen* der Evolution zu leicht für eine *Erklärung* der Evolution, halten die unzähligen Bestätigungen der Evolutionstheorie für Beweise und ihren Erfolg für ein Wahrheitskriterium. Da man sich in dieser Einschätzung mit allen Kollegen einig weiß, wird nicht nur die Evolution, sondern auch die Evolutionstheorie immer schon vorausgesetzt, kaum wirklich studiert und nur ganz selten argumentativ durchdacht. So kommt es, daß erst die Evolutionsgegner den Biologen auf die Lücken in seinem Wissen und seinem theoretischen Verständnis aufmerksam machen und möglicherweise ratlos und zweifelnd zurücklassen.

Jean Piaget beklagt sich einmal darüber[12], daß ein Laie sich zwar nicht einbilde, ein guter Physiker oder Philosoph zu sein, daß sich aber jeder für einen guten Psychologen halte und deshalb bereitwillig psychologische Hypothesen und Erklärungen anbiete, ohne sich der Oberflächlichkeit seiner Vermutungen auch nur bewußt zu sein. Mit der Evolutionstheorie dürfte es ähnlich stehen. Tatsächlich scheinen viele zu glauben, mit den Begriffen „Mutation" und „Selektion" sei schon alles Wesentliche und Wissenswerte zur Evolutionstheorie gesagt. Auf die Frage „Wie ist dieses bestimmte Merkmal (z.B. das menschliche Auge) entstanden?" antwortet man flott mit diesen Schlagwörtern und meint, damit wirklich etwas Informatives gesagt und die Frage vielleicht sogar beantwortet zu haben. Die Auskunft „durch Mutation und Selektion" erklärt jedoch noch überhaupt nichts. Sie ist nicht viel mehr als das *Bekenntnis*, daß das fragliche Merkmal auf *natürliche Weise* entstanden und andererseits auch kein bloßes Zufallsprodukt sei, so daß eine phylogenetische Erklärung wohl *möglich* sei. Gegeben ist die erhoffte Erklärung dadurch jedenfalls noch nicht. Dies bleibt jedoch meist unbemerkt. Auch der Nachweis eines Selektionsvorteils, einer arterhaltenden Funktion, eines Anpassungswertes, reicht noch nicht aus. Er zeigt nur, wieso das fragliche Merkmal, *einmal entstanden,* beibehalten wurde, aber nicht, wie es entstand. Und selbst dann, wenn eine lückenlose Entstehungsgeschichte aufgewiesen werden kann, bleibt die Frage nach dem „warum?" noch unbeantwortet, ist noch keine wirkliche Erklärung gegeben. Sie liegt erst dann vor, wenn gezeigt ist, *daß und wie* zahlreiche ungerichtete Mikromutationen nacheinander, von denen jede (oder fast jede) einzeln positiv bewertet werden konnte, zur Ausbildung des Merkmals geführt haben.

Wieder war es bereits Darwin, der die Schwierigkeit solcher Erklärungen voraussah: „Strukturwandlungen, bei denen jedes Stadium für eine sich verändernde Art vorteilhaft ist, sind nur unter gewissen speziellen Bedingungen begünstigt."[13] Diese Bedingungen können wir aber jetzt angeben. Bei mikroevolutiven Veränderungen handelt es sich meist um Merkmale, die bereits vorhanden sind und nur quantitativ ausgestaltet werden müssen (z.B. die Körpergröße beim Pferd). Bei Makroevolution dagegen ist die Forderung, daß jeder Einzelschritt positiv bewertet wird, nur erfüllbar, wenn eine *Doppelfunktion* vorliegt, bei der — um es zu wiederholen — die Ausbildung der *einen* Funktion als Nebenprodukt eine *weitere* Funktion zur Funktionsreife bringt.

## 7  *Warum hat es die Physik besser?*

Angesichts der Schwierigkeit und der Unabschließbarkeit seiner Aufgabe mag der Evolutionsbiologe sehnsüchtig oder neidisch auf Nachbardisziplinen blicken und sich fragen, warum es beispielsweise die Kollegen aus der Physik so viel besser zu haben scheinen.

Nun ist es natürlich nicht so, daß die Physik von allen Zweifeln und Einwänden unbelastet wäre. Auch physikalische Theorien werden schließlich nicht bewiesen, sondern sind fehlbar und stehen gewissermaßen immer nur bis zur allfälligen und im Prinzip jederzeit möglichen Widerlegung zur Verfügung. Aber diese prinzipielle Vorläufigkeit allen Wissens hat doch für den Physiker nicht die fatale Konsequenz, daß Kritiker beliebiger Vorbildung und eben auch physikalische Laien laufend Gegenbeispiele, nämlich reale Systeme, aus dem Ärmel schütteln und damit auch schon die Grundlagen der einschlägigen Theorie in Frage stellen können.

In genau dieser Situation befindet sich aber der Biologe, wenn er nach einer *Erklärung* für altbekannte organismische Strukturen gefragt wird; hat er nämlich nicht gleich eine Antwort bereit — und häufig weiß er deshalb keine, weil sie eben noch *niemandem* bekannt ist —, so wird gleich die Evolutionstheorie als ganze in Frage gestellt. Offenbar besteht hier eine Asymmetrie, die den Biologen gegenüber seinem Kollegen aus der Physik benachteiligt. Wie kommt es zu dieser Asymmetrie?

Es wäre zwar nicht ganz falsch, aber doch recht oberflächlich, diese Asymmetrie mit dem Hinweis erklären zu wollen, die Biologie oder wenigstens die Evolutionstheorie sei eben eine *historische* Disziplin und könne als solche keine allgemeinen Gesetze formulieren und deshalb auch keine deduktiv-nomologischen Erklärungen geben. Zwar ist es tatsächlich zweifelhaft und vielleicht sogar ausgeschlossen, daß sich für geschichtliche Abläufe, in die bewußte Wesen eingreifen, allgemeine Gesetzmäßigkeiten auffinden lassen. Diese Schwierigkeit überträgt sich jedoch nicht automatisch auf die *Naturgeschichte*. Die Entstehung und Entwicklung unseres Kosmos, die Evolution von Quasaren, von Galaxien, von Sternen, von Planetensystemen, von Kontinenten und Atmosphären sind Gegenstand ernsthafter und erfolgreicher Forschung. Diese Bemühungen haben zwar mit charakteristischen Schwierigkeiten zu kämpfen (Einmaligkeit ihrer Objekte, mangelnde Reproduzierbarkeit der Phänomene, Anthropozentrik unserer Beobachtungssituation), sind aber doch als wissenschaftliche Disziplinen legitim und anerkannt.

Auch der Biologe steht vor der Schwierigkeit, mit historisch Einmaligem konfrontiert zu sein. Aber warum sollte er nicht trotzdem allgemeine Gesetze formulieren können, die für viele oder für alle Organismen gelten? Sind nicht die Vertreter einer Art in der Regel vielfach vertreten, bei Einzellern sogar in überwältigend großen Mengen? Tatsächlich ist es in Sinnesphysiologie, Genetik, Molekularbiologie, Populationsbiologie, Evolutionstheorie auch längst *gelungen*, solche Gesetze zu formulieren. Offenbar müssen wir den Unterschied zwischen Physik und Biologie doch etwas genauer untersuchen, wenn wir die festgestellte Asymmetrie verstehen wollen. Dazu studieren wir zunächst einmal das Vorgehen des Physikers in einem Bilderbuchfall.

Fordert man einen Physiker auf, die Eigenschaften eines bestimmten Doppelsternsystems zu ermitteln und zu erklären, so wird er zunächst alle verfügbaren *Daten* über das fragliche System zusammenstellen: Lage, Relativbewegung, Helligkeit, Spektraltyp und Intensitätsverteilung, Absorptionslinien, Rotverschiebung, zeitliche Veränderungen, Pulsperioden usw. Bei der Erklärung dieser beobachtbaren Eigenschaften, insbesondere der Stabilität des Systems, wird er sich natürlich nicht damit begnügen zu versichern, es werde eben durch Gravitation und Zentrifugalkräfte stabil gehalten (so wenig wie der Biologe sich mit Schlagwörtern wie „Mutation" und „Selektion" zufrieden geben kann). Vielmehr wird er versuchen, die beobachteten Eigenschaften mit Hilfe des Gravitationsgesetzes und der Newtonschen Mechanik (oder auch mit Hilfe der Allgemeinen Relativitätstheorie, die ja eine verbesserte Gravitationstheorie ist) und weiterer einschlägiger Theorien zu *erklären*. Dazu benützt er also sowohl allgemeine *Gesetze* als auch die speziellen Randbedingungen und Daten des betreffenden Systems, soweit sie ihm bekannt sind. So wird es ihm im günstigen Falle gelingen, auch die nicht unmittelbar beobachtbaren Details — Sternmassen, Abstand, Umlaufzeiten, Geschwindigkeiten, Temperaturen, chemische Zusammensetzung, Alter, Brennstadium usw. — zu ermitteln.

Legt man nun ein zweites Doppelsternsystem vor, so wird der Physiker ganz analog vorgehen. Er wird *dieselben Gesetze* verwenden und nur die neuen Daten angemessen zu berücksichtigen haben. Dabei kann er sich die Arbeit relativ leicht machen: Die entwickelte Theorie stellt ihm ein Schema, ein allgemeines Problemlösungsverfahren zur Verfügung, in das die jeweils neuen Daten nur noch eingespeist werden müssen. Das gilt dann natürlich auch für das dritte und jedes weitere System. Die Lösung des einen Problems liefert zugleich ein Verfahren, einen *Algorithmus*, zur Lösung aller anderen Doppelstern-Probleme. Das Wesentliche sind dabei die allgemeinen Gesetze; die Rand- und Anfangsbedingungen sind dagegen austauschbar, für das Verständnis von Doppelsternsystemen unwesentlich, kontingent.

Der Biologe hat es da ungleich schwerer. Er besitzt kein schematisches Verfahren, keinen Algorithmus, der es ihm erlauben würde, die Lösung eines Problems auf das folgende Problem zu übertragen. Sollte es ihm gelingen, die Entstehung des menschlichen Auges über Prinzipien der Evolutionstheorie zu erklären, was der Erklärung eines ersten Doppelsternsystems über Prinzipien der Gravitationstheorie etwa entspricht, so kann er diese Erklärung doch nicht auf das nächste Problem, auf die Erklärung des Ohres, des Flügels, des Gehirns, übertragen. Für jedes Merkmal ist eine *neue* phylogenetische Erklärung erforderlich. In diese Erklärung gehen die Besonderheiten des jeweiligen Systems ganz wesentlich ein.

Das liegt nicht daran, daß für organismische Systeme die physikalischen Gesetze unanwendbar wären oder gar ungültig würden. Es ist auch nicht sinnvoll anzunehmen, daß die einschlägigen biologischen Gesetze eben noch nicht entdeckt wären. Der Grund liegt vielmehr darin, daß die Naturgesetze einfach nicht ausreichen, um einen *Algorithmus* zur Lösung biologischer Erklärungsprobleme zu formulieren. Man kann vielmehr sagen, daß die Randbedingungen das biologische System in einem gewissen Sinne überhaupt erst *konstituieren*.

Etwas vereinfachend könnte man auch behaupten, Gegenstand des wissenschaftlichen Interesses seien für den Physiker die Naturgesetze, für den Biologen dagegen die individuellen Randbedingungen. Was den Physiker an einem Doppelsternsystem interessiert, ist das, was es mit anderen Doppelsternsystemen oder mit anderen gravitativ gebundenen Systemen gemeinsam hat. Den Biologen dagegen interessiert an seinen Forschungsobjekten gerade das Besondere, Individuelle, Einmalige; für ihn ist das Typische, das Auffällige, das „Spezifische" einer biologischen Spezies nicht das, was sie mit anderen Arten verbindet, sondern das, was sie von allen anderen Arten *unterscheidet*.

Natürlich interessiert sich der Biologe auch für Gesetze, und der Physiker studiert auch die besonderen Merkmale spezieller Objekte (in der Geophysik z.B. die Eigenschaften des Planeten Erde). Aber ein Physiker, der sich *nur* um die allgemeinen Gesetzmäßigkeiten kümmert, bleibt immerhin noch ein Physiker; er kann es sich sozusagen „leisten", von allen individuellen Details abzusehen, da sein Forschungsgebiet — die theoretische Physik — auch dann noch umfangreich genug ist. Ein Biologe dagegen, der sich nur um die allgemeinen Charakteristika lebender Systeme bemühen wollte, würde praktisch aufhören, ein Biologe zu sein; das Wissen um die biologischen Details, der Einblick in den Feinbau der biologischen Systematik und die Kenntnis individueller Unterschiede sind für ihn — anders als für den theoretischen Physiker — unverzichtbar. Das macht es auch so problematisch (wenn auch nicht aussichtslos), *in Analogie* zur theoretischen Physik eine theoretische Biologie begründen zu wollen.

Die Gründe dafür lassen sich angeben. Es sind im wesentlichen drei Besonderheiten lebender Systeme, die dem Biologen die Arbeit so erschweren. Eine dieser Besonderheiten liegt in der ungeheuren *Komplexität* jedes Lebewesens, eine zweite in der unglaublichen organismischen *Vielfalt*, eine dritte in der konstitutiven Rolle des *Zufalls*. Wir werden sehen, daß diese drei Gesichtspunkte eng miteinander zusammenhängen.

Organismen sind hochkomplizierte Systeme. In ihrer Komplexität übertreffen sie alle unbelebten Systeme bei weitem, insbesondere diejenigen, mit denen es der Physiker in der Regel zu tun hat. Zwar ist es noch nicht gelungen, ein allgemein anerkanntes *Maß* für Komplexität anzugeben. Es dürfte aber einleuchten, daß *jedes* vernünftige (d.h. unsere Intuition angemessen berücksichtigende) Komplexitätsmaß Organismen einen höheren Komplexitätsgrad zuschreiben wird als einem Stern, einem Planetensystem oder auch einer ganzen Galaxis. Die Komplexität hängt nämlich nicht so sehr von der Zahl der Bausteine ab (und damit z.B. nicht von der Masse), sondern von der Art und Weise, wie diese Bausteine miteinander verbunden, aneinander gekoppelt sind.

Man kann sich das leicht an folgender Überlegung verdeutlichen. Die Sonne hat um Größenordnungen mehr Bausteine als ein Einzeller und auch als ein Elefant. Sie ist aber wesentlich einfacher aufgebaut. Sie ist sogar einfacher als die Erde, so daß wir auch heute noch das Geschehen im Sonneninnern und im Innern ferner Sterne besser verstehen als die Vorgänge in unserer eigenen, doch so nahen Erde. Könnte man bei der Sonne an irgendeiner Stelle eine größere Menge (beispielsweise einen Kubikkilometer) Sonnenmaterie entfernen und an einer anderen Stelle wieder einfügen, so würde sich an dem Gesamtsystem doch nichts Wesentliches ändern. Nimmt man dagegen von einem Organismus hier ein Stück heraus, um es dort wieder einzusetzen, so ändert das im allgemeinen *sehr viel*. Kann doch der Austausch eines einzigen Nukleotids in der Erbsubstanz zu schwerwiegenden Schäden und sogar zum Tode führen.

Der Grund für die Komplexität organismischer Strukturen ist also darin zu suchen, daß Organismen — wie Staudinger und Jordan immer wieder betonen — von der makroskopischen bis hinunter zur molekularen Ebene *durchstrukturiert* sind. So hat jedes Teil eine besondere Struktur und eine besondere Funktion und ist deshalb *nicht* gegen andere Teile austauschbar. Schon das macht die Erforschung eines solchen Systems schwierig.

Solche hochkomplizierten Systeme kann es nun in ungeheurer Zahl und *Verschiedenheit* geben. Tatsächlich sind schon alle existierenden Lebewesen voneinander verschieden. Trotzdem ist es möglich und sinnvoll, diese unterschiedlichen Individuen nach ihrer Ähnlichkeit in Klassen einzuteilen. Insbesondere darf der Biologe für viele Zwecke die Vertreter einer *Art* als *gleichwertig* ansehen; sie bilden im Hinblick auf diese Zwecke eine *Äquivalenzklasse*. Ähnlich sind für den Physiker alle Elektronen untereinander gleich, ebenso alle Protonen, alle Wasserstoffatome, alle Wassermoleküle, alle Quarzkristalle, alle Neutronensterne. Sie bilden ebenfalls Äquivalenzklassen. Für solche Äquivalenzklassen lassen sich dann im günstigen Falle Regelmäßigkeiten finden und allgemeine Naturgesetze formulieren.

Die Systeme des Biologen fallen dann aber offenbar in viel mehr Äquivalenzklassen (z.B. 200 Millionen) als die Systeme des Physikers. Sollte nun für jede Klasse ein je eigener Algorithmus zur Beschreibung und Erklärung erforderlich sein, so leuchtet ohne weiteres ein, daß eine (fiktive) vollständige Biologie unglaublich viel *mehr* Algorithmen benötigt als eine (ebenfalls fiktive) vollständige Physik. Das bedeutet natürlich eine zweite Schwierigkeit für die Erforschung von Lebewesen.

Es gibt aber noch eine weitere Besonderheit. Die Zahl der biologischen Arten, so stellten wir fest, ist ungeheuer groß. Die Zahl der Lebewesen (also aller Individuen) ist dann noch einmal vielfach größer. Gleichwohl ist durch die Zahl der *wirklichen* Organismen die Zahl der prinzipiell möglichen oder *denkbaren* Organismen bei weitem nicht ausgeschöpft. Es sind viel *mehr* Systeme von organismischer Komplexität *möglich*, als jemals Organismen existiert haben oder existieren werden.

Es ist nützlich, sich wenigstens andeutungsweise klarzumachen, wie groß die Zahl der prinzipiell möglichen Objekte von organismischer Komplexität ist. Als besonders eindrucksvoll gelten ja im allgemeinen schon astronomische Größenordnungen. („Weißt Du, wieviel Sternlein stehen?")

Am Nachthimmel sichtbar sind etwa 6000 Sterne; die Zahl der Sterne in unserer Milchstraße beträgt aber 100 Milliarden ($10^{11}$), die Zahl der Galaxien ebenfalls $10^{11}$, die Zahl der Sterne im Kosmos etwa $10^{22}$; die Welt ist $10^{17}$ Sekunden oder $10^{40}$ Elementarzeiten alt; und die Zahl der Elementarteilchen im Universum ist $10^{80}$. Astronomische Größenordnungen sind ja durchaus sprichwörtlich.

Aber die Zahlen, um die es hier geht, sind von *über*astronomischer Maßlosigkeit. Jordan[14] schätzt z.B. allein die Zahl der möglichen Drosophila-Varianten auf mindestens $10^{3000}$. Größere Organismen könnten dann natürlich in noch wesentlich mehr verschiedenen Formen existieren. Solche Zahlen, bei denen schon der Exponent eine große Zahl (über 100) ist, nennt Elsasser[15] „immens".

Die Zahl der möglichen Konfigurationen von der Komplexität eines Organismus ist demnach „überastronomisch" oder „immens". Davon wurde und wird im Laufe der Naturgeschichte immer nur ein vergleichsweise *winziger* Bruchteil verwirklicht. Die Auswahl der wirklich realisierten Systeme unter den prinzipiell möglichen erfolgt aber im wesentlichen über *Zufallsfaktoren*: ungerichtete Mutationen, zufällige Populationsschwankungen und die Lotterie der Genrekombination. Daher weisen biologische Systeme immer auch einen Aspekt des Zufälligen, Variablen, Individuellen, Kontingenten, Indeterminierten auf, der in der Physik zwar auch existiert, aber bei weitem nicht so hervortritt. So sind viele biologische Fakten im allgemeinen weder durch deterministische noch durch Wahrscheinlichkeitsgesetze zu beschreiben, zu erklären oder gar zu prognostizieren. Das ist eine dritte Schwierigkeit für die Biologie.

Der tiefere Grund für die erwähnte Asymmetrie ist also nicht das rein *historische* oder naturgeschichtliche Element (das es auch *schon* in der kosmischen Evolution gibt), auch nicht das *Eingreifen bewußter Wesen* (die es über weiteste Strecken der biologischen Evolution *noch nicht* gibt). Der Grund liegt vielmehr in der Komplexität der Organismen, in der Tatsache, daß der Biologe ungleich mehr verschiedene Objektklassen erfassen muß als der Physiker, und in dem Zufallselement, das den Evolutionsverlauf prägt und an dem unser Erklärungsanspruch scheitern muß.

Allerdings hat auch die moderne Physik einsehen müssen, daß sogar in der unbelebten Natur das individuelle Element eine größere Rolle spielt, als man vermutet hatte. Nicht nur stellt sich mehr und mehr heraus, daß die fundamentalen Naturgesetze eher statistischer als deterministischer Natur sind. Hier könnte sich der Einfluß des Zufalls ja immerhin noch über die Beteiligung zahlreicher Bausteine *herausmitteln;* die Durchschnittsbildung könnte also deterministisches Verhalten „simulieren". Vielmehr zeigt sich, daß typisch quantenmechanische und damit mikroskopische und zufallsbedingte Phänomene in zahlreichen Fällen auf die Makroebene abgebildet oder „verstärkt" werden, so daß die Erklärungsmethoden der klassischen Physik dort versagen: spezifische Wärme, Kristallstruktur (insbesondere Schneekristalle, die alle voneinander verschieden sind), Supraflüssigkeit, Supraleitung, Laser, Maser. Es ist ja auch genau diese makroskopische (phänotypische) Abbildung von mikroskopischen (genotypischen) Strukturen, welche den Erkenntnisfortschritt der Biologie so schwierig und zugleich so faszinierend macht.

Schließlich haben auch die jüngeren Untersuchungen über chaotische Systeme, nichtlineares Verhalten, exponentielle Fehlerfortpflanzung und schwache Kausalität[16] ganz neues Licht auf diese Probleme geworfen. Sah man früher Systeme, bei denen kleine Unterschiede (oder Meßfehler) in den Anfangsbedingungen (Ursachen) große Unterschiede in den Endzuständen (Wirkungen) zur Folge hatten (Würfel, Roulette, Lotto), eher als pathologische Ausnahmen von den Regeln einer im wesentlichen stark kausal geordneten Welt an, so stellt sich allmählich heraus, daß die bisherige Beschränkung der Physik auf berechenbare und prognostizierbare Systeme eine gewaltsame und folgenreiche Einengung des Blickfeldes bedeutet. Das Verhalten eines Dreikörpersystems, die Bildung von Planeten, die Umpolung des Erdmagnetfeldes, die sprichwörtlichen Launen des Wetters oder das Auftreten von Wirbelstürmen sind danach nicht nur schwer, sondern über eine kurze Anfangsphase hinaus überhaupt nicht berechenbar. (Das Wetter „weiß" sozusagen selbst noch nicht, was es in zwei Wochen „will".)

All das zeigt, daß auch der Physik der historisch-individuelle Aspekt, der dem Biologen so vertraut ist, nicht auf Dauer fremd bleiben kann. Zu einer Annäherung und zu einer größeren Vergleichbarkeit von Physik und Biologie kommt es also neuerdings nicht deshalb, weil die Biologie allmählich zu einer Gesetzeswissenschaft würde, sondern vor allem dadurch, daß auch die Physik mehr und mehr gezwungen ist, mit einmaligen Objekten, Systemen, Eigenschaften, Ereignissen und Prozessen umzugehen. Das allein erleichtert zwar dem Biologen nicht schon die Arbeit; aber es läßt doch eine größere methodische Einheit und mehr Verständnis der Wissenschaftler füreinander erhoffen.

## 8 *Zusammenfassung*

Die Evolutionstheorie versucht, den Ablauf und die Ursachen der biologischen Evolution gesetzmäßig zu erfassen. Sie will dabei das Evolutionsgeschehen nicht nur beschreiben, sondern auch erklären. Insbesondere sollte sie uns das Entstehen neuer Formen, neuer Arten, neuer Organe, neuer Funktionen verstehen lassen. Da Makromutationen weder faktisch beobachtet werden noch theoretisch zu erwarten sind, muß die Evolutionstheorie nicht nur die Mikroevolution, sondern auch die Makroevolution (transspezifische Evolution) erklären über zahlreiche zufällige, ungerichtete Mikromutationen, von denen jede (oder fast jede) einer selektiven Bewertung unterliegt.

Das ist noch nicht in ausreichendem Maße gelungen; gemessen an ihrem Erklärungsanspruch ist nicht nur Darwins Theorie, sondern auch die moderne Evolutionstheorie noch unvollständig. Die bisher entwickelten begrifflichen Werkzeuge („Zauberformeln") wie „evolutive Kontinuität", „Mosaikevolution", „Prädisposition" und „Funktionswechsel" reichen dazu nicht aus, da sie im wesentlichen deskriptiver Natur sind. Im makroevolutiven Bereich sind Erklärungen nur möglich über den Begriff der *Doppelfunktion:* Ein Merkmal kann gleichzeitig zwei (oder mehr) Funktionen haben. Dabei kann die Ausbildung der einen Funktion eine zweite bis zur Funktionsreife bringen. Nur so ist begreiflich, wie ein Merkmal schrittweise entstehen kann, das erst als ganzes funktionsfähig ist.

Die Rolle, die Notwendigkeit und die Existenz von Doppelfunktionen sind in der Evolutionsbiologie — oder jedenfalls bei ihrer Vermittlung — bisher nicht genügend beachtet worden. Will man auch Evolutionsgegner überzeugen, so wird man weitere solche Fälle von Doppelfunktion suchen und untersuchen müssen. Wegen der ungeheuren Zahl organismischer Merkmale, die als erkärungsbedürftig empfunden werden könnten, kann dieses Erklärungsprogramm nie zu Ende geführt werden. In dieser Hinsicht wird die Evolutionsbiologie auch in Zukunft unvollständig bleiben.

Ihre grundsätzliche Unvollständigkeit kann dann jedoch kein Einwand mehr gegen die Wissenschaftlichkeit der Evolutionstheorie sein. So wenig wie vom Physiker wird man vom Biologen verlangen dürfen, daß er alles, was existiert, bis ins Detail erklärt. Die Gründe dafür sind die Komplexität organismischer Systeme, ihre Vielfalt und die konstitutive Rolle des Zufalls bei ihrer Entstehung. Die Unvollständigkeit der Evolutionstheorie hat prinzipielle Gründe, die freilich nicht auf die Biologie beschränkt sind. Wir mußten sie aufdecken, um sie zu verstehen. Wir mußten also die Evolutionstheorie *kritisieren*, um sie besser *verteidigen* zu können.

Der Leser wird entscheiden müssen, was uns dabei besser gelungen ist.

## Anmerkungen

1. Vgl. Williams, M.B.: Falsifiable predictions of evolutionary theory. Philosophy of Science 40 (1973) 518-537;
Ruse, M.: Karl Popper's philosophy of biology. Philosophy of Science 44 (1977) 638-661;
—, —: Darwinism defended: A guide to the evolution controversies. Addison-Wesley. London 1982, p. 131-142.
2. Remane, A., Storch, V., Welsch, U.: Evolution. Tatsachen und Probleme der Abstammungslehre. dtv 4234, 1973, S. 12.
3. Vgl. hierzu Willmann, R.: Die Schnecken von Kos. Spektrum der Wissenschaft, Feb. 1983, S. 64-76. Es ist bezeichnend, daß auch bei dieser Arbeit zunächst zwar behauptet wird, die Schnecken von Kos bildeten eine „nahezu lückenlose Folge von Formen, die den Wandel der Arten und *die in vorantreibenden Prozesse* in einzigartiger Weise widerspiegelt" (S. 64), daß aber am Ende das Problem, welche arterhaltende Funktion die verschiedenen Schneckenmerkmale (Knoten, Rippen und Kiele) hatten, doch *ungelöst* bleibt: „Vermutungen über den Zweck der Skulpturen gibt es viele ..., aber *keine läßt sich bisher stichhaltig begründen*" (S. 76). (Hervorhebungen von mir.)
4. Es soll jedoch nicht verschwiegen werden, daß auch bei dem vorbildlich dokumentierten Stammbaum der Pferde noch deutliche Lücken bestehen (vgl. Willmann[3], S. 66). Es ist eben immer eine Frage der Optik, ab wann man eine quasi-kontinuierliche Folge als geschlossen oder „lückenlos" bezeichnen will. Die menschliche Stammesgeschichte ist *hervorragend* belegt, wenn wir mit anderen Säugern vergleichen. Aber da wir uns für unsere eigene Vergangenheit und vor allem für das Tier-Mensch-Übergangsfeld naturgemäß so brennend interessieren, empfinden wir gerade die noch verbleibenden Lücken als besonders schmerzlich.
5. Zum Mosaikcharakter des Archäopteryx vgl. Linder, H.: Biologie. Metzler. Stuttgart [18]1978, S. 305; Siewing, R. (Hrsg.): Evolution. G. Fischer. Stuttgart 1978 (UTB 748), S. 246.
6. Erben, H.K.: Die Entwicklung der Lebewesen. Spielregeln der Evolution. Piper. München 1975, S. 195-9.
7. Diese Definition gibt Erben[6], S. 224 nach Cuénot, L.: L'adaptation. Doin. Paris 1925. Andere Autoren sprechen auch bei *Funktionswechsel* von Präadaptation, z.B. Luria, S.E., Gould, S.J., Singer, S.: A view of life. Benjamin/Cummings. Menlo Park 1981, p. 631. An der im folgenden geäußerten Kritik, daß die Bezeichnung „Präadaptation" irreführend ist und das dadurch bezeichnete Phänomen zur Erklärung der Evolutionsvorgänge *nicht* ausreicht, ändert sich durch diese alternative (und immerhin angemessene) Definition nichts. Zum Funktionswechsel vgl. später 4f.
8. Darwin, Ch.: Die Entstehung der Arten. ([1]1859, [6]1872). Reclam. Stuttgart 1963. S. 295 (Kap. 7).
9. Eine anschauliche Darstellung dieser Rekonstruktion gibt Ditfurth, H.v.: Der Geist fiel nicht vom Himmel. Hoffmann und Campe. Hamburg 1976, S. 110-124 (auch dtv).
10. Eine erfreuliche Ausnahme bildet das auch sonst ausgezeichnete Buch Remane et al.[2], in dem auf S. 124-5 Mehrfachfunktionen behandelt werden.
11. Hierzu vgl. Wahlert, G. und H.v.: Was Darwin noch nicht wissen konnte. Deutsche Verlagsanstalt. Stuttgart 1977, S. 156 (auch dtv, S. 226).
12. Piaget, J.: Einführung in die genetische Erkenntnistheorie. Suhrkamp (stw). Frankfurt 1973, S. 15.
13. Darwin[8], S. 300 (Kap. 7).
14. Z.B. in Jordan, P.: Schöpfung und Geheimnis. Stalling. Oldenburg 1970, S. 82.
15. Elsasser, W.M.: The chief abstractions of biology. North-Holland. Amsterdam 1975, p. 80 ff.
16. Deker, U., Thomas, H.: Unberechenbares Spiel der Natur — die Chaos-Theorie. Bild der Wissenschaft, Jan. 1983, S. 62-75.

Bernd-Olaf Küppers

# Das „Paradoxon" der Evolution

## — Erkenntnistheoretische Überlegungen zum Ursprung des Lebens —

### *Einleitung*

In seinem Buch „Evolution und die Vielfalt des Lebens" schreibt der Zoologe Ernst Mayr[1]: „Keine andere Konsequenz der Darwinschen Theorie der natürlichen Auslese hat bei seinen Gegnern so große Bestürzung hervorgerufen wie die Ausschaltung der Planmäßigkeit aus der Natur. Alle diejenigen, die die zahllosen großartigen Anpassungen in der Tier- und Pflanzenwelt untersucht hatten, waren zutiefst zufrieden gewesen mit der Erklärung, eine solche Vollkommenheit sei unverkennbar der Absicht des Schöpfers dieser Welt zuzuschreiben. Die Vollkommenheit der Anpassung mechanistisch, als ein Ergebnis zufälliger genetischer Variation und Selektion erklären zu wollen, schien von diesen natürlichen Vorgängen mehr zu verlangen, als sie erfüllen konnten."

Ernst Mayr bezeichnete den vermeintlichen Widerspruch zwischen der Plan- und Zweckmäßigkeit der belebten Natur einerseits und der Zufälligkeit der Evolutionsprozesse andererseits als „Paradoxon" der Evolution. Nahezu alle naturwissenschaftlichen und philosophischen Kontroversen innerhalb der Evolutionsbiologie lassen sich auf eine kontroverse Deutung dieses Paradoxons zurückführen.

Der Antagonismus von Zufall und Planmäßigkeit in der Evolution ist auch Thema der folgenden Erörterung. Im Vordergrund der Betrachtung sollen hier einige der grundlegenden *erkenntnistheoretischen* Fragen stehen, die sich im Zusammenhang mit dem Problem der biologischen Informationsentstehung stellen.

### *1. Das Phänomen der Planmäßigkeit*

Wir wollen uns zunächst mit dem Phänomen der Planmäßigkeit bzw. Zweckmäßigkeit befassen. Jeder Biologe könnte ohne Schwierigkeiten Hunderte von Beispielen für die unglaublichsten und wunderbarsten Anpassungen der Lebewesen an ihre Umwelt aufzählen. Dies soll an zwei ausgewählten Beispielen gezeigt werden:

Betrachten wir zunächst die Struktur eines Sinnesorgans, z.B. das Auge eines Wirbeltieres. Was unmittelbar auffällt, ist die weitgehende strukturelle und funktionelle Identität, die zwischen dem Sehorgan und einem Photoapparat besteht. Auge und Kamera besitzen nahezu funktionsgleiche Bauteile wie Linsen, Blenden, Filter und Verschlüsse. Beide Systeme fixieren die optischen Signale mit Hilfe von lichtempfindlichen Pigmenten. Die grundlegenden Gesetze der geometrischen Optik spiegeln sich im Konstruktionsprinzip des Auges ebenso klar wider wie in der von Menschenhand gefertigen Kamera. Mehr noch, das Wirbeltierauge ist sogar in vielen Belangen der Kamera überlegen. So ist z.B. die automatische Bildfokussierung des Auges ein bisher nur unzulänglich erreichtes Ziel phototechnischer Entwicklungsarbeit. Und ist es nicht ein weiteres Zeichen hochgradiger Anpassung der Lebewesen an ihre Umweltbedingungen, daß das Auge seine höchste Empfindlichkeit im grüngelben Wellenlängenbereich besitzt, also gerade dort, wo das von der Sonne ausgehende Licht ein Intensitätsmaximum aufweist?

Es wäre also absurd, wenn man die Zweckmäßigkeit des natürlichen Organs leugnen wollte, während man gleichzeitig dem Artefakt einen Zweck, nämlich den, Bilder einzufangen, zugesteht. Das Phänomen der Plan- bzw. Zweckmäßigkeit ist vielmehr ein *charakteristisches* Merkmal aller Lebewesen und nicht nur eine Einzelerscheinung, die auf einer zufälligen Koinzidenz von spezifischer Struktur und sinnvoller Funktion beruht.

Das Wirbeltierauge ist nur eins von vielen Beispielen aus der belebten Natur, wo die Planmäßigkeit *makroskopisch* in Erscheinung tritt und daher jedem von uns vertraut ist. Aber auch auf der *mikroskopischen* Ebene, also auf der Ebene der Moleküle, begegnet man im Bereich des Lebendigen planvollen und zweckmäßigen Strukturen.

Betrachten wir z.B. die lebenden Elementarbausteine der Organismen, die Zellen. Jede Zelle ist eine außerordentlich komplexe und hochorganisierte Einheit, die aus vielen Millionen Molekülen aufgebaut ist. Alle Moleküle einer Zelle wirken in einem genau aufeinander abgestimmten Funktionsschema zusammen, um den Ordnungszustand „Leben" aufrecht zu erhalten.

Jeder komplizierte Arbeitsprozeß erfordert einen Plan. Es ist somit nicht verwunderlich, daß die vielfältigen und in ihrer Detailstruktur geradezu verwirrenden Stoffwechsel- und Regulationsprozesse der Zelle informationsgesteuert sind. Wir wissen heute, daß den Stoffwechselprozessen ein bis in alle Einzelheiten festgelegter Plan zugrunde liegt, der von der lebenden Zelle mit minuziöser Genauigkeit eingehalten und ausgeführt wird. Bevor wir jedoch auf diesen Plan näher zu sprechen kommen, soll noch gezeigt werden, mit welch unglaublicher Perfektion auch im mikroskopischen Bereich die biologischen Strukturen nach zweckorientierten Kriterien aufgebaut sind.

Wir wissen, daß zur Aufrechterhaltung der vielfältigen Stoffwechselprozesse der lebenden Zelle Energie erforderlich ist. Der menschliche Körper bezieht diese Energie z.B. aus der Verbrennung der von ihm aufgenommenen Nahrung. Die Versorgung des Gewebes mit dem hierzu notwendigen Sauerstoff übernimmt ein bestimmter Bestandteil der roten Blutkörperchen, das Hämoglobin. Darüber hinaus transportiert das Hämoglobin auch wieder ein Abfallprodukt des Zellstoffwechsels, nämlich Kohlendioxyd, in die Lunge zurück.

Das Hämoglobin ist ein Riesenmolekül, das aus vier gleichartigen Untereinheiten aufgebaut ist. Jede Untereinheit für sich besteht aus einer langen Proteinkette, deren Grundbausteine die zwanzig natürlichen Aminosäuren sind. Des weiteren ist jede der vier Proteinketten im Hämoglobinmolekül um einen Farbstoffring mit einem zentralen Eisenatom (Hämgruppe) gefaltet, wodurch das Gesamtmolekül ein kugelförmiges Knäuel bildet. Bei der Atmung wird der Sauerstoff an die Hämgruppe gebunden und dann im „Huckepackverfahren" von der Lunge zu seinem Bestimmungsort, dem Gewebe, transportiert. Die Sauerstoffaufnahme und die Sauerstoffabgabe sind mit einer außerordentlich diffizilen Änderung in der Struktur des Hämoglobinmoleküls verbunden. Strukturell gesehen „atmet" bereits das Hämoglobinmolekül, so daß man es im Hinblick auf seine Funktion durchaus als „molekulare Lunge" bezeichnen kann.[2]

Die räumliche Faltung der Proteinketten und damit die biologische Funktion des Hämoglobinmoleküls ist vollständig durch die spezielle Abfolge seiner Proteinbausteine bestimmt. Der Austausch auch nur eines einzigen Bausteines kann zur strukturellen Veränderung und damit zum partiellen oder auch totalen Funktionsverlust des Moleküls führen.

Die Struktur und Funktionsweise des Hämoglobinmoleküls zeigt, daß sich offenbar die Zweckmäßigkeit lebender Organismen bis in die komplexe Architektur ihrer molekularen Träger hinein fortsetzt. Dabei ist das Hämoglobinmolekül auch wieder nur *ein* Beispiel für die zweckorientierten Leistungen der biologischen Makromoleküle. Bereits in einer einfachen Bakterienzelle gibt es schätzungsweise eine Million solcher molekularen Funktionsträger, darunter zwei- bis dreitausend verschiedene Arten. Jeder Funktionsträger ist hierbei auf eine ganz bestimmte Aufgabe spezialisiert, die für die Aufrechterhaltung der Lebensfunktionen im allgemeinen unentbehrlich ist.

Daß eine solche Vielfalt von Strukturen und Funktionen tatsächlich nach einem linearen „Baukastenprinzip" mit nur zwanzig Klassen von Proteinbausteinen möglich ist, zeigt eine einfache Rechnung. Die kleinsten, *katalytisch* aktiven Proteinmoleküle der lebenden Zelle bestehen aus wenigstens hundert Bausteinen. Eine solche Proteinkette hat bereits

$$20^{100} \approx 10^{130}$$

kombinatorisch mögliche Sequenzalternativen. Damit ist offenkundig, daß schon auf der niedrigsten Komplexitätsstufe eine nahezu unbegrenzte Vielfalt von Strukturen möglich ist. Die makromolekularen Strukturen, die man in den Lebewesen vorfindet, sind nun in dem Sinn einzigartig, als sie eine spezifische Auswahl *optimierter* Sequenzen aus einer nahezu unbegrenzten Vielzahl physikalisch *denkbarer* Alternativen repräsentieren. Die Vermutung liegt nahe, daß für den Aufbau und die koordinierte Wechselwirkung solcher molekularen Funktionsträger innerhalb der Zelle ein Programm, d.h. eine Information, existiert.

In der Tat haben die Ergebnisse der modernen Biologie gezeigt, daß der zum Aufbau eines lebenden Organismus notwendige Plan — bei allen Lebewesen einheitlich — in einer bestimmten Sorte von Zellmolekülen gespeichert ist: den Nukleinsäuren.

Die Nukleinsäuren gehören — wie die Proteine — zur Klasse der biologischen Makromoleküle, d.h. sie sind selbst wieder aus kleineren Moleküleinheiten zusammengesetzt. Diese Bausteine, die sog. Nukleotide, wirken im Nukleinsäuremolekül wie die Schriftsymbole einer Sprache. Das Alphabet der genetischen Molekularsprache besteht dabei aus nur vier verschiedenen Symbolen, die man im allgemeinen durch die Initialen ihrer chemischen Bezeichnungen kennzeichnet, im Fall einer Ribonukleinsäure (RNS) mit

A, U, G und C.

Die lineare Abfolge dieser molekularen Symbole in den Nukleinsäuren verschlüsselt die gesamte genetische Information, insbesondere also auch die Baupläne für alle in der lebenden Zelle vorkommenden Proteine. Je drei Nukleinsäurebausteine sind zu einem Codewort zusammengefaßt und verschlüsseln die Information für einen Proteinbaustein. Im besonderen Fall der Bakterienzelle liegen die Baupläne aller Proteine hintereinandergeschaltet auf einem einzigen Nukleinsäuremolekül, dem Genom des Bakteriums.

Die Molekularbiologen sind heute bereits in der Lage, die Baupläne lebender Organismen zu entziffern. Mit Hilfe physikalisch-chemischer Techniken kann man nämlich die genaue Abfolge der Bausteine in den Nukleinsäuremolekülen bestimmen.

Abbildung 1 zeigt z.b. einen „Textausschnitt" aus der Erbinformation eines einfachen Virus.[3] Erfaßt sind in diesem Bild etwa dreißig Prozent der Gesamtinformation. Die in Abbildung 1 gezeigte Symbolfolge enthält die Information für den Aufbau einer molekularen Maschinerie, die ihren materiellen Bauplan symbolgetreu „abschreibt", indem sie ihn als Matrize verwendet und Kopien davon herstellt. Auf diese Weise schließt sich der Kreis des „lebendigen" Wechselspiels zwischen biologischer Information und biologischer Funktion: Der Bauplan verschlüsselt bei allen Lebewesen den Plan für eine molekulare Maschinerie, deren wesentliche Aufgabe darin besteht, ihren eigenen Bauplan möglichst effizient zu reproduzieren und von Generation zu Generation weiterzugeben.

Sowohl der Bauplan des Wirbeltierauges als auch der Bauplan des Hämoglobinmoleküls ist in den molekularen Symbolsequenzen bestimmter Nukleinsäuren niedergelegt. Das Phänomen der Planmäßigkeit in der belebten Natur läßt sich somit auf die Existenz molekularer Baupläne zurückführen. Änderungen in den mikroskopischen Details eines Erbmoleküls, z.B. der Austausch auch nur eines Nukleotids, können makroskopische Konsequenzen haben bis hin zum Tod und Zerfall eines Individuums.

Am Beispiel des Wirbeltierauges und des Hämoglobinmoleküls zeigt sich deutlich, daß es vielerlei Formen der Plan- und Zweckmäßigkeit in der belebten Welt gibt. Beide Beispiele repräsentieren jedoch nur winzige Teilaspekte umfangreicher Baupläne, nach denen der Zustand „Leben" in den verschiedensten Formen realisiert und aufrecht erhalten wird.

Wir wollen uns schließlich auch noch eine Vorstellung von der *Komplexität* genetischer Baupläne verschaffen. Die kleinsten Lebewesen, die noch über einen autonomen Stoffwechsel verfügen, sind die Bakterien. Deren genetische Information ist in annähernd vier Millionen molekularen Symbolen verschlüsselt. Auf die menschliche Sprache übertragen entspricht damit der molekulare Schriftsatz für den Aufbau einer Bakterienzelle etwa dem Umfang eines tausend Seiten starken Buches. Im menschlichen Genom sind bereits über eine Milliarde Symbole zur Codierung der Erbinformation notwendig. Dies entspricht — um bei demselben Bild zu bleiben — dem Umfang einer Bibliothek von mehreren tausend Bänden.

## 2. Die Frage nach dem Ursprung des Lebens

Wir können nun die zentrale Frage stellen: Wie ist die Planmäßigkeit der Lebewesen, wie ist die biologische Information entstanden? Aus naturphilosophischer Sicht sind im Prinzip drei Antworten auf diese Frage denkbar:

1. Leben ist ein reines Zufallsprodukt, entstanden im „Spiel" der Moleküle,
2. Leben ist die Konsequenz *lebens*spezifischer Naturgesetze,
3. Leben ist das Ergebnis eines materiellen Lernprozesses.

Betrachten wir zunächst die erste These. Sie wurde am nachhaltigsten von Jacques Monod[4] in seinem Buch „Zufall und Notwendigkeit" vertreten. Nach den Vorstellungen von Monod muß die spezifische Anordnung der genetischen Bausteine im Erbmolekül der einfachsten Lebewesen durch einen reinen Zufallsprozeß irgendwann einmal in der Frühgeschichte der Erde zustande gekommen sein.

Offenbar ist die Wahrscheinlichkeit für die Zufallssynthese eines „Urgens" aus seinen Grundbausteinen umgekehrt proportional zur Zahl seiner kombinatorisch möglichen Sequenzalternativen, wenn man einmal von der realistischen Annahme ausgeht, daß jede Sequenzalternative die gleiche a priori-Wahrscheinlichkeit besitzt. Beim menschlichen Genom erreicht die Zahl der Sequenzalternativen die unfaßbare Größe von $10^{600 \text{ Millionen}}$! Aber selbst im einfachen Fall der Bakterienzelle beträgt die Zahl der alternativen Baupläne immer noch etwa $10^{2,4 \text{ Millionen}}$! Für Zahlen dieser Größenordnung fehlt uns jegliches Vorstellungsvermögen. Solche Zahlen kann man nicht einmal mehr als astronomisch bezeichnen. Man bedenke, daß das Alter der Welt „nur" $7 \cdot 10^{17}$ s beträgt, oder daß die Gesamtmasse des Universums, ausgedrückt in Masseeinheiten des Wasserstoffatoms, „nur" von der Größenordnung $10^{78}$ ist. Selbst wenn seit Anbeginn der Welt jede Sekunde in einer Zufallssynthese ein Informationsträger vom Umfang eines Bakterienbauplans entstanden wäre, so hätte das bisherige Alter der Welt bei weitem nicht ausgereicht, um mit einer realistischen Wahrscheinlichkeit die Sequenz des heutigen Bakterienbauplans zu erzielen. Die a priori-Wahrscheinlichkeit für eine erfolgreiche Zufallssynthese ist praktisch Null. An dieser Tatsache würde sich auch nichts ändern, wenn die gesamte Materie des Weltalls als Konstruktionsmaterial für solche molekularen Informationsträger zur Verfügung gestanden hätte.*

Aus diesen eindrucksvollen Zahlenbeispielen läßt sich nun in Übereinstimmung mit Jacques Monod der Schluß ziehen, daß der Bauplan eines primitiven Lebewesens *a priori* ebensowenig durch reinen Zufall in Form eines molekularen Roulettes entstanden sein kann, wie durch ein bloßes Zusammenschütteln von Buchstaben ein umfangreiches Lehrbuch der Biologie entstehen würde. Da nun aber Lebewesen auf der Erde existieren, hat Monod in der Entstehung des Lebens *a posteriori* ein singuläres Zufallsereignis gesehen, das ähnlich einem Lotteriegewinn ein zunächst beliebig unwahrscheinliches und deshalb für

---

\* Diese Abschätzung gilt offensichtlich nicht nur für den kompletten Bauplan eines primitiven Lebewesens, sondern auch für die Proteinkette einfachster Enzymmoleküle, deren Komplexitätsmaß bereits oberhalb von $10^{130}$ liegt.

den Gewinner (in diesem Fall die erste lebende Zelle) ein absolut einmaliges Ereignis darstellt. Wäre die auf den „blinden" Zufall ausgerichtete Interpretation der Entstehung des Planmäßigen in der belebten Natur richtig, so müßten hieraus wohl in der Tat im Sinne Monods weitreichende philosophische Konsequenzen gezogen werden. Wir werden auf die Zufallshypothese noch einmal zurückkommen.

Die zweite These geht von der ontologischen Prämisse aus, daß die Lebensphänomene eigenen Naturgesetzen unterworfen sind und die Gesetze der Physik bzw. Chemie nicht ausreichen, um lebende Organismen und ihren Ursprung vollständig zu beschreiben.[5] Da sich solche lebensspezifischen oder — wie der Physiker Walter Elsasser sie nannte — biotonischen Gesetzmäßigkeiten *per definitionem* nicht mit physikalisch-chemischen Methoden ermitteln lassen, liegt solchen Hypothesen immer die sehr vage Annahme einer Lebenskraft (vis vitalis) oder eines allgemeinen teleologischen Prinzips zugrunde.

Selbst bei so prominenten Physikern wie Niels Bohr oder Eugene Wigner findet man Ansätze zu einer vitalistischen Theorienbildung im Hinblick auf die Existenz belebter Materie. Bohr leitete seine These im wesentlichen aus Überlegungen zur Natur des biophysikalischen Meßprozesses ab. Aufgrund einer Verallgemeinerung des quantenmechanischen Komplementaritätsprinzips kommt er zu dem Schluß, „daß das Vorhandensein von Leben an sich als Grundtatsache in der Biologie angenommen werden müsse, im gleichen Sinn wie das Wirkungsquantum in der Atomphysik als Grundelement betrachtet werden muß, das nicht auf klassische Begriffe zurückgeführt werden kann."[6] Während Bohr in erster Linie ein methodologisches Argument für seine These anführt, versucht Wigner explizit nachzuweisen, daß im Rahmen der gegenwärtigen Gesetze der Quantenmechanik die Existenz eines lebenden Systems beliebig unwahrscheinlich ist. Da andererseits die Quantenmechanik den Anspruch erhebt, auf alle Phänomene der realen Welt anwendbar zu sein und für alle Phänomene sinnvolle Voraussagen zu liefern, ergibt sich hier offenbar ein Widerspruch. Wigner äußert daher die Vermutung, daß die Quantenmechanik in ihrer jetzigen Form modifiziert werden müsse, bevor sie auf lebende Systeme anwendbar sei.

Wir wollen im folgenden den Wignerschen Gedankengang[7] in gekürzter Form wiedergeben und hier vor allem auf die Voraussetzungen seiner Beweisführung näher eingehen: Angenommen, der Zustand „Leben" sei im quantenmechanischen Sinn vollständig gegeben. Des weiteren gebe es wenigstens einen Zustand des Nahrungsreservoirs, der es dem Organismus ermöglicht, sich zu vermehren. Die Selbstreproduktion eines lebenden Systems ist dann formal gesehen eine spezifische Wechselwirkung des Organismus mit der Nahrung, die zum Aufbau einer materiellen Kopie führt. Stellen wir das Reproduktionssystem (Organismus + Nahrung) durch einen Zustandsvektor $\psi_A$ im Hilbertraum dar, so wird der Reproduktionsprozeß selbst durch eine Transformation

$$\psi_E = S \psi_A$$

beschrieben, wobei $S$ eine unitäre Transformationsmatrix und $\psi_E$ der Zustandsvektor des Systems nach der Reproduktion ist. Es ist sicherlich gerechtfertigt, den Hilbertraum durch einen endlich-dimensionalen Raum zu ersetzen. Insbesondere soll der Zustandsraum des Organismus $N$ Dimensionen haben und der Zustandsraum der Stoffwechselprodukte $R$ Dimensionen, wobei $N$ und $R$ sehr große Zahlen sind. Unter der Annahme, das $S$ eine Zufallsmatrix ist, läßt sich nun zeigen, daß die Zahl der Gleichungen, die die Transformation beschreiben, sehr viel größer ist als die Zahl der Komponenten der Zustandsvektoren, die als Unbekannte in die Gleichungen eingehen. Es gibt nämlich $N^2 R$ Transformationsgleichungen, aber nur $(N + R + NR)$ Unbekannte. Da $N^2 R$ gegenüber $N + R + NR$ sehr groß ist, ist es beliebig unwahrscheinlich, daß die Transformationsgleichungen durch die Unbekannten erfüllt werden.* Nach den Gesetzen der Quantenmechanik, so schließt Wigner folgerichtig, ist die Existenz einer selbstreproduktiven physikalischen Struktur beliebig unwahrscheinlich.

Von der Tatsache einmal abgesehen, daß die Anwendung der Quantenmechanik auf makroskopische Prozesse in sich nicht problemfrei ist, müssen in dem hier diskutierten Fall vor allem die Voraussetzungen des Modells kritisiert werden. Wigners Berechnungen haben nämlich nur Gültigkeit unter der Annahme, daß die Transformationsmatrix $S$ eine Zufallsmatrix ist. Mit anderen Worten: In seinem Modell wird vorausgesetzt, daß der Reproduktionsprozeß durch eine nicht-instruierte, d.h. informationslose Assoziation geeigneter Materiebausteine erfolgt. Diese Voraussetzungen treffen auf lebende Systeme jedoch nicht zu. Die Selbstreproduktion der Organismen ist vielmehr eine unmittelbare Konsequenz der physikalisch-chemischen Eigenschaften der Erbmoleküle und vollständig informationsgesteuert. Der von Wigner angenommene informationslose Anfangszustand war vielmehr während der präbiotischen Phase der Evolution erfüllt, als in der „Ursuppe" ein molekulares Chaos ohne jegliche funktionelle Ordnung herrschte. Bezieht man die Wignersche These auf die präbiotische Nukleationsphase lebender Systeme, so stellt sie in einem gewissen Sinn das Gegenstück zur Monodschen These dar. Während Monod jedoch seine Überlegungen auf die genotypische Ebene der Informationsträger bezieht, führt Wigner seinen quantenmechanischen „Beweis" auf der phänotypischen Ebene der zellulären Maschinerie: Die *a priori*-Wahrscheinlichkeit für die *de novo*-Synthese der Maschinerie eines lebenden Systems ist ebenso gering wie die *a priori*-Wahrscheinlichkeit für die spontane Entstehung des Programms. Wigner und Monod ziehen aus ihren wahrscheinlichkeitstheoretischen Überlegungen jedoch völlig unterschiedliche Schlußfolgerungen. So beruft sich Monod auf das sog. Objektivitätspostulat: „Grundpfeiler der wissenschaftlichen Methode ist das Postulat der Objektivität der Natur. Das bedeutet die *systematische* Absage an jede Erwägung, es könne zu einer ‚wahren Erkenntnis' führen, wenn man die Erscheinungen durch eine Endursache, d.h. durch ein ‚Projekt', deutet."[4] Nach Monod kann daher die Entstehung des Lebens nur als das Resultat eines *singulären* Zufallsereignisses interpretiert werden. Wigner hingegen schließt sich der teleologischen Theorie Elsassers an und postuliert die Existenz biotonischer Gesetze, die die Lebensvorgänge in systemerhaltender Weise ausrichten, die aber nicht auf physikalische Gesetze reduzierbar sind.

Bevor wir auf den erkenntnistheoretischen Gehalt der Zufallshypothese sowie der teleologischen Theorien näher eingehen, soll noch kurz die dritte These erläutert werden. Da-

---

* Die Schlußfolgerung bleibt auch dann richtig, wenn ein lebender Organismus durch mehr als einen quantenmechanischen Zustand charakterisiert wird.

nach ist zur Entstehung des Lebens weder ein singuläres Zufallsereignis noch eine besondere Lebenskraft notwendig. Vielmehr soll sich die unbelebte Materie selbst zu belebten Systemen organisieren können, indem sie aus ihren Umweltbedingungen „lernt" und sich zu höherer Komplexität und Organisation entwickelt.[8]

Hier stellt sich natürlich sofort die Frage, ob denn unbelebte Materie überhaupt lernen kann und in welcher Form ein solcher Lernprozeß gegebenenfalls vonstatten geht. Lernvorgänge sind vielschichtig. Sie reichen vom zentralnervös gesteuerten Lernen durch Einsicht bis hin zum unreflektierten Lernen nach der Methode des Versuchs und Irrtums. Eine bestimmte Voraussetzung müssen jedoch alle Lernprozesse erfüllen: Es muß ein Gedächtnis existieren, in dem die durch den Lernprozeß erworbene Information gespeichert werden kann. Wie wir eingangs festgestellt haben, erfüllen die Nukleinsäuren als Träger der biologischen Information genau diese Voraussetzung. Sie repräsentieren aufgrund ihrer besonderen chemischen Struktur das genetische „Gedächtnis". Da es auf der Ebene der Moleküle jedoch noch keine Bewußtseinsäußerung gibt, kann der materielle Lernprozeß offenbar nur in der unreflektierten Methode von Versuch und Irrtum bestehen. Wir werden noch sehen, daß dieser Lernprozeß den Regeln Darwinscher Evolution genügt. An dieser Stelle soll zunächst nur im Gedankenexperiment gezeigt werden, daß ein solcher Lernprozeß das Informationsproblem auch in quantitativer Hinsicht lösen kann. Zu diesem Zweck gehen wir von einer Zufallssequenz von der Länge des Bakterienbauplans aus und berechnen die Zahl der Einzelschritte, die in einem Mutationsverfahren zur Zielsequenz führen. Wir gehen dabei *selektiv* nach der Methode von Versuch und Irrtum vor, d.h. wir fixieren immer solche Positionen in unserer Testsequenz, die mit der Zielsequenz übereinstimmen. Die „fixierten" Positionen sind natürlich von weiteren Mutationen ausgeschlossen, während alle anderen Positionen frei variieren können. Im Mittel würde in einer genetischen Symbolsequenz jeder 4. Versuch zum Erfolg führen, so daß selbst eine Zielsequenz von der Komplexität eines Bakteriengenoms (ca. vier Millionen genetische Symbole) mit einer realistischen Zahl von etwa sechzehn Millionen Punktmutationen erreicht werden kann. Die selektive Methode, nach der eine definierte Sequenz aus einer Menge von $10^{2,4 \text{ Millionen}}$ kombinatorisch möglichen Alternativen ausgewählt wird, ist also der reinen Zufallsmethode, die nach einem „Alles-oder-Nichts-Prinzip" verfährt, bei weitem überlegen. Allerdings setzt das selektive Verfahren die Existenz einer Werteebene voraus, nach der ein Versuch (d.h. eine Symbolmutation) als „fehlerhaft" verworfen oder als „vorteilhaft" fixiert wird. Nach der neodarwinistischen Interpretation der biologischen Informationsentstehung soll sich unter gewissen physikalischen Voraussetzungen eine solche Werteebene in Form eines Selbstorganisationsprozesses selbsttätig aufbauen und ständig auf ein höheres Niveau heben können.

## 3. Das „Gesetz" des Zufalls

Wir haben damit drei grundsätzlich verschiedene Antworten auf die Frage kennengelernt, wie die Planmäßigkeit lebender Strukturen, bzw. das Leben schlechthin entstanden ist. Mit dem erkenntnistheoretischen Gehalt dieser drei Thesen, um die sich nahezu die gesamte philosophische Diskussion innerhalb der Evolutionsbiologie dreht, wollen wir uns im folgenden eingehender auseinandersetzen.

Zu außerordentlich präzisen Aussagen über das Problem der Informationsentstehung gelangt man, wenn man die Fragestellung formalisiert. Betrachten wir noch einmal den typischen Textausschnitt aus dem Bauplan eines einfachen Virus (Abb. 1). Jeder Buchstabe repräsentiert hier einen chemischen Baustein der Nukleinsäure und ist damit zugleich ein „Buchstabe" der genetischen Schrift. Die in einer solchen Buchstabenfolge enthaltene Information läßt sich auch ohne weiteres in die geläufige Sprache der Informationstheorie übersetzen. Da die Nukleinsäuren sich aus vier verschiedenen chemischen Grundbausteinen aufbauen, benötigt man in einem binären Codesystem (wie es z.B. in der Computersprache benutzt wird) jeweils zwei Codeeinheiten, um einen Buchstaben des Nukleinsäurealphabets zu verschlüsseln. Wir definieren nun folgende Codierung:

$$A = 00$$
$$U = 11$$
$$G = 01$$
$$C = 10$$

In dieser Codierung würde die in Abbildung 1 gezeigte Erbinformation der in Abbildung 2 gezeigten Symbolsequenz entsprechen.

Die detaillierte Folge der Ziffern „0" und „1" verschlüsselt also die Teilinformation für den Aufbau eines Viruspartikels. Die Frage nach dem Ursprung des Lebens ist offensichtlich gleichbedeutend mit der Frage nach der Entstehung solcher *definierten* Symbolsequenzen, wie sie in Abbildung 1 bzw. Abbildung 2 gezeigt werden.

Jacques Monod war der Überzeugung, daß sich aus den in der belebten Natur vorkommenden Bauplänen und ihrem systematischen Vergleich mit Hilfe moderner Untersuchungs- und Rechenmethoden ein allgemeines Gesetz ableiten läßt, nämlich — wie er es nannte — das „Gesetz des Zufalls". „Diese Strukturen", so Monod, „sind in dem Sinne ‚zufällig', als es unmöglich ist, irgendeine theoretische oder empirische Regel zu formulieren, mit der sich aus einer genauen Kenntnis von 199 eines aus 200 Bausteinen bestehenden Proteins die Beschaffenheit des restlichen, noch nicht durch die Analyse festgestellten Bausteins vorhersagen ließe."[4]

Da es zwischen der Sequenz der Proteinbausteine und der Sequenz der Nukleinsäurebausteine eine durch den genetischen Code eindeutig festgelegte Beziehung gibt, kann die Aussage Monods direkt auf die genetischen Symbolsequenzen übertragen werden. Monod nahm also an, daß die offenkundige Regellosigkeit der genetischen Symbolsequenzen den Zufallscharakter ihrer Entstehung direkt widerspiegelt. In der konservativen Struktur der genetischen Baupläne sei der historische Zufallsprozeß gewissermaßen eingefroren und für uns heute noch ablesbar. Die Zufallshypothese bezog Monod übrigens nicht nur auf die Intitialphase der Lebensentstehung, sondern auch auf die Darwinsche Phase der evolutiven Optimierung bereits vorhandener Baupläne.

Die Zufallshypothese von der Entstehung des Lebens hat insofern tiefgreifende philosophische Implikationen, als Monod hierauf seine molekularbiologisch fundierte Existenzphilosophie gründet. Wir wollen daher überlegen, wie sich der Begriff der Zufallsfolge genauer fassen und hinsichtlich der von Monod formulierten Hypothese auswerten läßt. Wir können uns hierbei auf einige grundlegende Arbeiten von Gregory Chaitin[9] und Andrej Kolmogorov[10] stützen, die es ermöglichen, den Zufallscharakter einer Symbolfolge präzise zu definieren und darüber hinaus sogar zu messen. Die soeben angesprochenen erkenntnistheoretischen Probleme lassen sich damit außerordentlich genau formulieren, was wiederum eine Voraussetzung für ihre erfolgreiche Lösung ist. Wir wollen dieses mathematische Konzept, weil es zugleich eine fundamentale Grenze objektiver Erkenntnis in der Biologie aufzeigt, in seinen Grundzügen erläutern.

## 4. Grenzen objektiver Erkenntnis in der Biologie

Wohl jeder hat eine intuitive Vorstellung von dem, was man eine Zufallsfolge nennt. Betrachten wir hierzu folgendes Beispiel:

Sequenz (a): 10101010101010101010101010101010101010101010101010
Sequenz (b): 10100011111001011001011100010110001010000001000111

Beiden Symbolsequenzen ist gemeinsam, daß sie dieselbe Länge (fünfzig Symbole) besitzen und jeweils nur aus den beiden Symbolen „0" und „1" aufgebaut sind. Für die Sequenz (a) gibt es darüber hinaus jedoch eine einfache Regel, nach der man die Symbolfolge beliebig fortsetzen kann. Und zwar treten die Symbole „1" und „0" immer streng alternierend auf. Das hieraus resultierende Sequenzmuster repräsentiert offensichtlich eine geordnete Folge. Für die Sequenz (b) hingegen scheint es keine Regel zu geben, die eine folgerichtige Fortsetzung des Sequenzmusters ermöglicht. Es liegt daher nahe, die Sequenz (b) als *Zufallsfolge* zu bezeichnen.

Die klassische Methode, eine Zufallsfolge zu erzeugen, ist das Werfen einer Münze. Man könnte hieraus den Schluß ziehen, daß allein der Ursprung einer Symbolfolge festlegt, wann eine Symbolfolge den Charakter einer Zufallssequenz hat und wann nicht. Diese Vermutung beruht aber offenkundig auf einem Fehlschluß. Wirft man z.B. eine Münze fünfzigmal in Folge und notiert jedesmal das Ergebnis („Kopf" oder „Adler" bzw. Symbol „0" oder „1"), so kann sich am Ende jede der $2^{50}$ kombinatorisch möglichen Sequenzen ergeben, denn jede der $2^{50}$ möglichen Symbolfolgen besitzt dieselbe *a-priori*-Wahrscheinlichkeit. Dies trifft insbesondere auch auf die beiden Zahlensequenzen zu, die wir soeben als Beispiele für eine geordnete und eine ungeordnete, d.h. zufällige Symbolfolge herangezogen haben.

Wir benötigen ganz offensichtlich eine Definition des Begriffes „Zufallsfolge", die von der Entstehungsgeschichte der betreffenden Symbolfolge unabhängig ist, die aber dennoch mit unserer intuitiven Vorstellung von geordneten und ungeordneten Symbolsequenzen im Einklang steht. Die neue Definition von „Zufälligkeit", die im folgenden verwendet werden soll, berücksichtigt nicht den Ursprung einer Symbolfolge, sondern bezieht sich allein auf die Charakteristik des Sequenzmusters. Um die Definition zu erläutern, werden wir uns wieder der Sprache der Informationstheorie bedienen.

Betrachten wir noch einmal die obigen Symbolsequenzen. Die Festlegung eines einzelnen Symbols erfordert genau eine Ja-Nein-Entscheidung, d.h. 1 bit Information. Bei gleicher *a priori*-Wahrscheinlichkeit für jedes der N Einzelsymbole enthält jede Sequenz eine Information von N bits.

Wir stellen uns nun im Gedankenexperiment ein informationstheoretisches Problem. Und zwar soll den Bewohnern eines entfernten Planeten, die über dasselbe Kommunikationssystem wie wir verfügen, informationstheoretisch auf möglichst ökonomische Weise die in den beiden Sequenzen codierte Information übermittelt werden. Im Fall der Sequenz (a) würden wir per Funk die Anweisung übertragen:

PRINT „10" (N/2) TIMES

Man sieht sofort, daß die zu übertragende Informationsmenge nur unwesentlich größer wird, wenn N eine sehr große Zahl ist. Die Zahl der Informationseinheiten für das Übertragungsprogramm bleibt *annähernd* konstant, wie groß auch immer die in der Sequenz (a) enthaltene Zahl von Informationseinheiten ist. Die Sequenz (a) ist offenbar *komprimierbar*.

Anders liegt der Sachverhalt bei der Sequenz (b). Hier sind wir, da offensichtlich keine redundanten Sequenzmuster erkennbar sind, gezwungen, die gesamte Sequenz zu übertragen:

PRINT „101000111110010110010111000101100010100000001000111"

In diesem Fall ist also die Informationsmenge für das Übertragungsprogramm proportional zur Informationsmenge, die in der Sequenz selbst enthalten ist. Die Sequenz (b) unterscheidet sich von der Sequenz (a) offenbar gerade dadurch, daß die in ihr enthaltene Information *nicht* mehr *komprimierbar*, d.h. in kompakter Form darstellbar ist. Mit anderen Worten: Im Gegensatz zur Symbolfolge (a) kann für die Erzeugung bzw. Fortsetzung der Symbolfolge (b) keine Regel (Algorithmus) angegeben werden, die wesentlich kürzer ist als die Sequenz selbst.

Der Grad der Inkompressibilität einer Symbolfolge ist in der Tat ein charakteristisches Merkmal für den Grad ihrer Zufälligkeit. Und genau dieser Sachverhalt läßt sich für unsere Definition ausnutzen: Eine Symbolfolge heiße „Zufallsfolge", wenn der kleinste Algorithmus, der notwendig ist, um das Sequenzmuster dieser Folge zu erzeugen, etwa dieselbe Anzahl von Informationseinheiten besitzt wie die Folge selbst.

Sofern eine gegebene Sequenz *keine* Zufallsfolge ist, läßt sich ihre Kompressibilität auch im Prinzip nachweisen. Zu diesem Zweck genügt es, wenn man für die Erzeugung der betreffenden Sequenz auch nur einen Algorithmus angeben kann, dessen Codierung wesentlich kürzer ist als die Codierung der Sequenz selbst. Will man hingegen zeigen, daß eine Sequenz eine Zufallsfolge ist, so müssen wir nachweisen, daß es einen solchen kompakten Algorithmus grundsätzlich nicht gibt, die Sequenz also nicht mehr wesentlich komprimierbar ist. Es gehört nun zu den wichtigen Entdeckungen der modernen Mathematik, daß ein Beweis für die Zufälligkeit einer Symbolfolge aus prinzipiellen Gründen niemals gefunden werden kann.* Die tiefere Ursache hierfür liegt in dem von Kurt Gödel aufgefundenen Un-

---

* Eine genauere Formulierung des Zufallstheorems und seiner Konsequenzen für das Problem der

vollständigkeitstheorem, welches der Mathematik eine fundamentale erkenntnistheoretische Grenze setzt.[11]

Aus diesem Theorem läßt sich aber auch eine wichtige Grenze objektiver Erkenntnis in der Biologie ableiten. Danach ist die Aussage, der Bauplan lebender Organismen sei wegen nicht auffindbarer Sequenzmuster das Produkt einer Zufallssynthese, grundsätzlich nicht beweisbar. Wohlgemerkt, hierbei handelt es sich ausschließlich um ein erkenntnistheoretisches Problem. Das obige Theorem schließt also nicht die Existenz von Zufallsfolgen aus, sondern lediglich ihre Beweisbarkeit im Rahmen eines logischen Schlußverfahrens.

Es könnte demnach sehr wohl im historischen Verlauf der Evolution der Bauplan eines Lebewesens in Form eines singulären Zufallsprozesses entstanden sein. Es ist aber nicht möglich, diese These — wie es beispielsweise Monod versucht hat — anhand der strukturellen Analyse solcher Baupläne zu beweisen. Hier sind unseren Erkenntnismöglichkeiten prinzipielle und damit unüberwindbare Grenzen gesetzt.

Damit werden aber auch zugleich alle teleologischen Theorien über den Ursprung biologischer Information unwiderlegbar; denn die teleologischen Theorien postulieren ja die Existenz eines Algorithmus, der ein den biologischen Strukturen immanentes Gesetz verkörpert, nach dem ihre genetischen Baupläne aufgebaut werden. Einen Gesetzescharakter kann ein solcher Algorithmus aber nur dann haben, wenn die von ihm erzeugten Symbolsequenzen keine Zufallsfolgen sind, der Algorithmus selbst im Vergleich dazu also kompakter ist. Die von den teleologischen Theorien postulierte Existenz solcher kompakten Algorithmen kann jedoch nicht widerlegt werden, da ihre Nichtexistenz nicht beweisbar ist. Auf der anderen Seite ist im Rahmen teleologischer Theorienbildungen noch nie ein solcher Algorithmus konkret angegeben worden. Die teleologischen Theorien stellen daher lediglich Scheinlösungen dar, die sich auf jeweils aktuelle Erkenntnislücken der Physik und Chemie stützen.

Halten wir das bisher gewonnene Ergebnis fest: *Die Zufallshypothese ist aus prinzipiellen Gründen unbeweisbar, während die teleologischen Theorien aus prinzipiellen Gründen unwiderlegbar sind.*

## 5. Die Auflösung des „Paradoxons"

Bleibt abschließend noch die neodarwinistische These zu prüfen, wonach die definierten Baupläne lebender Organismen bereits in einer vorbiologischen Evolutionsphase durch Mutation und Selektion entstanden sind. Für eine streng wissenschaftliche Begründung dieser These sei auf die entsprechende Fachliteratur[12, 13] verwiesen. Stattdessen soll hier an einem anschaulichen Beispiel gezeigt werden, daß ein Evolutionsmechanismus im Sinne Darwins das Problem der Informationsentstehung tatsächlich lösen kann und anschließend dessen Erklärungsleistung bewertet werden.

biologischen Informationsentstehung findet man bei B.-O. Küppers: Der Ursprung biologischer Information. Untersuchungen zur Begriffs- und Theoriebildung im Grenzbereich von Physik, Chemie und Biologie (in Vorbereitung). Vgl. auch G. Chaitin.[9]

Bei unserem Beispiel, das auf eine Idee von Manfred Eigen[14] zurückgeht, benutzen wir wieder die eingangs hervorgehobene Ähnlichkeit zwischen der menschlichen und der molekulargenetischen Sprache. Wir wollen den Prozeß der biologischen Informationsentstehung auf dem Computer simulieren. Zu diesem Zweck sollen im folgenden genetische Informationseinheiten jeweils durch ein Wort der menschlichen Sprache symbolisiert werden.

Gegeben sei eine Zielsequenz\*, die einen bestimmten Informationsgehalt repräsentiert. Diese Zielsequenz soll aus einer nicht sinnverwandten Anfangssequenz nach einem noch näher zu spezifizierenden Evolutionsmechanismus entstehen. In unserem Fall gehen wir von einer sinnlosen, d.h. von einer statistischen Anfangssequenz aus.

ULOWTRSMIKLABTYZC

Wir definieren nun eine phänotypische Ebene, auf der die Symbolsequenz getestet wird. Auf dieser Ebene ist die Zielsequenz bekannt. Sie repräsentiert gewissermaßen das Thema dieses Aufsatzes:

EVOLUTIONSTHEORIE

Bei einer binären Codierung benötigen wir fünf Symbole, um einen Buchstaben unseres Alphabets darzustellen. (Mit fünf Binärzeichen lassen sich $2^5 = 32$ „Codewörter" erzeugen, gerade genug, um die sechsundzwanzig Buchstaben unseres Alphabets sowie verschiedene Interpunktionszeichen zu verschlüsseln.) Die siebzehn Buchstaben des Wortes „Evolutionstheorie" repräsentieren dann eine Informationsmenge von 85 bits. Eine solche Symbolsequenz hat bereits

$$2^{85} \approx 10^{26}$$

Sequenzalternativen. Die Wahrscheinlichkeit, im Computer durch einen „blinden" Zufallsprozeß die dem Wort „Evolutionstheorie" entsprechende Binärsequenz zu erzeugen, ist praktisch gleich Null.

Stattdessen wollen wir es mit einem Evolutionsprozeß im Darwinschen Sinn versuchen. Wir geben zu diesem Zweck die Anfangssequenz in binärer Codierung einem Computer ein mit der Maßgabe, sie zu reproduzieren, wobei jedes Reproduktionsprodukt selbst wieder kopiert werden kann. Damit haben wir in unser Evolutionsprogramm das biologische Phänomen der *Selbstreproduktivität* eingeführt. Wir programmieren ferner den Computer so, daß die Reproduktion einzelner binärer Symbole nicht immer exakt ist, d.h. hin und wieder wird in einer Informationseinheit ein falscher Buchstabe auftreten. Die Fehler

---

\* Wenn wir im Kontext unseres Computerexperiments von „Zielsequenz" sprechen, so ist dies kein Rückfall in teleologische Argumentationsformen, sondern ein Tribut, den wir für die Anschaulichkeit unseres Beispiels zahlen müssen. Auf der genetischen Ebene liegt eine solche Zielsequenz natürlich *nicht* fest. Dieser Unterschied ist für den Prozeß der evolutionären Informationsentstehung jedoch unerheblich, da es hier allein auf das *differentielle* Reproduktionsverhalten innerhalb jeder Verteilung von biologischen Informationsträgern ankommt.

sollen jedoch völlig zufällig und damit rein statistischer Natur sein. Damit simulieren wir das biologische Phänomen der *Mutation*. Da jede Sequenz selbstreproduktive Eigenschaften besitzt, können sich auch die mutierten Sequenzen anreichern. Hierfür definieren wir allerdings einen Selektionswert. Jede Sequenz, die nach binärer Codierung um ein bit besser mit der Zielsetzung übereinstimmt, soll sich um einen bestimmten Faktor (dem sog. differentiellen Vorteil) schneller reproduzieren als die ursprüngliche Kopie.\*

Die Sequenzen vermehren sich dann mit einer für ihre Fehlerzahl typischen Reproduktionsrate, wobei wir die Population alternierend auf insgesamt hundert Kopien anwachsen lassen und anschließend wieder nach einem rein zufälligen Verfahren auf zehn Kopien reduzieren. Durch diese Wachstumsbegrenzung üben wir auf das System einen *Selektionsdruck* aus.

Jede Verteilung von Informationsträgern repräsentiert dann eine Wertebene, die durch diejenige Buchstabensequenz definiert ist, die der Zielsequenz am nächsten kommt. Alle Sequenzen, deren Selektionswert unterhalb des Mittelwertes einer bestimmten, durch die Selektionswerte festgelegten dynamischen Größe liegt, sind vom weiteren Optimierungsverfahren ausgeschlossen. Hierdurch wird der Mittelwert ständig zu höheren Werten verschoben und die Wertebene insgesamt auf ein höheres Niveau gehoben. Auch in der belebten Natur ist die „Ursemantik" biologischer Information durch ein *dynamisches* Wertkriterium definiert, allerdings mit dem Unterschied, daß hier nicht von vornherein das Ziel festliegt, sondern sich erst im Verlauf des Optimierungsverfahrens herausbildet.

Das Computerexperiment endet mit folgendem Ergebnis:

### 1. Generation

| ELWWSJILAKLAFTYJ: | / | ELWWSJILAKLAFTYJ: | / | ELYWSJILAK?AFTYJ: | / | ELWOSBCSEKLAJSYK: |
| ELWOSBCKEKLKUTII: | / | ELOWTBCKYKLIFTYJ: | / | ELWOSBCKEKL!JTYI: | / | ELWWSJILAKL!FTYJ: |
| ELWOSBDKEKLAJTYI: | / | ELOSTBCKZKLIJTY: | | | | |

### 15. Generation

| EVYLVDGONS?HEOQIE | / | EVOKVDGONSLHE.QIC | / | ETOLVDGONS?HEOQIE | / | EVOLVDGONS?LUOQIC |
| EVQLVDGONC?HEOQIE | / | EVOLVDIONKLHEKQIC | / | EVOLVDGONSLHEOQIC | / | EVOLVDGONS?HEOQIE |
| EVOLVEDONSLHEOQIC | / | EVOLVDGONS?HEOQIE | | | | |

### 30. Generation

| *EVOLUTIONSTHEORIE* | / | *EVOLUTIONSTHEORIE* | / | *EVOLUTIONSTHEORIE* | / | *EVOLUTIONSTHEORIE* |
| *EVOLUTIONSTHEORIE* | / | *EVOLVDIONSTHEORIE* | / | *EVOLUTIONSTHEORJE* | / | *EVOPUTIONSTHEORIE* |
| *EVOLVTIONSTHEORIE* | / | *EVO?UTIONSKXHEORIE* | | | | |

Der Computerausdruck zeigt drei verschiedene Phasen der Evolution, nämlich die populationsmäßige Zusammensetzung der ersten, fünfzehnten und dreißigsten Reproduktionsgeneration. In der dreißigsten Generation hat sich bereits ein Selektionsgleichgewicht einge-

---

\* In dem hier diskutierten Beispiel beträgt die Mutationsrate 1% und der differentielle Vorteil 2,7.

stellt. Es besteht aus fünf korrekten Kopien der Zielsequenz und der daraus hervorgehenden stationären Mutantenverteilung.

Wir haben also mit der Computersimulation das eingangs gestellte Informationsproblem exemplarisch gelöst. Und zwar sind wir von einer statistischen Symbolfolge ausgehend zu einer Zielsequenz gelangt, die *eine* von immerhin $10^{26}$ kombinatorisch möglichen Alternativen ist, und deren *apriori*-Wahrscheinlichkeit praktisch Null ist. Zur Erzeugung dieser Zielsequenz haben wir weder ein teleologisches Prinzip noch ein singuläres Zufallsereignis benötigt, sondern lediglich einen Selektionsmechanismus im Sinne Darwins. Das Konzept der zufallsbedingten erblichen Veränderungen wurde im Computer durch die statistische Variation einer gegebenen Symbolsequenz simuliert. Die selektive Bewertung der Mutanten erfolgte, wie in der biologischen Evolution auch, über einen Vorteil in der Reproduktionsgeschwindigkeit gegenüber der restlichen Mutantenverteilung.

Die Computersimulation zeigt, daß in der Tat eine sinnvolle Information als Ergebnis zufälliger Variation und Selektion entstehen kann. Da auf der genetischen Ebene das Auftreten von Mutanten völlig indeterminiert ist, legt die natürliche Selektion nur einen Gradienten der Evolution, nicht aber im einzelnen den Weg fest, auf dem jeweils das (relative) Optimum erreicht wird. Faßt man alle kombinatorisch möglichen Sequenzalternativen eines biologischen Informationsträgers als Koordinaten eines „Informationsraumes" auf, so ist der Prozeß der biologischen Informationsentstehung vergleichbar mit der Wanderung in einem vieldimensionalen Gebirge, dessen Profil durch die Selektionswerte bestimmt wird. Hierbei liegt der Weg nur insoweit fest, als er immer von einem niedrigeren (relativen) Optimum zu einem höheren (relativen) Optimum führen muß.* An diesem Beispiel wird aber auch zugleich eine Schwäche unseres Simulationsexperiments deutlich. Im Gegensatz zur biologischen Information besitzt die menschliche Sprache keine hierarchische Struktur bezüglich ihrer Semantik. Es gibt keine eigenständigen „halb-sinnvollen" Wörter. Insofern repräsentiert unser Computerexperiment auch nur eine Konstruktion Darwinscher Informationsentstehung *a posteriori*, d.h. wir gehen von einem bereits sinnvollen Resultat der Evolution aus (in unserem Fall verkörpert durch die Zielsequenz) und zeigen, daß mit Hilfe eines Selektionsmechanismus das eingangs formulierte statistische Problem *prinzipiell* lösbar ist. Eine Konstruktion *a priori* scheint hingegen unmöglich zu sein. Könnten wir nämlich den Prozeß der biologischen Informationserzeugung absolut wirklichkeitsgetreu simulieren, z.B. ohne Vorgabe der Zielsequenz und ohne Vorgabe eines Be-

---

* Die Spuren des historischen Optimierungsprozesses findet man auch heute noch in der Struktur der biologischen Makromoleküle wieder. So kann man den „makroskopischen" Evolutionsbaum allein aufgrund von vergleichenden Sequenzanalysen an homologen Proteinen verschiedener Organismen rekonstruieren. Die Tatsache, daß die Aminosäuresequenz eines Proteins bei invarianter Funktion bis zu einem gewissen Grad variieren kann, bildet überhaupt erst die Grundlage für eine Optimierung der biologischen Makromoleküle im Darwinschen Sinn. Streng genommen gilt daher die eingangs formulierte Wahrscheinlichkeitsaussage für die Zufallssynthese eines biologisch aktiven Proteins auch nur für den Erwartungswert der *optimal* funktionierenden Struktur, von der man annehmen kann, daß sie nur durch *eine* Sequenz realisierbar ist. Die sich hieran anschließenden erkenntnistheoretischen Probleme sind an anderer Stelle erörtert.[15].

wertungsschemas für die „Buchstabenmutanten", so hätten wir ein zentrales Problem im Bereich der künstlichen Intelligenz gelöst: Der Computer könnte in Form eines Selbstorganisationsprozesses Information *de novo* erzeugen, indem er lediglich Energie verbraucht.

Ein weiterer Gesichtspunkt ist zu berücksichtigen. Die Lebewesen bilden selbst einen wesentlichen Bestandteil ihrer Umwelt, die durch die Evolution der Organismen laufend erweitert und modifiziert wird. Schon der einzelne Organismus mit seiner besonderen Organisationsstruktur repräsentiert für das in ihm eingebettete Gen eine Umwelt und übt neben dem außengesteuerten Selektionsdruck auf das Erbmaterial auch noch einen Binnenselektionsdruck aus. Die Ziele der Evolution, die durch die Umweltbedingungen definiert sind, werden somit durch die Evolution selbst erst festgelegt. Der hierin zum Ausdruck kommende reflektive Bezug von Ziel und Zielgerichtetheit in der Evolution macht deutlich, daß die Darwinsche Theorie *a priori* nur die Entstehung der Planmäßigkeit an sich, nicht aber die Entstehung eines Planes in seiner Detailstruktur zu erklären vermag.

Abschließend müssen wir noch einen schwerwiegenden theoretischen Einwand ausräumen, der vornehmlich von den Gegnern einer reduktionistisch orientierten Biologie vorgebracht wird. Diese sehen in dem Phänomen der natürlichen Selektion eine charakteristische *und* ausschließliche Eigenschaft lebender Systeme und postulieren, daß ein Selektionsmechanismus erst bei bereits belebten Systemen wirksam sei. Da andererseits der Bauplan lebender Organismen — wie wir soeben gezeigt haben — erst durch einen Selektionsprozeß im Sinne Darwins entstehen kann, begegnen wir nunmehr einem neuen Paradoxon, das einen tiefen Graben zwischen Physik und Biologie aufzureißen scheint.

Hinsichtlich dieses Problems ist der Molekularbiologie aber gerade in den letzten Jahren ein entscheidender Durchbruch gelungen. Und zwar ließ sich nicht nur theoretisch, sondern auch experimentell nachweisen, daß Darwinsches Selektionsverhalten nicht erst bei bereits belebten Systemen auftritt, sondern sich auch schon im *a priori* unbelebten, molekularen Bereich einstellt, sofern gewisse materielle und physikalische Voraussetzungen erfüllt sind. Eine ausführliche Analyse der zahlreichen Experimente liefern einige neuere Übersichtsaufsätze.[16, 17]

Unser eingangs beschriebenes Evolutionsparadoxon findet also im Rahmen der Darwinschen Evolutionstheorie eine durchaus natürliche Erklärung. Danach entsteht Planmäßigkeit, wie sie sich in der genetischen Information lebender Organismen manifestiert, nach der Methode des Versuchs und Irrtums, wobei Versuch und Irrtum der von Jacques Monod pointierten Dichotomie von Zufall und Notwendigkeit entsprechen. Der Versuch wird durch das Zufallsereignis „Mutation" ausgelöst und bildet auf der Basis der genetischen Variabilität die Quelle für den evolutionären Fortschritt. Dieser wiederum ist nur möglich, weil jeder Irrtum von der Selektion mit Notwendigkeit eliminiert wird. In einer Vielzahl von Einzelschritten wird so der Zufall durch die natürliche Auslese in einen großartigen Plan verwandelt, dessen Vollkommenheit uns so unglaublich paradox erscheint.

→ ......U G C A C G U U C U C C A A C G G U G C U C C U A U G G G C  
U U G A A G A A C A U U C C G C G A C G U A G G A C G U U G A A C A  
C G C U G A A C A A G C A A C C G U U A C C C C C G C G C U C U G  
G C C G U G U A A C C A G A G C C U G G U U A U C U C G G C G A G A  
C U G G G A U C A G A C A C G C G G U C C G C U A U A A C G A G U C  
G U G A C G C A A G G G A U G U U G C U C G G A U U U A A G U A U A  
U U U A C A G U U C C C A A G A A U A A U A A A A U A G A U C G G G  
U C C A U G U A U A A G U A U A G U C C G A G G A A U G U C C G U C  
C C A G A A A G G G G U C G G U G C U U U C A U C A G A C G C C G G  
U A A C U A G U A A G U C C A G A U A U G G U U G C C U A A A C U C  
C G A U C A A C C A G C G U C U G G C U C A G C A G G G C A G C G U  
U C U G C U A U U C A G A U A G C A G C G U U C G C U U G G U A G A  
G C A U C C G A U U C C A U C U C C G A U C G C C U G G U G U G G A  
A G C U C U A U A C U U A U A U C G A G U C C A C C C U C U U U U G  
U C G U A U C C G C U C A C A C U A C G G A A U C G U A G A U G G C  
G G U A A C A C C U U U U A U C A A G G G U A G C A U A G C A G A G  
G A A A U G G G U U C A C A U U U G A G C U A G A G U C C A U G A U  
U A C C U A A A C C C A G C G A A A C U G A U A A C G G G U C U U A  
U U U G G U A A C G C C G G A A C C A U A G G C A U C U A C G G G G  
G C C C C A C G U U A G A G U G A C C C U G U A U A U U A U A G C A  
U G U G C U A G A G G C A C U U G C C U A C U A C G G U U U U A A A  
U C U C G G G C C U G U G C U U G C A A A A U G C U U C U A A G C C  
U U C G C G A G A G C U G C G G C G C G C A C U U U U A C C G U G G  
U C C A A A G A A C U A C A U U U U G C C A A A C U G U A G C U G U  
G U U G A C A A U C U C U U C G C C C U G A U G C U G A U A U U A A  
U A U G G A G G C U G U U G A G G G G U U G G G G C A U C G G C U A  
G U C A G A U C C A C G C C U C U A U A A G G U G U G G G U A C G G  
G U G G C U U C U U G U A G C U U C C G U G G A C C C U C C U C U C  
G G A C G G A C C U C G C U G C C G A C U A C U A C G U A G U...... →

*Abb. 1.* Ausschnitt aus dem genetischen Bauplan des Virus MS2 in der abkürzenden Schreibweise des Molekularbiologen.[3]

                                    4287
                                     ↓
→ ......1101100010011111101110100000100101110110111010110011010101010
1111100000100000010011110101100110000110110010100001101111000000100
1001101101000010000001100000101001111100101010101010011001011101101
1001011011011000001010010001001011110101111001101110110100110001000
1011010101001110000100100010011001011110100110110011000010010011110
1011100001100100001010100001110111110011101101000111111000010110011010
1111110010000111111010100000010000110000110000000011000100111001010
1101010011101100110000101100110010110101100010100000111011010101101101
1010000100000001010101111001011101101111111000111000010010011010010
110000011100101100001011010100100010011001110101111100101111000000111101
100100111000001010000110011110110101101110000110000101011000011001111
1101111001110011110100100011001001001001101111011001111110101011001000
0110001101001001111010100011011101001001110011010110101110111010100
0010011101110011000111110011001101100010110101000101011101111111110
1110011001110100110111000100010110010010100001110011100010011010110
1010110000010001011111111001101000010101011001001001100100100100010
0100000110101011111100010001111110100011011000100011110100011010011
1100010111000000010101001001100000001111000110000011010101101111100
1111110101110000100110100101000010100011000101100011101100100101011
10010101010001101111001000101110000101011101100110011100100100
1101110110110001000101100010111101101011001011001001011111110000000
1101110110101001011110110011111100100000000011100111101110000100101
1111100110010001000110110110010110011001100010111111110010100111010
1101010000010000001110001001111111110010100000001110110010010111011
0111101001000011101110111110011010101101001101101100100110011110000
1100110100010100111101111100010101010111101010100100100110110100111100
0111000010011101000100110101110110011000000101110111010101110010110
1011101001111101111111011001001111101011011101000001010111010111011101
010100100101001010111001101101101001001011001011001001110000111......→
                                                    ↑
                                                  6226

*Abb. 2.* Ausschnitt aus dem genetischen Bauplan des Virus MS2 in binärer Codierung.

# Literatur

1. E. Mayr: Evolution und die Vielfalt des Lebens. Springer-Verlag, Berlin/Heidelberg/New York 1979.

2. M. Perutz: Hämoglobin — eine Lunge im Molekülformat. Bild der Wissenschaft *4*, 350 (1972).

3. W. Fiers, R. Contreras, F. Duerinck, G. Haegeman, D. Iserentant, J. Merregaert, W. Min Jou, F. Molemans, A. Raeymaekers, G. van den Berghe, G. Volekaert, M. Ysebaert: Complete Nucleotide Sequence of Bacteriophage MS2 RNA: Primary and Secondary Structure of the Replicase Gene. Nature *260*, 500 (1976)

4. J. Monod: Zufall und Notwendigkeit. Piper Verlag, München 1971.

5. W.M. Elsasser: The Chief Abstractions of Biology. North-Holland Publ., Amsterdam 1975.

6. N. Bohr: Atomphysik und menschliche Erkenntnis, Bd. II. Vieweg, Brauschweig 1966.

7. E. Wigner: The Probability of the Existence of a Self-Reproducing Unit. In: The Logic of Personal Knowledge: Essays in Honor of Michael Polanyi. Routledge and Kegan Paul Ltd., London 1961.

8. M. Eigen: Self-Organization of Matter and the Evolution of Biological Macromolecules. Naturwissenschaften *58*, 465 (1971).

9. G. Chaitin: Randomness and Mathematical Proof. Scientific American *232*, 47 (1975).

10. A.N. Kolmogorov: Logical Basis for Information Theory and Probability Theory. IEEE Trans. Inform. Theory *14*, 662 (1968).

11. E. Nagel, R. Newman: Gödel's Proof. Scientific American *194*, 71 (1956).

12. M. Eigen und P. Schuster: The Hypercycle. Springer-Verlag, Berlin/Heidelberg/New York 1979.

13. B.-O. Küppers: Molecular Theory of Evolution. Springer-Verlag. Berlin/Heidelberg/New York 1983.

14. M. Eigen: Sprache und Lernen auf molekularer Ebene. In: Der Mensch und seine Sprache. Schriften der Carl-Friedrich von Siemens Stiftung, ed. A. Peisl and A. Mohler. Propyläen Verlag, Berlin 1979.

15. B.-O. Küppers: Zufall oder Planmäßigkeit? Erkenntnistheoretische Aspekte der biologischen Informationsentstehung. Biologie in unserer Zeit *4*, 109 (1983).

16. B.-O. Küppers: Evolution im Reagenzglas. In: Mannheimer Forum 80/81, ed. H. v. Ditfurth. Hoffmann und Campe, Hamburg 1981.

17. B.-O. Küppers: Towards an Experimental Analysis of Molecular Self-Organization and Precellular Darwinian Evolution. Naturwissenschaften *66*, 226 (1979).

# Mitarbeiterverzeichnis

*Prof. Dr. David M. Armstrong*

The University of Sydney, Department of Traditional and Modern Philosophy, New South Wales 2006, Australien

Buchveröffentlichungen (Auswahl):
Perception and the Physical World, London 1961
A Materialist Theory of the Mind, London 1968
Belief, Truth and Knowledge, Cambridge 1973
Universals and Scientific Realism (2 Bde.), Cambridge 1978
The Nature of Mind, Brighton 1981

*Prof. Dr. Wolfgang Büchel*

Institut für Philosophie der Ruhr-Universität Bochum, Postfach 102148, D-4630 Bochum

Buchveröffentlichungen:
Philosophische Probleme der Physik, Freiburg 1965
Gesellschaftliche Bedingungen der Naturwissenschaft, München 1975
Die Macht des Fortschritts, München 1981

*Prof. Dr. Mario Bunge*

Foundations and Philosophy of Science Unit, McGill University, 3479 Peel Street, Montreal, PQ, Canada H3A 1W7

Buchveröffentlichungen (Auswahl):
Causality: The Place of the Causal Principle in Modern Science, Cambridge (Mass.) 1959
Scientific Research (2 Bde.), Berlin 1967
Philosophy of Physics, Dordrecht 1973
Treatise on Basic Philosophy (5 Bde.), Dordrecht 1974 ff.
Scientific Materialism, Dordrecht 1981

*Priv. Doz. Dr. Michael Drieschner*

Enzianstraße 29, D-8136 Percha

Buchveröffentlichungen:
Quantum Theory and the Structures of Time and Space (4 Bde. hrsg. zusammen mit L.v. Castell und C.F.v. Weizsäcker), München 1975 ff.
Voraussage — Wahrscheinlichkeit — Objekt. Über die begrifflichen Grundlagen der Quantenmechanik, Berlin 1979
Einführung in die Naturphilosophie, Darmstadt 1981

*Prof. Dr. Bernulf Kanitscheider*

Zentrum für Philosophie und Grundlagen der Wissenschaft der Universität Gießen, Otto Behaghelstraße 10, C1, D-6300 Gießen

Buchveröffentlichungen (Auswahl):
Geometrie und Wirklichkeit, Berlin 1971
Philosophie und moderne Physik, Darmstadt 1979
Materie — Leben — Geist, Berlin 1979 (Hrsg.)
Wissenschaftstheorie der Naturwissenschaft, Berlin 1981
Kosmologie. Geschichte und Systematik in philosophischer Perspektive, Stuttgart 1984

*Dr. Bernd-Olaf Küppers*

Max-Planck-Institut für biophysikalische Chemie, Postfach 968, D-3400 Göttingen

Buchveröffentlichung:
Molecular Theory of Evolution, Berlin 1983

*Prof. Dr. Hans Lenk*

Institut für Philosophie der Universität Karlsruhe (TH), Kollegium am Schloß, Bau II, D-7500 Karlsruhe

Buchveröffentlichungen (Auswahl):
Kritik der logischen Konstanten, Berlin 1968
Wozu Philosophie? Eine Einführung in Frage und Antwort, München 1974
Sozialphilosophie des Leistungshandelns, Stuttgart 1976
Pragmatische Vernunft, Stuttgart 1979
Zur Sozialphilosophie der Technik, Frankfurt 1982

*Prof. Dr. Jacques Merleau-Ponty*

Université de Paris, X, 2, Rue de Rouen, Nanterre, Frankreich

Buchveröffentlichungen (Auswahl):
Cosmologie du XXe siècle, Paris 1965
Philosophie et théorie chez Eddington, Besançon 1965
Leçons sur la genèse des théories physiques. Galilée, Ampère, Einstein, Paris 1974

*Prof. Dr. Peter Mittelstaedt*

Institut für theoretische Physik der Universität Köln, Zülpicher Straße 77, D-5000 Köln 41

Buchveröffentlichungen (Auswahl):
Klassische Mechanik, Mannheim 1970
Philosophische Probleme der modernen Physik, Mannheim 1972
Die Sprache der Physik, Mannheim 1972
Der Zeitbegriff in der Physik, Mannheim 1976
Quantum Logic, Dordrecht 1978

*Prof. Dr. Hans Primas*

Laboratorium für Physikalische Chemie der ETH Zürich, ETH Zentrum, CH-8092 Zürich, Schweiz

Buchveröffentlichungen:
Chemische Bindung, Zürich 1973
Elemente der Gruppentheorie, Zürich 1978
Chemistry, Quantum Mechanics and Reductionism, Berlin 1981

*Prof. Dr. J.J.C. Smart*

Department of Philosophy, Research School of Social Sciences, The Australian National University, Box 4, P.O., Canberra ACT 2600, Australien

Buchveröffentlichungen:
Outline of a System of Utilitarian Ethics, 1961
Between Science and Philosophy, New York 1968
Philosophy and Scientific Realism, London 1971
Problems of Space and Time (Hrsg.), New York 1973

*Dr. Manfred Stöckler*

Zentrum für Philosophie und Grundlagen der Wissenschaft der Universität Gießen, Otto Behaghelstraße 10, C1, D-6300 Gießen

Buchveröffentlichung:
Philosophische Probleme der relativistischen Quantenmechanik, Berlin 1984

*Prof. Dr. Håkan Törnebohm*

University of Göteborg, Department of Theory of Science, Västra Hamngatan 3, S-41117 Göteborg, Schweden

Buchveröffentlichungen (Auswahl):
A Logical Analysis of the Theory of Relativity, Stockholm 1952
Concepts and Principles in the Space-Time Theory within Einstein's Special Theory of Relativity. Göteborg 1963
Information and Confirmation. 1964
Mehrere Arbeiten in der Reihe „Reports from the Department of Theory of Science at the University of Göteborg".

*Prof. Dr. Roberto Torretti*

Universidad de Puerto Rico, Facultad de Humanidades, Seminario de Filosofia, P.O. Box 21616, Rio Piedras, Puerto Rico 00931

Buchveröffentlichung:
Philosophy of Geometry from Riemann to Poincaré. Dordrecht 1978
Relativity and Geometry. Oxford 1983

*Prof. Dr. Dr. Gerhard Vollmer*
Zentrum für Philosophie und Grundlagen der Wissenschaft der Universität Gießen, Otto Behaghel-Str. 10, C1, D-6300 Gießen
Buchveröffentlichung:
Evolutionäre Erkenntnistheorie. Angeborene Erkenntnisstrukturen im Kontext von Biologie, Psychologie, Linguistik, Philosophie und Wissenschaftstheorie, Stuttgart ³1981

*Prof. Dr. John Archibald Wheeler*
Ashbel Smith Professor and Blumberg Professor of Physics. Center for Theoretical Physics. The University of Texas, Austin, Texas 78712, USA
Buchveröffentlichungen (Auswahl):
Geometrodynamics, New York 1962
Spacetime Physics (zusammen mit E.F. Taylor), San Francisco 1966
Einsteins Vision, Berlin 1968
Gravitation (zusammen mit C. Misner und K. Thorne), San Francisco 1973
Black Holes, Gravitational Waves and Cosmology (zusammen mit M. Rees und R. Ruffini), New York 1975